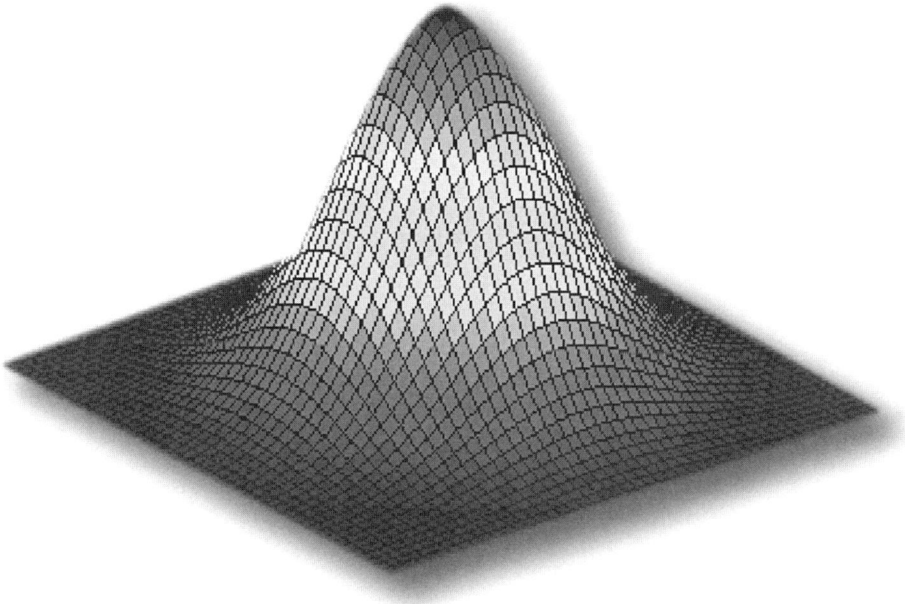

MATLAB에서
SIMULINK 기초와 이해

김경중 지음

KYOWOO

PREFACE

머리말

Matlab은 복잡해질 수 있는 행렬 연산을 다양한 명령어를 이용하여 쉽게 계산한다. 행렬과 관련된 명령어들은 Matlab의 초기 버전부터 존재하였고 Matlab 연산의 기본이 된다. 이러한 기초에서 심볼릭 연산, GUI(그래픽 사용자 환경), Simulink 등의 다양한 영역이 만들어졌고 Matlab은 계속 진화하고 있다. 새로운 이론과 영역이 연구와 학문의 세계에 등장하게 되면 그것들에 대응하는 영역 또한 Matlab의 일부분으로 자리 잡게 된다. 이처럼 Matlab은 시간과 함께 변화하는 컴퓨터 언어이다. 매년 Matlab은 변화하고 있기 때문에 완성체가 아니라고 주장할 수 있지만 이미 이학과 공학 대부분의 분야에서 그 가치를 인정받고 있다. 본 저서는 Matlab의 다양한 분야 중에서 Simulink의 내용에 초점이 맞추어져 있고 그 내용 이해를 위하여 Matlab 명령어, 심볼릭 연산, GUI와 같은 영역의 내용을 이용하고 있다.

Simulink는 선형(또는 비선형) 시스템과 같은 동적시스템(Dynamic System)을 분석하는데 블록선도(Block Diagram)을 이용한다. 다양한 종류의 블록들이 존재하기 때문에 사용자는 이 블록들의 특성을 잘 파악해야 자신의 목적에 맞는 블록선도를 작성할 수 있다. Matlab의 내용에 어느 정도 익숙해지면 Simulink 분야에 접근하는 것이 일반적인 경향이다. 그러나 어떤 경우에는 Matlab의 전반적인 내용에 익숙하지 않더라도 Simulink가 무엇인지 빠르게 알고 싶은 상황도 발생할 수 있다. 이러한 경우에 해당하는 독자가 본 저서의 내용 순서를 따른다면 비교적 짧은 시간에 많을 것을 이해할 수 있으리라 생각한다. 본 저서는 다음과 같이 크게 세 개의 장으로 구성된다.

- 1장: Simulink 입문
- 2장: Simulink 기초 I
- 3장: Simulink 기초 II

1장의 내용으로 Simulink의 기본적인 구성과 특징을 쉽게 파악하게 된다. 어떤 목적을 가진 블록선도를 생성할 때에는 블록의 어떤 항목에 대하여 설정을 해야 하는데, 그런 설정을 하기 위하여 알아야 하는 내용과 배경 설명이 제공된다. 직접 만들어 보는 블록선도의 구조는 간단하지만 관련된 부연 설명은 중요하다. 1장의 전체 내용을 자세히 읽고 이해해야 한다.

머리말 P·R·E·F·A·C·E

2장에서는 여러 종류의 블록선도가 제공된다. 같은 미분 방정식이라도 블록선도를 다르게 만들어서 그 미분 방정식의 해에 접근할 수 있다는 것을 보여준다.

3장에서는 Simulink의 다양성을 제공하고 있다. 특별히 Matlab의 GUI 영역을 활용하는 방법 그리고 함수형 M-파일에 대한 Simulink 처리 방법을 설명하고 있다. 또한 Simulink가 제공하는 디버거(Debugger)의 사용 방법에 대하여 자세히 설명한다.

위와 같은 내용을 따른다면 Matlab의 내용에 초보자일지라도 Simulink 분야에 쉽게 접근할 수 있도록 구성하였다. 책의 내용을 입력하고 실행한 결과를 컴퓨터 화면으로 확인하며 진행하면, Simulink와 관련된 새로운 개념을 쉽게 이해할 수 있다고 생각한다. 그러나 컴퓨터의 실행 없이도 Simulink 학습이 가능하도록 책의 내용을 구성하였다. 책의 내용과 관련된 본 저자의 소리 없는 노력이 독자의 지식 향상에 도움이 되기를 바란다. 또한 무더운 시기에 한 권의 책이 완성되기까지 도움을 주신 교우사 편집부와 관계자분들께 고마움을 전합니다.

김 경 중

목차

C·O·N·T·E·N·T·S

목차 CONTENTS

CHAPTER 03 Simulink 기초Ⅱ

APPENDIX

CHAPTER 01

Simulink 입문

1.1 Simulink 소개와 구조

1.2 간단한 모델 실행

1.3 그래프 출력

1.1 Simulink 소개와 구조

Simulink는 선형(또는 비선형) 시스템과 같은 동적시스템(Dynamic System)을 블록 선도(Block Diagram)을 이용하여 시뮬레이션(simulation)할 수 있는 도구이다.

> ➲ 여기서 블록선도란?
> 작업 또는 상태의 진행 과정을 블록, 선, 화살표를 이용하여 나타낸 도표이다.

Simulink는 Matlab 내부에 포함되어 있고 다음과 같은 항목을 이용하여 블록선도를 제작하고 실행할 수 있다:

- 전용 그래픽 에디터(Graphical Editor)
- 블록 라이브러리(Block Libraries)
- 동적시스템에 대응하는 솔버(Solvers)

위의 항목들을 간단히 결합하여 이야기하면 다음과 같다: 우선 <전용 그래픽 에디터>에서 제공하는 창 내부에, 블록들의 집합체인 [블록 라이브러리]로부터 제공되는 블록들을 목적에 맞게 배치한다. 다음으로 배치된 블록들을 연결하여 블록선도를 만든 뒤에 실행시키면, 블록 내부에서 수치적 해법(적절한 솔버가 선택됨)이 적용되어 시뮬레이션이 진행된다.

먼저 Simulink에서 제공하는 전용 그래픽 에디터(이하 Simulink 에디터)를 열어본다. Simulink 에디터를 열기 위하여 바탕화면에 있는 아래와 같은 Matlab 아이콘을 선택하여 실행한다.

실행하면 Matlab 초기화면이 나타난다. 일반적으로 초기화면의 왼쪽에 <현재 폴더>와

<작업 공간>이 위치하고 있고 초기화면의 오른쪽에 <명령 창>이 보일 것이다. 초기화면 가장 위쪽에 위치한 세 개의 항목(홈, 플롯, 앱)에서 <홈>을 선택(default)하면 여러 종류의 아이콘들이 보일 것이다. 이 아이콘 중에서 아래와 같은 아이콘

을 선택하면 <Simulink Start Page> 박스가 나타나는데 여러 개의 박스 중 아래 <표1>과 같이 보이는 <Blank Model>을 선택한다.

표1

선택의 결과로서 Simulink 에디터가 <표2>와 같이 열린다.

표2

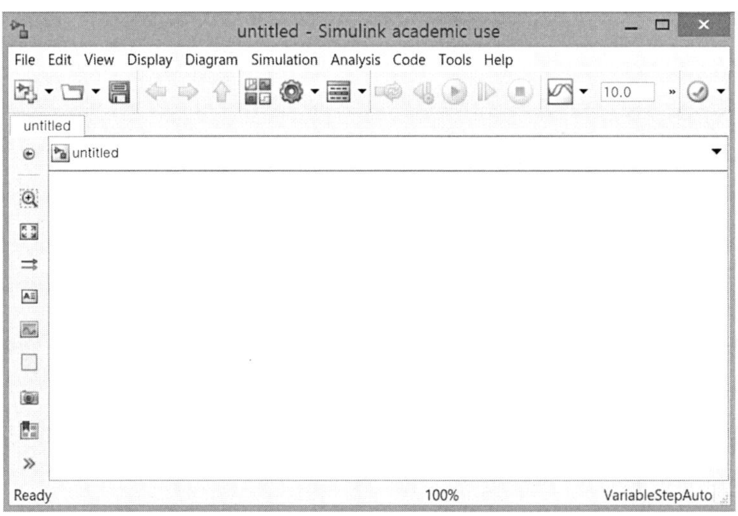

이 Simulink 에디터에서 블록선도를 제작하고 실행하게 되는데, 블록선도를 제작하려면 마우스를 이용하여 원하는 블록을 여러 가지 종류로 구성된 [블록 라이브러리]에서 찾아서 <표2>에 제공된 Simulink 에디터 내부로 이동시켜야 한다. 현재의 단계에서 Simulink를 시작하는데 다음과 같은 질문을 생각하여 볼 수 있다. 즉,

- Simulink에는 무슨 종류의 블록들이 있는지
- Simulink에는 무슨 종류의 라이브러리들이 있는지
- 그리고 각각의 라이브러리에는 무슨 블록들이 존재하는지

와 같은 내용을 질문할 수 있다. 블록들의 위치와 사용법은 Simulink를 공부하면서 자신의 것으로 만들게 된다. 처음부터 블록들의 기능을 모두 다 이해하기는 어렵다. 블록들의 기능을 이해하는 과정은 자신의 노력 여하에 따라 그 시간의 길이가 달라진다. 열심히 노력하여 공부하고 이해하는 방법만이 Simulink 사용법의 실력을 키우는 길이다.

블록선도를 제작하기 위해서는 목적에 맞게 원하는 블록들을 찾아서 서로 연결시켜 주어야 한다.

그럼 블록은 어디에 있는가?

블록들은 비슷한 기능을 가진 유형끼리 그룹화 되어 나누어져 있다. 이렇게 그룹화 되어 블록들이 모여있는 장소를 Simulink에서 라이브러리(Library) 또는 블록 라이브러리라고 부른다. 그러므로 라이브러리의 종류는 어떤 것들이 있는지 알아야 한다. 다음은 라이브러리의 종류와 그 특징을 설명하고 있다.

❑ 라이브러리(Library) 분류

(a) **[Commonly Used Blocks]**: 자주 사용되는 블록들을 따로 모아놓은 그룹이다. 즉, 이 라이브러리에 있는 블록들은 다른 라이브러리에도 존재한다. 예를 들어, [Commonly Used Blocks] 라이브러리에 속한 블록 중에 다음과 같은 <Scope> 블록을 발견할 수 있다.

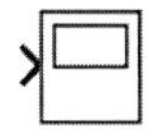

Scope

이 <Scope> 블록은 블록선도를 만들 때, 출력과 관련하여 자주 이용되기 때문에 [Commonly Used Blocks] 라이브러리에서도 선택할 수 있지만 근본적으로 [Sinks] 라이브러리에 속하는 블록이다.

(b) **[Continuous]**: 연속으로 입력되는 시간에 따라 작업을 수행하는 블록들이 모여 있는 그룹이다. 미분 방정식의 해를 구할 때, 여기에 있는 블록들이 중요하게 이용된다. 예를 들면 <Integrator>, <State-Space>, <Transfer Fcn>과 같은 블록이 있다.

(c) **[Dashboard]**: 자동차의 계기판에는 어떤 상태를 보여주는 영역도 있고 어떤 기능을 선택할 수 있는 영역이 있듯이, 시뮬레이션이 진행되고 있는 상태(시뮬레이션 시작 전에도 가능)이거나 시뮬레이션이 잠시 멈춤 상태일 때 어떤 기능(모델 변수를 보여주거나 조절)을 수행할 수 있는 블록들이 모여 있는 그룹이다. 예를 들면 <Knob>, <Gauge>, <Dashboard Scope>와 같은 블록이 있다. 위의 내용에서 모델 변수라 함은 블록선도 내부에 있는 변수를 지칭한다.

(d) **[Discontinuities]**: 입력되는 시간은 연속적이나 출력은 불연속의 특징을 보여주는 블록들이 모여 있는 그룹이다. 예를 들면, <Quantizer>, <Saturation>과 같은 블록이 있다.

(e) **[Discrete]**: 입력이 이산(Discrete)시간일 때에 수행되는 블록들이 모여 있는 그룹이다. 예를 들면, <Discrete Transfer Fcn>, <Discrete-Time Integrator>와 같은 블록이 있다.

(f) **[Logic and Bit Operations]**: 비트연산 또는 논리연산과 관련된 블록들이 모여 있는 그룹이다. 예를 들면, <Bitwise Operator>, <Logical Operator>, <Relational Operator>와 같은 블록이 있다.

(g) **[Lookup Tables]**: 실험 또는 관찰에 의하여 입력 데이터와 출력 데이터가 생성될 수 있다. 이러한 두 종류의 데이터 사이의 관계를 정확하게 수학함수로 표현할 수 없는 경우가 발생한다. 이때 이런 관계를 여기에 속한 블록을 이용하여 테이블과 같

은 형식으로 연결할 수 있고, [Sinks] 라이브러리에 있는 <Scope> 블록에 출력(보간법 또는 외삽법과 같은 방법을 사용하여)할 수 있다. 보간법과 외삽법은 Interpolation과 Extrapolation에 각각 대응하는 용어이다[CHE]. 예를 들면, <1-D Lookup Table>, <2-D Lookup Table>, <n-D Lookup Table>과 같은 블록이 있다.

(h) [Math Operations]: 수식을 표현하기 위하여 사용되는 연산과 관련된 블록들이 모여있는 그룹이다. 예를 들면, <Add>, <Dot Product>, <Sign>, <Gain> 같은 블록이 있다.

(i) [Model-Wide Utilities]: 블록선도가 완성된 모델에 관한 정보(또는 설명) 등의 기능을 블록선도에 추가하거나, 지정된 시각에 선형 모델을 생성할 수 있는 블록들이 모여 있는 그룹이다. 예를 들면, <Doc Block>, <Model Info>와 같은 블록이 있다.

(j) [Model Verification]: 상한(Upper Bound)과 하한(Lower Bound)을 설정하여 어떤 신호가 이 범위 안에 있는지 또는 범위를 벗어났는지를 체크할 수 있는 블록들이 모여 있는 그룹이다. 예를 들면, <Check Static Range>, <Check Dynamic Range>와 같은 블록이 있다.

(k) [Ports & Subsystem]: 입력, 출력 포트 생성과 다양한 종류의 서브 시스템(Subsystem) 제작과 관련된 블록들이 모여 있는 그룹이다. 예를 들면, <In1>, <Out1>, <Subsystem>과 같은 블록이 있다.

(l) [Signal Attributes]: 신호의 초기 조건값 설정, 데이터 종류 변경, 버스(Bus) 신호를 벡터 신호로 변경과 같은 신호의 특성을 조절할 수 있는 블록들이 모여 있는 그룹이다. 예를 들면, <IC>, <Bus to Vector>, <Data Type Conversion>과 같은 블록이 있다.

(m) [Signal Routing]: 블록선도에서 블록을 연결하는 신호와 관련하여 특정한 신호를 선택하거나 어떤 기능의 조절 등과 관련된 작업을 수행하는 블록들이 모여있는 그룹이다. 예를 들면, <Bus Creator>, <Mux>, <Selector>와 같은 블록이 있다. 블록선도 제작 시, 사용 빈도수가 높은 편이다.

(n) [Sinks]: 어떤 과정 중의 결과로 얻은 신호의 출력과 관련된 블록들의 모임이다. 창을 통하여 신호를 그래프로 출력할 수 있고, 대응하는 데이터를 <작업 공간>에 변수로 출력할 수 있다. 이후 다양한 매틀랩 명령어로 이 변수에 저장된 내용(신호)를

분석할 수 있다. 참고로 <작업 공간>은 매틀랩 초기화면 왼쪽 하단에 위치한 박스이다. 예를 들면, <Display>, <Scope>, <To Workspace>와 같은 블록이 있다. 여기에 속한 블록의 총 개수는 상대적으로 적지만 사용 빈도수는 다른 라이브러리에 속한 블록의 사용 빈도수보다 높은 편에 속한다.

(o) **[Sources]**: 신호 생성과 관련된 블록들이 모여 있는 그룹이다. 여기에 속해 있는 블록들은 신호를 만들어서 다른 블록에 전달하는 기능을 수행하기 때문에 입력단자는 없고 출력단자만을 가지고 있는 것이 블록 모양의 특징이다. 예를 들면, <Clock>, <Constant>, <Ground>, <Signal Generator>와 같은 블록이 있다. 블록선도 작성 시, 사용 빈도수가 높은 블록들로 구성되어 있다.

(p) **[String]**: 문자열을 다루는 블록들이 모여 있는 그룹이다. 예를 들면, <ASCII to String>, <String to ASCII>, <String Compare>, <String Constant>, <String Concatenate>와 같은 블록들이 있다. 아래 <표2a>에 주어진 블록선도(MyString.slx)에서 <String Constant>와 <String Concatenate> 블록의 기능을 볼 수 있다. 즉 두 개의 문자열

G	o	o	d	

와

m	o	r	n	i	n	g	!

이 <String Constant> 블록에서 각각 만들어진 뒤에 <String Concatenate> 블록에서 통합되었고 그 결과가 <Display> 블록에 출력되었다. 나중에 블록선도를 만들고 실행하는 방법을 배운 뒤에 다시 <표2a>의 블록선도를 보면 쉽게 구현할 수 있을 것이다. 지금은 <표2a>의 내용만 참고한다.

표2a

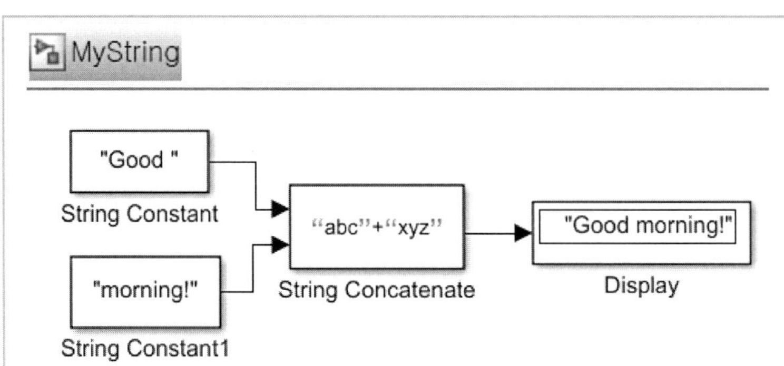

(q) **[User-Defined Functions]**: 연산자를 포함하는 수학적인 수식, Matlab이 제공하는 함수, 사용자가 직접 만들고 정의한 함수형 M-파일 등을 블록선도에서 사용 가능하도록 지원하는 블록들이 모여 있는 그룹이다. 예를 들면, <Fcn>, <Interpreted Matlab Function>, <Matlab Function>과 같은 블록이 있다.

(r) **[Additional Math & Discrete]**: 두 개의 서브 라이브러리인 [Additional Discrete]와 [Additional Math: Increment-Decrement]로 세분화되어 진다. 먼저 [Additional Discrete] 서브 라이브러리에서는 앞에서 이미 설명한 Discrete 라이브러리에서 다루지 않는 추가적인 처리와 관련된 블록(여러 종류의 옵션을 가진 Unit Delay 포함)들이 모여 있는 소그룹이다. 또한 [Additional Math: Increment-Decrement] 서브 라이브러리에서는 추가적인 수학 연산(증가, 감소 관련)과 관련된 블록들이 존재한다.

(s) **[Quick Insert]**: 어떤 블록은 여러 기능이 통합되어 있다. 이런 기능 중 어떤 한 기능에 간단하고 빠르게 접근할 수 있도록 도움을 줄 수 있는 라이브러리이다. 이 라이브러리에는 8개의 서브 라이브러리인 [Discrete], [Logic and Bit Operations], [Lookup Tables], [Math Operations], [Ports & Subsystems], [Signal Attributes], [Sources], [User-Defined Functions]를 포함한다. 예를 들어 서브 라이브러리인 [Math Operations]을 클릭하면 아래 <표2b>와 같이 수학함수 각각에 대응하는 블록들이 있다. 이 블록들을 블록선도에서 수학함수 사용하듯이 이용하면 된다.

표2b

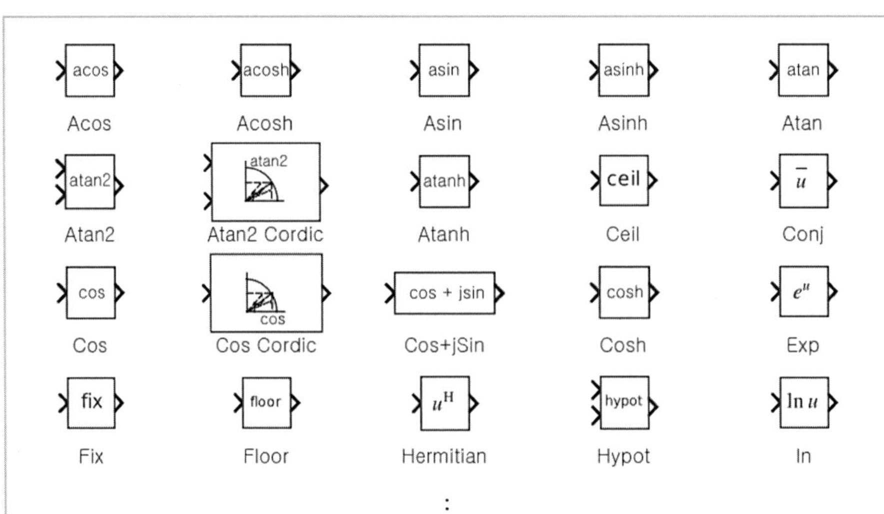

위에서 설명한 각 라이브러리에 대응하는 블록을 보기 위하여 Simulink 에디터의 상단에 위치한 도구바에서 아래의 모양을 가진 아이콘을 클릭한다.

클릭하면 Simulink Library Browser 박스가 화면에 출력되어 아래 <표3>과 같이 각각의 라이브러리에 대응하는 블록을 볼 수 있을 것이다. 이 블록에 대응하는 간략한 설명은 위에서 이미 설명하였다.

표3

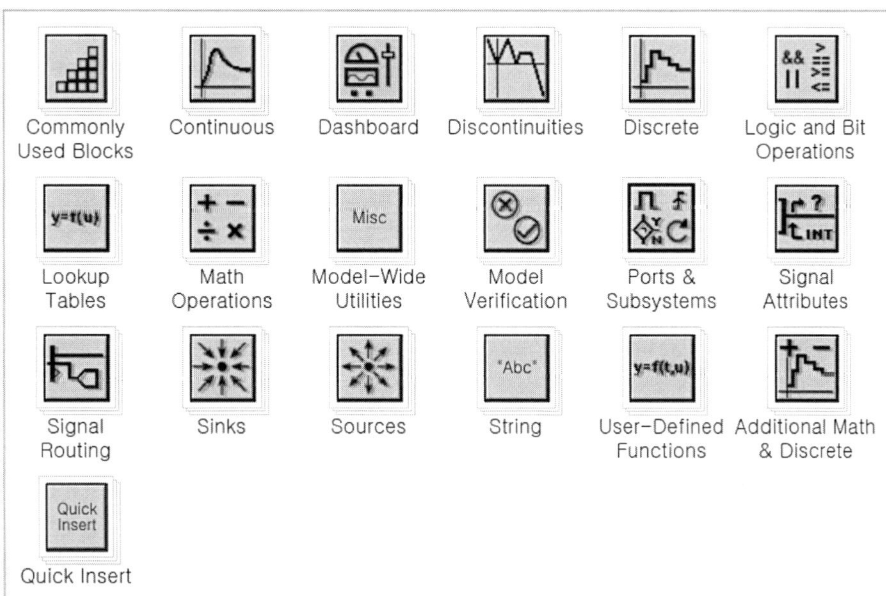

<표3>과 같이 보이는 블록 라이브러리중에서 하나를 마우스로 더블클릭하여 선택하면 그 블록 라이브러리에 속한 블록들을 볼 수 있다. 예를 들어, <표3>에서 세 번째 줄에 위치한 [Sources] 라이브러리를 선택하면 <표4>와 같은 블록들이 화면에 출력된다.

표4

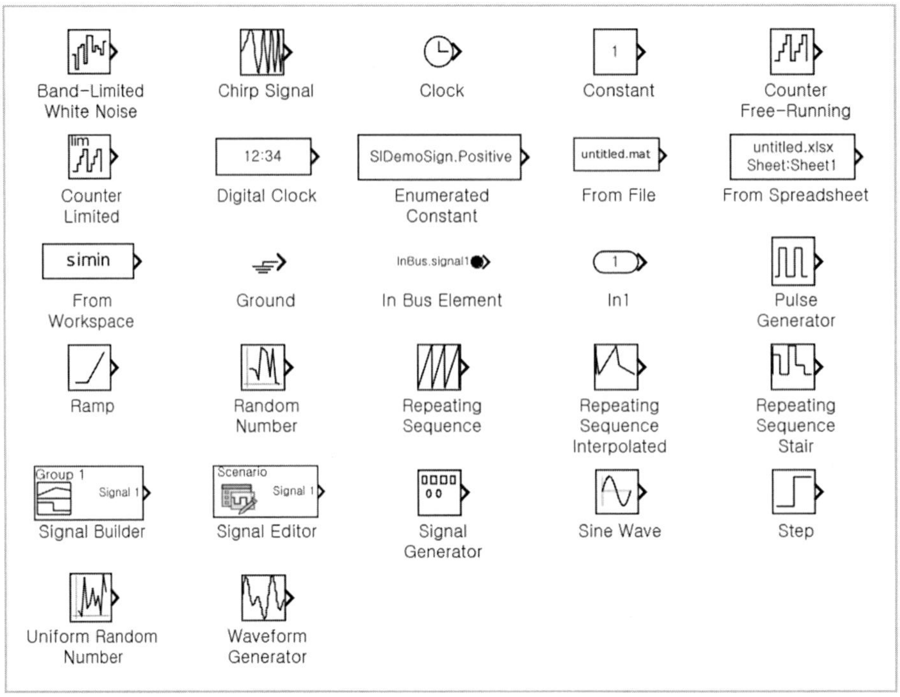

나중에 블록선도를 제작하기 위하여, 원하는 블록을 마우스로 선택하여 Simulink 에디터로 이동하면 된다. 이동시키는 방법은 다음과 같다:

- 첫 번째: 마우스 왼쪽 버튼으로 원하는 블록을 선택한다.
- 두 번째: 블록을 선택한(버튼을 누른) 상태로 드래그(drag)하여 Simulink 에디터로 이동시킨다.
- 세 번째: Simulink 에디터의 박스 내부에서 위치를 결정하고 그 위치에서 블록 선택을 해제(왼쪽 버튼 해제)한다.

추가적인 내용은 Simulink 모델을 작성할 때 설명하기로 하자.

1.2 간단한 모델 실행

암산으로도 구할 수 있는 단순한 계산식이지만 Simulink 에디터에서 블록선도를 제작하여 구하여 보자.

1.2.1 블록선도로 결과 출력

앞 설에서 소개한 Simulink 에니터에 다음 <표1>과 같이 블록들을 배치하고 myproduct.slx 파일명으로 저장한다. 저장하는 방법은 다음과 같다: Simulink 에디터 상단에 위치한 메뉴바

에서 File 항목을 선택한 후, <Save As> 항목을 선택하여 myproduct.slx 파일명을 입력한다.

표1

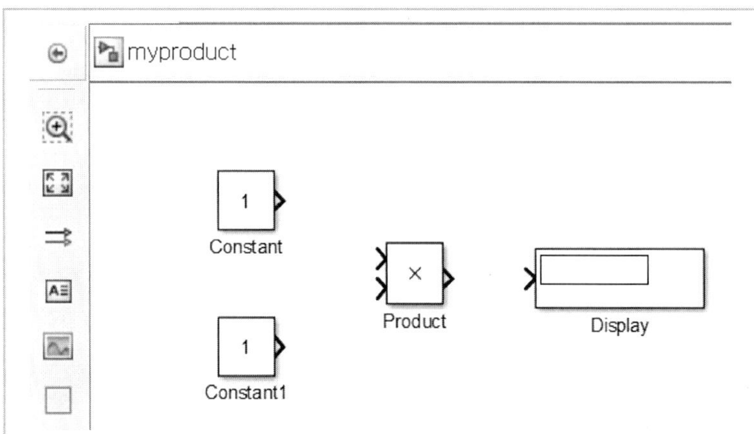

위 <표1>과 같이 블록을 배치하는 방법을 설명하자. Simulink 에디터의 상단에 위치한 도구바에는 여러 개의 아이콘이 있는데 그 중에 아래의 모양을 가진 아이콘을 클릭한다.

클릭하면 Simulink Library Browser 박스가 화면에 출력된다. Simulink Library Browser 박스 안에서 [Source] 라이브러리

를 더블클릭한 후에 블록들을 살펴보자. 여러 개의 블록 중에 아래와 같은 <Constant> 블록을 찾을 수 있을 것이다.

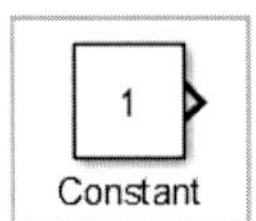

위의 블록을 마우스 왼쪽 버튼으로 클릭하고 그 상태를 유지한 채로 드래그(drag)하여 Simulink 에디터로 이동시킨다. 적당한 위치로 이동시킨 후에 왼쪽 버튼의 클릭 상태를 해제하면 그 위치에, <표1>과 같이 <Constant> 블록이 생성된다. Matlab 최근 버전의 경우 <Constant> 블록을 생성할 때 자동으로 Constant Value를 입력하라는 메시지가 나타날 수 있다. 이때 블록 생성과 함께 수(number)를 입력해도 되고 입력하지 않아도 된다. 입력하지 않은 경우 나중에 <Constant> 블록을 더블 클릭하여 원하는 수를 다시 입력할 수 있다. <Constant> 블록과 관련하여 지금까지의 내용은 Simulink 에디터에서 아래 <표1a>와 같이 나타난다.

표1a

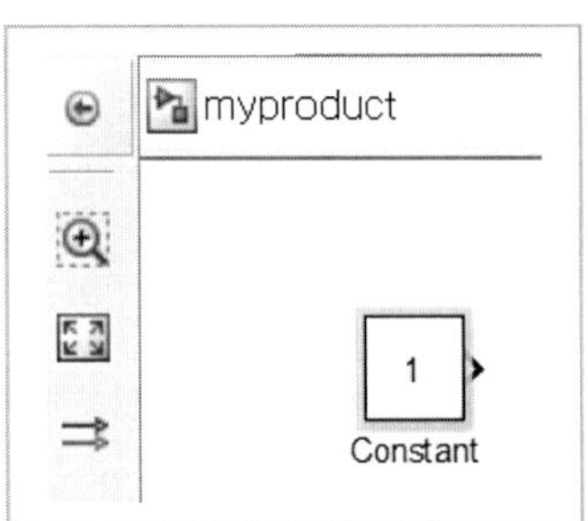

위의 결과는 <Constant> 블록을 생성할 때, 수를 입력하지 않아서 초기설정(default) 값인 수 1이 사각형 안에 설정되어 있음을 보여준다. 같은 방식으로 <Constant>, <Product>, <Display> 블록을 현재의 절 앞부분에 제시된 <표1>과 같이 Simulink 에디터 내부에 생성한다. 위와 같이 <Constant> 블록이 있는 상태에서 두 번째로 <Constant> 블록을 생성하면 <표1>에서와 같이 명칭이 <Constant1> 블록으로 설정된다. 결과적으로 첫 번째 <Constant> 블록과 구분된다. 참고로, <표1>에서 사용된 블록의 위치는 다음과 같다.

- [Source] 라이브러리 : 〈Constant〉 블록
- [Math Operation] 라이브러리 : 〈Product〉 블록
- [Sinks] 라이브러리 : 〈Display〉 블록

다음으로 블록과 블록 사이를 연결하여 보자. 마우스 커서를 <Constant> 블록의 출력 단사에 위치시키면 커서가 십자가 모양으로 변한다. 이때, 마우스 왼쪽 버튼을 누른 상태로 드래그하여 <Product> 블록의 위쪽 입력 단자에 연결시킨 뒤에 누른 상태를 해제(마우스 왼쪽 버튼 해제)한다. 그 결과로 <표2>와 같은 블록선도의 모습을 보게 된다.

표2

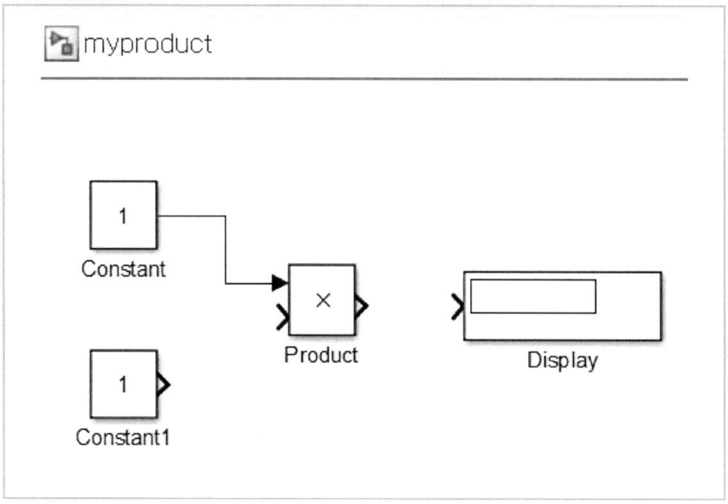

나머지 블록들도 같은 방식으로 마우스를 이용하여 연결하면 <표3>과 같은 결과를 얻게 된다.

표3

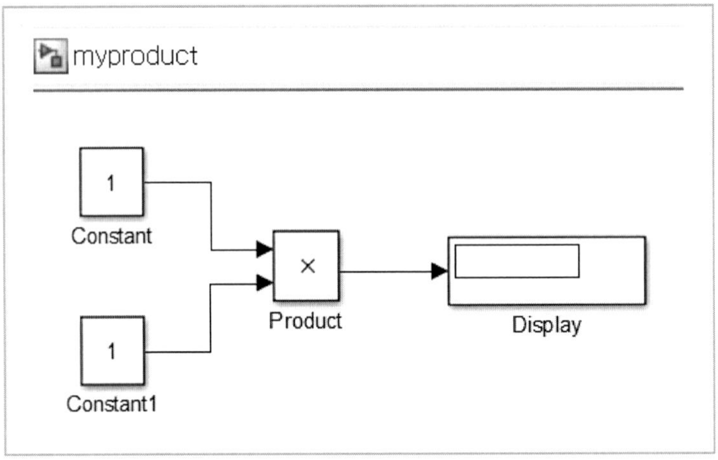

위 <표3>과 같이 제작된 블록선도에서 <Constant> 블록을 더블 클릭하면 <Block Parameters: Constant> 박스가 화면에 출력될 것이다. 이 박스 내부에 있는 항목 <Constant value>에 숫자 1이 보일 것이고 다음 <표3a>와 같이

표3a

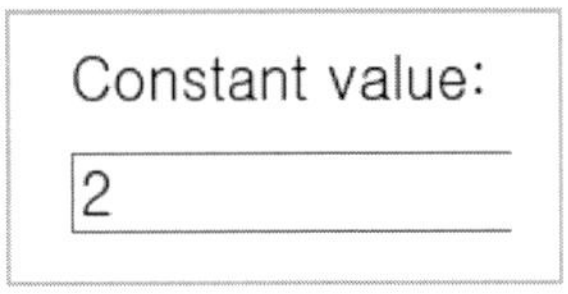

수 2로 변경하고 박스 하단에 위치한 <OK> 항목을 선택한다. 같은 방식으로 <Constant1> 블록을 더블 클릭하여 항목 <Constant value>에 숫자 5를 입력하고 <Block Parameters: Constant1> 박스 하단에 위치한 <OK> 항목을 선택한다. 다음으로 Simulink 에디터 상단에 있는 도구바에서 아래의 모양(원 내부에 삼각형이 있는)

을 가진 녹색의 실행 아이콘(또는 실행 버튼)을 클릭하면 <표4>와 같은 블록선도를 보게 된다.

표4

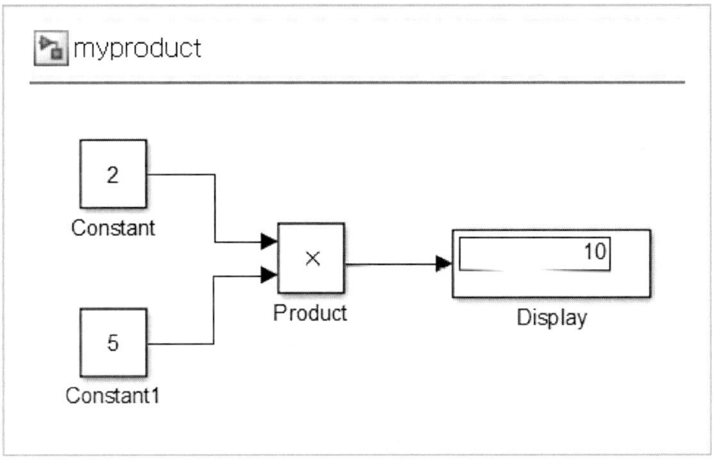

예상한대로 $2 \times 5 = 10$ 이라는 결과가 <Display> 블록에 출력되었다. <Product> 블록에서는 입력된 두 수인 2와 5를 곱하는 기능을 수행한다. 두 수의 곱의 결과

$$2 \times 5 = 10$$

을 보기 위하여 <Display> 블록을 이용하였다.

1.2.2 기본 매틀랩 환경과 블록선도 연결

앞 절의 <표4>에 주어진 블록선도에서 <Constant> 블록을 더블 클릭하여 출력된 <Block Parameters: Constant> 박스 내부에 있는 <Constant value> 항목을 아래 <표1>과 같이 숫자 2에서 Aval로 변경하자. 마찬가지로, <Constant1> 블록을 선택(더블 클릭)하여 화면 출력된 <Block Parameters: Constant1> 박스 내부에 있는 <Constant value> 항목을 아래 <표1a>와 같이 숫자 5에서 Bval로 변경하자.

표1

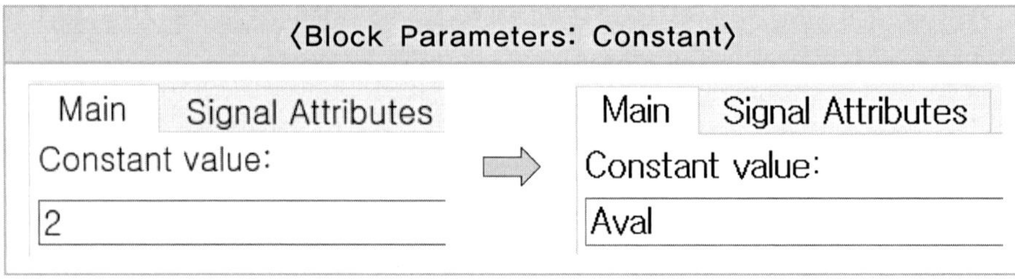

표1a

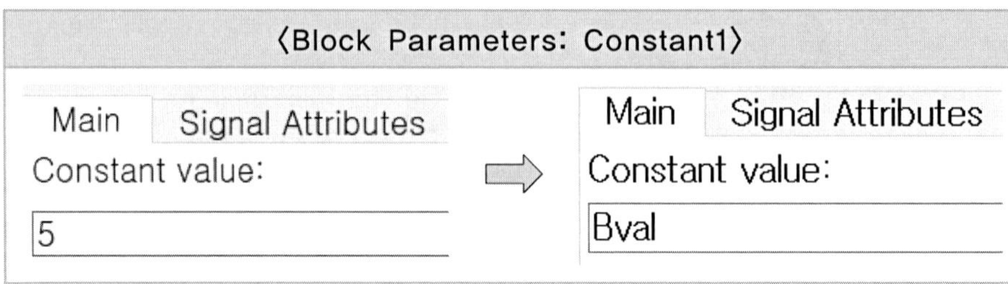

결과로 얻어진 블록선도를 myproductone.slx 파일명으로 저장하면 <표2>와 같이 된다. 앞 절의 <표4>와 비교하면 <Constant>, <Constant1> 블록이 변경된 것을 확인할 수 있다.

표2

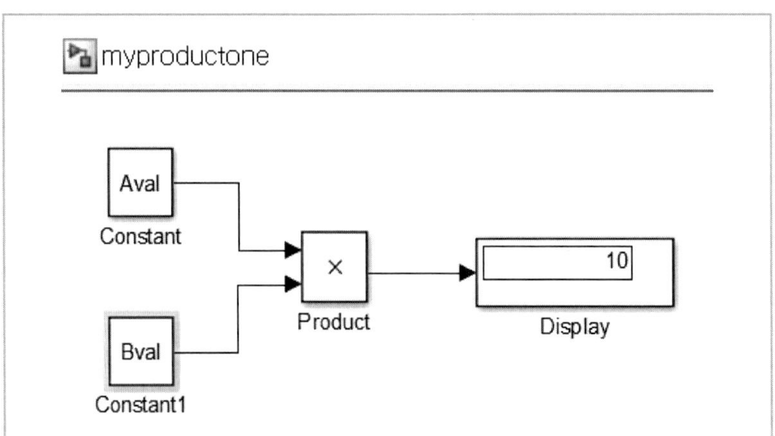

위의 <표2>와 같이 주어진 블록선도를 실행(Simulink 에디터 상단에 있는 ▶ 선택)하면 다음 <표3>과 같은 내용의 에러(Error) 메시지가 출력된다.

표3

Aval(또는 Bval)는 정의되지 않은 함수 또는 변수입니다.

매틀랩의 초기화면의 환경(이후 '기본 매틀랩'으로 명칭: Simulink 에디터 환경과 구분하기 위하여)의 <명령 창>에서 다음과 같이 입력하고 실행한다.

```
>> Aval = 4
Aval =     4

>> Bval = 7
Bval =     7
```

이 과정의 결과로 <표4>와 같이 <작업 공간>에 4의 값을 가진 변수 Aval과 7의 값을 가진 변수 Bval가 생성되었다.

표4

작업 공간

이름 ▲	값
Aval	**4**
Bval	**7**

이런 상황에서 위 <표2>에 주어진 블록선도를 실행하면 <표5>에 주어진 블록선도를 볼 수 있다. 즉, 기본 매틀랩에서 설정된 Aval과 Bval의 값 4와 7이 <표5>에 주어진 블록선도의 <Constant>, <Constant1> 블록에 전달된다. 그 다음으로 <Product> 블록에서 다음과 같은 수식이 계산된다.

$$4 \times 7 = 28$$

이러한 결과가 <Display> 블록에 표시되었다. 이번에는 <표3>에서 보았던 에러 메시지가 발생하지 않고 성공적으로 시뮬레이션이 진행되었다.

표5

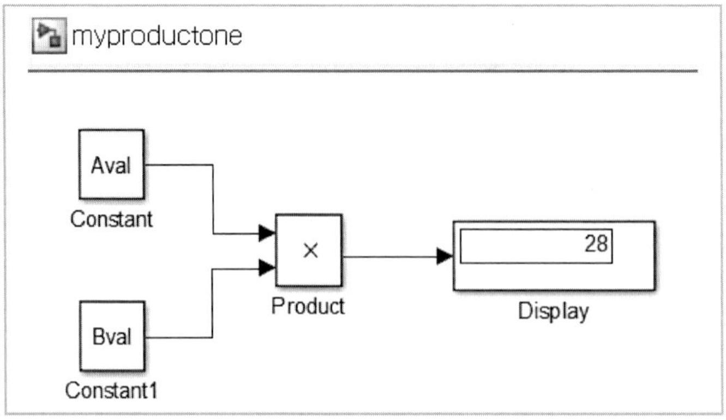

이번에는 <Display> 블록에 표시된 결과인 숫자 28을 기본 매틀랩의 <작업 공간>의 영역으로 전달하여 보자. 즉, <표5>에 주어진 블록선도를 실행하여 구해지는 28이란 수를 myresult란 변수명에 저장하여 <작업 공간>에 생성할 것이다.

<표5>와 같이 주어진 블록선도(myproductone.slx)에다 <표6>과 같이 <To Workspace> 블록을 추가하고 파일명을 myproducttwo.slx로 저장하여 보자. 참고로 <To Workspace> 블록의 위치는 아래와 같다.

[Sinks] 라이브러리 : 〈To Workspace〉 블록

표6

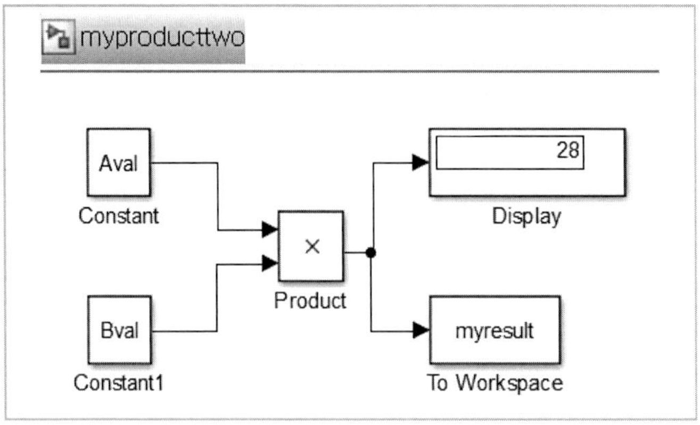

앞에서 설명한 방법대로 [Sinks] 라이브러리에 속한 <To Workspace> 블록을 이동하여

Simulink 에디터에 위치시키면 된다. <표6>과 같은 위치에 <To Workspace> 블록을 이동시킬 때, 자동으로 팝업(pop-up)된 Variable Name 항목에 myresult 변수명으로 입력할 수 있다. 이때 입력하지 않으면 Variable Name 항목의 초기설정인 simout 변수명으로 설정된다. 만약에 myresult 변수명으로 입력하지 않은 경우, 나중에 <To Workspace> 블록을 더블 클릭하면 <Block Parameters: To Workspace> 박스가 화면 출력될 것이다. 이 박스 내부에 있는 Variable name 항목에 아래 <표6a>와 같이 myresult를 입력하면 <표6>과 같이 <To Workspace> 블록에서 myresult를 확인할 수 있다. 반드시 <Block Parameters: To Workspace> 박스 하단에 <OK> 또는 <Apply>를 선택하여 설정을 완료한다.

표6a

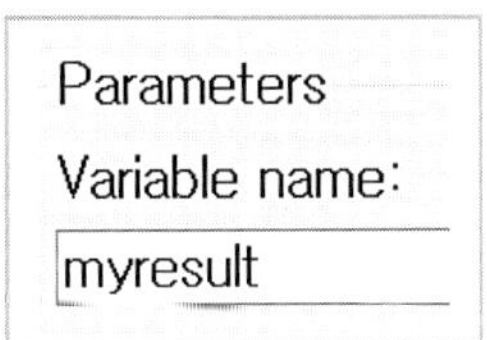

다음으로 분기선을 만들어 추가된 <To Workspace> 블록을 기존의 블록선도에 연결하는 방법을 설명하여 보자. <표5>에서 <Product> 블록과 <Display> 블록을 이어주는 연결선을 마우스 왼쪽 버튼으로 먼저 선택한다. 선택된 연결선에서 이번에는 마우스 오른쪽 버튼(왼쪽 버튼이 아니고)을 누른 상태로 드래그하면 분기선이 생성되기 시작하는데 이 분기선을 <To Workspace> 블록의 입력 단자에 연결시킨다. 이때 <표5>에 주어진 블록선도의 위치에 있는 <Display> 블록을 마우스 왼쪽 버튼으로 선택한 상태에서 드래그하여, <표6b>에 주어진 블록선도의 위치로 이동시키고 블록간의 위치를 조정한다.

표6b

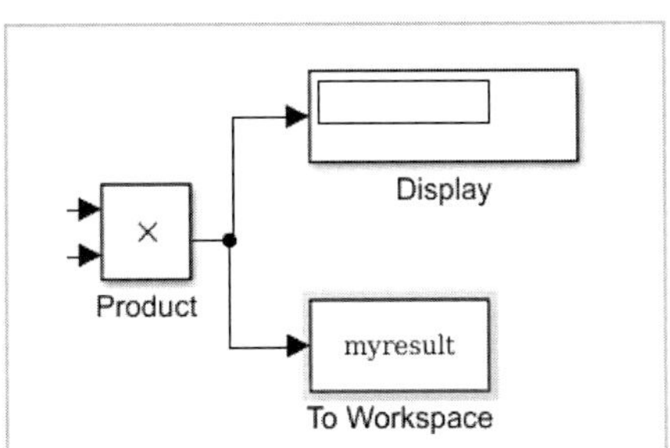

이 과정의 결과로 <표6>에 주어진 블록선도가 완성된다. 파일명 myproducttwo.slx로 저장된 이 블록선도를 Simulink 에디터에서 실행(실행버튼 을 클릭)한다. 이때, <작업 공간>에 <표4>와 같이 4의 값을 가진 Aval 변수와 7의 값을 가진 Bval 변수가 각각 존재해야 한다. 실행의 결과로 <작업 공간>은 다음과 같은 내용을 보여준다.

표7

작업 공간

이름	값
Aval	**4**
Bval	**7**
myresult	*1x1 double timeseries*
tout	*51x1 double*

위의 <작업 공간>에서 변수 myresult를 더블 클릭하여 본다. 아래와 같은 내용의 데이터가 저장되어 있을 것이다. 즉, 각각의 시간에 대응하는 데이터 값이 모두 28로 동일하다.

표8

시간	데이터:1
0	28
0.2000	28
0.4000	28
⋮	⋮
9.8000	28
10	28

변수 myresult에 저장되는 내용의 크기를 조정하여 볼 것이다. 파일 myproducttwo.slx이 열려있는 Simulink 에디터 상단에 있는 메뉴바

myproducttwo - Simulink academic use

File Edit View Display Diagram Simulation Analysis Code Tools Help

에서 <Simulation>을 클릭한 뒤에 <Model Configuration Parameters> 항목을 선택한다. 또는 Simulink 에디터 상단에 있는 도구바(toolbar)의 여러 가지 아이콘

중에서 의 오른쪽 옆에 바로 위치한(붙어있는) 작은 크기의 역삼각형을 선택한 뒤에 첫 번째 항목인 <Model Configuration Parameters>을 선택하여도 된다. 선택하면 화면에 생성된

Configuration Parameters: myproducttwo/Configuration(Active)

의 제목을 가진 박스를 <표8a>와 같이 볼 수 있다.

표8a

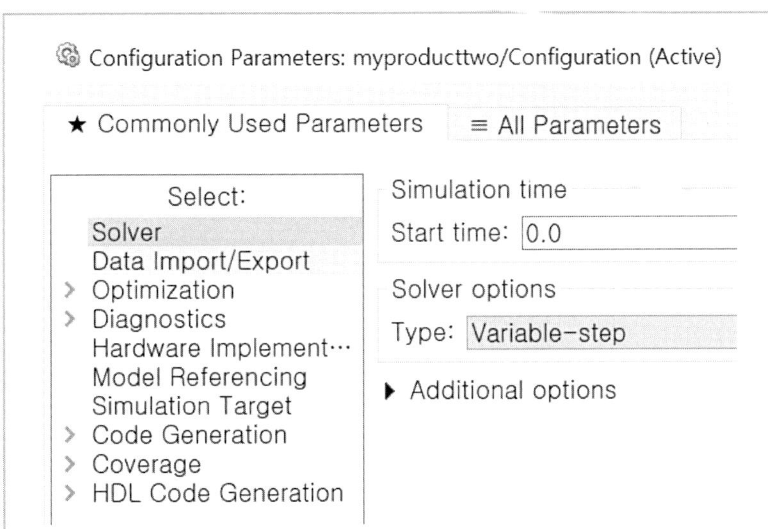

이 박스 왼쪽에 <Select> 항목이 있고 하위 메뉴에서 첫 번째 항목인 <Solver>를 클릭한다. 클릭 후 오른쪽에서 <Simulation time> 항목 하위 메뉴로 <Start time>과 <Stop time> 항목을 <표9>와 같이 볼 수 있다.

표9

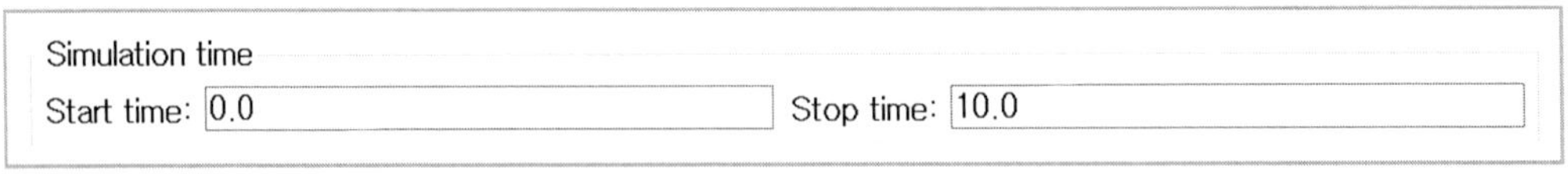

위 <표9>와 같이 설정되어있는 <Stop time> 항목의 값을 <표10>과 같이 10에서 0으로 변경하고 박스 하단에 있는 <OK> 항목을 선택하여 변경을 종료한다.

표10

위 <표10>과 같이 <Stop time>의 값이 0인 상태에서 <표6>에 있는 myproducttwo.slx 파일을 다시 실행한다. 실행한 뒤에 <작업 공간>은 <표11>과 같은 내용을 보여준다.

표11

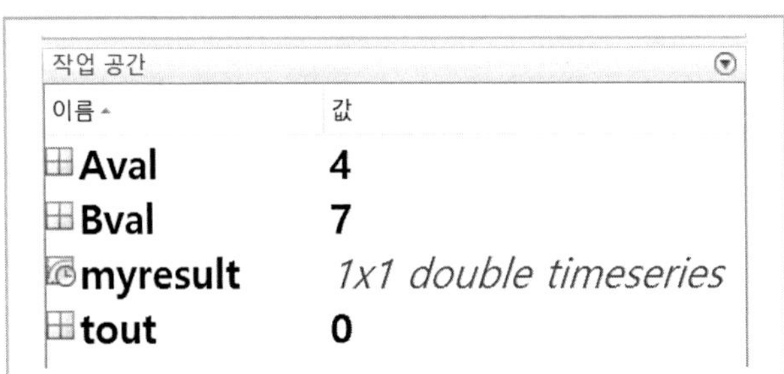

앞에서와 같이 <작업 공간>에 있는 변수 myresult를 더블 클릭하여 본다. 이번에는 <표12>의 내용과 같이 시간 0에만 대응하는 데이터 28만을 볼 수 있다. <Stop time> 항목의 값을 0으로 조정하여 <표8>에서 보았던 반복된 결과가 사라지게 되었다.

표12

시간	데이터:1
0	28

위의 <표11>에서 알 수 있듯이 myresult 변수는 Timeseries 형식이다.

Timeseries 형식은 무엇?

<표6>에 주어진 블록선도(myproducttwo.slx)에서 <To Workspace> 블록을 더블 클릭하면 대응하는 <Block Parameters: To Workspace> 박스가 화면에 출력된다. 출력된 박스 내부에 있는 내용 중에서 아래쪽에 <Save format>이란 항목이 아래와 같이 Timeseries로 설정(Default)되어 있기 때문에 myresult 변수가 Timeseries 형식으로 생성되었다.

Save format:	Timeseries ▾

사용자가 항목 <Save format>에서 선택할 수 있는 종류는 <표13>과 같다:

표13

(i) Structure With Time
(ii) Structure
(iii) Array
(iv) Timeseries

위에 주어진 종류 중에 하나를 선택(각자 시도하여 본다)하면 그 선택에 대응하는 구조를 가지고 변수 myresult에 저장된다. <표6>에 주어진 블록선도(myproducttwo.slx)를 실행하면 <작업 공간>의 내용이 앞 쪽에 있는 <표11>과 같은 환경이 된다. 이때 <명령창>에서 myresult를 입력 후 Enter를 선택하면 myresult에 관하여 아래와 같은 내용이 출력된다. 즉, myresult에 저장된 Timeseries 구조를 보여준다.

```
>> myresult
  timeseries

  공통 속성:
            Name: ''
            Time: [1x1 double]
```

```
        TimeInfo: [1x1 tsdata.timemetadata]
            Data: [1x1 double]
        DataInfo: [1x1 tsdata.datametadata]

    추가 속성, 메서드
---------------------------------------------
```

계속해서 myresult의 내부에 저장된 데이터를 참조하려면, 하위 필드를 가진 구조체 변수 다루듯이 아래와 같이 진행하면 된다.

```
>> myresult.Time
ans =      0
>> myresult.Data
ans =     28
```

위 <표7> 또는 <표11>을 보면 tout이란 변수가 <작업 공간>에 자동으로 생성되어 있다.

tout 변수는 왜 〈작업 공간〉에 생성되어 있나?

앞 <표6>에 있는 myproducttwo.slx 파일을 실행하면 <작업 공간>에 tout 변수가 출력되는데 이 변수를 제어하는 항목을 알아보자. myproducttwo.slx 파일이 열려있는 Simulink 에디터의 상단에 위치한 도구바에서 ⚙ 의 바로 옆에 위치한 작은 크기의 역삼각형을 클릭하여 <Model Configuration Parameters> 항목을 선택한다. 선택 후,

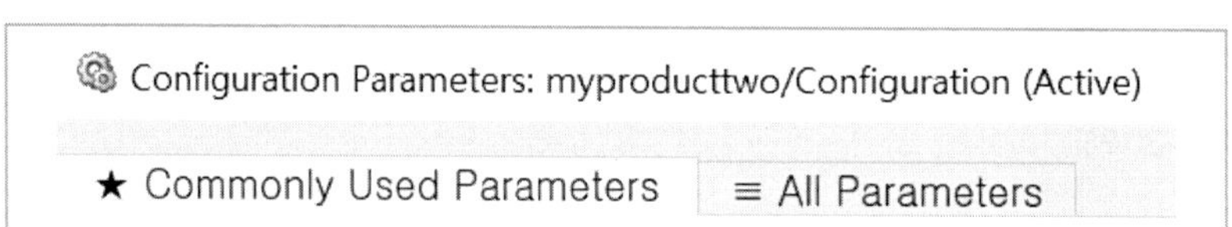

와 같은 제목을 가진 박스가 화면에 출력되고 박스의 왼쪽을 보면 <표14>와 같이 Select 영역을 볼 수 있다.

표14

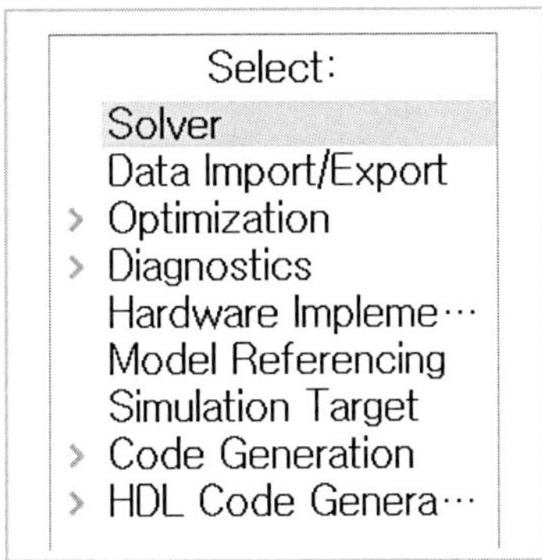

현재 <표14>에서는 <Solver> 항목이 선택되어 있는데 나열된 항목 중에서 두 번째에 위치한 <Data Import/Export> 항목을 선택하면 박스 내부의 오른쪽 영역에서 <표14a>와 같은 항목이 보일 것이다.

표14a

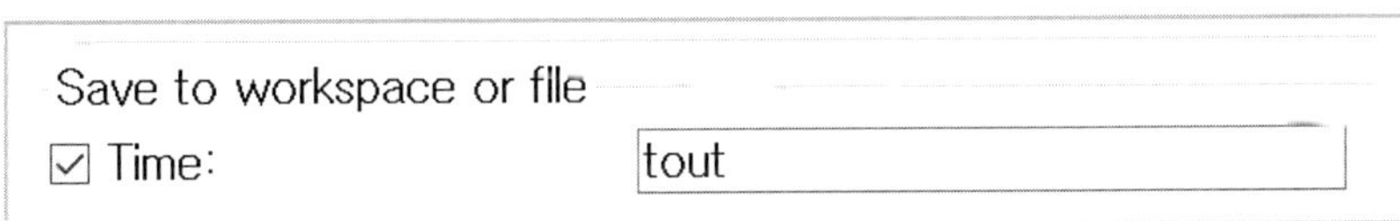

만약에 Time 옆에 있는 ☑와 같이 체크 표시된 것을

와 같이 해제하고 <표6>에 있는 블록선도(myproducttwo.slx)를 실행(체크 해제 후 박스 하단에 위치한 OK 또는 Apply 버튼 선택한 뒤에)하면 <표11>에서 보았던 tout 변수가 이번에는 <작업 공간>에 출력되지 않을 것이다. 또한, Time 옆에 있는 체크를 유지하고 변수명 tout를 다른 변수명(예를 들어, mytime)으로 변경한 뒤에 <표6>에 있는 블록선도를 실행하면 tout 대신에 변경된 변수명(mytime)으로 출력될 것이다. 그러나 특별한 이유가 없는 한 tout 변수명을 그대로 유지(초기 환경이므로)하도록 한다. 시뮬레이션에서 사용하는 시간 데이터(time data)가 tout 변수에 저장된다. <표11>을 다시 보면 tout 변수에 0가 저장되어 있는 것을 확인할 수 있다. <표10>에서 설명하였듯이 <Stop time> 항목을 0으로 설정하였기 때문이다.

1.3 그래프 출력

1.3.1 블록생성과 설명(Time based, Sample based, Zero-crossing)

이번 절에서는 블록을 이용하여 그래프를 그려보자. 매틀랩 초기화면의 도구바에 있는 아이콘 중에서 를 선택하여 Simulink 에디터를 연다. 열린 Simulink 에디터 상단에 있는 도구바에서 아이콘 을 선택하여 <Simulink Library Browser> 박스를 화면 출력한다. 화면 출력된 박스에는 라이브러리 리스트가 보일 것이다. 우리가 이번 절에서 사용할 블록들이 포함되어 있는 라이브러리 종류는 아래와 같다.

- [Source] 라이브러리: 〈Sine Wave〉, 〈Step〉, 〈Pulse Generator〉 블록
- [Signal Routing] 라이브러리: 〈Mux〉 블록
- [Sinks] 라이브러리: 〈Scope〉 블록

위의 라이브러리에서 각각의 블록들을 찾은 뒤에, <표1a>와 같은 위치로 블록들을 Simulink 에디터에 이동(마우스로 드래그하여)시키고 mygraph1.slx 파일명으로 저장한다.

표1a

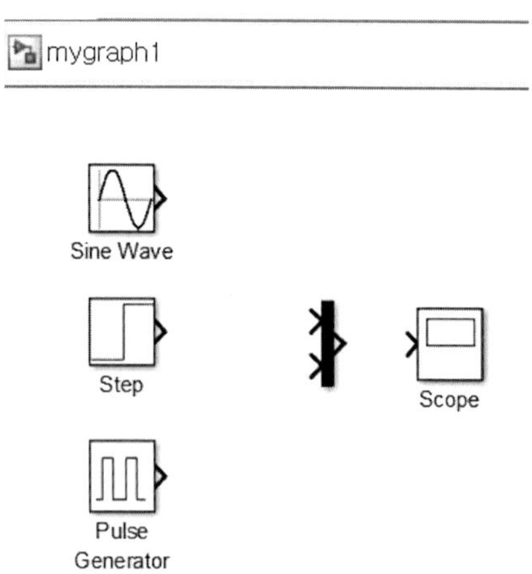

표1b

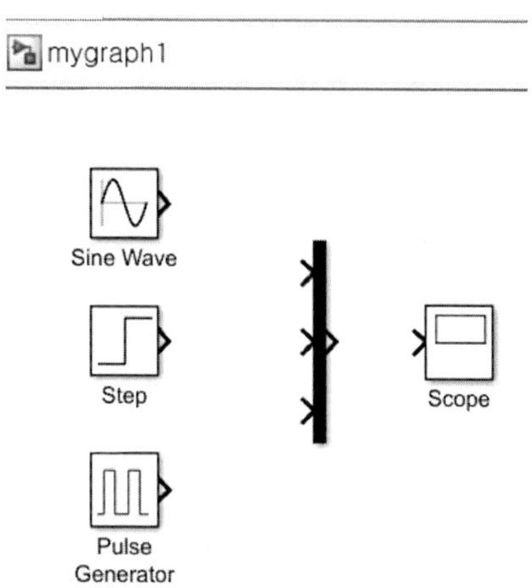

먼저 <표1a>에서 제공된 mygraph1.slx 파일에 있는 블록들을 설명하면 다음과 같다.

(1) <Sine Wave> 블록을 더블클릭하면 대응하는 <Block Parameters: Sine Wave> 박스가 화면에 출력된다. 이 블록은 아래와 같이 정의된 사인함수를 출력한다. 즉, 각 변수에 값이 할당되면 시간 데이터 t에 대하여 아래와 같은 관계식으로 O(t)가 출력된다.

㉮

```
O(t) = Amp*Sin(Freq*t+Phase) + Bias
```

위 식에서 O(t)가 출력되기 위해서는 등호(=) 기호 오른쪽의 식이 계산되어야 한다. 우선, 각 변수에 대응하는 값은 초기설정(default) 상태로 유지한다. 즉, <표2>와 같이 설정된 상태를 확인하고 박스 하단에 있는 <Apply> 버튼을 클릭한다. 이러한 설정으로 <Sine Wave> 블록이 작동을 하면 출력결과는 $\sin(t)$가 된다. 이때 Amp는 Amplitude, Freq는 Frequency에 대응된다.

표2

Amplitude:	Frequency (rad/sec):
1	1
Bias:	Phase (rad):
0	0

<표2>에는 생략하였지만 <Block Parameters: Sine Wave> 박스에서 Phase 항목 아래에 있는 Sample time 항목의 값이 0(default)임을 볼 수 있을 것이다. 변경하지 말고 그냥 유지하면 된다. 그래도 이 값이 무엇을 의미하는지 궁금해 하는 독자들을 위하여 이 값에 대하여 설명하면 다음과 같다. 먼저 다음과 같은 질문을 던진다.

블록에 있는 sample time이란?

이 질문에 대한 답: 시간 t의 범위가 $t_0 \le t \le t_n$이고 이 시간 범위에서 시뮬레이션이 진행되고 있다고 가정하자. 블록선도 내부에 있는 블록은 어떤 시간 간격을 가지고

$t = t_0, t_1, t_2, \ldots$ 에서 출력(블록의 계산 결과인)를 생성한다. 이때 $t = t_0, t_1, t_2, \ldots$ 를 의미하는 시간 테이블을 sample time이라고 한다. 또는 어떤 상태를 업데이트하는 시간 테이블과 관련된 매개변수(parameter)를 의미할 수도 있다.

좀 더 구체적으로 설명하여 보자. <Block Parameters: Sine Wave> 박스에서 Amplitude 항목 위에 아래 <표2a>와 같은 영역을 볼 수 있다.

표2a

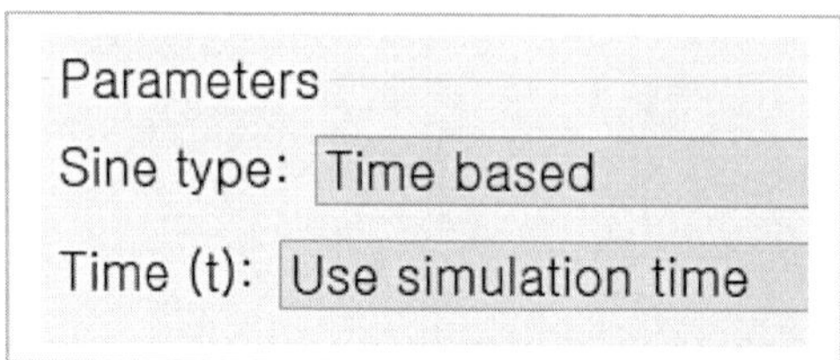

Sine type 항목에는 두 개의 옵션인 <Time based>와 <Sample based>가 있다. <표2a>와 같이 <Time based>가 선택된 상태에서 Sample time 항목의 값이 0(zero)이면 관련된 블록이 continuous mode에서 작동한다는 것을 의미한다. 특별한 이유가 없다면 Sample time 항목의 값을 0으로 유지하면 된다. 이 경우 출력되는 결과의 정확도를 향상시키기 위하여, 관련된 블록 내부에서는 major time steps과 minor time steps이 자동으로 만들어져 진행된다. 참고로, major time steps은 minor time steps로 구성된다. 다시 말하면 총 시뮬레이션 시간이 몇 개의 major time step으로 나누어지고 각각의 major time step은 또 다시 몇 개의 minor time step으로 나누어진다. 만약에 0보다 큰 수가 Sample time 항목의 값으로 결정되면 관련된 블록이 discrete mode로 작동하게 된다. 예를 들어, Sample time 항목의 값이 1로 결정되고 시간 변수 t가 0에서 <Sine Wave> 블록이 작동 시작되었다면 <표2b>와 같이 0, 1, 2, 3, ... 에 대응하는 출력을 보여준다. 이런 상황에서 시간 간격인 1을 'sampling period'이라고 하자. 동시에 tout 변수에는 <표2c>와 같은 데이터가 저장된다. <표2b>와 같은 Scope 창의 출력에 대해서는 나중에 자세히 설명한다.

표2b

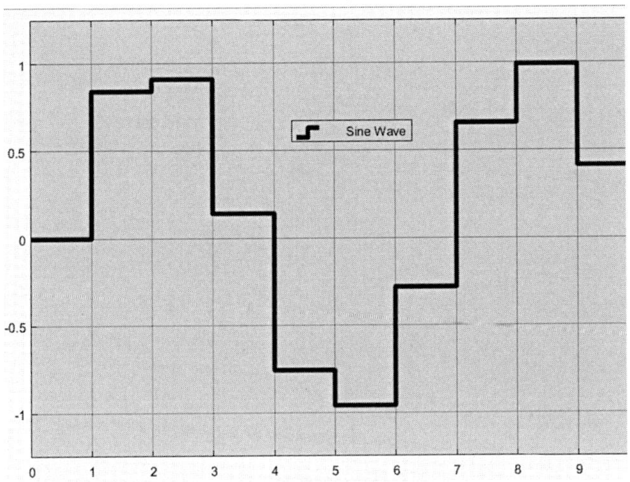

표2c

tout

11x1 double

	1
1	0
2	1
3	2
4	3
5	4
6	5
7	6
8	7
9	8
10	9
11	10

Initial time offset의 기능을 이용하면 시뮬레이션이 시작되는 시각을 Sample time 항목에 나타낼 수 있는데, <표2b>와 똑같은 결과를 얻기 위하여 <표2d>와 같이 2개의 성분을 가진 벡터의 형식으로 Sample time 항목을 설정할 수 있다. [1, 0]에서 첫 번째 성분인 1은 sampling period이고 두 번째 성분인 0는 initial time offset을 의미한다.

Sample time: [sampling period, initial time offset]

표2d

Sample time:

[1, 0]

만약에 Sample time 항목이 [1, 0.5]으로 설정된다면 <Sine Wave> 블록은 다음 <표2e>와 같은 출력을 보여줄 것이다. 즉, 시뮬레이션의 시작 시각이 0.5 이고 sampling period가 1 이기 때문에 0.5, 1.5, 2.5, 3.5, ... 에 대응하는 출력을 보여준다.

표2e

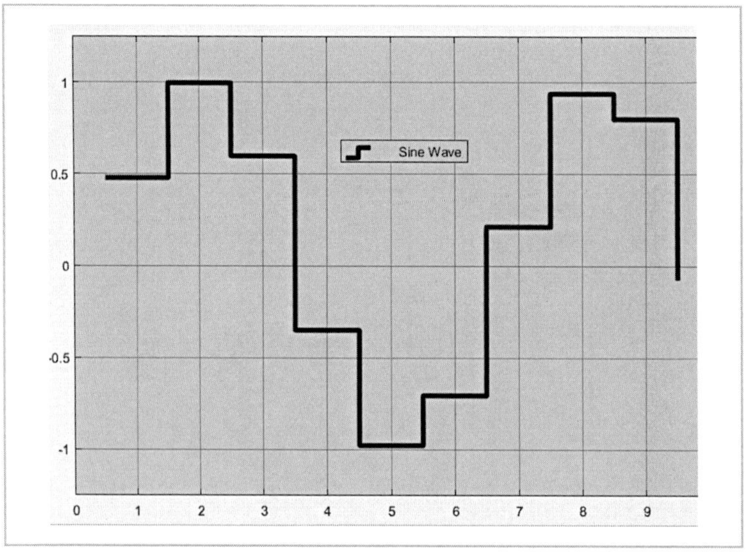

요약하여 보자. Sine type 항목에서 <Time based>가 선택되었다면 Sample time 항목의 값에 따라서 관계된 블록(현재 <Sine Wave> 블록)이 continuous mode로 작동할지 discrete mode로 작동할지가 결정된다.

한편, Sine type 항목에서 <Sample based> 옵션을 선택할 수 있는데 시뮬레이션의 실행시간이 지나치게 길어지는 문제가 발생하면 <Time based> 대신에 이 옵션을 선택할 수 있다. <Sample based> 옵션에 대하여 좀 더 자세히 설명한다. 아래 <표2f>에는 <Block Parameters: Sine Wave> 박스와 이 박스의 내용으로 설정된 <Sine Wave> 블록이 블록선도(MySine1.slx)에 포함되어 있음을 보여주고 있다.

표2f

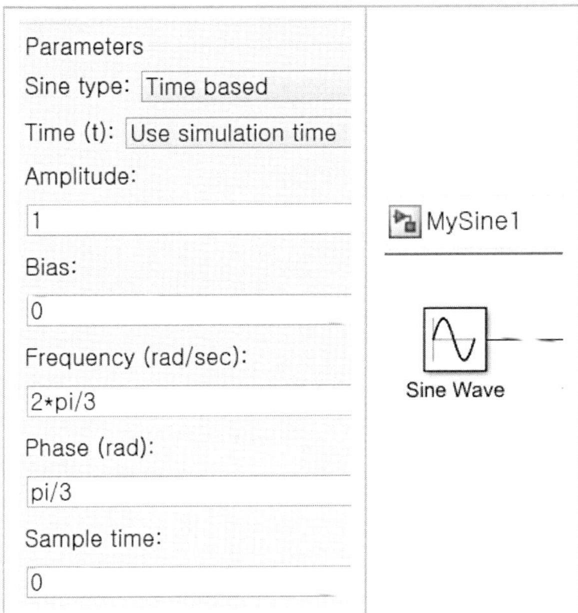

표2g

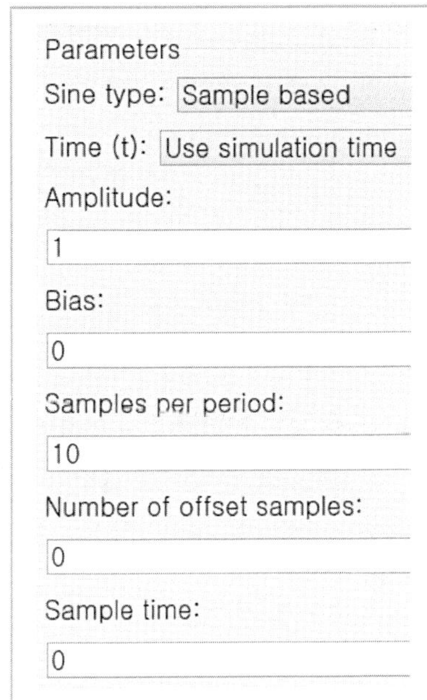

이때 <표2f>의 상황에서 <Sine type> 항목의 선택을 Time based에서 Sample based로 선택하면 <표2g>와 같이 항목이 변경된다. 즉, <표2f>에 있던 <Frequency>와 <Phase> 항목이 사라지고 <표2g>와 같이 <Samples per period>와 <Number of offset samples> 항목이 새롭게 만들어진다. 만약에 <표2g>에서 <Sample time>을 0.5로 선택한다고 가정하면 <표2g>에 있는 항목인 <Samples per period>와 <Number of offset samples>의 값은 다음과 같이 결정된다.

ⓐ Samples per period = 2*pi / (Frequency * Sample time)
= 2*pi/((2*pi/3)*0.5) = 6

ⓑ Number of offset samples = Phase * Samples per period / (2*pi)
= (pi/3)*6/(2*pi) = 1

위 ⓐ와 ⓑ의 결과가 다음 ㉯식에 적용되어 계산된 y가 <Sine Wave> 블록의 출력이 된다. 시뮬레이션의 첫 번째 시간 단계(time step)에서는 k가 0으로 설정되고 시간 단계가 진행되면서 k의 값도 증가(1, 2, 3, ... 과 같이)하다가 k가 p(= Samples per period)가 되면 k의 값을 0으로 다시 설정한다. 이후 이런 과정이 시뮬레이션이 종료될 때까지 반복된다.

㉯ y = A*sin(2π*(k+off)/p)+b

위의 ㉯식에서 변수는 아래 ①-⑤와 같다.

① A: Amplitude
② p: Samples per period (= 2*pi/(Frequency*Sample time))
③ k: 0부터 (p-1)까지의 정수가 반복된다.
④ off: Number of offset samples (= Phase*(Samples per period)/(2*pi))
⑤ b: Bias

지금까지 설명한 Sine type 항목에서 볼 수 있는 두 개의 옵션 <Time based>와 <Sample based>에 대하여 간단히 정리하자. 즉 <Time based> 옵션을 선택하면 앞 ㉮식에서 제공된 'O(t)=Amp*Sin(Freq*t+Phase)+Bias'에 의하여 계산된 O(t)가 <Sine Wave> 블록의 출력 신호가 되고 <Sample based> 옵션을 선택하면 앞 ㉯식에서 제공된 'y=A*sin(2π *(k+off)/p)+b'에 의하여 계산된 y가 <Sine Wave> 블록의 출력 신호가 된다.

위 <표2a>에서 제공된 Parameters와 관련하여 두 번째 항목인 <Time>에는 두 가지 옵션이 있다. 첫 번째 옵션은 'Use simulation time'이고 <Time> 항목의 초기 설정(default)이다. 이 옵션은 글자 그대로, 블록을 실행할 때 필요한 시간 변수의 값에 simulation time을 이용한다는 설정이다. 특별한 이유가 없으면 이 옵션을 보통은 유지한다. 두 번째 옵션은 'Use external signal'이고 블록을 실행할 때 필요한 시간 변수의 값으로 외부 신호를 이용한다는 설정이다. <Time> 항목과 관련하여 좀 더 자세한 내용은 2.4.4절을 참고한다.

또한, <Block Parameters: Sine Wave> 박스를 열었을 때 박스 하단에 보면 <표2h>와 같이 체크 박스가 자동(default)으로 선택(체크)되어 있다. 선택하면 벡터를 1차원 배열로 간주하겠다는 뜻이다.

표2h

☑ Interpret vector parameters as 1-D

선택할 때와 선택하지 않을 때의 차이는

> 관련된 블록이 데이터를 출력할 때, 출력 데이터의 형식에서 차이점이 생길 수 있다.

라는 정도로 이해하면 된다. 보통은 선택된 상태를 유지한다. 우리도 여기서는 변경없이 <표2h>와 같이 유지한다.

(2) <Step> 블록을 더블클릭하면 대응하는 <Block Parameters: Step> 박스가 화면에 출력된다. 아래 <표3>과 같이 설정하고(나머지 항목은 초기 설정 유지) 박스 하단에 있는 <OK> 또는 <Apply> 버튼을 클릭한다. 여기서 설정된 값들이 무엇을 의미하는지는 1.3.2절과 1.3.3절의 설명에서, 대응하는 그래프 출력을 보면 쉽게 이해된다.

표3

Step time:
1
Initial value:
0
Final value:
1
Sample time:
0

또한, <Block Parameters: Step> 박스 하단을 보면 다음 <표3a>와 같이 체크 박스(check box)가 자동으로 선택(default)되어 있다. 특별한 이유가 없으면 변경하지 말고 <표3a>와 같이 그대로 유지한다.

표3a

☑ Enable zero-crossing detection

일반적으로, <표3a>에서와 같이 항목이 선택된 블록을 포함하는 블록선도가 연속적인 zero-crossing event의 과도한 발생으로 인하여 시뮬레이션이 정지하는 문제가 발생할 수 있다. 이러한 문제를 해결하는 방법 중의 하나가 <표3b>와 같이 체크 박스 선택을 해제하는 것이다.

표3b

☐ Enable zero-crossing detection

체크 박스 선택을 해제하면 문제가 해결될 수도 있다는 이야기이다. 그렇다면 <표3a>에서 볼 수 있는 항목인

'Enable zero-crossing detection'의 존재 이유는 무엇인가?

이 질문에 개략적인 답은 다음과 같다: 가변 솔버(variable-step solver)가 선택된 블록이 실행되면 그 과정에서 시간 간격(time step size)이 변할 수 있다. 체크하는 데이터가 완만하게 변화할 때에는 시간 간격을 크게 하고 체크하는 데이터의 변화가 완만하지 않고 심한 경우에는 시간 간격을 줄인다. 이런 작동 방식 때문에 불연속성을 나타내는 영역에서는 상대적으로 다른 구간에 비하여 세분화된 시간 간격이 발생하게 된다. 이유인즉, 불연속성을 보여주는 구간에서는 데이터의 변화가 상대적으로 크기 때문이다. 이런 방식으로 솔버가 작동할 경우, 수치적인 값의 정확도는 높일 수 있으나 시뮬레이션이 오래 동안 과도하게 실행될 가능성도 있다. 한편, Simulink 소프트웨어는 불연속성을 보여주는 위치를 정확하게 알아내거나 또는 급격한 변화를 보여주는 데이터를 가능한 한 정확하게 표현하기 위하여

'zero-crossing detection'

이라고 알려진 기법을 사용한다. 이 기법을 이용할 때, 어떤 한계를 넘지 않도록 시간 간격을 조절할 수 있다. 결과적으로 시뮬레이션 실행 시간을 효율적으로 향상시킬 수 있다. 그러나, 예정된 실행 완료 이전에 시뮬레이션이 정지되기도 한다. 대상이 되는 데이터의 변화가 0를 지나 양수나 음수가 되는 위치를 감지하기 위하여 zero-crossing detection 기법을 사용하는 블록이 존재할 수도 있으나 입력되는 신호가 이미 설정한 위치 또는 값에 도달했을 때에도 zero-crossing detection 기법이 적용되기도 한다. 즉, 블록에 따라 zero-crossing detection 기법 적용 내용이 다를 수 있다. 따라서 0를 통과하는 의미로서만이 아닌 급격한 변화를 하는 신호(데이터)를 최대한 효율적이고 적절히 해석하고자 할 때 사용되는 상징적인 기법으로 zero-crossing detection을 이해하면 된다. 블록 중에 zero-crossing detection 기법을 사용하는 것은 <Abs>, <Backlash>, <Compart To Constant>, <Compare to Zero>, <Dead Zone>, <Enable>, <From File>, <From Workspace>, <Hit Crossing>, <If>, <Integrator>, <MinMax>, <Relational Operator>, <Relay>, <Saturation>, <Second-Order Integrator>, <Sign>, <Signal Builder>, <Step>, <Switch>, <Switch Case>, <Trigger>, <Enabled and Triggered Subsystem> 블록이 있다. 위에 나열된 블록에서 zero-crossing detection 기법이 적용되는 내용은 각 블록을 배우면서 알아 가면 된다.

(3) <Pulse Generator> 블록을 더블클릭하면 대응하는 <Block Parameters: Pulse Generator> 박스가 화면에 출력된다. 마찬가지로 이 블록에서 설정된 초기 환경을 유지한다. 즉, <표4>와 같이 설정된 상태를 확인하고 <OK> 또는 <Apply> 버튼을 클릭한다. 마찬가지로 여기서 설정된 값들이 무엇을 의미하는지는 1.3.2절과 1.3.3절의 설명에서, 대응하는 그래프 출력을 보게 되면 쉽게 이해될 것이다.

표4

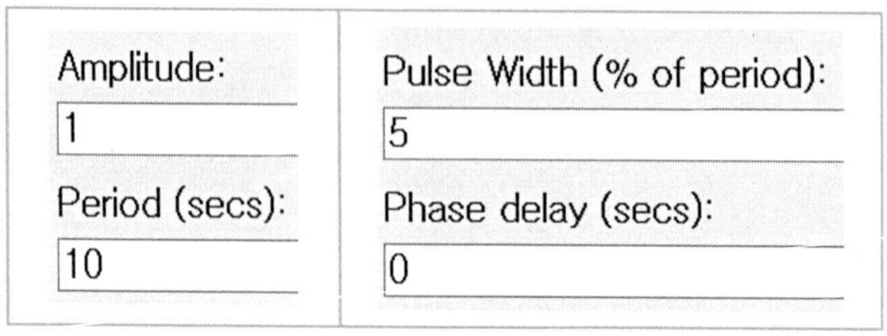

(4) <Mux> 블록을 더블클릭하면 대응하는 <Block Parameters: Mux> 박스가 화면에 출력된다. 출력된 박스 안의 내용을 보면 <Number of inputs> 항목의 값이 2로 설정(default)되어 있을 것이다. 이런 초기설정으로 인하여 앞에 있는 <표1a>에서와 같이 <Mux> 블록의 입력 단자가 두 개가 된다. 숫자 2로 설정된 <Number of inputs> 항목의 값을 <표5>와 같이 3으로 변경하고 박스 하단에 있는 <OK> 또는 <Apply> 버튼을 클릭하면 앞에서 주어진 <표1b>와 같이 <Mux> 블록의 입력 단자가 세 개로 변경된다. <Mux> 블록을 마우스 왼쪽 버튼으로 선택 후, 마우스를 이용하여 <Mux> 블록의 크기를 조정하면 <표1a>에서 <표1b>와 같이 변경할 수 있다.

표5

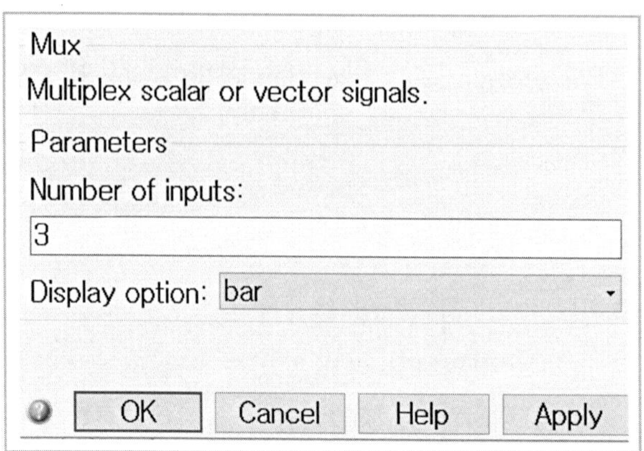

(5) <Scope> 블록을 더블클릭하면 <표6>과 같이 메뉴바, 도구바(toolbar) 그리고 도구바 아래의 영역(이하 그래프 영역)을 가진 박스가 화면 출력된다. 처음에는 그래프 영역이 <표6>에서 보듯이 검정색으로 되어 있을 것이다. 참고로, <표6>에 주어진 박스에서 상단에 위치한 메뉴바와 도구바를 확대하여 <표6a>에 제공하였다.

표6

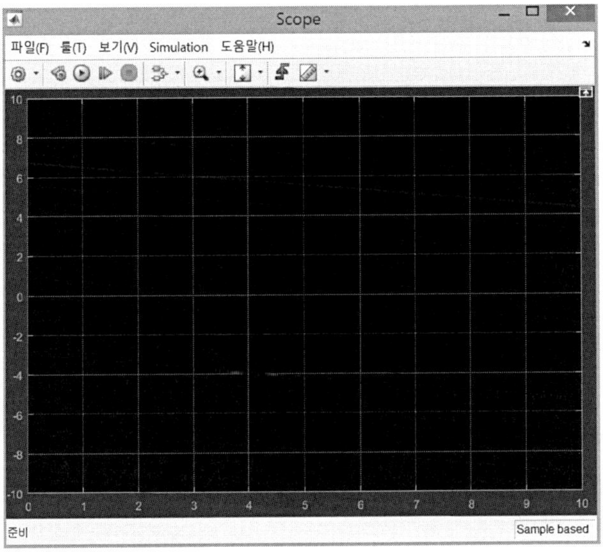

표6a

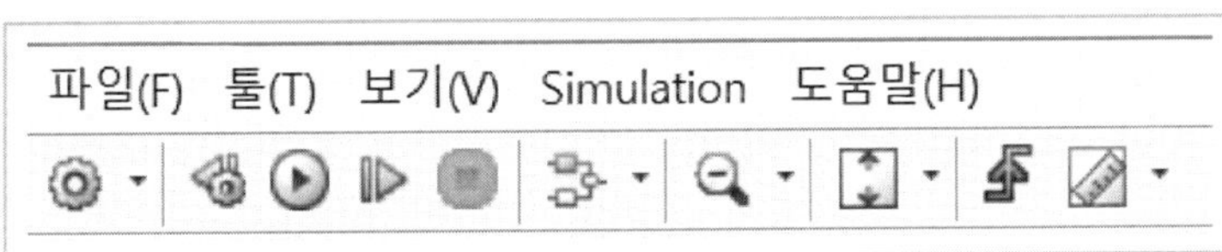

위 <표6>에 주어진 박스에서 그래프 영역에 대응하는 색을 변경하여 보자. <표6> 또는 <표6a>에 있는 도구바에서 가장 왼쪽에 아이콘 을 볼 수 있다. 이 아이콘의 오른쪽 옆에 바로 붙어있는 역삼각형 마크를 클릭하면 팝업 메뉴 박스가 나타난다. 이 팝업 메뉴 박스에서 두 번째 항목 <Style>을 선택하면 <표7>과 같은 <Style: Scope> 박스가 화면에 출력된다. <표6> 또는 <표6a>의 메뉴에서 <보기>-<스타일>을 선택하여도 <표7>에 주어진 박스가 출력된다. 출력된 박스 안에 있는 <Figure color>와 <Axes colors> 항목에서는 아래 박스 안의 내용을 각각 수행할 수 있다.

- 〈Figure color〉: 좌표축 외부 영역의 색을 조정
- 〈Axes colors〉:
  (a) 첫 번째 박스는 좌표축 내부 영역의 색을 조정
  (b) 두 번째 박스는 Ticks, Labels, Grid Colors 색을 조정

표7

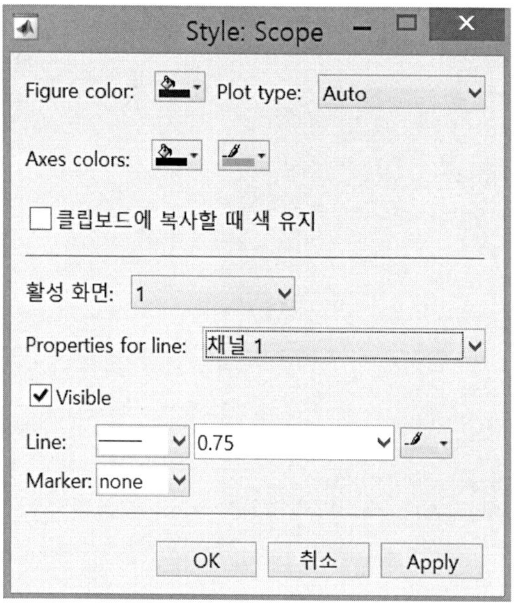

위의 설명을 근거로 <Figure color>와 <Axes colors> 항목을 <표7a>의 내용으로 설정한다.

표7a

- 〈Figure color〉 항목에 대응하는 색: [0.94 0.94 0.94]
- 〈Axes colors〉 항목의
  첫 번째 박스 대응색은 [0.8 0.8 0.8]이고
  두 번째 박스 대응색은 검정색(Black)으로 선택.

위와 같이 선택하면 <표7>에 주어진 <Figure color>와 <Axes colors> 항목이 <표8>과 같이 보일 것이다.

표8

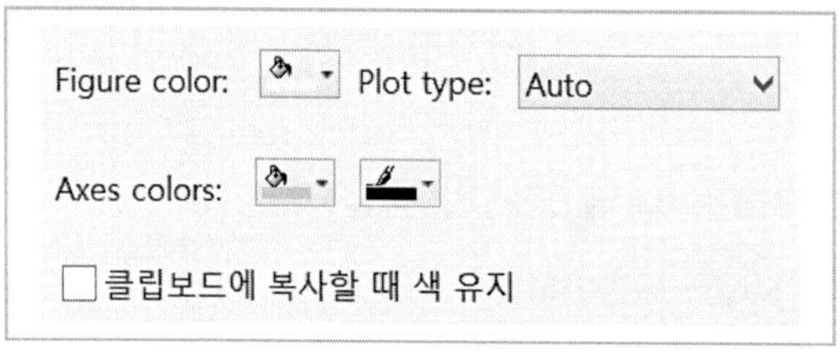

<Figure color> 항목을 마우스로 클릭하면 여러 종류의 색을 보여주는 작은 사각형들이 화면에 나타난다. 첫 번째 줄에 위치한 작은 사각형 중에 왼쪽에서 3번째에 있는 사각형이 [0.94 0.94 0.94]에 대응하는 색이다. 마우스 커서를 사각형 위에 위치시키면 [0.94 0.94 0.94]와 같은 형식의 수(number) 배열을 확인할 수 있다. 마찬가지로 <Axes colors> 항목의 첫 번째 또는 두 번째 아이콘을 선택하면 작은 사각형들이 화면에 나타날 것이다. 이 때, 첫 번째 줄에 위치한 작은 사각형 중에 왼쪽에서 첫 번째에 있는 사각형이 검정색이고, 왼쪽에서 다섯 번째에 있는 사각형아 [0.8 0.8 0.8]에 대응하는 색이다.

위와 같이 선택한 뒤에 박스 하단에 있는 <Apply> 또는 <OK> 버튼을 클릭하면 <표6>에서 보았던 Scope 창이 <표9>와 같이 변경될 것이다.

표9

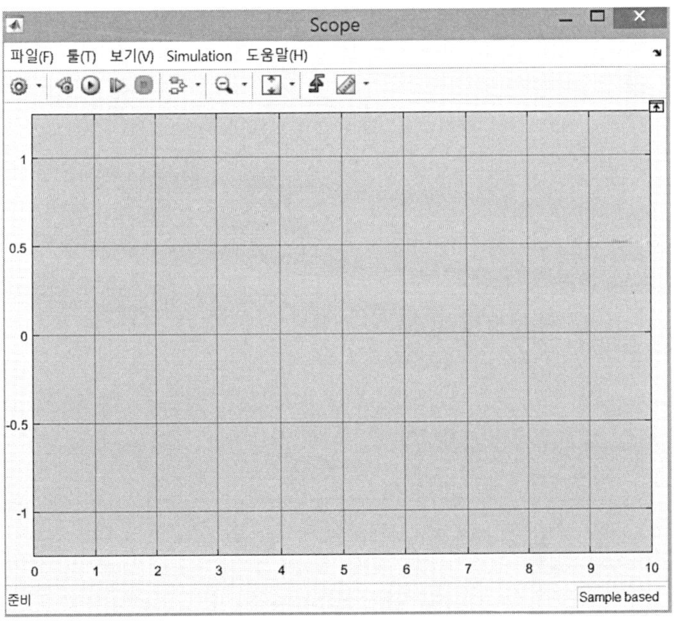

위와 같은 과정으로 색을 설정하였지만 화면에서 <표9>와 같은 Scope 창을 찾을 수 없을 경우에는 <표1b>에 주어진 mygraph1.slx 파일에서 <Scope> 블록을 다시 더블클릭하면 된다. 변경된 Scope 창을 화면에서 다시 볼 수 있을 것이다.

1.3.2 블록선도 실행(Scope 창에서 그래프 속성 조절)

앞 절에서 만든 mygraph1.slx 파일이 아래 <표1>에 주어졌다. 이 파일에서 <Sine Wave> 블록의 출력 단자에 마우스를 위치시키면 커서가 십자가 모양으로 된다. 이때 마우스의 왼쪽 버튼으로 <Sine Wave> 블록의 출력 단자를 선택하고 클릭한 상태를 유지하면서 드래그하여(끌고 움직여) <표2>와 같이 <Mux> 블록의 첫 번째 입력 단자에 연결한다.

표1

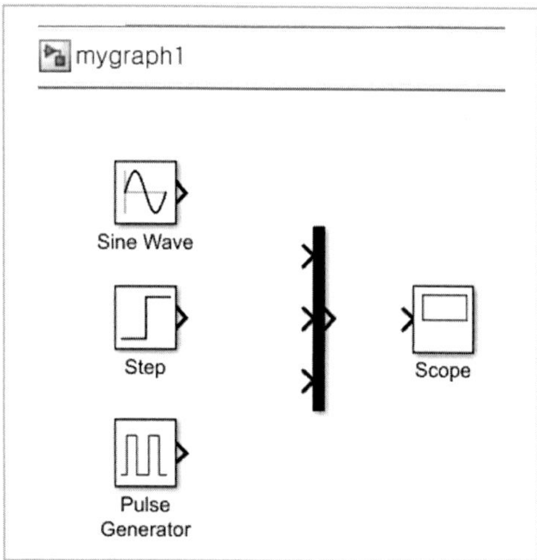

표2

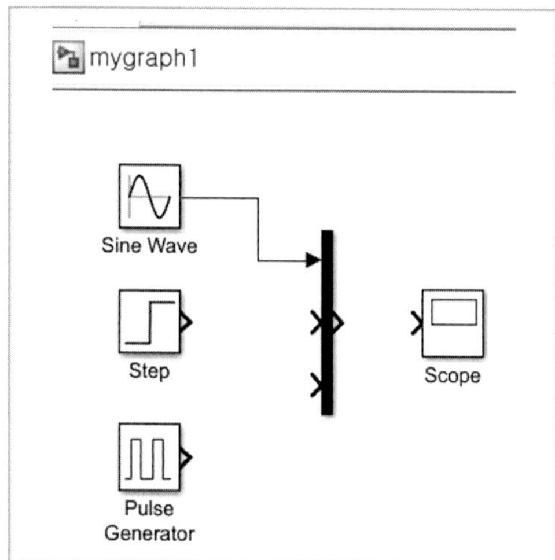

같은 방식으로 <표3>과 같이 블록들을 연결하여 블록선도를 완성한다.

표3

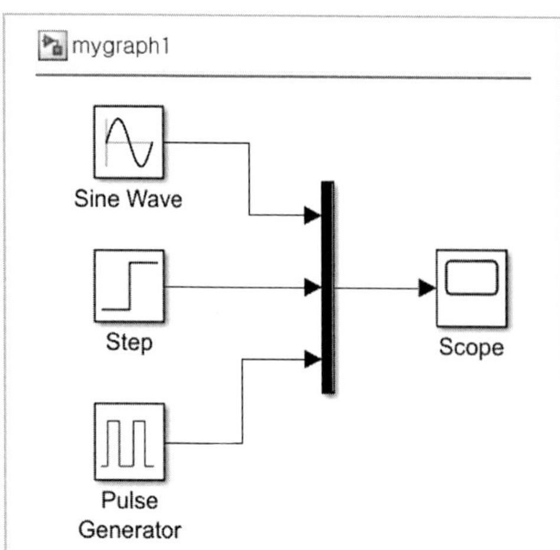

다음으로 Simulink 에디터 상단에 위치한 도구바에서 실행버튼 을 클릭한다. 실행 후 <Scope> 블록을 더블클릭하면 세 개의 그래프가 그려진 박스(= Scope 창)가 화면 출력된다. 처음에는 <표4>와 같이 세 개의 선이 명확하게 구분되어 보이지 않을 것이다.

표4

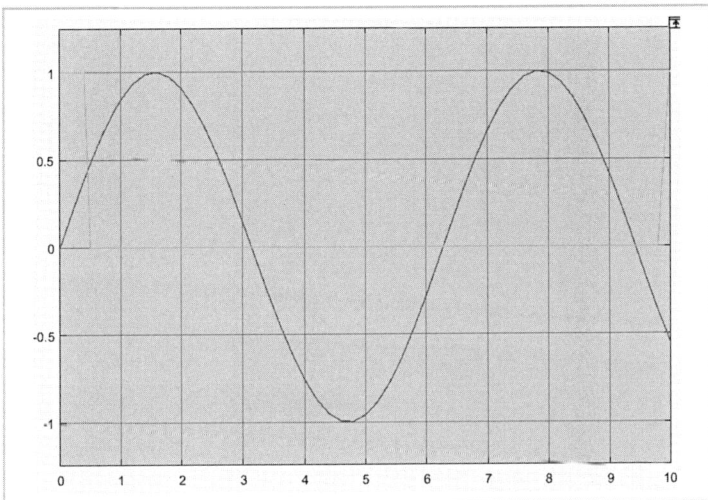

앞 절에서 이 출력 박스 내부에 있는 그래프 영역의 바탕색을 변경(1.3.1절에서 <표7a> 내용 참고)하였기 때문이다. <표4>와 같이 주어진 Scope 창에서 그래프 선들이 각각 명확하게 보이도록 조정하는 방법을 설명할 것이다.

<표4>에 주어진 Scope 창의 상단에 위치한 도구바에서 가장 왼쪽에 있는 아이콘은 이다. 이 아이콘의 바로 옆에 붙어있는 역삼각형 마크를 클릭하면 네 개의 항목(아이콘)이 열벡터 형식으로 화면에 팝업된다. 마우스를 네 개의 항목 위에 차례대로 위치시키면 (왼쪽 버튼으로 각각 선택하지 않고) 각 항목에 대응하는 명칭이

① 구성 속성(Configuration Properties)

② 스타일(Style)

③ 레이아웃(Layout)

④ Show legend

과 같이 화면에 보일 것이다. 이 네 개의 항목에서 두 번째 스타일 항목을 선택하면 <Style: Scope> 박스가 <표5>와 같이 화면 출력된다.

표5

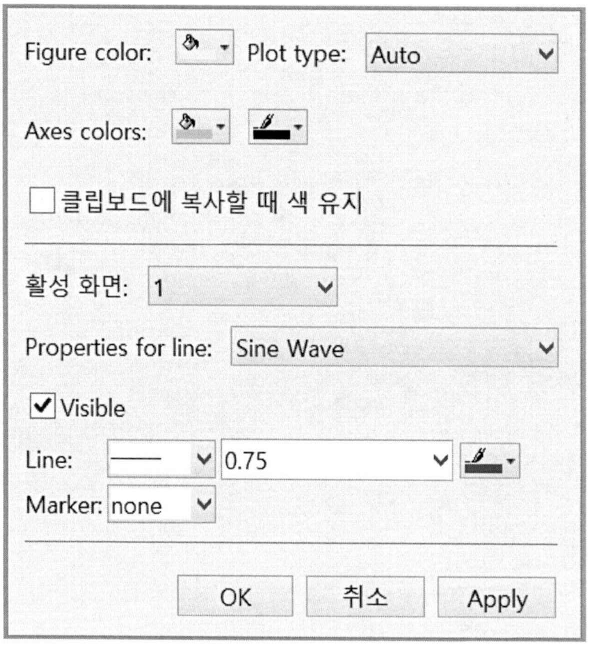

이 박스 내부에 있는 <Properties for line> 항목에서 블록 출력에 대응하는 그래프를 선택할 수 있고 그 아래에 있는 <Line> 항목에서 선의 종류, 선의 두께와 선의 색을 차례로 조정할 수 있다. 세 종류(Sine Wave, Step, Pulse Generator) 각각의 선에 대하여, 제공된 <표5a>-<표5c>의 내용으로 변경하고 박스 하단에 위치한 <OK> 또는 <Apply> 버튼을 클릭한다.

표5a

Sine Wave: 선의종류(solid), 굵기(3), 색(red)

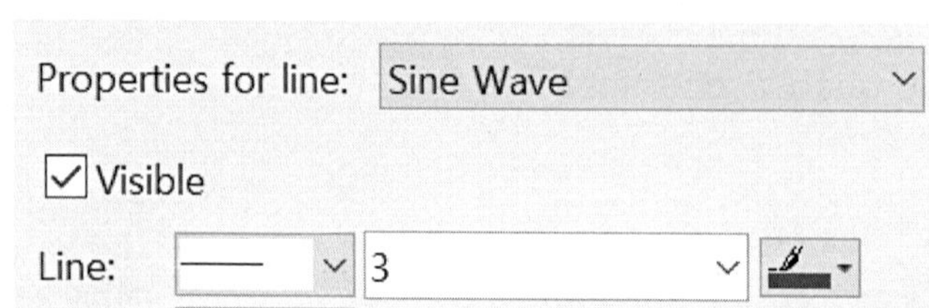

표5b

Step: 선의종류(dash-dot), 굵기(3), 색(blue)

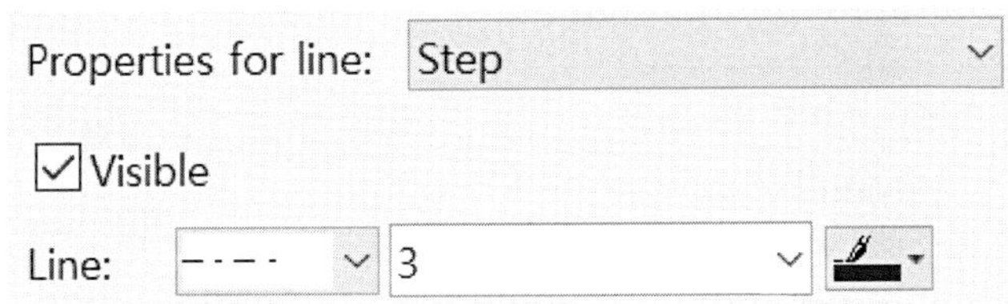

표5c

Pulse Generator: 선의종류(dotted), 굵기(3), 색(black)

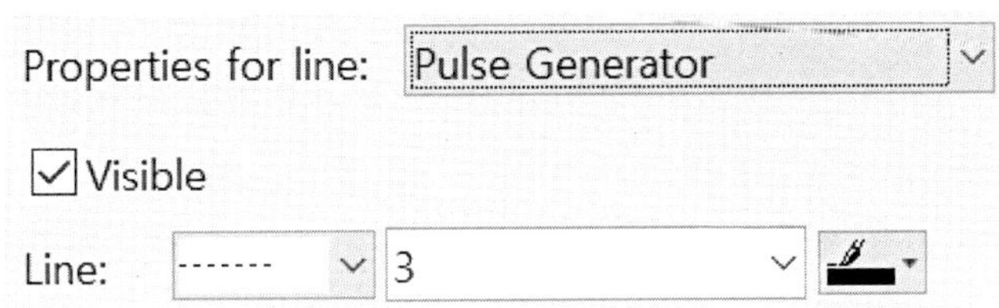

위의 <표5a>, <표5b>, <표5c>의 설정으로 <표4>에 주어진 Scope 창은 <표6>과 같이 변경될 것이다.

표6

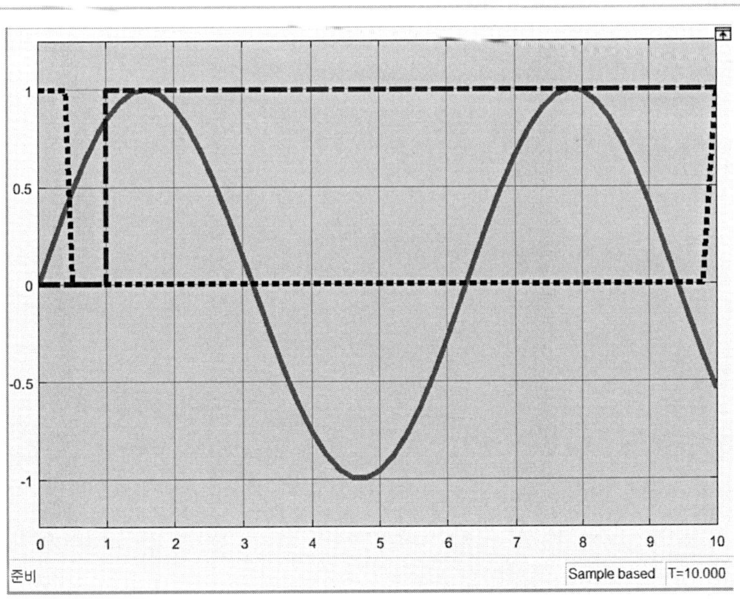

참고로, 선의 종류는 <표6a>의 내용과 같이 네 가지 종류가 사용된다.

표6a

선의 종류	Solid line (Default)	Dashed line	Dotted line	Dash-dot line
기호	-	--	:	-.

Scope 창 내부에 있는 그래프가 서로 겹치는 영역이 있기 때문에 그래프의 위치를 변경하여 보자. <표6>과 같은 결과를 주는 mygraph1.slx 파일에서 <Step> 블록을 더블 클릭하면 여러 항목을 가진 박스 <Block Parameters: Step>가 화면 출력된다. 이 박스 내부에 있는 <Step time>과 <Initial value> 항목을 <표7>과 같이 변경한다. 즉,

<Step time>: **1에서 5로 변경**

<Initial value>: **0에서 −0.5로 변경**

하고 나머지 항목은 그대로 유지한다. 박스 하단에 있는 <Apply> 버튼을 선택하여 변경을 완료한다.

표7

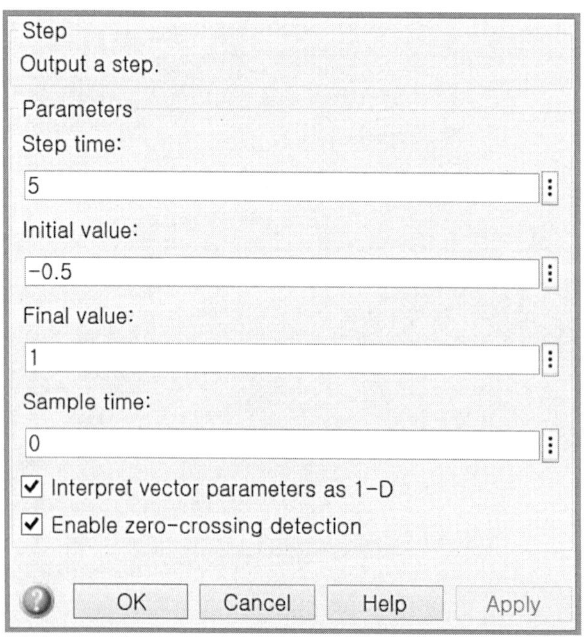

완료 후 블록선도 mygraph1.slx를 다시 실행하면 <표8>과 같은 Scope 창을 볼 수 있을 것이다.

표8

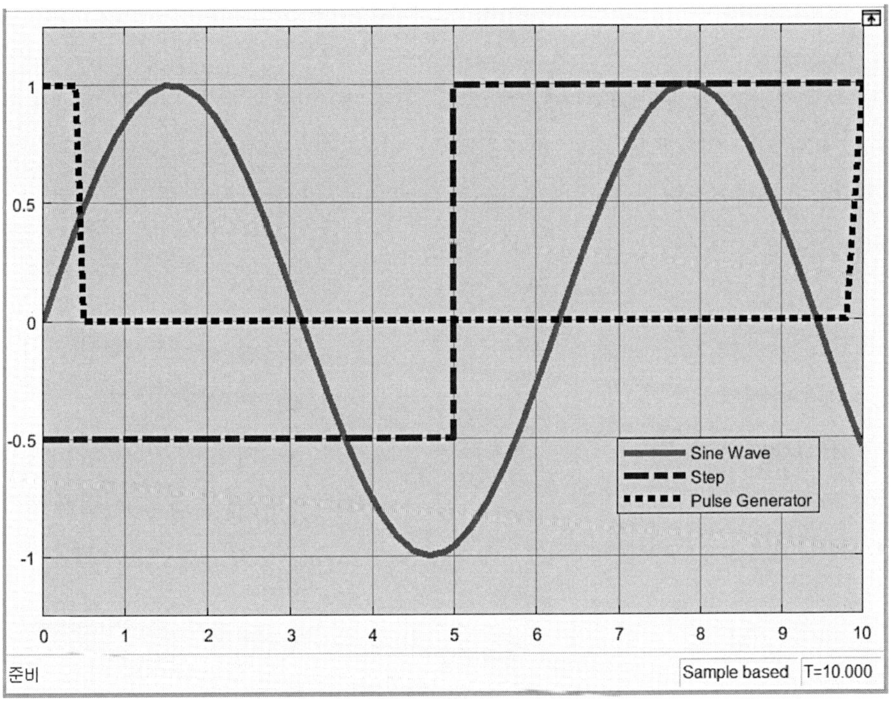

그래프 선을 구분하기 위하여 범례를 사용할 수 있는데, <표6>에서는 존재하지 않았던 범례를 <표8>에서 볼 수 있다. 먼저 <Scope> 블록을 더블클릭하면 출력되는 Scope 창의 상단에 위치한 도구바

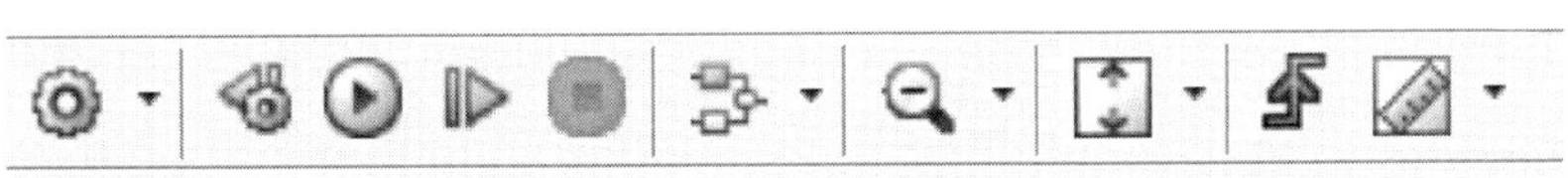

에서 가장 왼쪽에 있는 아이콘  바로 옆에 붙어있는 역삼각형 마크를 클릭한다. 클릭 후 생성된 팝업 박스 안에 있는 마지막 항목인 <Show legend>을 선택한다. 선택의 결과로 선의 종류를 구분하여 주는 아래와 같은 범례 박스가 Scope 창에 나타날 것이다.

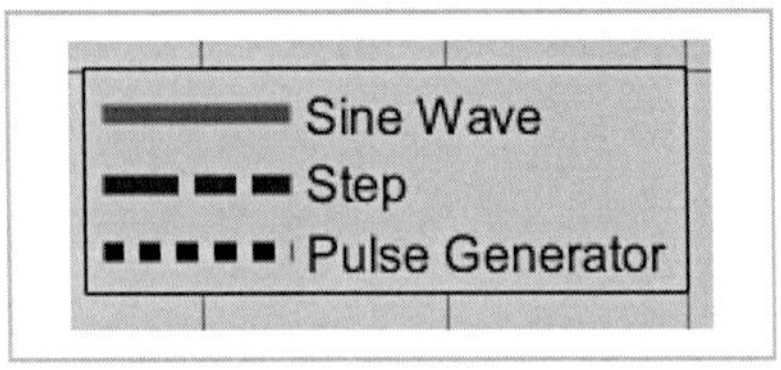

Scope 창에 출력된 범례 박스를 마우스로 선택 후 드래그하여 <표8>과 같이 Scope 창의 오른쪽 하단 영역으로 범례 박스를 각자 이동시켜 본다. 이미 Scope 창에 범례 박스가 출력된 상태였다면 <Show legend>의 선택으로 범례 박스가 Scope 창에서 사라지게 된다.

범례 박스를 생성하는 다른 경로는 다음과 같다. <표8>에 주어진 Scope 창의 상단에 있는 메뉴바에서 <보기(View)>-<범례(Legend)> 항목을 선택하여도 된다. 범례의 출력 위치가 그래프와 겹쳐지게 되는 경우가 발생할 수 있다. 이런 경우 위에서 설명한 바와 같이 마우스로 간단히 해결할 수 있다. 즉, 마우스로 출력된 범례를 선택하고 드래그하여 그래프와 겹쳐지지 않게 <표8>과 같은 위치로 범례 박스를 이동시키면 된다.

1.3.3 Scope 창에서 그래프 출력 분리와 선택

앞 절에서의 내용을 따르면, 아래 <표1>에 주어진 블록선도를 실행하여 <표2>와 같은 그래프를 출력할 수 있다. 이번 절에서는 <표2>에 주어진 세 개의 선을 분리하여 출력하는 방법을 알아본다.

표1

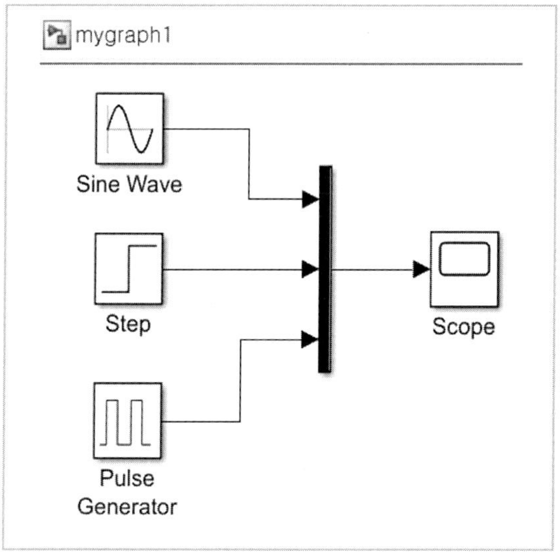

표2

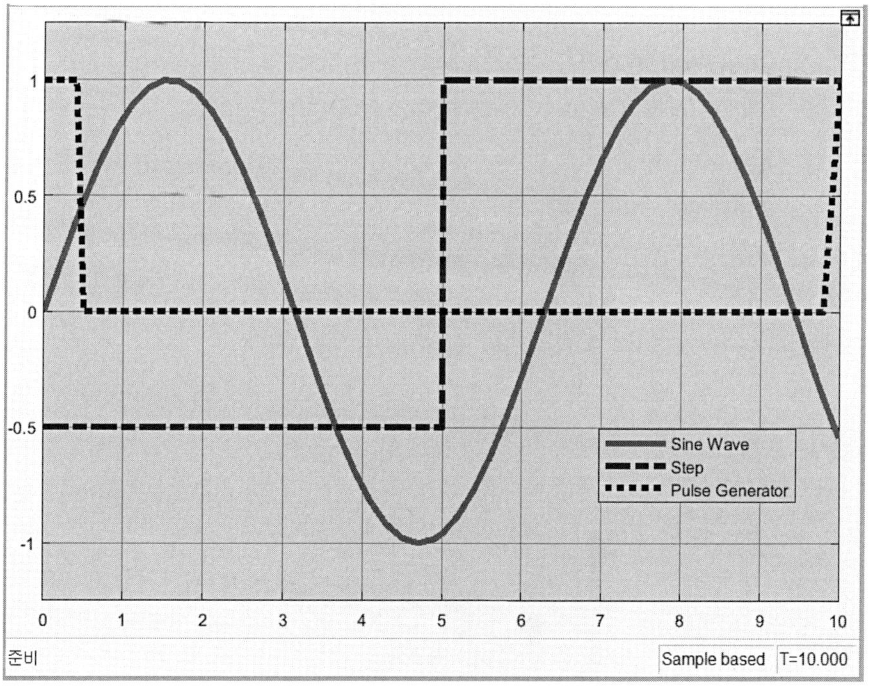

<표1>에 주어진 블록선도에서 <Mux> 블록을 제거하고 그 자리에 <Bus Creator>와 <Bus Selector> 블록을 생성한다. 즉, 첫 번째로 블록선도에서 <Mux> 블록을 마우스로

선택하고 키보드에서 <Del> 버튼을 선택하여 <Mux> 블록을 제거한다. 다음으로 Simulink 에디터 상단에 위치한 도구바에서 아이콘  을 선택하여 Library Browser 박스를 열고 [Signal Routing] 라이브러리를 선택하면 <Bus Creator>과 <Bus Selector> 블록을 찾을 수 있다.

[Signal Routing] 라이브러리 : 〈Bus Creator〉와 〈Bus Selector〉 블록

위의 두 블록을 각각 드래그하여 Simulink 에디터 내부로 이동(제거된 <Mux> 블록의 위치에 <Bus Creator> 블록과 <Bus Selector> 블록 순서로)시키고 <Bus Creator> 블록을 더블 클릭한다. 더블 클릭하여 출력된 <Block Parameter: Bus Creator> 박스의 내부에서 <Number of inputs> 항목의 값을 아래 <표2a>와 같이 3으로 설정한다.

표2a

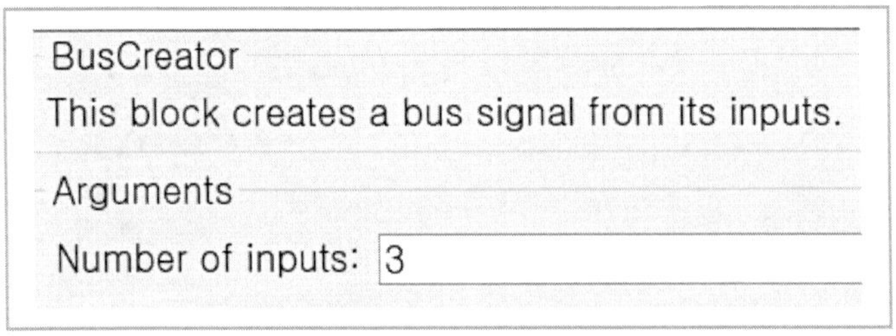

지금까지의 내용으로 <표3>과 같은 블록선도를 만든다.

표3

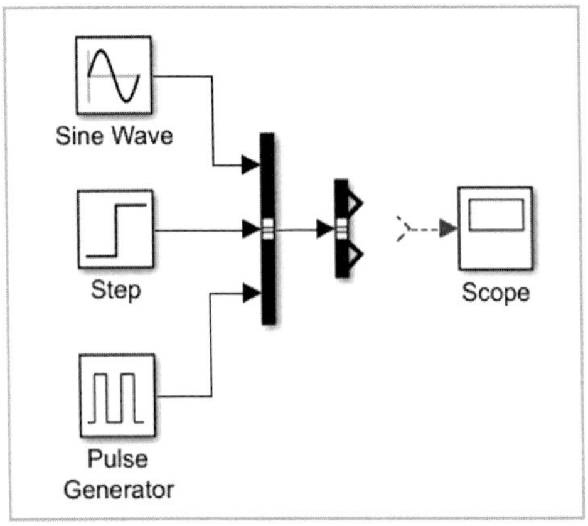

다음으로 <Bus Selector> 블록을 더블클릭하면 <표4>와 같은 <Block Parameters: Bus Selector> 박스가 화면 출력된다.

표4 〈Block Parameters: Bus Selector〉

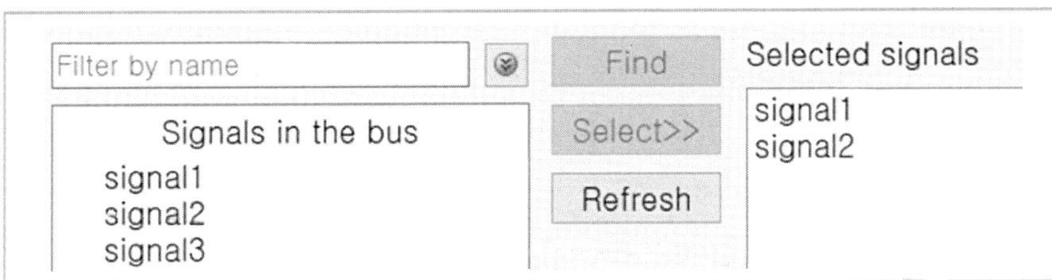

<표4>에 주어진 박스의 왼쪽 영역에서 <signal3> 항목을 마우스로 선택하고 가운데 영역에 있는 <Select> 버튼을 클릭하면 <표5>와 같이 오른쪽 영역에 <signal3> 항목이 추가된다. 계속해서 <표5>에 있는 박스의 하단에 위치한 <Apply> 버튼을 선택하면 <표3>에서 보았던 <Bus Selector> 블록의 출력 단자가 두 개에서 세 개로 변경된다. 현재 <표5>에 주어진 박스에서는 하단에 위치한 <Apply> 버튼이 생략되어 보이실 않는다.

표5

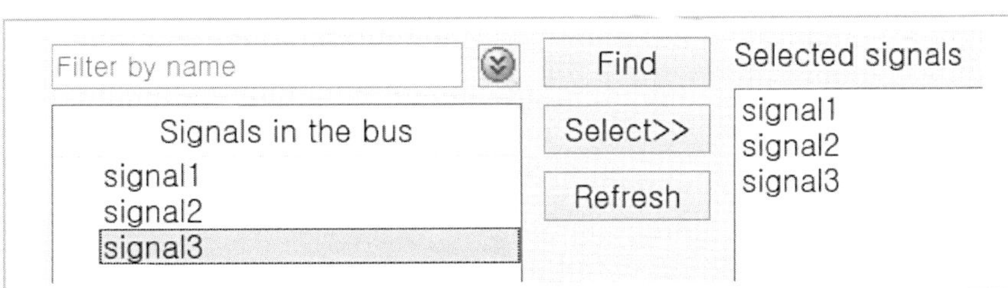

다음으로 <표3>에서 <Scope> 블록을 더블 클릭하여 <Scope> 블록에 대응하는 Scope 창을 화면 출력한다. 출력된 창의 상단에서 메뉴 <보기(View)>를 선택하면 팝업 메뉴 박스를 볼 수 있다. 두 번째 항목인 <구성 속성(Configuration Properties)>를 선택한다.

Scope 창: 〈보기〉-〈구성 속성〉

선택의 결과로 화면 출력된 <구성 속성> 박스 안에서, <Main> 메뉴 아래에 위치한 <Number of input ports> 항목의 값을 다음 <표5a>와 같이 3으로 설정한다.

표5a Configuration Properties: Scope

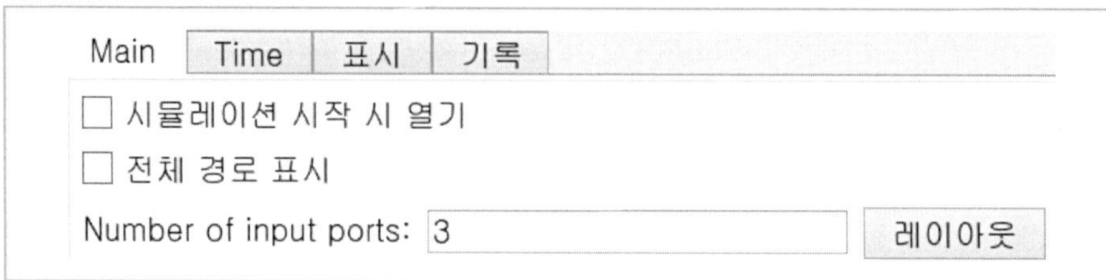

또한 위에서 볼 수 있듯이 <Number of input ports> 항목 옆에 위치한 <레이아웃(Layout)> 항목을 이용하여 Scope 창을 재구성할 수 있다. 즉, 레이아웃 항목을 선택하면 작은 네모 박스들로 구성된 팝업창이 보일 것이다. 팝업창 내부에서 (3행×1열)의 형식으로 작은 네모 박스 세 개를 선택한다. 다음으로 <구성 속성(Configuration Properties)> 박스 하단에 있는 <Apply> 버튼을 클릭하여 현재의 선택을 완성한다. 지금까지의 과정을 모두 수행하여 <표3>의 블록선도를 <표6>과 같이 만들고 mygraph2.slx 파일명으로 저장한다.

표6

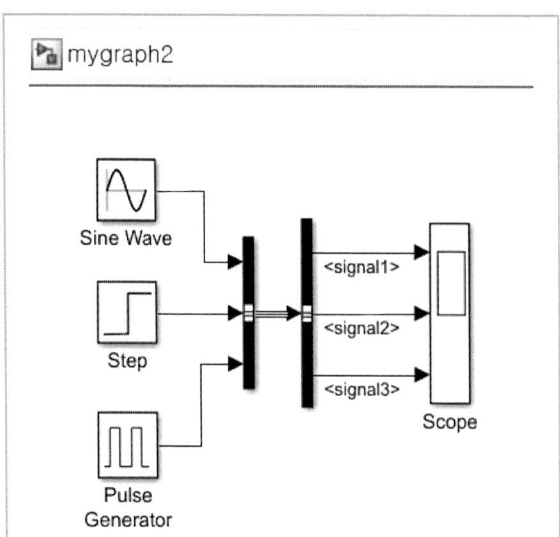

Simulink 에디터에서 <표6>에 주어진 mygrpph2.slx 파일을 확인하고 Simulink 에디터 상단에 있는 실행 버튼 을 클릭한다. 실행이 종료된 뒤에 <Scope> 블록을 더블클릭하면 <표7>과 같은 <Scope> 블록 대응 출력 박스(= Scope 창)를 볼 수 있을 것이다.

표7

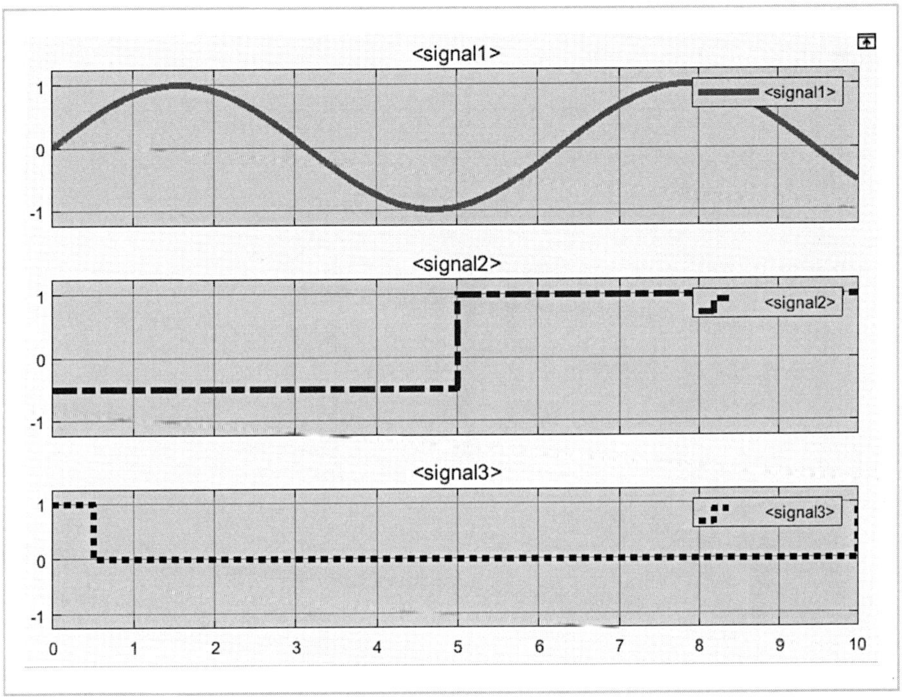

다음으로 각각의 선에 라벨을 입력하여 보자. <표6>에 주어진 mygraph2.slx 파일에서 <Sine Wave> 블록과 <Bus Creator> 블록 사이의 연결선을 마우스로 더블 클릭하면 입력할 수 있는 박스가 생성된다. 생성된 박스에 키보드를 이용하여 MySine이란 라벨 명칭을 입력한다. 그 결과로 <Bus Selector> 블록과 <Scope> 블록 사이에 있는 첫 번째 연결선의 라벨이 <signal1>에서 <MySine>으로 자동 변경된다. 즉,

〈Sine Wave〉 블록과 〈Bus Creator〉 블록 사이에 MySine을 입력

⇓

라벨 〈signal1〉이 〈MySine〉으로 자동 변경

계속해서 <Step> 블록과 <Bus Creator> 블록 사이의 연결선을 더블 클릭하여 MyStep 라벨을 입력하고 마지막으로 <Pulse Generator> 블록과 <Bus Creator> 블록 사이의 연결선에는 MyPulse 라벨을 입력하면 <표6>에 주어진 블록선도는 <표8>과 같이 변경될 것이고 mygraph3.slx 파일명으로 저장한다.

표8

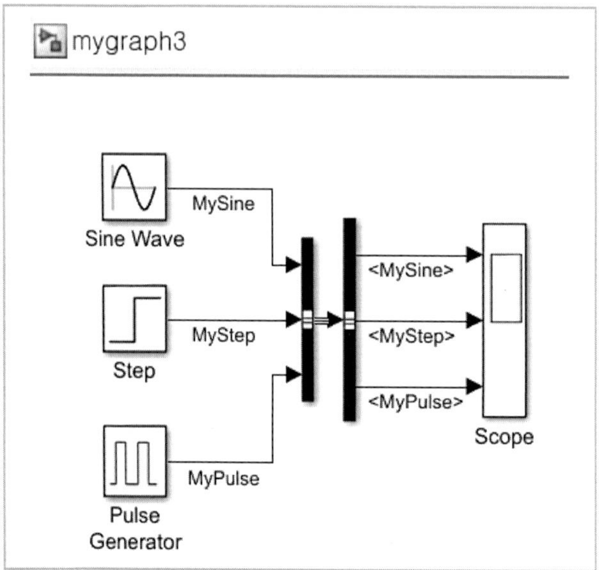

<표8>에 주어진 블록선도를 에디터 상단에 있는 실행버튼 을 선택하여 실행하면 변경된 라벨에 대응하여 <표9>와 같은 Scope 창을 볼 수 있다. <표7>에 있는 Scope 창과 비교하여 그 차이를 확인하여 본다.

참고로, 이번 절에서 사용하고 있는 <Bus Creator>와 <Bus Selector> 블록 대신에 <Mux>와 <Demux> 블록을 사용할 수 있다. 그러나, 후자의 경우 전자의 경우처럼 각 선의 라벨이 Scope 창에 자동적으로 전달되지 않는다.

표9

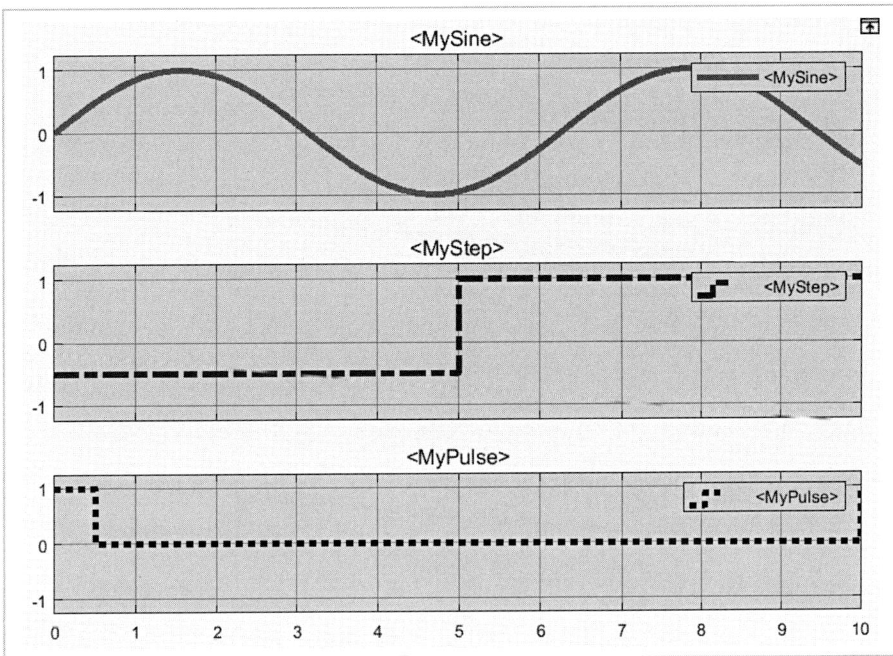

<Bus Selector> 블록을 이용하면 <Bus Creator> 블록에 입력된 선(Line)들 중에서 원하는 대상을 선택하여 출력할 수 있다. 먼저 <표8>에 주어진 mygraph3.slx 파일에서 <Bus Selector> 블록을 더블 클릭하면 <표10>에 주어진 박스가 화면 출력될 것이고 <표11>과 같은 내용이 되도록 변경한다.

표10 Block Parameters: Bus Selector

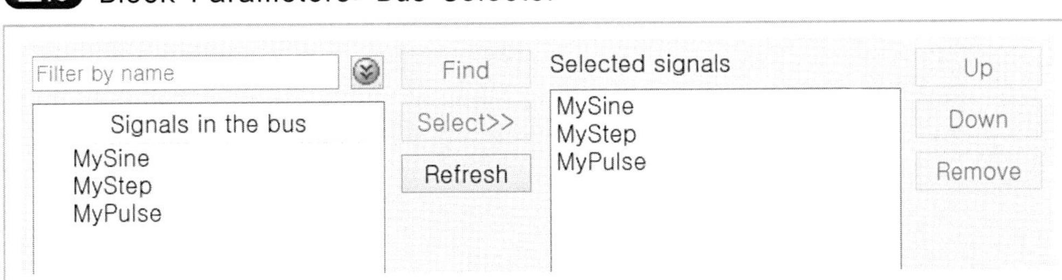

표11 Block Parameters: Bus Selector

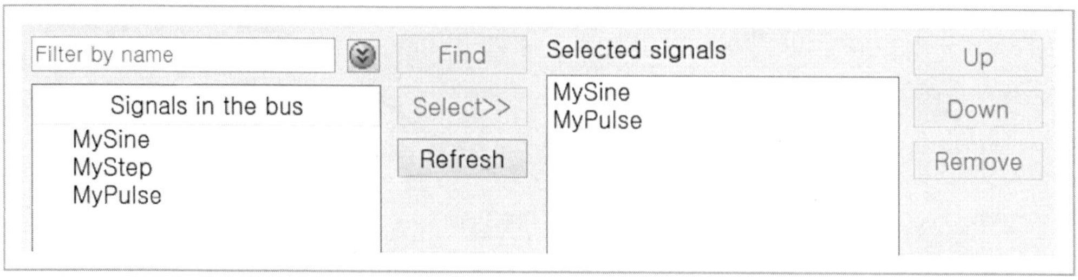

즉, <표10>에 주어진 박스 내부에 있는 <Selected signals> 영역에서 MyStep 항목을 선택하고 박스 내부 오른쪽에 위치한 <Remove> 버튼을 선택한다. 계속해서 박스 하단에 있는 <Apply> 버튼을 선택하고 mygraph3.slx 파일을 mygraph4.slx 파일명으로 변경하여 저장한다. 지금까지의 진행을 수행하면 <표12>와 같이 <Bus Selector> 블록과 <Scope> 블록의 연결선 중에 하나가 점선으로 변경된다. 이 점선을 제거하여 <표13>과 같이 만든다. 즉, 마우스로 점선을 선택한 뒤에 키보드의 <Del> 버튼을 선택하여 점선을 제거한다.

표12

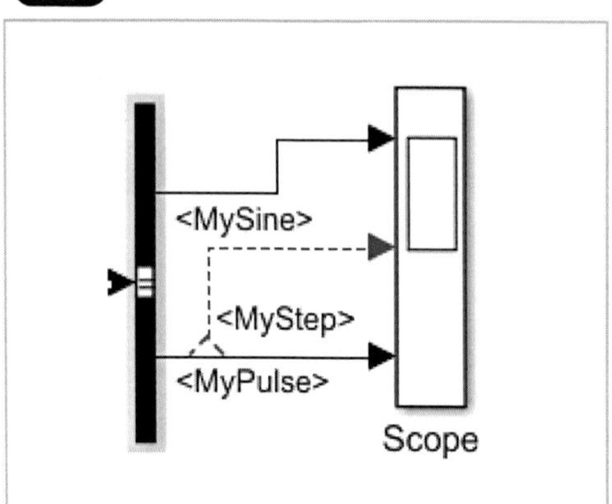

표13

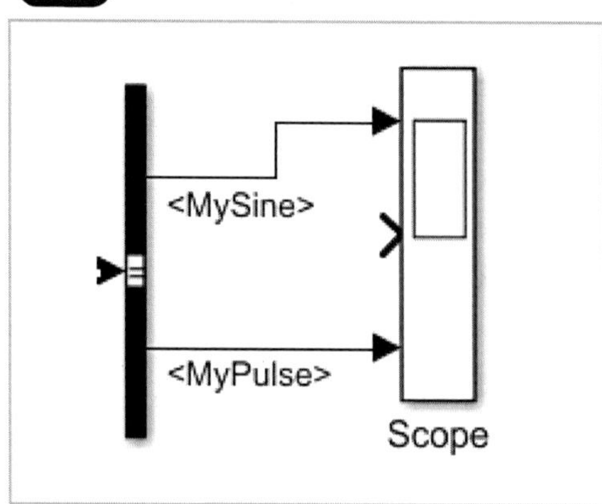

다음으로 <표13>에서 <Scope> 블록을 더블 클릭하여 Scope 창을 화면 출력한다. 화면 출력된 Scope 창의 상단에 위치한 메뉴에서

<**보기**(View)>-<**구성 속성**(Configuration Properties)>

항목을 선택하면 <Configuration Properties: Scope> 박스가 생성된다. 이 박스 내부에 있는

<Main>-<Number of input ports>

항목의 값을 아래와 같이 3에서 2로 변경한다.

또한 그 옆에 있는 <레이아웃> 버튼을 선택하면 생성되는 박스 안에서 (2행×1열)의 형식으로 작은 네모 박스 두 개를 선택한다. <OK> 버튼을 선택하여 <Configuration Properties: Scope> 박스를 닫는다. 지금까지의 과정을 수행하면 <표8>에 주어진 블록 선도가 <표14>와 같이 된다.

표14

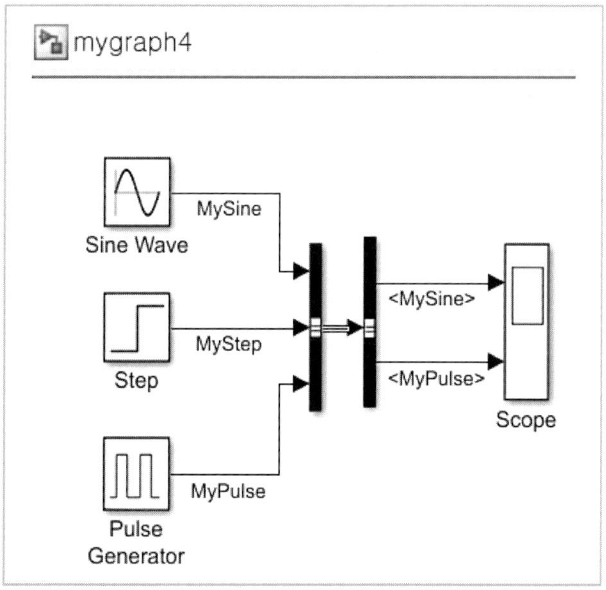

Simulink 에디터에서 <표14>에 주어진 mygraph4.slx 파일을 확인하고 Simulink 에디터 상단에 있는 실행 버튼 ▶ 을 클릭한다. 실행 후에 <Scope> 블록을 더블 클릭하면

<표15>와 같이 출력된 Scope 창을 보게 된다.

표15

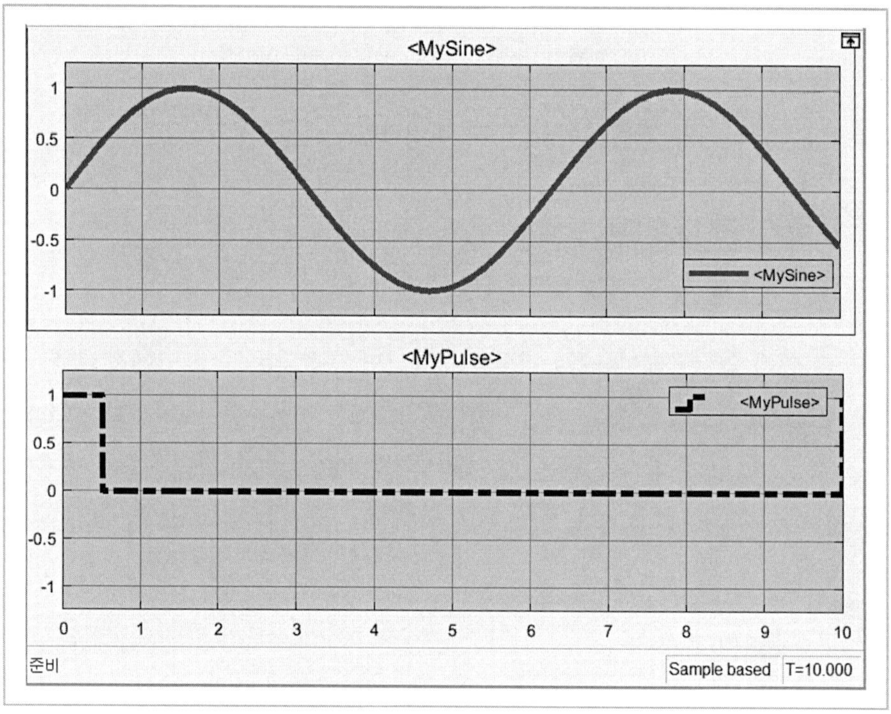

이와 같은 방법으로 여러 개의 선에서 원하는 선만을 골라 출력할 수 있다. 요약하면, <표14>에 주어진 mygraph4.slx 파일에서 볼 수 있듯이 세 개의 선이 <Bus Creator> 블록에 입력되었고 <Bus Selector> 블록을 이용하여 첫 번째와 세 번째 선만을 선택한 뒤에 Scope 창에 출력하였다. 이것으로 1장 내용을 종료한다.

CHAPTER 02

Simulink 기초 I

2.1 블록선도에서 적분 시도

아래 ㉮와 같이 초기치가 주어진 문제의 해 $y(t)$를 정의역의 범위 $0 \le t \le 4$에서 블록선도를 이용하여 구할 것이다.

㉮ $$\frac{dy}{dt} = -2\sin 2t,\ y(0) = 1$$

고등학교에서 배우는 미분과 적분의 내용을 적용하면 위 문제의 해는 $y = \cos 2t$ 임을 쉽게 알 수 있다. 이 해에 대응하는 그래프를 구하기 위하여 블록선도에서 두 가지 방법으로 접근하여 보자. 이 두 가지 방법의 차이는 사용하는 블록의 종류가 다를 뿐이다. 각각의 방법에서 최종적으로 구해지는 해의 그래프는 서로 동일하다. 아래와 같이 첫 번째 방법과 두 번째 방법으로 나누어서 설명할 것이다.

2.1.1 첫 번째 방법과 설명(Configuration Parameters)

사용하는 블록은 <Sine Wave>, <Integrator>, <Scope>이고 다음 (1) 단계에서 (8) 단계까지의 내용을 진행한다. 특별히 (5) 단계의 내용이 추가적인 설명(Solver와 Zero-crossing detection)으로 인하여 길어졌다.

(1) Simulink 에디터를 열고 상단에 위치한 도구바에서 아이콘  을 클릭하여 Simulink Library Browser도 연다.

(2) Simulink Library Browser에서 찾을 수 있는 [Source], [Continuous], [Sinks] 라이브러리 각각에서 다음과 같은 블록들을 하나씩 확인한다.

- [Source] 라이브러리: 〈Sine Wave〉 블록
- [Continuous] 라이브러리: 〈Integrator〉 블록

– [Sinks] 라이브러리: 〈Scope〉 블록

시간에 관하여 입력된 신호(signal)의 적분을 구하기 위하여 <Integrator> 블록을 이용할 것이다.

(3) 위의 블록들을 아래 <표1>과 같이 Simulink 에디터에 배치하고 블록들을 연결한 뒤에 ch2p1a.slx 파일명으로 저장한다.

표1

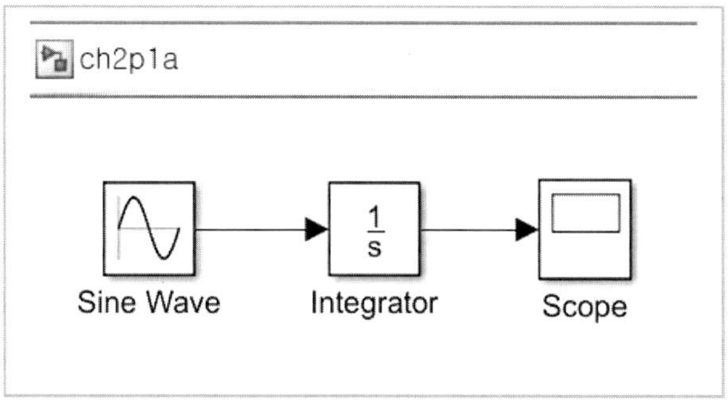

(4) 위 <표1>에 주어진 ch2p1a.slx 파일에서 <Sine Wave> 블록을 더블클릭하여 <Block Parameters: Sine Wave> 박스를 연다. 이 박스 내부에서 다음과 같은 출력 함수 O(t)를 설정할 수 있다:

$$O(t) = Amp*Sin(Freq*t+Phase) + Bias$$

위의 출력 함수 O(t)를 함수 $-2\sin 2t$ 에 대응시키기 위하여 매개 변수(parameters)를 다음과 같이 설정하고 박스 하단에 있는 <OK>를 클릭한다(1.3.1절 내용 참고):

Amp = -2, Freq = 2,

Phase = 0, Bias = 0, Sample time = 0.

즉, <Block Parameters: Sine Wave> 박스 내부에 있는 항목의 값을 <표2>와 같이 설정하면 된다. <표2>에서 아래쪽에 위치한 Sample time 항목에 대해서는 1.3.1절의 내용을 참고한다.

표2

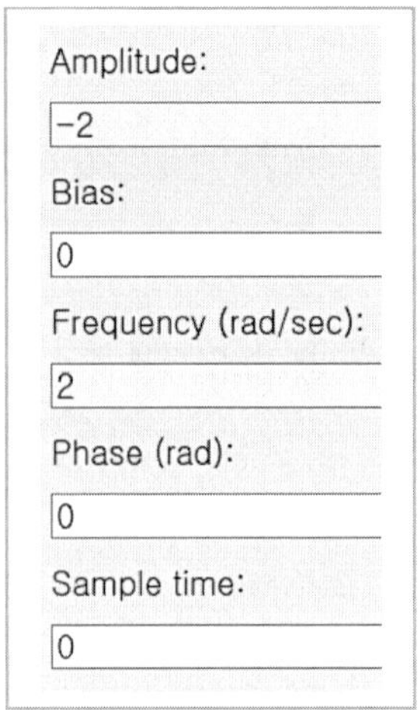

(5) 적분 계산이 필요한 블록선도를 제작할 때 <Integrator> 블록을 사용하게 된다. 또한, 사용하는 수치적 방법을 지정할 수 있다. <표1>과 같은 블록선도가 있는 Simulink 에디터의 상단에 위치한 메뉴바

File Edit View Display Diagram Simulation Analysis Code Tools Help

에서

<Simulation>-<Model Configuration Parameters>

항목을 선택하면 <표2a>와 같은 박스가 화면 출력된다.

표2a Configuration Parameters: ch2p1a/Configuration(Active)

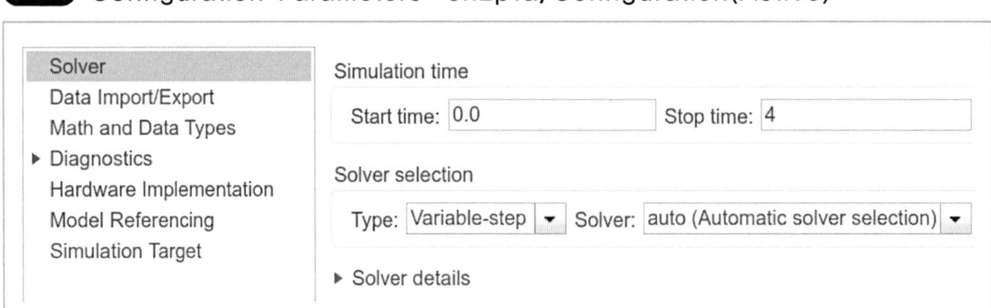

이 박스 오른쪽 영역에서 <Solver selection> 항목을 볼 수 있다. 이 항목에서 서브 항목인 <Solver>를 선택하면 박스가 화면에 팝업(pop-up)된다. 팝업된 박스에 있는 항목들은 수치적 방법들을 보여준다. 이 수치적 방법 중에 원하는 것을 선택하면 그 방법으로 미분방정식의 해를 구하게 된다. <표2a>의 경우에서 <Solver> 항목을 보면 구체적 방법이 선택되지 않았고 자동(auto)으로 설정되어 있다. 자동(auto) 설정의 경우에는 동역학 모델에 따라 매틀랩이 선택한 방법이 적용된다. Solver에서 자주 이용되는 수치적 방법은 ode45(Dormand-Prince)이다. 4차와 5차 explicit Runge-Kutta 방법을 결합하여 ode45 수치적 방법이 만들어졌다.

참고로, 정의역 $[a, b]$에서 미분 방정식 $y' = f(t,y)$에 대한 4차와 5차 explicit Runge-Kutta 방법의 지역단절에러(local truncation error)는 둘 다 $O(h^4)$이다[BUR]. 단, h는 정의역을 같은 간격으로 분할하였을 때의 구간간격(step size) 이다. 즉 다음과 같이 설명된다.

$$[a, b] - [t_0, t_1] \cup [t_1, t_2] \cup \ldots \cup [t_{N-1}, t_N],$$

$$h = t_k - t_{k-1}, \quad k = 1,2,3,\ldots,N$$

또한, $t = t_{k-1}$에서의 수치해 정보를 4차와 5차 explicit Runge-Kutta 방법에 적용하여 $t = t_k$에서의 수치해를 각각 구하게 될 때, $f(t,y)$와 관련된 계산을 4차와 5차 explicit Runge-Kutta 방법은 각각 4번과 5번을 한다. 따라서, 5차 explicit Runge-Kutta 방법만으로 수치해를 구하면 4차의 경우보다 더 많은 시간을 필요로 한다.

<표2a>의 오른쪽에 위치한 <Solver selection> 항목에서 서브 항목으로 <Type>이 있는데 클릭하면 두 가지 서브 항목인

<Variable-step> 과 <Fixed-step>

을 볼 수 있다. 시간에 대한 구간간격(step size)으로 가변(Variable-step) 또는 고정(Fixed-step)중 하나를 선택할 수 있다. 가변 또는 고정으로 정해진 구간간격에 대응하여 <Solver> 항목에서 선택한 수치적 방법이 적용된다. 시뮬레이션 대상 모델에 따라 가변

또는 고정 중에 어떤 하나를 적절히 선택하면 시뮬레이션 속도를 높일 수 있다. 예를 들어, 좀 더 설명하면 다음과 같다.

① 가변으로 구간간격을 선택하면, 모델의 신호가 심하게 변동될 때 시뮬레이션의 정확도를 높이기 위하여 구간간격이 촘촘해지고 모델의 신호가 급격하게 변하지 않는(완만하게 변하는) 구간에서는 구간간격을 증가시킨다.

② 전체적인 신호의 변화를 규칙적으로 분석하기 위하여 구간간격을 고정으로 선택할 수 있는데 이런 경우 구간간격이 고정된 시간 값으로 설정되어 전체 구간을 계산하기 때문에 시뮬레이션 시간이 길어질 수 있다.

따라서 모델의 상태 변화가 전체 구간 중에서 부분적으로 변화가 심하다면 구간간격을 가변으로 선택하는 것이 현명하다.

<Type> 항목에서 고정(Fixed-step)을 선택하고 바로 아래에 있는 <Solver details> 항목을 클릭하면 <표2b>와 같이 구간간격을 입력할 수 있는 박스가 보일 것이다.

표2b

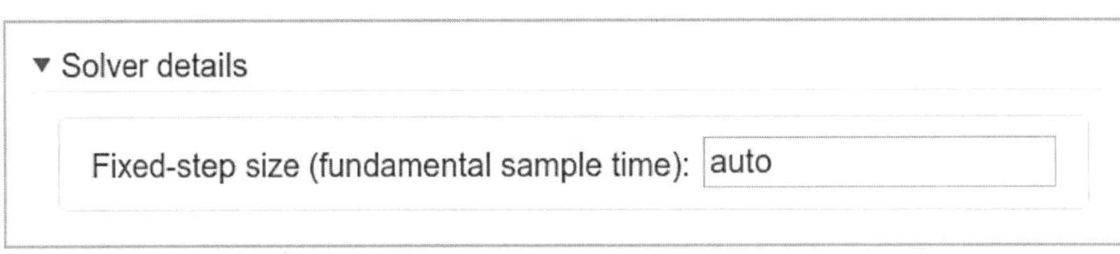

이 박스 안에 시뮬레이션 상황(선택한 solver를 고려하여)에 맞는 구간간격의 값을 입력하면 된다. <표2b> 아래에 위치한 다른 항목의 경우에 관련 사항이 있으면 선택할 수 있다. 특별한 이유가 없으면 초기 설정을 유지하면 된다.

만약에 <Type> 항목에서 가변(Variable-step)을 선택하고 바로 아래에 있는 <Solver details> 항목을 클릭하면 고정의 경우와 달리 선택한 솔버(solver)를 기초로 <표2c>와 같은 내용을 포함한 몇 가지 항목을 추가 설정할 수 있다.

표2c

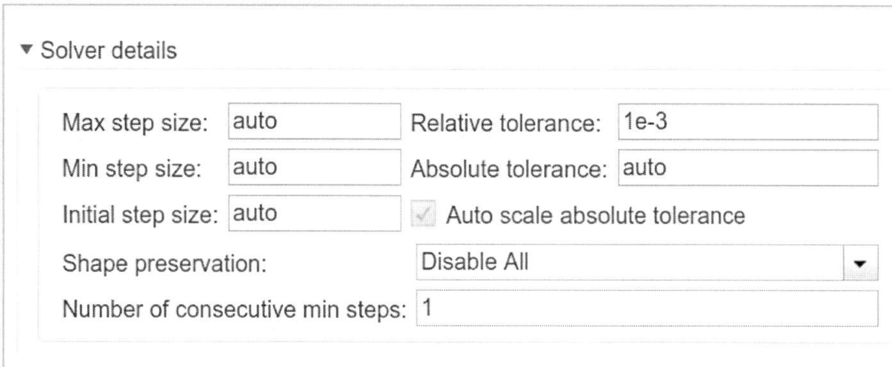

위 <표2c>에서 볼 수 있는 항목에 대하여 간략히 설명하면 아래와 같다:

- <Max step size>: 솔버(예를 들면 ode45)가 계산될 때, 적용되는 가장 큰 시간간격(time step)을 설정할 수 있다.
- <Min step size>: 솔버가 계산될 때, 적용되는 가장 작은 시간간격을 설정할 수 있다.
- <Initial step size>: 솔버가 처음으로 계산될 때, 적용되는 첫 번째 시간간격을 설정할 수 있다.
- <Relative tolerance>: '상대 허용오차'라고 부르며 초기값은 $1e-3(=10^{-3})$으로 설정된다. 사용자가 직접 필요한 값(real scalar)을 입력할 수 있다. 상대 허용오차가 솔버(ode45와 같은 수치적인 방법)에서 사용되는 방식은 이후 <표2e>에 주어진 식을 소개할 때 자세히 설명된다.
- <Absolute tolerance>: '절대 허용오차'라고 부르며 사용자가 값(real scalar)을 직접 입력하거나 또는 auto로 설정할 수 있다. 초기 설정은 auto로 되어 있다. auto로 설정되면 다음과 같은 방식으로 절대 허용오차의 값이 결정된다. 아래 ①-③의 설명에서 RT는 상대 허용오차, AT은 절대 허용오차를 의미한다.

  ① 만약에 RT가 $1e-3(=10^{-3})$이상이면 AT의 값은 $1e-6\,(=10^{-6})$으로 초기화된다.

② 만약에 RT가 $1e-3(=10^{-3})$ 보다 작으면 AT의 값은 $RT \times (1e-3)$ 으로 초기화 된다.

③ 솔버가 작동하여 출력 되는 값이 상태 변수(state variable) x 에 저장된다고 가정하자. 또한 솔버가 반복적으로 적용되어 상태 변수의 값이 결정될 때, 상태 변수 x 에 대한 절대 허용오차 AT는 다음과 같이 재설정 된다:

(*) AT = $\alpha \times$ (상태 변수 x 에 대한 RT)

위의 식에서 α 는 해당 시점까지 계산된 상태 변수의 최댓값이다. 위 (*)에 주어진 식을 다음과 같은 상황에서 적용하여 본다. 즉 RT의 값이 (1e-3), AT의 값이 auto이고 시뮬레이션이 진행되어 상태변수 x 의 값이 0에서부터 100까지 변경된 상황이라고 가정한다. 이때 AT의 값은 (1e-6)으로 초기화되었다가 상태변수 x 의 값이 100이 되면 AT의 값은 10^{-1} 으로 설정된다. 그 이유는 위 (*)식에 의하여

$$AT = 100 \times 10^{-3} = 10^{-1}$$

이다. AT의 값이 auto으로 설정되면 이런 방식으로 AT의 값이 재설정된다.

- <Shape preservation>: 초기 환경인 'Disable All'으로 선택하여도 대부분의 모델에서 높은 정확도를 제공하기 때문에 다른 선택을 하지 않고 'Disable All' 그대로 이용한다. 만약에 도함수 변화가 아주 심한 신호를 가지는 모델일 경우에 적분 계산의 정확도를 높이기 위하여 'Disable all' 대신에 'Enable all' 항목을 선택할 수 있다. 이런 경우 시뮬레이션 시간이 증가될 수 있다.
- <Number of consecutive min steps>: 가변-연속-솔버(variable-step continuous solver)가 구간간격을 선택하다가 <Min step size> 항목에서 정한 값보다 더 작은 값이 설정될 수 있다. 이런 경우를 최소 구간간격(Min step size) 위반 상황이 발생하였다고 하고 이런 위반 상황의 연속적 허용 횟수를 이 항목에서 설정할 수 있다. 만약에

표2d

Number of consecutive min steps: 3

와 같이 입력하였다면, 최소 구간간격에서 설정한 값보다 더 작은 구간간격 값이 솔버(solver)에 의하여 설정되더라도 3번까지는 허용한다는 내용이다.

현 시점에서 다음과 같은 질문을 하여 본다.

- 질문:

> 위에서 설명한 내용으로 〈표2c〉에 주어진 항목의 의미는 대략 알겠는데, 〈Relative tolerance〉와 〈Absolute tolerance〉 항목에 설정된 값을 솔버는 어떻게 사용하는 걸까?

- 설명:

위의 질문에 답하기 위하여 구간간격으로 가변(variable-step)을 선택한 솔버가 주어졌다고 가정한다. 시간 구간간격이 순차적으로 설정 되면서 솔버는 수치적 계산을 하고, 그 계산에 의한 수치적 결과 값을 시간간격마다 출력(신호에 대응하여)한다. 솔버의 진행 과정은 수치적 계산이기 때문에 단계별 지역 에러(local error)가 발생하게 된다. 만약에 i 번째 시간 간격에서 발생한 지역 에러를 LE_i 라고 표기하면 다음 <표2e>와 같은 부등식 관계를 만족하는지 솔버는 체크한다. 만약에 부등식이 만족되지 않으면 부등식이 만족될 때까지 시간간격을 계속 감소시키는 방법을 통하여 솔버의 구간간격이 결정된다.

표2e

$$LE_i \leq \max(RT_i \times |x_i|,\ AT_i)$$

위의 식에서 RT_i, x_i, AT_i는 차례대로 i 번째 시간 간격에 대응하는

- Relative tolerance,
- 솔버에 의하여 계산된 수치적 신호값(상태 변수 값),
- Absolute tolerance

이다. 이것으로 위 질문에 대한 답변을 마무리한다.

다음으로, 앞에서 이미 설명하였듯이 <Simulation>-<Model Configuration Parameters> 항목을 선택하면 <표2c>의 내용을 포함하는 박스(앞 <표2a>의 <Type> 항목에서 Variable-step을 선택한 후에)가 화면 출력된다. 이 박스에서 <표2c> 아래 영역을 보면 Zero-crossing options과 관련된 항목들이 다음 <표2f>와 같이 제공된다. 이 항목들의 내용에 익숙한 사용자가 있다면 추가적으로 항목의 내용을 변경 또는 설정할 수 있다. 특별한 이유가 없으면 초기 상태를 유지하도록 한다.

표2f

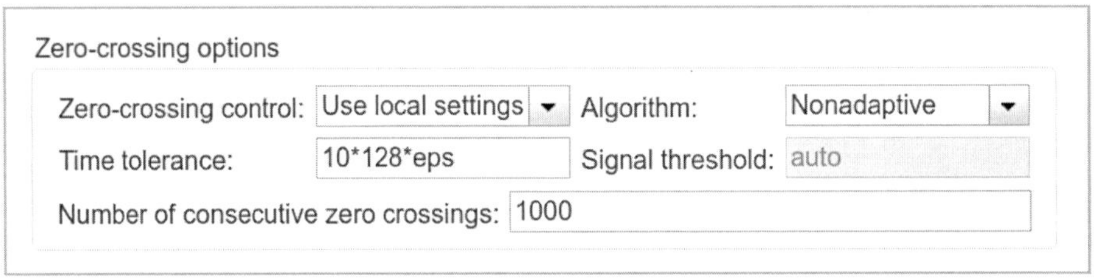

Zero-crossing detection 기법과 관련해서는 1.3.1절의 내용을 다시 한 번 체크하여 본다. 위 <표2f>에 있는 항목들은 <Type> 항목에서 가변(Variable-step)을 선택한 경우에 볼 수 있다. 지금부터 <표2f>에서 볼 수 있는 항목에 대하여 좀 더 알아보자. <표2f>에 주어진 박스의 제목인 'Zero-crossing options'가 말하듯이 Zero-crossing detection 기법이 적용될 때 고려되는 항목들이다.

- <Zero-crossing control>

세 가지 옵션이 존재하고 그 중 하나를 선택할 수 있다. 각 옵션에 대응하는 내용은 다음과 같다:

① Use local setting

블록선도에서 Zero-crossing detection 기법과 관련된 블록들이 존재할 수 있다. 이 블록들에 설정되어 있는 내용으로 Zero-crossing detection 기법이 각각 적용된다.

② Enable all

블록선도에서 Zero-crossing detection 기법과 관련되는 모든 블록들 각각에 이 기법을 일괄적으로 적용한다.

③ Disable all

블록선도에서 Zero-crossing detection 기법과 관련되는 모든 블록들 각각에 이 기법을 일괄적으로 적용하지 않는다.

위의 선택에서 'Enable all' 또는 'Disable all'을 선택한 경우 개별적으로 설정된 Zero-crossing detection 관련 항목은 무시된다. Zero-crossing detection 항목을 선택하게 되면 대부분의 모델(블록선도)에서 시뮬레이션의 속도가 빨라진다. 그 이유는 좀 더 큰 시간 간격을 솔버가 선택하기 때문이다.

그러나 변화가 극도로 심한 신호의 경우, Zero-crossing detection 항목을 선택하게 되면 시뮬레이션의 속도가 반대로 느려질 수 있다. 이런 경우, Zero-crossing detection 항목을 해제하는 것이 시뮬레이션 속도를 빠르게 할 수 있다. 결과적으로 시뮬레이션 결과의 정확성이 감소할 수 있다.

위의 선택에서 'Use local setting' 또는 'Enable all'을 선택하면 다음 <표2g>에 제시된 네 가지 항목을 설정해야 한다.

표2g

- ❑ Algorithm
- ❑ Time tolerance
- ❑ Number of consecutive zero crossings
- ❑ Signal threshold

❑ Algorithm

① Nonadaptive(Default)

Version 7(R2008a) 전에 출시된 Simulink 소프트웨어에서 제공했던 zero-crossing 알고리즘이다. 이 옵션으로도 zero-crossing 위치를 정확하게 감지할 수 있다. 그러나, 심한 진동을 하는 신호의 시뮬레이션 실행 시간이 길어질 수 있다.

② Adaptive

향상된 zero-crossing 알고리즘을 이용한다. 결과로서, 심한 진동을 하는 신호의 시뮬레이션 실행 시간이 Nonadaptive 옵션 선택의 경우보다 짧아질 수 있다. 또한 이 옵션을 선택하면 Signal threshold 항목을 설정할 수 있다.

❑ Time tolerance

시뮬레이션 실행 과정 중에 zero-crossing 감지가 '특별히 설정한 간격' 이내에서 발생을 하면 zero-crossing이 연속적으로 감지되었다고 부른다. 이때, '특별히 설정한 간격'이 Time tolerance에 의하여 결정된다. Time tolerance의 초기 설정 값은

10*128*eps

이다. 명령창에서 다음과 같이 실행하여 본다.

```
>> 10*128*eps
ans =    2.8422e-13
```

위의 결과에서 보듯이 Time tolerance에 대응하는 값은 작은 수이다. 다음으로 $t = t_1$과 $t = t_2$에서 zero crossing detection이 발생하였다고 가정하자. 만약에 다음과 같은 부등식을 만족하면 $t = t_1$과 $t = t_2$에서의 zero crossing은 연속적(consecutive)으로 발생했다고 Simulink 소프트웨어는 판단한다:

$$(t_2 - t_1) < (\text{Time tolerance}) \times t_2$$

이것으로 Time tolerance에 대한 설명을 종료한다.

❑ Number of consecutive zero crossings(Default: 1000)

블록선도가 실행이 되면 Simulink 소프트웨어는 연속적으로 발생하는 zero crossing의 총수를 인식하고 기억한다. 이 항목에서 설정한 값을 초과하면 경고(또는 error) 메시지를 출력한다. 어떤 블록선도에서 zero crossing detection 경우가 과도하게 발생하면 이 항목의 수를 1000보다 크게 설정하여 블록선도의 출력을 좀 더 분석할 수 있다.

다음으로 <표2f>에서 비활성화 되어있는 <Signal threshold> 항목에 대하여 알아보자. Zero crossings detection이 과도하게 발생하여 시뮬레이션 진행이 더 이상 안 되거나 속도가 느려지는 문제가 발생하면 <Signal threshold>의 값을 증가시켜 문제를 해결할 수도 있다.

❑ Signal threshold

① 위 <표2f>에 주어진 <Algorithm> 항목에서 Nonadaptive 옵션이 선택되면 <Signal threshold> 항목은 비활성화된다.

② 만약에 <Algorithm> 항목에서 Adaptive 옵션이 선택되면 Signal threshold 항목에 대응하는 박스가 활성화된다. 활성화된 박스 안에 Auto를 유지(default)하거나 또는 0(zero)이상의 실수(real number)를 입력하면 된다. Auto를 입력한 경우 Adaptive Algorithm에 의하여 <Signal threshold>에 대응하는 값이 자동으로 결정된다.

그러면, 자동 또는 사용자 입력에 의하여 결정되는 <Signal threshold> 항목에 대응하는 실수는 무슨 역할을 하는 것일까? 즉

- 문제: 〈Signal threshold〉 항목의 역할은?

- 답: 신호가 어떤 영역 R로 진입을 하면 zero crossing detection이 발생한 것으로 간주한다. 이 때, 영역 R의 범위가 〈Signal threshold〉 항목에서 설정된 값에 의하여 결정된다.

<Integrator> 블록 사용과 관련하여 고려해야 할 내용 설명은 이것으로 끝내도록 한다. 사실 위 (5)의 단계에서 설명하고 있는 Configuration Parameters 박스는 <Integrator> 블록에 한정된 내용이 아니고 다른 블록을 가진 임의의 블록선도에서도 적용될 수 있는 중요한 내용이다.

(6) 위 <표1>에 주어진 ch2p1a.slx 파일로 다시 돌아와서 <Integrator> 블록을 더블클릭하여 <Block Parameters: Integrator> 박스를 연다. 앞 2.1절 ㉮식에 주어진 미분방정식(앞 2.1.1절 시작 전에 있는)을 보면 초기값이 $y(0)=1$이다. 이 값을 <Block Parameters: Integrator> 박스 내부에서 다음 <표3>과 같이 설정한다.

표3

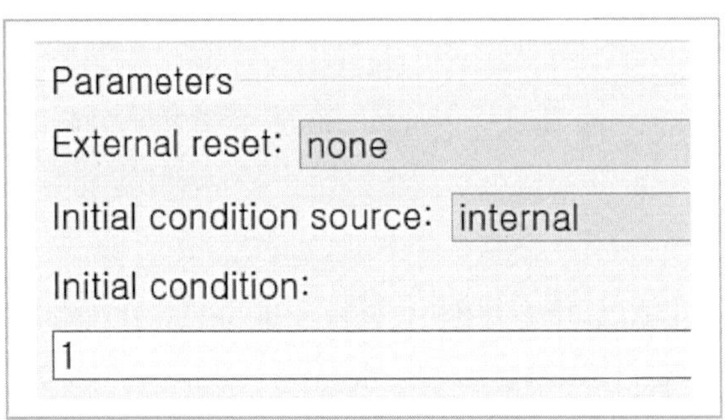

즉, 외부 신호로 초기값을 정하지 않을 것이기 때문에

<External reset> **항목을** none

으로 설정(default)한다. 또한, <initial condition source> 항목을 internal로 설정하고 <Initial condition> 항목의 값을 1로 각각 설정한다. 이때 internal은 초기설정(default)

이다. <표3>의 내용으로 설정한 뒤에 박스 하단에 위치한 <OK>를 클릭하여 설정을 완료한다.

(7) 앞 <표1>과 같이 주어진 블록선도가 있는 Simulink 에디터 상단을 보면 도구바가 있다. 이 도구바의 오른쪽에 있는 직사각형 박스에서 Simulation의 종료 시간(stop time)을 설정할 수 있다. 아래와 같이 10.0(default)에서 4로 변경한다.

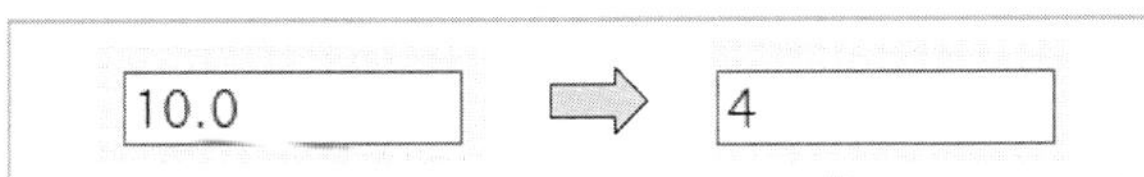

(8) Simulink 에디터의 위쪽에 위치한 도구바에서 실행 버튼 ▶ 을 클릭한다. 실행이 완료되었음을 알리는 벨소리가 나면 <Scope> 블록을 더블클릭한다. 검정색 바탕에 노란색 선으로 함수 $y = \cos 2t$ 가 표시되는 Scope 창이 보일 것이다. 이 함수는 앞 2.1절 ㉮식에 주어진 문제의 해이다. 1.3.1절의 <표7a>와 1.3.2절의 <표5a>-<표5c>에서 설명한 내용에 따라 Scope 창에서 몇 가지 항목의 설정을 변경하면 <표4>의 결과를 보게 될 것이다.

표4 $y' = -2\sin 2t,\ y(0) = 1$

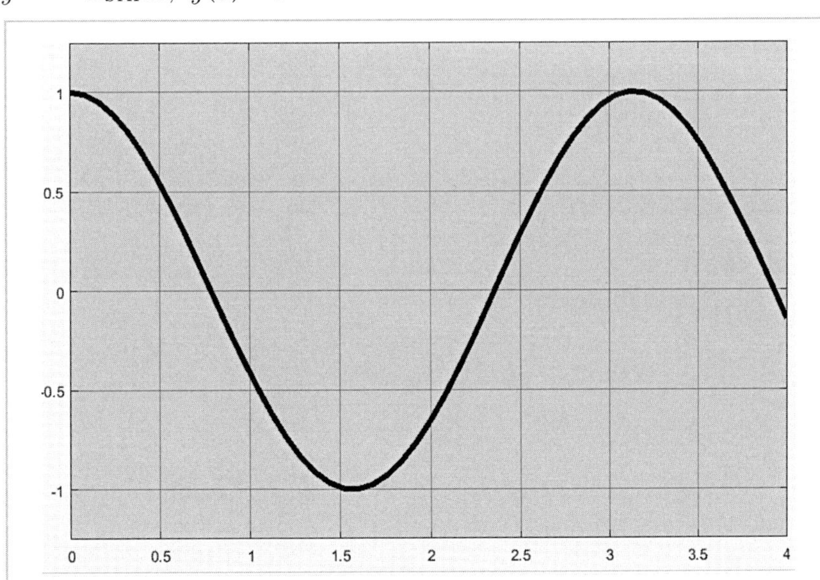

즉, Scope 창의 도구바에서 왼쪽에 아이콘 ⚙ ˅이 위치하고 있다. 이 아이콘에서 오른쪽 옆에 바로 붙어있는 역삼각형 마크를 클릭하면 팝업 메뉴 박스가 나타난다. 이 팝업 메뉴 박스에서 두 번째 항목 <Style>을 선택하면 <Style: Scope> 박스가 화면에 출력된다. 이 박스 내부에서 항목별로 다음 <표4a>와 같이 설정한다.

표4a

- 〈Figure color〉 항목에 대응하는 색: [0.94 0.94 0.94]
- 〈Axes colors〉 항목의 첫 번째 박스 대응색은 [0.8 0.8 0.8]이고
  두 번째 박스 대응색은 검정색(Black)으로 선택.
- 〈Line〉 항목에서 선의 종류(실선), 선의 두께(3), 선의 색(black)

위의 설정의 결과로 얻어지는 <Style: Scope> 박스는 다음 <표5>와 같다. 선의 종류에 관한 설명은 1.3.2절의 <표6a> 내용을 참고한다.

표5 Style: Scope

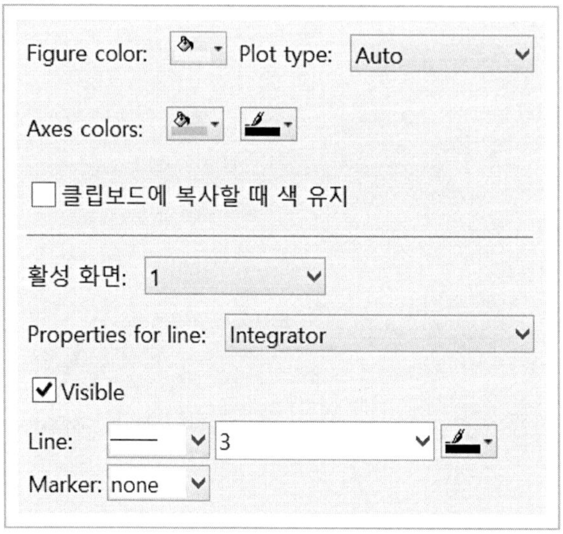

한편, 이번 절의 앞 부분에 위치한 <표1>에 주어진 블록선도에서 <Integrator> 블록과 <Scope> 블록 사이의 연결선을 더블클릭하면 입력창이 생성된다. 이 입력창에

'Solution'이라고 키보드를 이용하여 입력하면 다음 <표6>과 같이 'Solution'이라는 입력 내용을 연결선에서 볼 수 있다. 다음으로 Scope 창 상단에서

<**보기**(View)> – <**범례**(Legend)>

항목을 선택한(선택하면 <Legend> 항목 옆에 체크 표시 ☑가 보인다) 뒤에 Simulink 에디터에서 실행 버튼 ▶을 클릭한다. 그 결과로 <표7>과 같이 제목 영역과 범례 박스에서 'Solution'이라는 용어가 출력된다.

표6

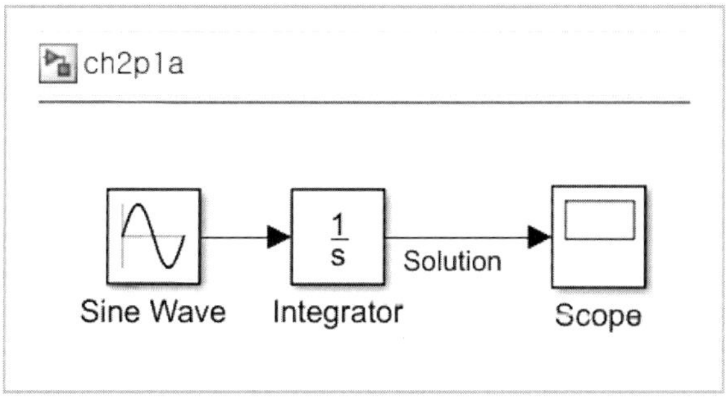

표7

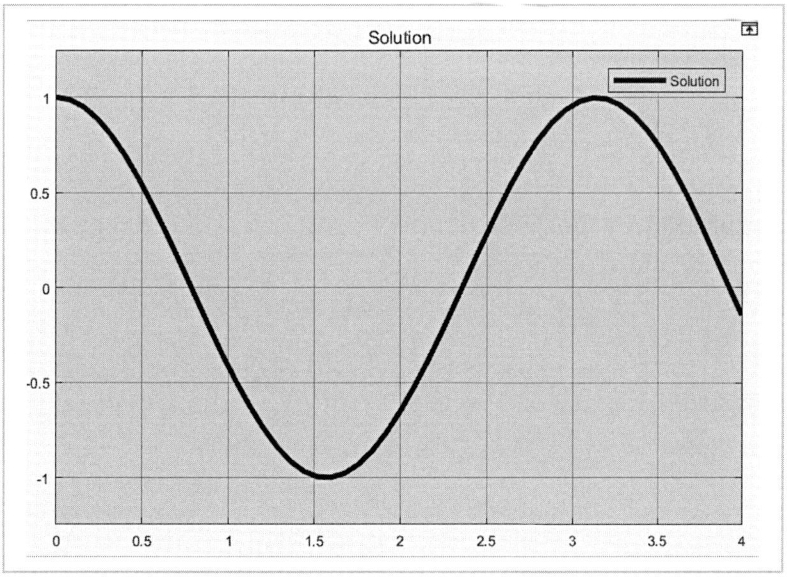

<표7>에 주어진 Scope 창을 보면 제목과 범례에서 'Solution'이 각각 출력되어 중복되는 느낌을 준다. 범례의 내용은 그대로 유지하고 제목의 내용을 'Solution'에서 미분 방정식 $y' = -2\sin 2t$, $y(0) = 1$ 으로 변경하려면 다음 (a)-(d)의 절차를 따른다.

(a) Scope 창 상단에 위치한 메뉴바에서

<**보기**(View)> – <**구성 속성**(Configuration Properties)>

항목을 선택한다.

(b) 생성된 <Configuration Properties: Scope> 박스의 상단에 위치한 메뉴바에서 <표시(Display)> 항목을 선택한다.

(c) <표시(Display)> 항목의 하위 항목인 <제목(Title)>의 입력 박스가 <표7a>의 내용으로 되어 있으면 <표7b>과 같은 내용으로 변경한다.

표7a Configuration Properties: Scope

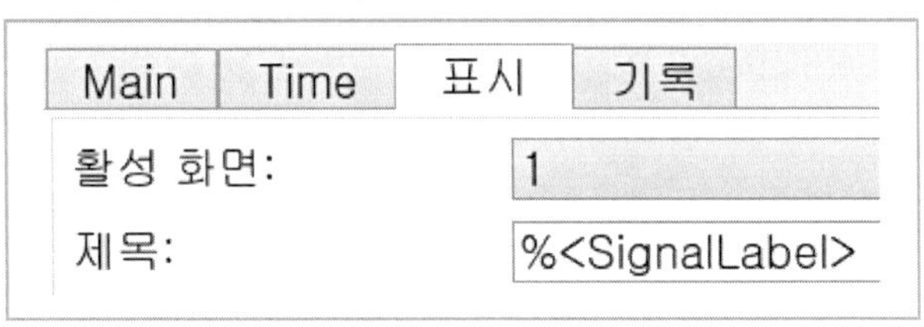

표7b Configuration Properties: Scope

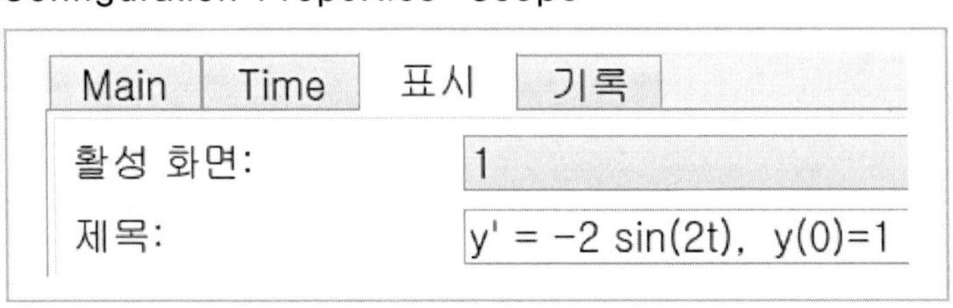

(d) <Configuration Properties: Scope> 박스에서 <표7b>과 같은 내용으로 변경한 뒤에 박스 하단에 있는 <OK> 버튼을 클릭하여 변경을 끝낸다.

위의 (a)-(d) 절차를 완료하면 다음 <표8>에서 볼 수 있듯이 제목의 내용이 의도대로 변경된 것을 알 수 있다. Scope 창 또는 그 내부의 내용이 의도했던 대로 출력되지 않으면 Simulink 에디터에서 실행 버튼 을 다시 클릭한 뒤에 확인(블록선도에서 <Scope> 블록을 더블클릭)한다.

표8

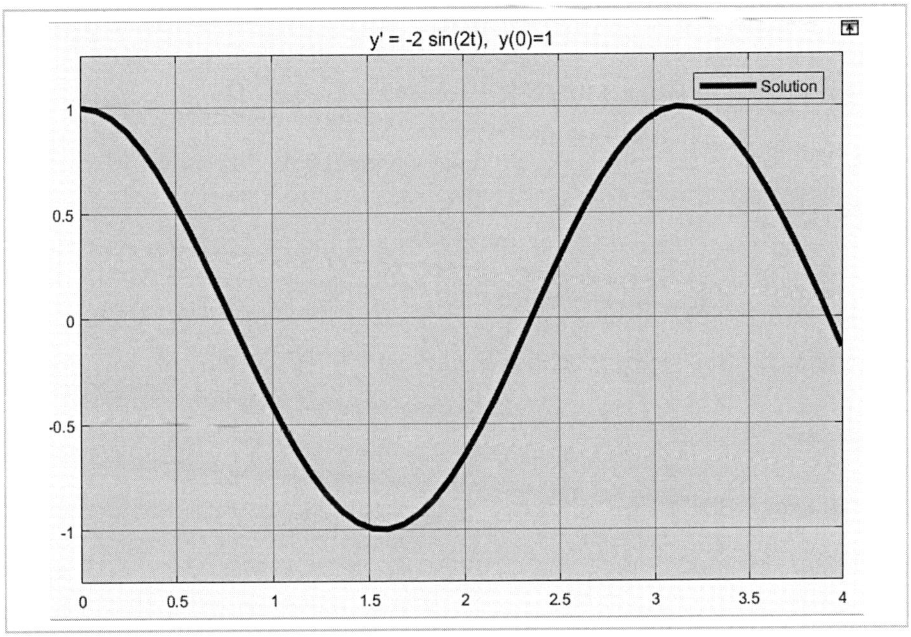

2.1.2 두 번째 방법과 설명(Decimation과 <FCN> 블록 관련 규정)

앞 2.1.1절에서 다루었던 문제

㉮ $$\frac{dy}{dt} = -2\sin 2t,\ y(0) = 1,\ 0 \le t \le 4$$

의 해 $y=\cos 2t$를 이번 절에서는 <Clock>, <Fcn>, <Integrator>, <Scope> 블록을 이용하여 구할 것이다. 다음 (1) 단계에서 (9) 단계까지의 내용을 따른다.

(1) 앞 1.1절에서 이미 설명한대로 아이콘을 이용하여 Simulink 에디터를 화면 출력할 수도 있지만, <명령 창>에서 아래와 같이 simulink를 입력하고 실행(키보드에서 Enter 선택)하여도 <Simulink Start Page> 박스가 화면 출력된다.

```
>> simulink
```

이 박스 내부에서 <Blank Model>을 선택하면 앞의 내용에서 본 Simulink 에디터가 열린다. 도구바에 있는 아이콘 을 클릭하여 Simulink Library Browser 박스를 화면 출력한다.

(2) Simulink Library Browser 박스 내부에 있는 [Source], [User-Defined Functions], [Continuous], [Sinks] 라이브러리에서 다음과 같은 블록들이 포함되어 있는지 각각 확인한다.

- [Source] 라이브러리: 〈Clock〉 블록
- [User-Defined Functions] 라이브러리: 〈Fcn〉 블록
- [Continuous] 라이브러리: 〈Integrator〉 블록
- [Sinks] 라이브러리: 〈Scope〉 블록

앞 2.1.1절에서 사용한 <Sine Wave> 블록 대신에 <Clock>과 <Fcn> 블록을 이용하여 2.1.1절에서 구했던 결과를 다시 구할 것이다.

(3) 위 (2)단계에서의 블록들을 Simulink 에디터 내부에 아래 <표1>과 같이 배치하고 연결한 뒤에 ch2p1b.slx 파일명으로 저장한다.

표1

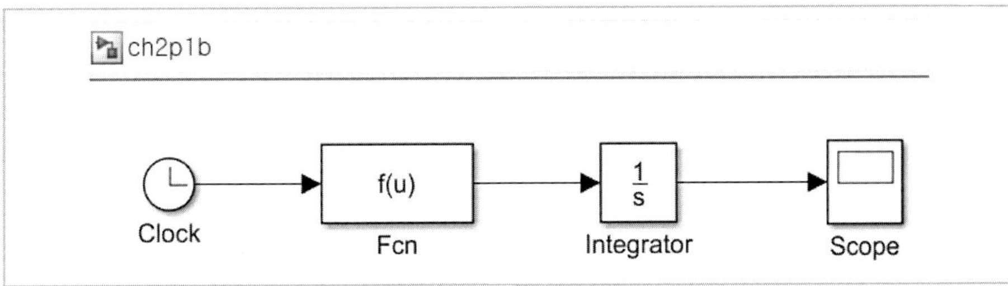

(4) 위 <표1>과 같이 주어진 블록선도가 있는 Simulink 에디터 상단을 보면 도구바가 있다. 이 도구바의 오른쪽에 있는 직사각형 박스 내부에 4를 입력하여 시뮬레이션의 종료 시간(stop time)을 설정한다. 즉, 다음과 같이 10.0(default)에서 4로 변경한다.

(5) 위 <표1>에 주어진 ch2p1b.slx 파일에서 <Clock> 블록을 더블클릭하면 <표2>와 같은 <Block Parameters: Clock> 박스가 화면 출력된다. 박스 내부에는 선택할 수 있는 두 가지 항목 <Display time>과 <Decimation>이 있다.

표2

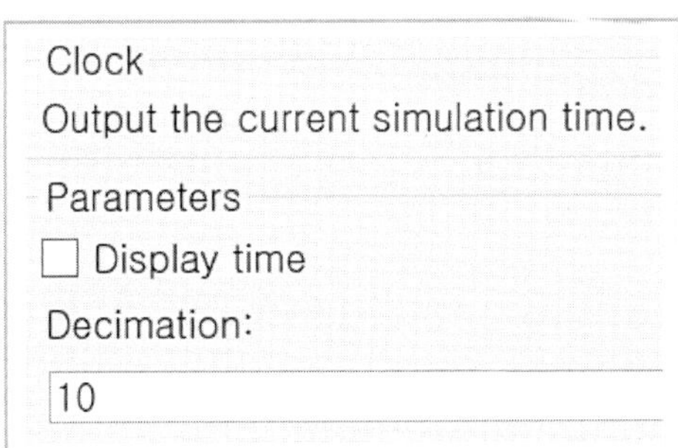

❑ Display time

이 항목을 선택하면 다음과 같이 체크 표시가 된다:

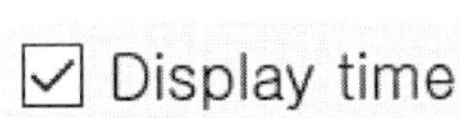

위와 같이 이 항목을 선택하고 실행하면, 블록선도에 있는 <Clock> 블록 아이콘의 내부 영역에서 진행되는 시뮬레이션 시간을 볼 수 있다. 시뮬레이션 시간이 빠르게 지나가면 사용자는 <Clock> 블록 아이콘 안에서 종료 시간만을 보게 될 것이다.

❑ Decimation

Display time 항목이 선택되었을 때 작용하는 항목이다. 이 항목에서 설정되는 양의 정수 n은 시뮬레이션 과정에서 <Clock> 블록 아이콘이 업데이트될 때 적용된다.

Display time, Decimation 항목의 관계를 설명하기 위하여 다음 (i)과 (ii)와 같은 가정을 하여보자.

(ⅰ) 〈표2〉에 주어진 항목이 〈표3〉과 같이 설정되었다.

(ⅱ) 시뮬레이션의 시간 구간간격이 〈표4〉와 같이 공차가 0.1인 등차수열의 형식을 취하고 있다.

표3	표4 시간 구간간격
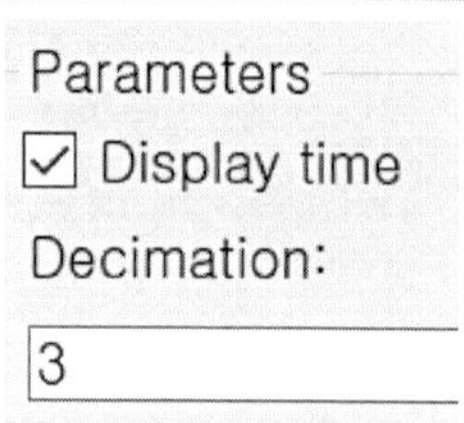	0 0.1 0.2 0.3 0.4 0.5 0.6 ⋯ 3.9 4

이러한 가정에서 블록선도를 실행하면 <Clock> 블록 아이콘의 내부 영역에서

표5

0	0.3	0.6	0.9	1.2	...

와 같이 진행되는 시뮬레이션 시간을 볼 수 있다. 시뮬레이션 총 시간이 아주 빠르게 진행되면 <Clock> 블록 아이콘의 내부에서는 <표5>와 같이 진행되는 시간을 볼 수 없고

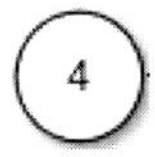

와 같이 시뮬레이션 종료 시간만 보게 될 것이다.

(6) 위 <표1>에서 <Fcn> 블록을 더블클릭하여 <Block Parameters: Fcn> 박스를 열고 다음 <표6>과 같이 수식을 입력한다. 이렇게 입력된 식은 $-2\sin 2t$ 에 대응한다. 결과적으로 변수 t를 <Fcn> 블록에서 u(1)으로 처리하고 있다. 참고로 u(1) 대신에 u를 사용하여도 된다. 즉 <표6>대신에 <표7>과 같이 입력하여도 같은 결과를 얻게 된다.

표 6	표 7
Parameters Expression: -2*sin(2*u(1))	Parameters Expression: -2*sin(2*u)

(7) [User-Defined Functions] 라이브러리에 포함되어 있는 <Fcn> 블록에 대하여 알아보자. 이 블록에서는 <표6>과 같이 변수 u를 이용하여 수학식을 입력할 수 있다. <Fcn> 블록에 입력되는 i번째 성분은 u(i)에 대응되므로 u(i)를 이용하여 복잡한 수식을 표현할 수 있다. u(i)와 관련된 내용은 나중에 <Fcn> 블록을 사용할 때에 다시 설명하기로 한다. 여기서는 <Fcn> 블록을 사용할 때에 지켜야 하는 규정을 알아보자.

표8 〈Fcn〉 블록 사용 시 주의 사항

- 블록에 입력되는 i번째 성분은 u(i)로 처리한다.
- 상수, 산술연산자, 관계연산자, 논리연산자, 괄호 기호 사용가능.
- 다음 수학함수 사용가능
  - cos, sin, tan
  - acos, asin, atan

- cosh, sinh, tanh,
- exp, hypot, log, log10, power
- ceil, floor
- abs, rem, sign, sqrt

● round, fix, colon operator(:) 사용 불가능.

● 스칼라 또는 벡터는 〈Fcn〉 블록에 입력으로 가능.

● 〈Fcn〉 블록의 출력은 항상 스칼라이다.

● 〈작업 공간〉에 존재하는 변수명(variable names) 사용 가능.
예를 들어, 〈명령 창〉에서

```
>> kval =2
```

와 같이 입력 후, 실행하면 〈작업 공간〉에 2라는 값을 가진 변수 kval이 생성된다. 이후 〈Fcn〉 블록에서 kval 변수명을 사용할 수 있다.

● 수학식에서 괄호를 사용하지 않는 경우 연산 우선순위(operator precedence)가 수식 계산 순서에 적용된다.

(8) 앞 <표1>에 주어진 블록선도(ch2p1b.slx)에서 <Integrator> 블록을 더블클릭하여 <Block Parameters: Integrator> 박스를 연다. 박스 내부에서 <표9>와 같이 설정(2.1.1절의 <표3>의 내용과 일치)한다. 나머지 항목은 초기 설정을 유지한다. 현재 절의 앞부분 ㉮식에서 보았듯이 미분 방정식과 초기값이 2.1.1절의 것과 동일함을 체크한다.

표9

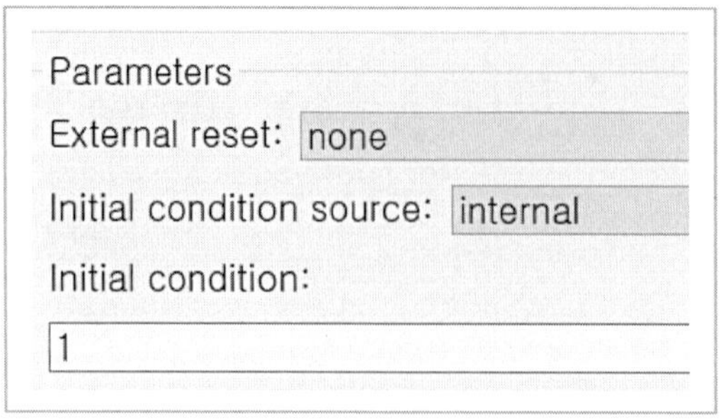

<Integrator> 블록 사용법과 관련하여 <표9>와 같은 설정에 대한 설명은 2.1.1절 내용을 참고한다.

(9) 앞 <표1>에 주어진 ch2p1b.slx 파일이 있는 Simulink 에디터에서 실행 버튼 을 클릭한 후에 <Scope> 블록을 더블클릭한다. 검정색 바탕에 노란색 선으로 표시되는 그래프(현재 절의 앞 쪽에 위치한 ㉮식에 주어진 문제의 해 $y = \cos 2t$ 에 대응하는)가 Scope 창에 출력될 것이다. 2.1.1절의 (8) 단계에서 설명한 내용에 따라 Scope 창에서 몇 가지 항목의 설정을 변경하면 <표10>의 결과(검정색 바탕에 노란색 선 대신에)를 보게 될 것이다.

표10 Scope 창

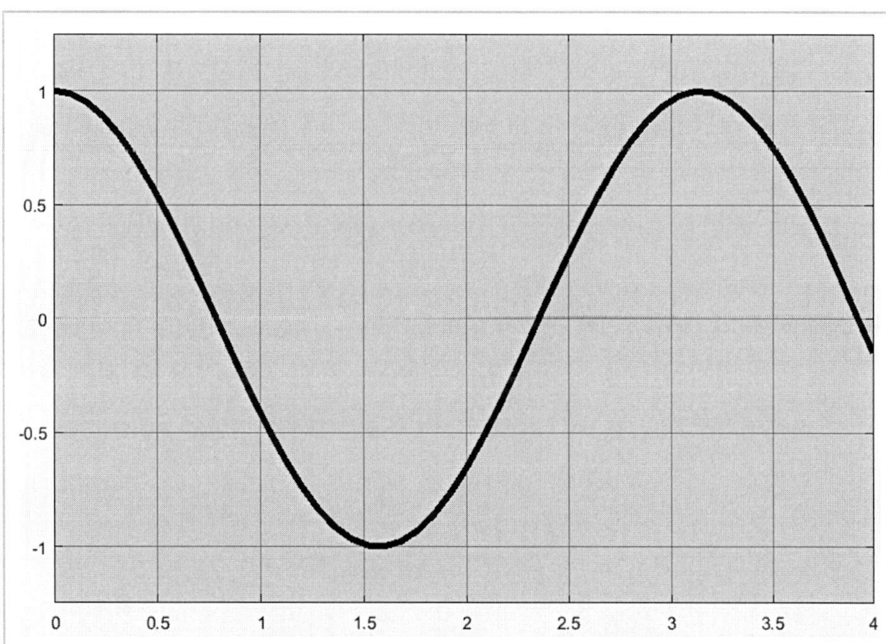

<표10>과 같이 되는 과정을 간략히 설명하면 다음과 같다. Scope 창(검정색 바탕에 노란색 선으로 표시된 그래프가 처음 출력된)의 도구바에서 아이콘 를 선택하여 <Style: Scope> 박스로 이동한다. 이 박스 내부에서 항목별로 <표11>의 내용으로 설정

하고 박스 아래에 위치한 <OK> 버튼을 클릭하면 <표10>의 결과를 볼 수 있다. 자세한 절차는 2.1.1절에서 (8) 단계의 내용을 참고한다.

표11

- 〈Figure color〉 항목에 대응하는 색: [0.94 0.94 0.94]
- 〈Axes colors〉 항목의
  첫 번째 박스 대응색은 [0.8 0.8 0.8]이고
  두 번째 박스 대응색은 검정색(Black)으로 선택.
- 〈Line〉 항목에서 선의 종류(실선), 선의 두께(3), 선의 색(black)

다음과 같이 몇 가지 사항을 추가 진행한다(앞 절에서 진행한 내용을 요약).

- 〈표1〉에 주어진 블록선도에서 〈Integrator〉 블록과 〈Scope〉 블록 사이의 연결선을 더블클릭하여 입력창이 보이면 'Solution'으로 키보드를 이용하여 입력한다. 결과로서 〈표12〉과 같이 'Solution'이라는 입력 내용을 연결선에서 볼 수 있다.

- Scope 창의 메뉴바에서 〈보기(View)〉–〈범례(Legend)〉 항목을 선택한다.

- Scope 창의 메뉴바에서 〈보기(View)〉–〈구성 속성(Configuration Properties)〉 항목을 선택하여 〈Configuration Properties: Scope〉 박스를 화면 출력하고 박스 위쪽에 위치한 〈표시(Display)〉 항목을 선택한다. 〈표시(Display)〉 항목의 하위 항목인 〈제목(Title)〉의 입력 박스 내부에

  $$y' = -2\sin(2t),\ y(0) = 1$$

  의 내용으로 입력한 뒤에 박스 하단에 있는 〈OK〉 버튼을 클릭한다.

위의 추가 내용을 완료하고 다음 <표12>에 주어진 ch2p1b.slx 파일이 있는 Simulink 에디터에서 실행 버튼 ▶을 클릭한다.

표12

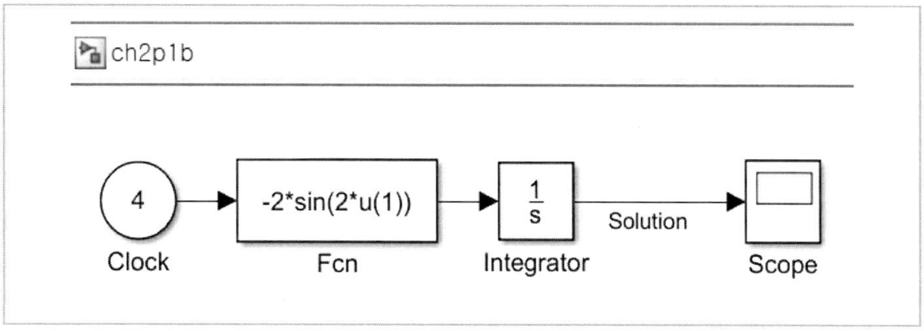

결과로서 <표13>과 같은 Scope 창을 보게 된다. 이 결과는 2.1.1절에서 보았던 <표8>의 Scope 창과 동일한 내용을 갖는다.

표13

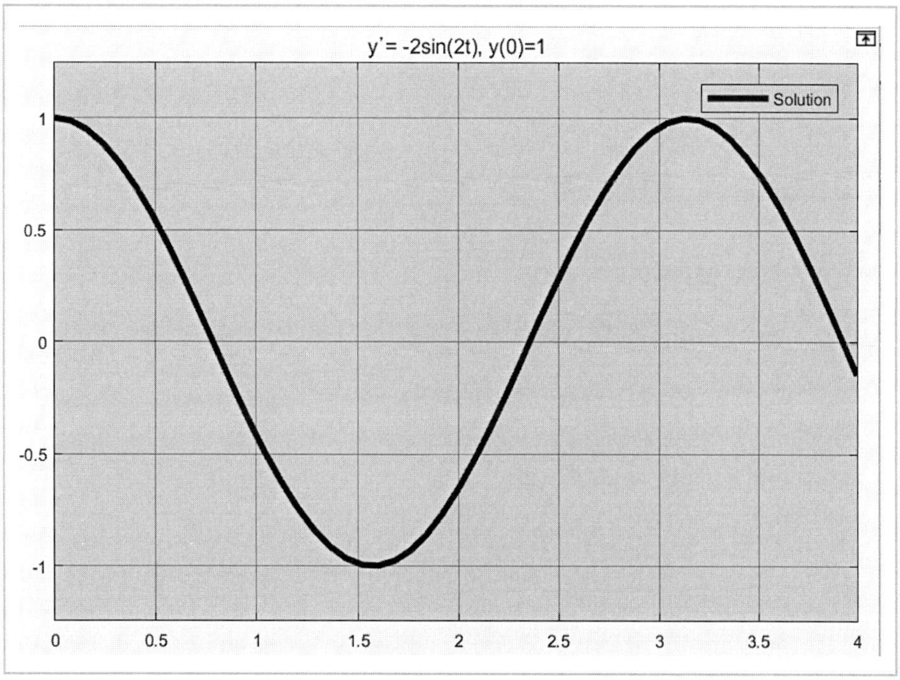

2.2 1계 상미분방정식

이번 절에서 1계 상미분방정식의 해를 구하는 것은 다음과 같은 초기치 문제

㉮ $$\frac{dy}{dt} = f(t,y),\quad a \le t \le b,\quad y(a) = y_0$$

을 만족하는 해 $y(t)$를 구하는 것을 의미한다. 이런 문제에 대한 이론적인 내용과 결과는 아래 박스에 주어진다.

> 만약에 D의 범위가
>
> $$D = \{(t,y) \mid a \le t \le b,\ -\infty < y < \infty\}$$
>
> 와 같이 주어졌을 때 $f(t,y)$가
>
> (i) D의 영역에서 연속이고
>
> (ii) 변수 y에 관하여 Lipschitz 조건
>
> 을 만족하면, 위 ㉮식에서 주어진 초기치 문제는 $a \le t \le b$인 t의 범위에서 단 하나의 해(unique solution)를 갖는다[BUR].

위 박스 안의 내용에서 언급하는 단 하나의 해를 간단히, 주어진 미분방정식의 '이론해'라고 부르도록 하자. 이론해가 존재하기 위해서는 Lispschitz 조건을 만족해야 하는데 그 내용은 다음과 같다.

함수 $f(t,y)$의 정의역을 $D \subseteq R^2$라고 가정하고 $(t,y) \in D$일 때, $f(t,y)$가 다음 박스 안의 내용을 만족하면 Lipschitz 조건을 만족한다고 한다.

$(t, y_1) \in D$ 이고 $(t, y_2) \in D$ 일 때 변수 y 에 관하여 다음 부등식

$$|f(t, y_1) - f(t, y_2)| \le L|y_1 - y_2|$$

을 만족하는 양의 상수 L 이 존재한다. 이 때 L 을 함수 f 에 대한 Lipschitz 상수라고 부른다.

위 ㉮식에 주어진 초기치 문제에 대한 이론적 결과인 해의 존재성과 유일성은 알려져 있지만 그 이론해를 구하는 방법은 몇 가지 종류로 분류된다. 그 분류에 따라 유사하거나 다른 방법으로 이론해를 구하게 된다. 주어진 미분 방정식의 해를 해석적인 방법으로 구할 수 없을 때에는 컴퓨터 프로그램(수치적 방법)을 이용하여 수치해(근사해)를 구한다. 참고로 1계 상미분 방정식은 separable equations, linear equations, exact equations, homogeneous equations, Bernoulli equations 등으로 분류될 수 있다[ZIL].

한편, Simulink에서는 미분방정식의 해를 솔버(Solver)라고 부르는 수치적 방법에 의하여 구하고 있다. 대표적인 솔버에는 ode45가 있다. 블록선도를 이용하여 미분방정식의 해를 구하기 전에 dsolve 명령어 사용법에 대하여 알아보자.

2.2.1 dsolve 사용

다음과 같이 1계 미분방정식이 주어졌다.

㉮ $$\frac{dy}{dt} - 3y = -9t,\ y(0) = 0$$

위 ㉮에 주어진 미분방정식의 해

㉯ $$y(t) = 3t - e^{3t} + 1$$

를 <명령 창>에서 dsolve 명령어를 이용하여 아래 <방법 1> 또는 <방법 2>의 내용으로

구할 수 있다. 최신 버전의 경우 <방법 1>에 의하여 해를 구하는 방식을 추천하지 않고 <방법 2>의 내용으로 해를 구할 것을 추천한다.

❑ <방법 1>

```
>> clear, clc
>> solone = dsolve('Dy - 3*y = -9*t', 'y(0)=0')

solone = 3*t - exp(3*t) + 1
```

❑ <방법 2>

```
>> clear, clc
>> syms y(t)
>> soltwo = dsolve(diff(y) -3*y == -9*t, y(0)==0)

soltwo = 3*t - exp(3*t) + 1
```

〈설명〉
위에서 실행한 〈방법 1〉과 〈방법 2〉의 내용에 대한 추가 설명이 아래 (1)-(4)에 주어졌다.

(1) <방법 1>과 <방법 2>에서

- **clear**: <작업 공간>에 존재하는 모든 변수를 제거하여 시스템 메모리의 여유 공간을 확장한다.
- **clc**: 시스템 메모리의 여유 공간 확장과는 관련이 없고 칠판 지우개가 칠판에 적혀 있는 내용을 지우듯이 <명령 창>의 내용을 삭제한다. 간단히 'clean screen'이라고 기억해도 좋다.
- <명령 창>에서 어떤 내용을 실행하면 그 이전에 실행했던 내용과 서로 충돌이 생겨 원하는 결과를 볼 수 없는 경우가 발생하기도 한다. 이런 경우를 방지하고 여러

개의 출력 내용이 있는 <명령 창>을 초기화하기 위하여 두 개의 명령어 clear와 clc를 동시에 실행할 수 있다.

(2) <방법 1>에서 $\frac{dy}{dt}$ 를 나타내기 위하여 Dy를 이용하였다. 명령어 dsolve 사용 시, 미분방정식과 초기값을 각각 단일인용부호로 묶어주는 방식을 기억하도록 한다.

(3) 위 ㉮에 주어진 미분방정식을

$$\frac{dy}{dx} - 3y = -9x\,,\ y(0) = 0$$

와 같이 독립변수 t 대신에 x로 사용했다면 이러한 사실을 다음과 같이 매틀랩에게 알려주어야 한다.

```
>> solonex = dsolve('Dy - 3*y = -9*x', 'y(0)=0','x')

solonex = 3*x - exp(3*x) + 1
```

바로 위에서 구한 solonex에 저장된 내용에서 변수 x를 t로 변경하면 앞에서 구한 solone에 저장된 내용과 동일한 결과임을 알 수 있다.

만약에 아래와 같이 'x'을 생략하고 〈명령 창〉에서 실행한다면 엉뚱한 해를 구하게 될 것이다.

```
>> dsolve('Dy - 3*y = -9*x', 'y(0)=0')
```

(4) <방법 2>의 내용 중 하나인

```
>> syms y(t)
```

을 <명령 창>에서 실행하면 <작업 공간>에 심볼릭 변수 t와 심볼릭 함수 y가 <표 1>과 같이 생성된다.

표1

작업 공간

이름 ▲	값
t	*1x1 sym*
y	*1x1 symfun*

또한 <방법 2>에서 dsolve 명령어 사용 시, <방법 1>과 비교하면 다음과 같은 차이점을 알 수 있다.

- 단일인용부호를 사용하지 않는다.
- Dy 대신에 diff(y) 또는 diff(y, t) 명령어를 이용한다.
- 양변이 같다는 의미로 '=' 기호를 사용하지 않고 '==' 기호를 사용한다.

여기까지의 내용으로 <방법 1>과 <방법 2>에 대한 추가 설명을 종료한다.

위 <방법 2>에 의하여 구한 soltwo는 심볼릭 변수 t에 의하여 표현된 심볼릭 객체이므로 대응하는 그래프를 그리기 위하여 ezplot 명령어를 사용할 수 있다. 즉, 우선 <방법 2>의 내용을 실행해서 soltwo를 구한다. 다음으로 아래 <표2>의 내용을 <명령 창>에서 실행한다. 그 결과로 <표3>과 같이 ㉮에 주어진 미분방정식의 해에 대응하는 그래프가 출력된다.

표2

```
>> ezplot(soltwo, [0 2])
>> title('₩bf₩fontsize{12} Graph of y(t)')
>> text(0.5, -250, '₩bf₩fontsize{12}  y'' - 3y = -9x, y(0)=0')
```

표3

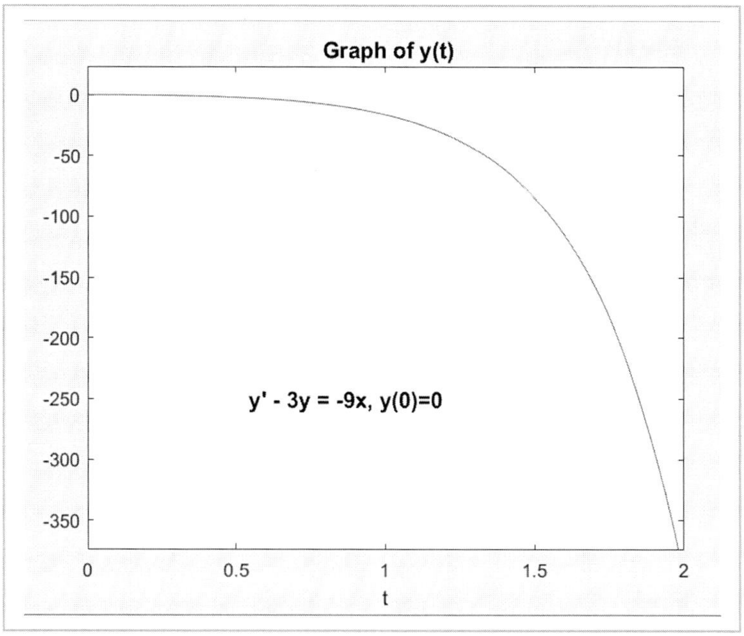

위 <표2>에서 title과 text 명령어 사용 시, 단일인용부호 내부에서 설정되어 있는 내용은 다음과 같다:

- ₩bf: 출력내용이 굵게(bold 글씨체로) 설정된다.
- ₩fontsize{12}: 출력내용의 폰트 크기가 12로 설정된다.
- text 명령어 사용 시, y의 1계 도함수를 나타내는 `y'` 을 출력하기 위하여 단일인용부호 내부에서는 `y''` 와 같이 쓴다. 또한 text 명령어

```
text(0.5, -250, '₩bf₩fontsize{12}  y'' - 3y = -9x, y(0)=0')
```

의 첫 번째와 두 번째 입력 인자는 좌표축에서 출력내용의 위치를 지정한다. 따라서 $(t, y) = (0.5, -250)$ 의 위치에 세 번째 입력 인자에 대응하는 내용이 출력된다. 명령어 dsolve를 포함한 심볼릭 명령어, 심볼릭 변수, 심볼릭 객체에 의하여 표현된 수식에 대한 심볼릭 연산과 관련된 내용을 상세히 알고 싶은 독자는 참고문헌 [김3]을 참고하면 된다.

2.2.2 <Fcn> 블록을 이용한 블록선도

앞 2.2.1절에서 보았던 문제

㉮ $$\frac{dy}{dt} - 3y = -9t,\ y(0) = 0$$

의 해 $y(t) = 3t - e^{3t} + 1$를 이번 절에서는 <Clock>, <Fcn>, <Integrator>, <Scope>, <Bus Creator> 블록을 이용하여 구할 것이다. 다음과 같이 (1)-(6) 단계의 내용을 진행한다.

(1) 블록선도를 만드는 시작 단계는 앞에서도 설명하였지만 간략하게 다음과 같이 설명한다. <명령 창>에서 아래와 같이 simulink를 입력하고 키보드에서 Enter를 클릭하면 <Simulink Start Page> 박스가 화면 출력된다.

```
>> simulink
```

이 박스 내부에서 <Blank Model>을 선택하여 Simulink 에디터를 연다. 계속해서 도구바에 있는 아이콘  을 클릭하여 Simulink Library Browser 박스를 화면 출력한다.

(2) Simulink Library Browser 박스 내부에 있는 [Source], [User-Defined Functions], [Continuous], [Sinks], [Signal Routing] 라이브러리에서 아래의 블록들을 각각 확인한다.

- [Source] 라이브러리: 〈Clock〉 블록
- [User-Defined Functions] 라이브러리: 〈Fcn〉 블록
- [Continuous] 라이브러리: 〈Integrator〉 블록
- [Sinks] 라이브러리: 〈Scope〉 블록
- [Signal Routing] 라이브러리: 〈Bus Creator〉 블록

(3) 위 ㉮에 주어진 미분방정식의 해를 블록선도로 구하기 위하여 미분 방정식을 아래 ㉯와 같은 형태로 먼저 변형한다.

㉯ $$\frac{dy}{dt} = -9t + 3y, \quad y(0) = 0$$

그리고 <표1>과 같이 1계 도함수 y'가 <Integrator> 블록을 지나면 미분방정식의 해 y가 되는 관계를 이용한다.

표 1

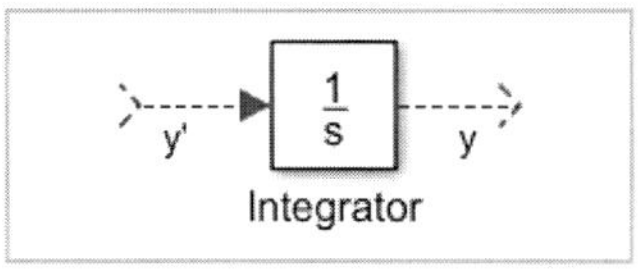

위 (2)의 단계에서 확인한 블록들을 Simulink 에디터 내부에 아래 <표2>와 같이 배치하고 연결한 뒤에 ch2p2a.slx 파일명으로 저장한다.

표2

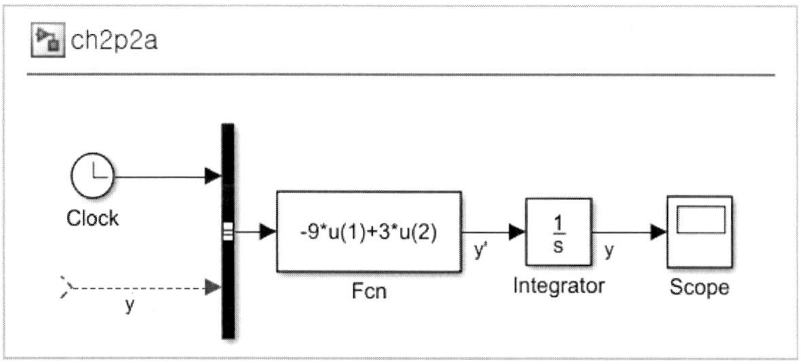

위 <표2>에 주어진 내용과 구조를 분석하면 다음과 같다. 위 ㉯에 주어진 미분방정식에서 등호 기호의 오른쪽에 있는 수식

㉰ $$-9t + 3y$$

을 <Fcn> 블록을 이용하여

㉣ -9*u(1)+3*u(2)

에 대응시키고 있다.

<표2>에 대해서 좀 더 자세히 설명하여 본다. <Bus Creator> 블록에 입력되는 두 개의 신호가 있다. 이 신호들은 위에서 아래의 순서로 <Fcn> 블록에 입력되고 이들 신호 순서대로 u(1)과 u(2)에 대응시킨 후에 <Fcn> 블록에서 수식을 표현할 때 이용된다. <표2>의 경우 u(1)과 u(2)는 각각 t와 y에 대응하여 이용되고 있다. 그러므로 ㉣에 주어진 식이 <Fcn> 블록 다음에 위치한 <Integrator> 블록을 지나면서 ㉯에 주어진(또는 ㉮에 주어진) 미분방정식의 해 y가 구해진다.

(4) 미분방정식의 해를 구하기 위하여 Simulink를 이용하면 그 해는 수치적인 방법에 의하여 구해진다. 수치적인 방법의 기본 구조는 첫 번째로 정의역을 분할(partition)하는 것이다. 분할로 인해 생성된 분기점(또는 노드점)중에는 해에 관한 어떤 정보들을 가진 분기점(초기치 문제의 경우에는 $t=t_0$에 대응하는 초기값이 이용되어 순차적으로 노드점 $t=t_1, t_2, \ldots$에 대응하는 수치해의 정보들이 구해진다)들이 존재하게 된다. 이러한 정보들을 이용하고 반복적인 계산을 통하여 최종적으로 미분방정식의 수치적인 해가 구해진다. <표2>의 경우 <Fcn> 블록에 업데이트된 y의 값이 반복적으로 제공되어야 한다. 따라서 <표2>에 주어진 블록들을 <표3>과 같이 연결한다.

표3

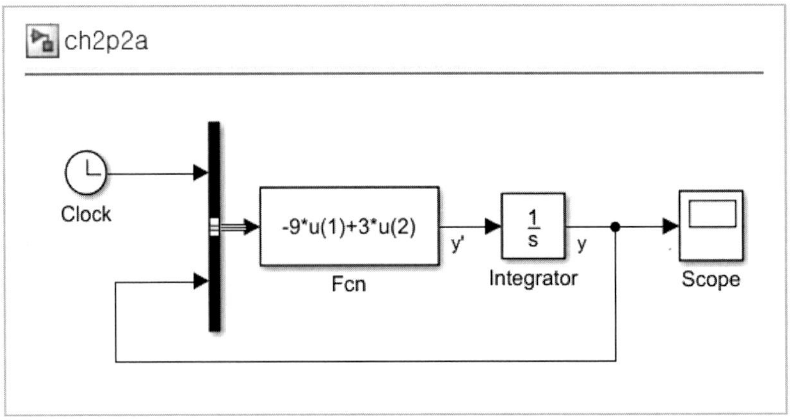

(5) 앞 <표3>에 주어진 블록선도와 관계된 환경과 블록들에 대한 주요 내용은 다음과 같다.

- <Clock> 블록에 대한 자세한 설명은 2.1.2절의 내용을 참고한다.

〈Clock〉 블록: 초기 설정을 유지한다.	Parameters ☐ Display time Decimation: 10

- <표3>에서와 같이 <Bus Creator> 블록에 입력되는 신호의 수가 2개이므로 아래와 같이 'Number of inputs' 항목의 값은 2로 설정한다.

〈Bus Creator〉 블록	Parameters Number of inputs: 2 Filter by name Signals in the bus signal1 y

- 위 ㉯에 주어진 미분방정식에서 등호 기호의 오른쪽에 있는 수식

$$-9t+3y$$

에 대응하는 내용을 <Fcn> 블록에 다음과 같이 입력한다.

〈Fcn〉 블록	Parameters Expression: -9*u(1)+3*u(2)

- <Integrator> 블록에 대한 자세한 설명은 2.1.1절을 참고한다. 여기서는 아래와 같이 <Integrator> 블록의 초기 환경을 유지한다. 참고로 ㉯에 주어진 미분방정식에서 초기값이 $y(0)=0$ 이므로 <Initial condition> 항목의 값이 0으로 설정되었다.

<Integrator> 블록	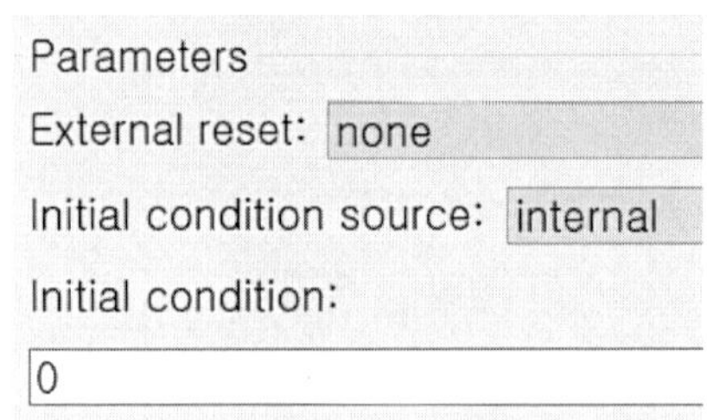

- <Scope> 블록의 경우, Scope 창의 도구바에서 아이콘 ⚙ ▾ 를 선택하여 <Style: Scope> 박스로 이동 후, 2.1.2절에서 설명한 <표11>의 내용으로 설정한다.

- <표3>에 주어진 블록선도가 있는 Simulink 에디터 상단을 보면 도구바가 있다. 이 도구바의 오른쪽에 있는 직사각형 박스 내부에 2를 입력하여 시뮬레이션의 종료 시간(stop time)을 2로 설정한다.

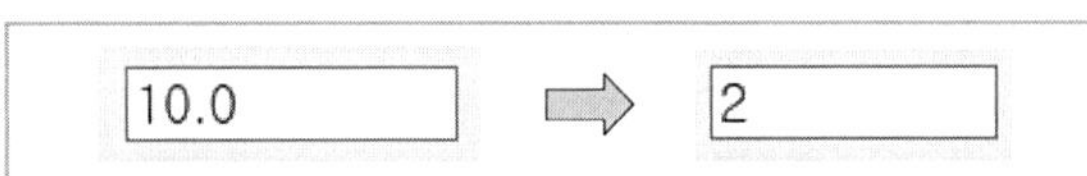

(6) 지금까지의 내용을 완료하고 <표3>에 주어진 블록선도를 실행한다. 결과로서 <표4>와 같은 Scope 창이 구해진다. 앞 2.2.1절의 <표3>에서 구했던 결과와 동일한 것을 확인하도록 한다.

표4

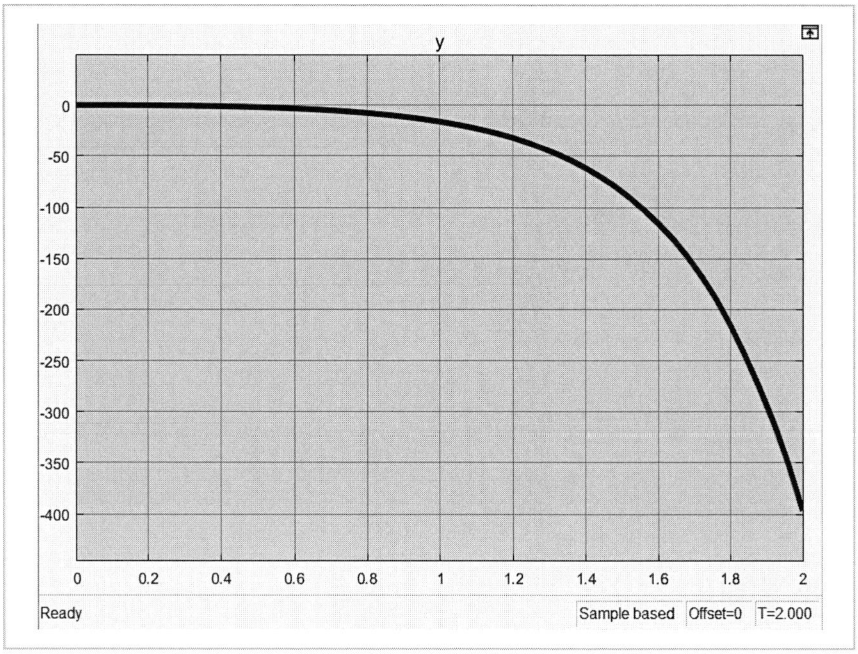

참고내용

Simulink 에디터 내부에서 원하는 위치에 임의의 블록을 생성할 때 다음과 같이 두 가지 방법으로 접근할 수 있다. 아래 설명에서 임의의 블록을 <블록 A>라고 하자.

(a) 앞의 내용에서 이미 설명했던 방식으로, <블록 A>가 있는 라이브러리를 찾아서 <블록 A>를 Simulink 에디터 내부로 마우스를 이용하여 이동시킨다.

(b) 블록명을 알고 있는 경우 다음과 같은 방법으로 블록을 생성할 수 있다. Simulink 에디터 내부에서 <블록 A>의 위치를 정하고 그 위치에서 마우스 왼쪽 버튼을 더블 클릭한다. 클릭 후 잠시 뒤에

표5

와 같은 표시가 나타나면 키보드에서 <블록 A>에 대응하는 명칭(=블록명)을 입력(사용자가 블록명을 알고 있는 경우)한다. 입력하면 팝업 메뉴 박스가 화면에 출력되고 그 박스 안에서 <블록 A>를 포함하고 있는 라이브러리를 선택하면 <블록 A>가 Simulink 에디터 내부에 생성된다. 예를 들어, <표5>에 주어진 박스 내부에 Clock을 입력하고 팝업 메뉴 박스에서 <Simulink/Sources> 항목을 선택하면 Simulink 에디터 내부에 <Clock> 블록이 생성된다. ■

2.2.3 <Sum> 블록 사용법 이해

앞 2.2.1절과 2.2.2절에서 제시했던 문제

㉮ $$\frac{dy}{dt} - 3y = -9t, \; y(0) = 0$$

또는

㉯ $$\frac{dy}{dt} = -9t + 3y, \quad y(0) = 0$$

의 해 $y(t) = 3t - e^{3t} + 1$를 이번 절에서는 <Clock>, <Sum>, <Gain>, <Integrator>, <Scope> 블록을 이용하여 구할 것이다. 다음 (1)-(7) 단계 내용을 진행한다.

(1) <명령 창>에서 simulink를 입력하고 키보드에서 Enter를 클릭(또는 도구바에서 아이콘 을 선택)하면 <Simulink Start Page> 박스가 화면 출력된다. 이 박스 내부에서 <Blank Model>을 선택하여 Simulink 에디터를 연다. 계속해서 Simulink 에디터의 도구바에 있는 아이콘  을 클릭하여 Simulink Library Browser 박스를 화면에 출력한다.

(2) Simulink Library Browser 박스 내부에 있는 [Source], [Math Operations], [Continuous], [Sinks] 라이브러리에서 아래의 블록들을 각각 확인한다.

- [Source] 라이브러리: 〈Clock〉 블록
- [Math Operations] 라이브러리: 〈Sum〉, 〈Gain〉 블록
- [Continuous] 라이브러리: 〈Integrator〉 블록
- [Sinks] 라이브러리: 〈Scope〉 블록

(3) 앞 ㉯에 주어진 미분방정식과 위 (2)의 단계에서 확인한 블록들을 이용하여 Simulink 에디터 내부에 아래 <표1>과 같이 배치하고 ch2p2b.slx 파일명으로 저장한다.

표1

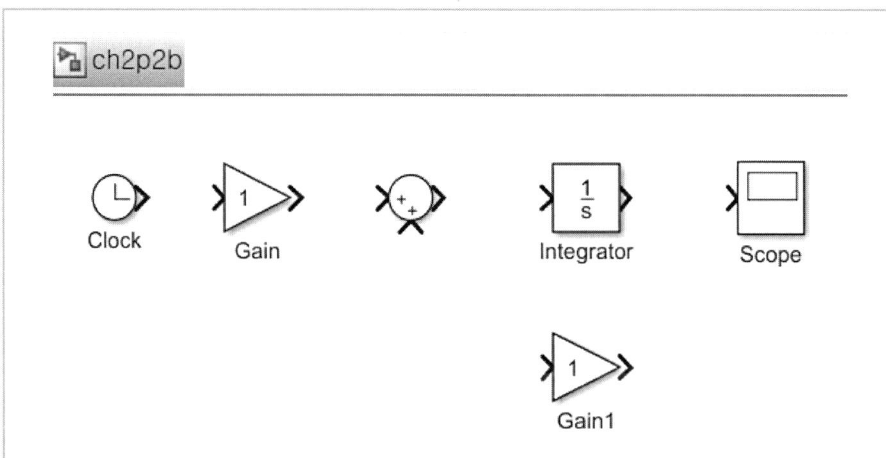

위 <표1>에서 <Integrator> 블록 아래에 위치한 <Gain1> 블록의 방향을 반대로 변경하기 위하여 <Gain1> 블록을 마우스 오른쪽 버튼으로 클릭한다. 팝업된 메뉴에서

<Rotate & Flip>-<Flip Block>

항목을 선택한다. 이 선택의 결과로 <Gain1> 블록은 <표2>와 같이 방향이 변경된다.

표2

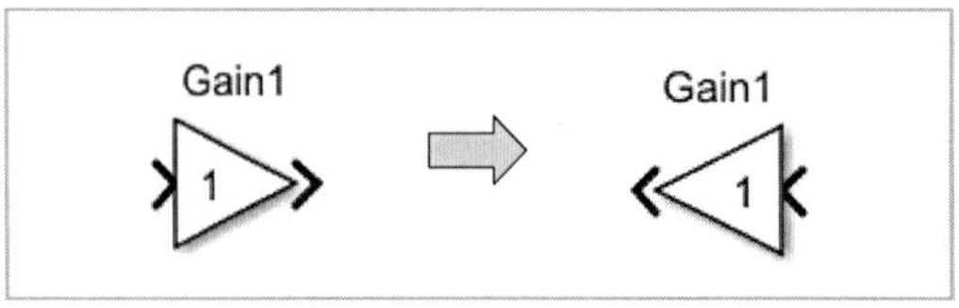

방향이 변경된 〈표2〉의 결과를 얻는 다른 방법:

〈Gain1〉 블록을 마우스 오른쪽 버튼으로 클릭 후, 팝업된 메뉴에서 〈Rotate & Flip〉 항목을 클릭한 뒤에 〈Flip Block〉 서브 항목 선택 대신에

(a) 〈Clockwise〉 항목을 두 번 선택하거나

(b) 〈Counterclockwise〉 항목을 두 번 선택하여도 된다.

즉, 〈Clockwise〉 (또는 〈Counterclockwise〉) 항목을 선택할 때마다 시계방향 (또는 반시계방향)으로 90도 회전한다.

(4) 위 (3)의 단계 내용을 수행하고 블록들을 연결하면 <표3>과 같이 될 것이다.

표3

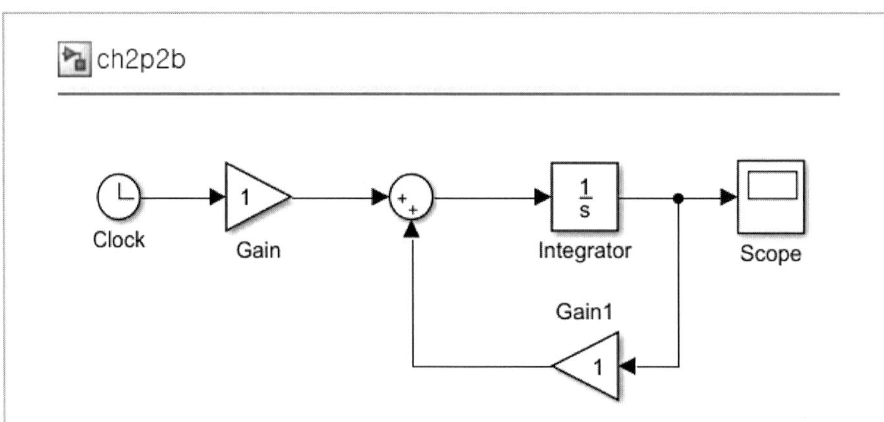

참고로, 블록과 블록 사이를 연결하는 연결선은 마우스 왼쪽 버튼을 이용하여 생성하고 <Gain1> 블록의 입력이 되는 분기선은 마우스 오른쪽 버튼을 이용하여 생성하면 된다.

자세히 설명하면, <Integrator> 블록과 <Scope> 블록 사이에 연결선을 마우스 오른쪽 버튼으로 클릭하고 클릭을 유지한 상태로 드래그하여 <Gain1> 블록의 입력단자에 연결하면 <표4>가 <표5>와 같이 분기선이 생성된다.

표4

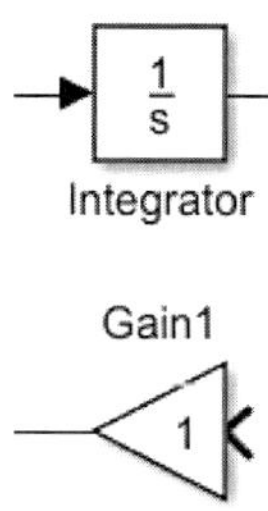

표5

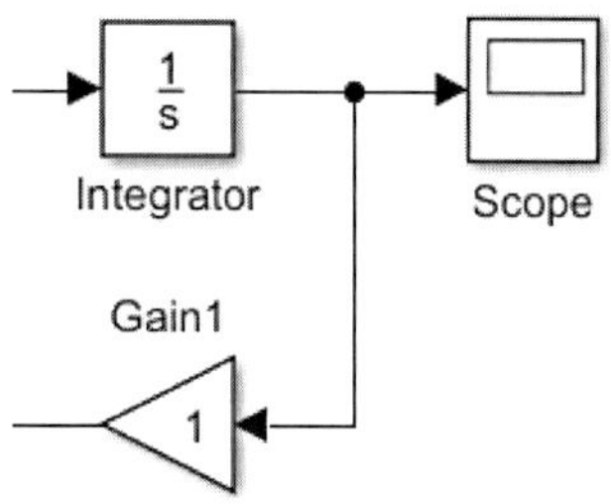

(5) 앞 <표3>에 주어진 블록선도(ch2p2b.slx)에 있는 각각의 블록들을 다음과 같이 설정한다.

- **<Clock> 블록**: 변경 없이 <Block Paramters: Clock> 박스 내부의 초기 환경을 유지한다.
- **<Gain> 블록**: <Block Parameters: Gain> 박스 내부에서 다음 <표6>과 같이 <Gain> 항목의 값인 1을 9로 변경하고 박스 아래에 있는 <OK> 버튼을 선택한다. 입력되는 신호에 곱하기 9를 해서 출력 신호로 보낸다.

표6

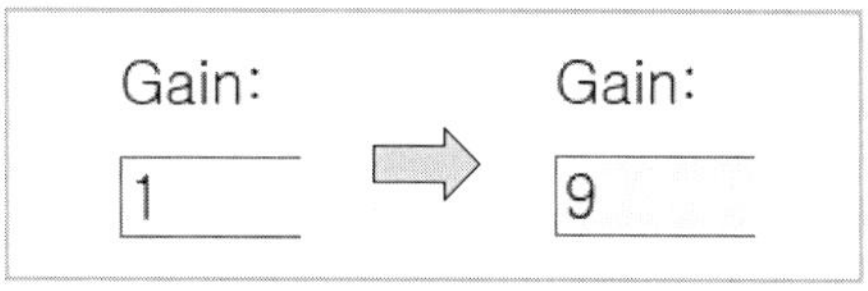

- **<Sum> 블록**: <Block Parameters: Sum> 박스 내부에서 <List of signs> 항목의 내용을 다음 <표7>과 같이 변경한다.

표7

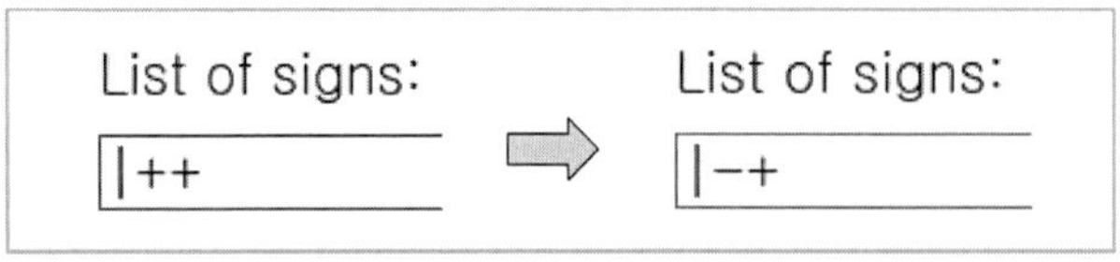

블록선도에서 <Sum> 블록의 효과적인 사용을 위하여 다음 ①-③의 내용에서 자세히 설명한다.

❑ <Sum> 블록 사용법 이해

① <Sum> 블록의 입력 단자는 기본적으로 위쪽, 왼쪽, 아래쪽 방향 순으로 생성된다. 위 <표7>에서 한 것 같이 <List of signs> 항목의 내용을 |-+ 로 설정하면 위쪽 방향으로의 입력 단자가 제거되고 왼쪽과 아래쪽 방향의 입력 단자만 열리게 된다. 이와 같이 기호 |을 이용하여 입력단자의 위치를 조정할 수 있다. 예를 들어, <List of signs> 항목의 내용을 아래와 같이 -+| 로 설정하면 아래쪽 방향으로의 입력 단자가 제거되고 위쪽과 왼쪽 방향의 입력 단자만 열리게 된다. <표8>의 내용을 참고한다.

표8

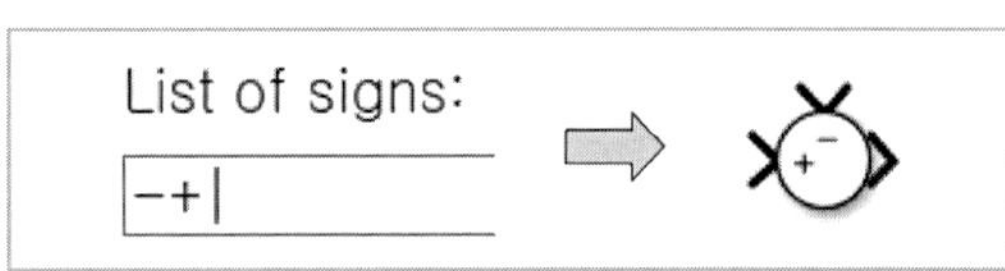

② 입력 단자의 수가 많은 경우에는 다음 <표9>와 같이 사용가능하다:

표9

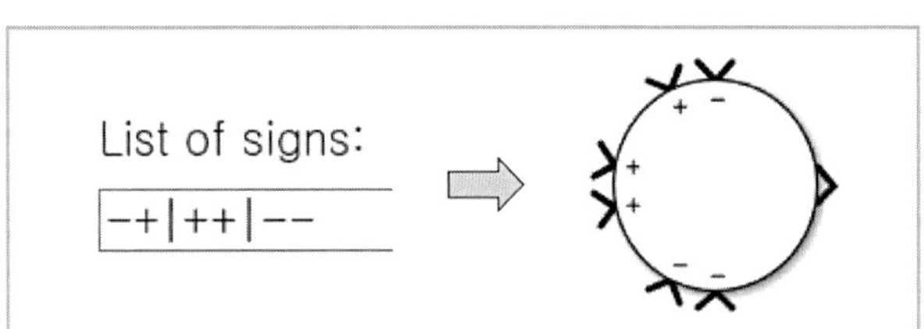

③ <List of signs> 항목의 내용에 다음 <표10>과 같이 입력 단자의 총 수(scalar)를 입력하는 방법도 지원하고 있다:

표10

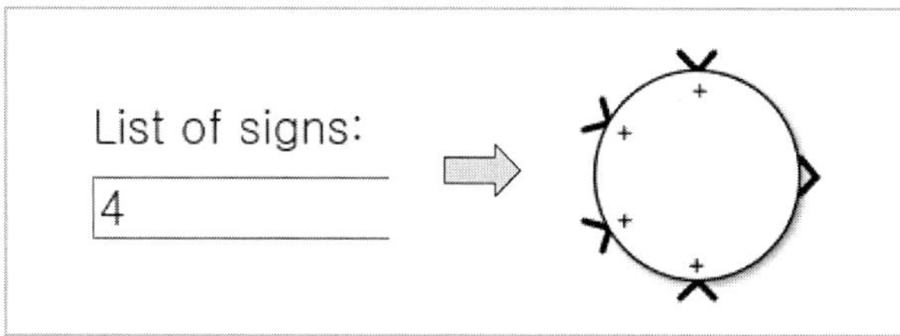

- **<Integrator> 블록**: 다음 <표11>과 같이 <Integrator> 블록의 초기 환경을 유지한다. 즉, 앞에서 설명한 2.2.2절의 환경과 동일하다. <Integrator> 블록에 대한 자세한 설명은 2.1.1절을 참고한다.

표11

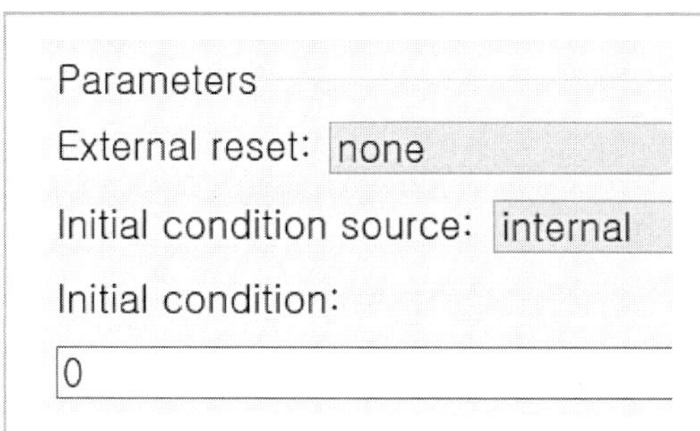

- **<Gain1> 블록**: <Block Paramcters: Gain1> 박스 내부에서 아래 <표12>와 같이 <Gain> 항목의 값을 1에서 3으로 변경하고 박스 아래에 있는 <OK> 버튼을 선택한다. 이렇게 설정하면 입력되는 신호에 곱하기 3을 해서 출력 신호로 보낸다.

표12

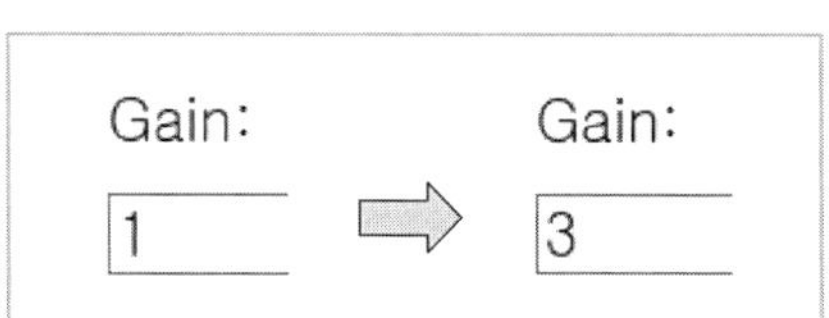

- **<Scope> 블록**: Scope 창의 도구바에서 아이콘 를 선택하여 <Style: Scope> 박스로 이동 후, 앞 2.1.2절에서 설명한 <표11>의 내용으로 설정한다.

(6) 위에서 설명한 (5)의 단계 내용으로 모든 블록의 설정을 완료하면 블록선도는 <표13>과 같이 될 것이다.

표13

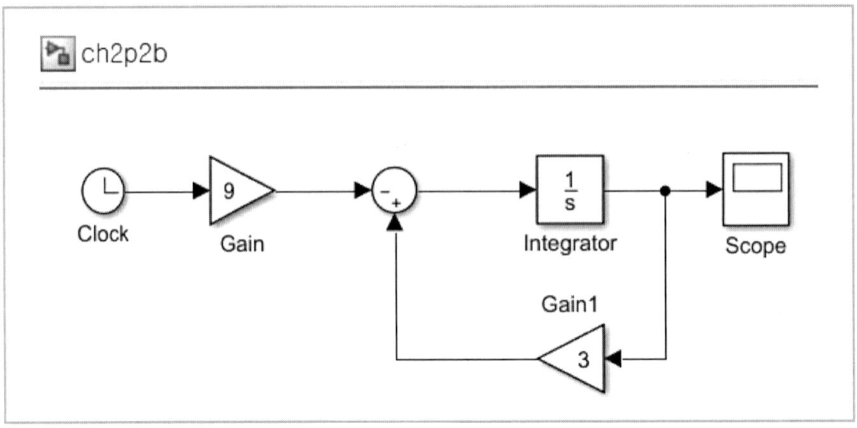

계속해서 Simulink 에디터 상단에 위치한 도구바의 오른쪽에 있는 직사각형 박스 내부에 2를 입력하여 시뮬레이션의 종료 시간을 <표14>와 같이 설정한다.

표14

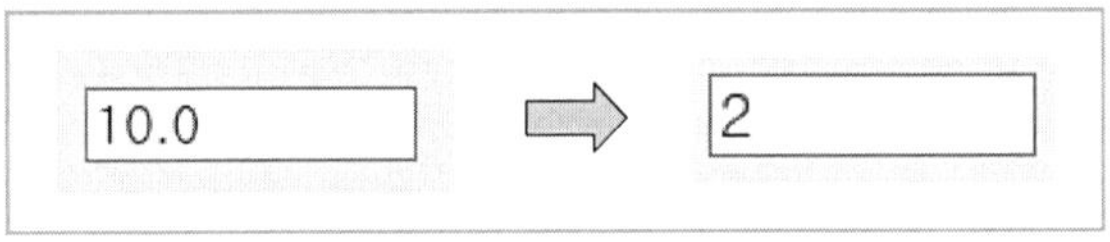

(7) 지금까지의 내용을 완료하고 Simulink 에디터 도구바에 있는 아이콘 을 클릭하여 <표13>에 주어진 블록선도를 실행한다. 결과로서 <표15>와 같은 그래프가 출력된다. 앞 2.2.2절의 <표4>(또는 앞 2.2.1절의 <표3>)에서 구했던 결과와 동일한 것을 확인할 수 있다.

표15

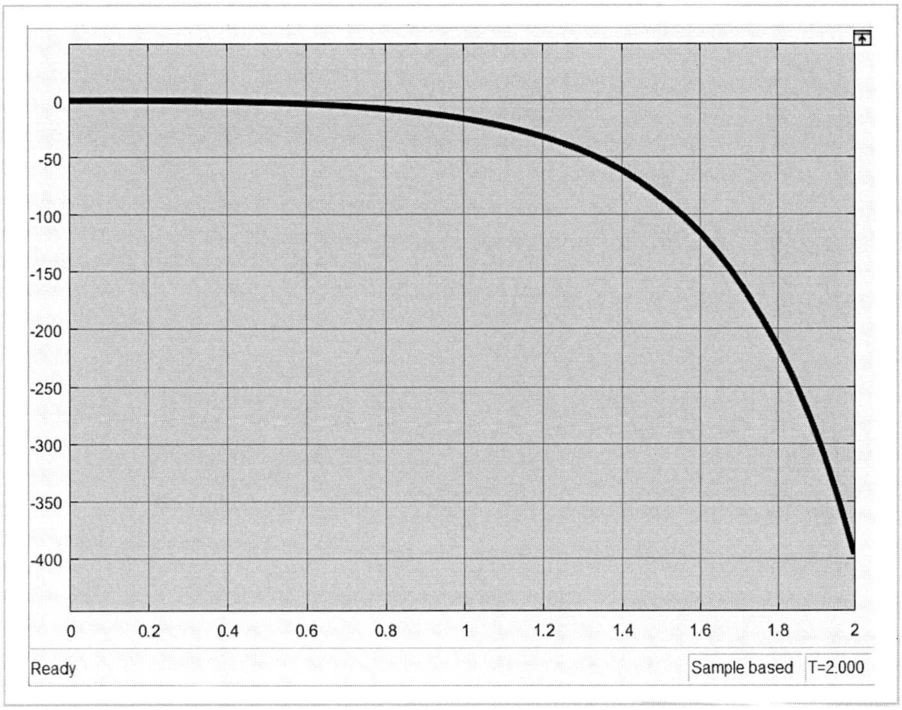

이번 절에서는 앞 2.2.2절에서 사용한 <Bus Creator>, <Fcn> 블록을 사용하지 않고 다른 블록인 <Gain>, <Sum> 블록을 사용하여 같은 결과를 얻을 수 있다는 것을 보았다.

2.3 1계 연립 선형 미분방정식

2.3.1 배경(해의 존재)

이번 절에서는 1계 연립 선형 미분방정식의 해에 관한 이론적인 내용을 간단히 요약하여 본다. 좀 더 자세한 내용은 [ZIL]을 참고한다.

어떤 환경에서 두 개의 객체가 서로 연관이 되어 상호 작용을 하고 있고 그 작용에 따라 객체의 수가 변화하고 있다고 가정하자. 시간에 따른 각 개체의 수를 $x(t)$와 $y(t)$로 설정하였을 때, 역학 이론을 적용하여 모델링을 하면 다음 <표1>과 같은 1계 연립 선형 미분방정식이 생성될 수 있다.

표1

$$\frac{dx}{dt} = a(t)x + b(t)y + g(t),$$

$$\frac{dy}{dt} = c(t)x + d(t)y + h(t)$$

위 <표1>에 주어진 방정식의 해 $x(t)$와 $y(t)$를 구하는 이론적인 방법은 이 방정식을 행렬 방정식으로 변경하여 구하고 있다. 일반적으로, 정의역 구간이 I이고 $t \in I$에 대하여 n개의 해 $x_1(t), x_2(t), \ldots, x_n(t)$를 갖는 n개의 1계 미분방정식으로 구성된 연립 선형 미분방정식은 다음 <표2>와 같이 주어진다.

표2

$$\frac{dx_1}{dt} = a_{11}(t)x_1 + a_{12}(t)x_2 + \cdots + a_{1n}(t)x_n + g_1(t)$$

$$\frac{dx_2}{dt} = a_{21}(t)x_1 + a_{22}(t)x_2 + \cdots + a_{2n}(t)x_n + g_2(t)$$

$$\vdots$$

$$\frac{dx_n}{dt} = a_{n1}(t)x_1 + a_{n2}(t)x_2 + \cdots + a_{nn}(t)x_n + g_n(t)$$

위 <표2>에 주어진 연립 선형 미분방정식을 다음 ㉮에 주어진 것 같이 행렬을 이용하여 표현할 수 있다.

㉮ $$X' = MX + G$$

위 ㉮와 같이 행렬로 표현된 방정식에서 $X(t), M(t), G(t)$는 다음과 같이 정의된다:

$$M(t) = \begin{pmatrix} a_{11}(t) & a_{12}(t) & \cdots & a_{1n}(t) \\ a_{21}(t) & a_{22}(t) & \cdots & a_{2n}(t) \\ \vdots & & & \vdots \\ a_{n1}(t) & a_{n2}(t) & \cdots & a_{nn}(t) \end{pmatrix},$$

$$X(t) = \begin{pmatrix} x_1(t) \\ x_2(t) \\ \vdots \\ x_n(t) \end{pmatrix}, \qquad G(t) = \begin{pmatrix} g_1(t) \\ g_2(t) \\ \vdots \\ g_n(t) \end{pmatrix}$$

또한, ㉮에 주어진 X'는 t에 관한 X의 1계 도함수인

$$X' = \frac{dX}{dt} = \left[\frac{dx_1}{dt} \ \frac{dx_2}{dt} \ \ldots \ \frac{dx_n}{dt} \right]^T$$

이고 윗 첨자 T는 전치행렬(transpose)를 의미한다. 즉 X'는 성분이

$$\frac{dx_j}{dt}, \quad j = 1, 2, 3, \ldots, n,$$

인 열벡터이다. 앞 ㉮에 주어진 미분방정식에서 정의역 구간을 I라고 가정하자. 만약에 $t_0 \in I$에서 해벡터(solution vector) X의 값인 $X(t_0) = X_0$이 주어지면 ㉮에 주어진 문제를 구간 I에서 초기치 문제(initial-value problem)라 부르고 다음 ㉯와 같이 표현된다.

㉯ $$X' = MX + G, \quad X(t_0) = X_0$$

위 ㉯에 주어진 초기치 문제의 해에 관한 이론적인 내용은 <표3>과 같다.

표3

유일해(unique solution)의 존재
식 ㉯에 주어진 행렬 $M(t)$와 $G(t)$의 모든 성분들이 t_0을 포함하는 구간 I에서 연속(continuous) 함수라고 가정할 때, ㉯에 주어진 초기치 문제의 해 $X(t)$는 구간 I에서 유일(uniqueness)하다.

1계 연립 선형 미분방정식의 해에 관한 이론적인 내용은 간략하게 이 정도로 마무리하고 다음 절로 이동한다.

2.3.2 dsolve 사용과 설명(선의 색, legend)

이번 절에서는 $0 \le t \le 3$에 대해서 아래 ㉮와 같이 주어진 1계 연립 선형 미분방정식

㉮ $$\frac{dx}{dt} = y,\ \frac{dy}{dt} = x - \cos t,\ x(0) = 1,\ y(0) = 0$$

의 해 $x(t)$와 $y(t)$를 dsolve 명령어를 이용하여 구할 것이다.

다음 <표1>의 내용을 <명령 창>에서 실행하면 ㉮에 주어진 초기치 문제의 해인 $x(t)$와 $y(t)$가 아래와 같이 출력된다.

```
x(t) = exp(-t)/4 + cos(t)/2 + exp(t)/4
y(t) = exp(t)/4 - exp(-t)/4 - sin(t)/2
```

또한 <표1> 내용의 실행 결과로 $x(t)$와 $y(t)$에 대응하는 그래프도 <표2>와 같이 구해진다.

표1 --

```
clear, clc
syms x(t) y(t)
```

```
sol=dsolve(diff(x)==y, diff(y)==x-cos(t), 'x(0)=1', 'y(0)= 0');
x(t) = sol.x
y(t) = sol.y
%
hold on
xg = fplot(sol.x, [0 3]);
yg = fplot(sol.y, [0 3]);
axis([0 3 -1 6])
set(xg,'linewidth',2,'linestyle',':','color','k')
set(yg,'linewidth',1.5,'linestyle','-','color','k')
title('₩bf₩fontsize{14} Graphs of x(t) and y(t)')
legend('x(t)','y(t)','location','best')
```

표2

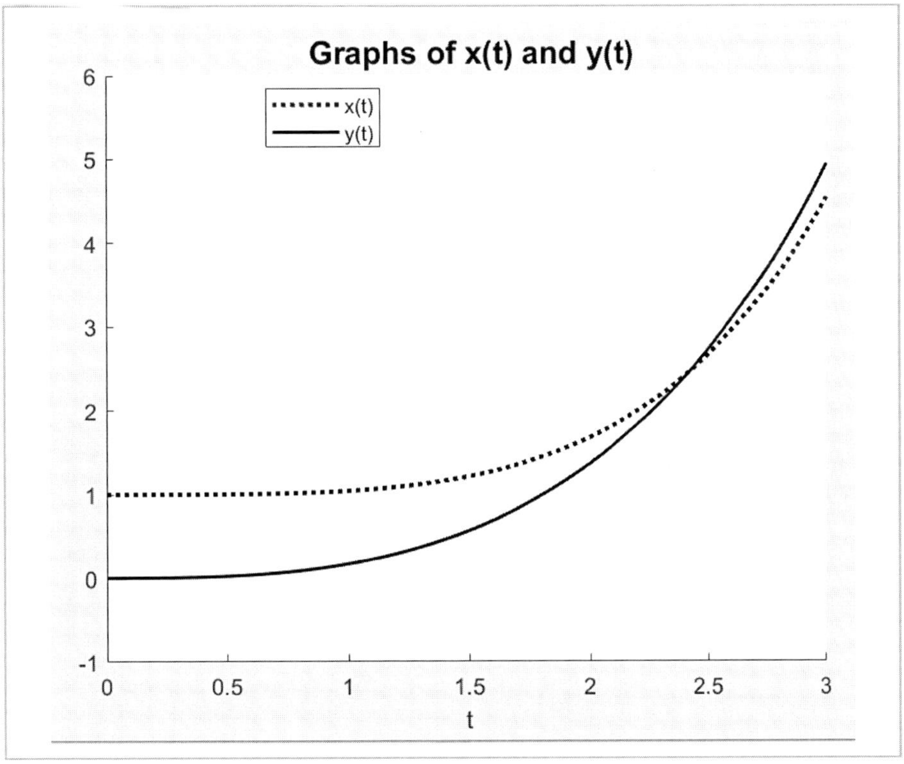

❑ <표1>의 내용에 대한 추가 설명: (a)-(g)

(a) 앞 ㉮에 주어진 연립 선형 미분방정식의 해 $x(t)$와 $y(t)$는 아래와 같은 방법으로 명령어 dsolve에 의하여 구조체(struct) 변수인 sol로 출력된다.

```
>> sol=dsolve(diff(x)==y, diff(y)==x-cos(t), 'x(0)=1', 'y(0)= 0');
```

구체적으로 연립 미분방정식의 해 $x(t)$와 $y(t)$는 sol 변수의 하위 필드인 sol.x 변수와 sol.y 변수에 각각 저장(아래 명령문을 실행한 뒤에)되어 있다. 참고로 sol 변수의 종류는 구조체이고 그 하위 필드에 해당하는 sol.x 변수와 sol.y 변수는 모두 심볼릭 객체이다.

```
>> sol
sol =   다음 필드를 포함한 struct:

    y: [1×1 sym]
    x: [1×1 sym]

>> x(t) = sol.x
x(t) =  exp(-t)/4 + cos(t)/2 + exp(t)/4
>> y(t) = sol.y
y(t) = exp(t)/4 - exp(-t)/4 - sin(t)/2
```

(b) 실행문 ‘hold on’에 의하여 두 개 이상의 그래프를 <표2>와 같이 하나의 그림창(Figure)에 출력할 수 있다.

(c) fplot(f, [xmin xmax]) 명령문을 실행하면 첫 번째 인자인 f에 저장된 함수를 정의역 구간 [xmin xmax]에 대하여 그래프로 출력한다. 그러므로 아래의 실행문은 sol.x 변수에 저장된 함수를 정의역 $0 \le t \le 3$에 대하여 그래프로 출력한다.

```
>> xg = fplot(sol.x, [0 3]);
```

위 실행문의 경우 f 위치에 심볼릭 객체인 sol.x 변수가 대응하고 있으나 f 위치에 함수 핸들(function handle) 변수가 대응될 수 있다. 따라서 위 실행문의 결과와 아래 내용의 실행 결과는 동일하다.

```
>> h = @(t)  exp(-t)/4 + cos(t)/2 + exp(t)/4;
>> xg = fplot(h, [0 3])
```

위 명령문(첫 번째 인자인 f의 위치에 심볼릭 객체 sol.x 또는 함수 핸들 h 대응)의 실행으로 출력된 그래프가 FunctionLine 객체인 xg 변수에 저장된다. fplot 명령어 대신에 ezplot 명령어를 사용할 수 있으나 최신 버전의 경우 fplot 명령어 사용을 추천하고 있다.

(d) axis([xmin xmax ymin ymax]) 명령문을 실행하면 출력된 그림창(Figure)의

가로방향 범위를 [xmin xmax], 세로방향 범위를 [ymin ymax]

로 설정한다. 그러므로 axis([0 3 −1 6]) 명령문에 의하여 <표2>와 같이 그림창의 범위가 설정되었다.

(e) set(xg,'linewidth',2,'linestyle',':','color','k') 명령문으로 앞 (c)의 내용에서 도입된 FunctionLine 객체인 xg 변수의 속성을 변경할 수 있다. 즉, xg 변수에 대응하는 객체(=선)에서 선의 두께를 2, 선의 종류를 점선, 선색의 종류를 검정색으로 새로이 설정한다. 이러한 설정의 결과가 <표2>에서 x(t)로 출력되었다. 선의 종류에 관한 내용은 1.3.2절의 <표6a>의 내용을 참고한다. 또한 선의 색 종류는 아래 <표3>에 제공된다.

표3 선의 색 종류

선색	시안 (cyan)	마젠타 (magenta)	노란 (yellow)	빨간 (red)	녹 (green)	파란 (blue)	흰 (white)	검정 (black)
기호	'c'	'm'	'y'	'r'	'g'	'b'	'w'	'k'

선의 색 중에서 시안 또는 마젠타에 대응하는 색이 궁금한 경우 아래 <표3a>와 같은 내용을 <명령 창>에서 실행하여 본다.

표3a

```
>> t = 0:0.1:2*pi;
>> LH = plot(t,sin(t));
>> axis([0 2*pi -1.2 1.2]);
>> set(LH,'linewidth',5,'color','m');
```

위 <표3a>의 내용을 실행하면 사인함수가 마젠타의 색으로 보일 것이다. <표3a>의 마지막 줄 대신에

```
>> set(LH,'linewidth',5,'color','c');
```

을 입력하고 실행하면 시안(cyan) 색의 사인함수가 나타날 것이다.

(f) title 명령문인

```
>> title('₩bf₩fontsize{14} Graphs of x(t) and y(t)')
```

으로 그림창의 제목인 'Graphs of x(t) and y(t)'을 다음과 같이 설정할 수 있다:

```
₩bf:  제목의 글자를 굵게(bold 글자체로) 표시.
₩fontsize{14}:  제목의 글자 크기를 14로 설정.
```

(g) legend('x(t)','y(t)','location','best') 명령문으로 그래프가 출력되는 좌표축 내부에 앞 <표2>와 같이 범례 박스를 생성할 수 있다. 이 명령문을 좀 더 자세히 설명하면 다음과 같다.

명령어 legend 실행 시 속성명 location의 값(value)으로 best가 설정됨.
설명: 좌표축 내부에 출력된 그래프와 겹치지 않는 위치에 범례 박스가 좌표축 내부에서 자동적으로 생성된다. 범례 박스를 위한 공간이 부족할 때에는 출력 결과와 겹치는 정도를 최소화한다.

좌표축 내부(또는 외부)의 다른 위치에 범례 박스를 출력하고자 할 때에는 아래 <표4>의 내용을 활용한다.

표4 location의 속성값(property value) 종류

속성값	위치	속성값	위치
north	축 내부에서 위쪽	northeast	축 내부에서 오른쪽 위 모서리
south	축 내부에서 아래쪽	northwcst	축 내부에서 왼쪽 위 모서리
east	축 내부에서 오른쪽	southeast	축 내부에서 오른쪽 아래 모서리
west	축 내부에서 왼쪽	southwest	축 내부에서 왼쪽 아래 모서리
best	축 내부에서 출력 내용과 가능한 한 겹치지 않는 위치	bestoutside	축 외부에서 오른쪽 위

이번 절에서와 같이 Matlab에서 사용되는 다양한 명령어에 대한 내용을 알고 싶으면 서적 [김1], [김3], [김우], [임4]를 참고하길 바란다. 사실 Matlab과 관련된 내용으로서 가장 최신이면서 가장 많은 정보를 가지고 있는 것은 Matlab 프로그램 그 자체이다

[MAT]. 즉 lookfor 또는 doc 명령어를 이용하여 Matlab과 관련된 모든 종류의 내용에 접근할 수 있다. 영어 구문에 대한 독해력과 분석력 그리고 어느 정도의 인내심(어떤 내용은 몇 단계의 링크로 연결되어 있다)을 가지고 있다면 lookfor 또는 doc 명령어를 활용해 볼 것을 추천한다.

2.3.3 <State-Space> 블록을 이용한 블록선도

앞 절에서 다루었던 연립 미분 방정식 문제의 해를 다른 방법으로 구하기 위하여 블록선도를 사용할 것이다. 즉 1계 연립 선형 미분방정식

㉮ $$\frac{dx}{dt}=y,\ \frac{dy}{dt}=x-\cos t,\ 0\le t\le 3,\ x(0)=1,\ y(0)=0$$

의 해 $x(t)$와 $y(t)$를 <State-Space> 블록을 이용하여 구할 것이다.

위 ㉮에 주어진 미분방정식을 대응관계

㉯ $$x_1(t)=x(t),\ x_2(t)=y(t)$$

를 사용하면 다음과 같이 표현된다.

$$x_1{}'=\frac{dx_1}{dt}=\frac{dx}{dt}=y=x_2$$

이고

$$x_2{}'=\frac{dx_2}{dt}=\frac{dy}{dt}=x-\cos t=x_1-\cos t$$

이므로 위 ㉮에 주어진 미분방정식은

㉰
$$x_1{}' = x_2,$$
$$x_2{}' = x_1 - \cos t,$$
$$0 \le t \le 3,\ x_1(0) = 1,\ x_2(0) = 0$$

가 된다. 위의 결과를 행렬을 이용하여 표현하면 아래 ㉱와 같이 쓸 수 있다.

㉱
$$\begin{bmatrix} x_1{}' \\ x_2{}' \end{bmatrix} = \begin{bmatrix} 0 & 1 \\ 1 & 0 \end{bmatrix}\begin{bmatrix} x_1 \\ x_2 \end{bmatrix} + \begin{bmatrix} 0 \\ -1 \end{bmatrix}\cos t,$$
$$x_1(0) = 1,\ x_2(0) = 0$$

나중에 설명하겠지만 <State-Space> 블록을 사용하기 위해서는 출력과 관련된 아래 ㉲의 식도 필요하다.

㉲
$$\begin{bmatrix} x_1 \\ x_2 \end{bmatrix} = \begin{bmatrix} 1 & 0 \\ 0 & 1 \end{bmatrix}\begin{bmatrix} x_1 \\ x_2 \end{bmatrix} + \begin{bmatrix} 0 \\ 0 \end{bmatrix}\cos t$$

지금부터 다음 (1)-(8) 단계를 따라서 블록선도를 만든다.

(1) <명령 창>에서 simulink를 입력한 뒤 실행(또는 도구바에서 아이콘  을 선택)한다. 실행 후 <Simulink Start Page> 박스가 화면에 출력되면 이 박스 내부에서 <Blank Model>을 선택하여 Simulink 에디터를 연다. 계속해서 Simulink 에디터의 도구바에 있는 아이콘  을 클릭하여 Simulink Library Browser 박스를 화면에 출력하여 둔다.

(2) Simulink Library Browser 박스 내부에 있는 [Source], [Math Operations], [Continuous], [Sinks] 라이브러리에서 아래의 블록들을 각각 확인한다.

- [Source] 라이브러리: 〈Clock〉 블록
- [Math Operations] 라이브러리: 〈Trigonometric Function〉 블록

– [Continuous] 라이브러리: 〈State–Space〉 블록

– [Sinks] 라이브러리: 〈Scope〉 블록

(3) 위 (2)의 단계에서 확인한 블록들을 이용하여 Simulink 에디터 내부에 아래 <표1> 과 같이 배치하고 ch2p3a.slx 파일명으로 저장한다.

표1

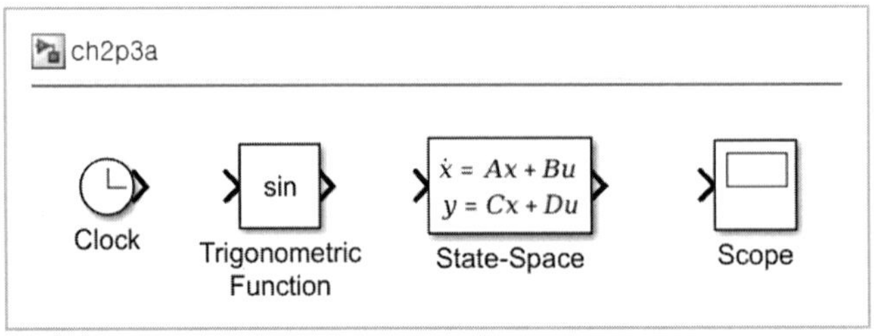

(4) 위 <표1>에 주어진 각각의 블록들을 다음과 같이 설정한다.

- **<Clock> 블록**: 변경 없이 <Block Parameters: Clock> 박스 내부의 초기 설정을 유지한다.
- **<Trigonometric Function> 블록**: 더블 클릭하여 화면 출력된 <Block Parameters: Trigonometric Function> 박스 내부에서 아래 <표2>와 같이 <Function> 항목의 대상을 sin 에서 cos 으로 변경하고 박스 아래에 있는 <OK> 버튼을 선택한다.

표2

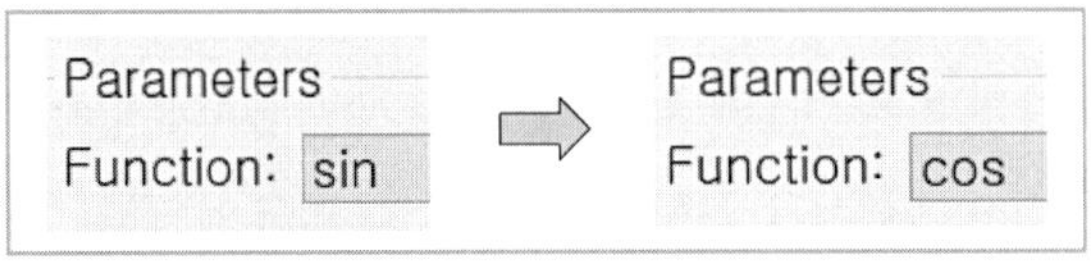

> **참고내용**
> 〈Trigonometric Function〉 블록에서는 삼각함수, 역삼각함수, 쌍곡선(hyperbolic) 함수를 선택할 수 있다.

- **<State-Space> 블록**: 이 블록을 더블클릭하여 <Block Parameters: State-Space>

박스를 연다. 위 ㉣와 ㉤에 주어진 식을 이용하여 <표3>의 내용으로 A, B, C, D와 초기 조건(initial conditions)을 설정한다.

표3

Parameters
A:
[0 1 ; 1 0]
B:
[0 -1]'
C:
[1 0 ; 0 1]
D:
[0 0]'
Initial conditions:
[1 0]

위 <표3>과 같이 항목의 값을 설정하는데 <표3a>의 내용은 도움을 준다.

표3a

- 대응관계는 다음과 같다.

(a) 행렬 A와 B:

$$\begin{bmatrix} x_1' \\ x_2' \end{bmatrix} = \begin{bmatrix} 0 & 1 \\ 1 & 0 \end{bmatrix} \begin{bmatrix} x_1 \\ x_2 \end{bmatrix} + \begin{bmatrix} 0 \\ -1 \end{bmatrix} \cos t \iff \begin{bmatrix} x_1' \\ x_2' \end{bmatrix} = A \begin{bmatrix} x_1 \\ x_2 \end{bmatrix} + B \cos t$$

(b) 행렬 C와 D:

$$\begin{bmatrix} x_1 \\ x_2 \end{bmatrix} = \begin{bmatrix} 1 & 0 \\ 0 & 1 \end{bmatrix} \begin{bmatrix} x_1 \\ x_2 \end{bmatrix} + \begin{bmatrix} 0 \\ 0 \end{bmatrix} \cos t \iff \begin{bmatrix} x_1 \\ x_2 \end{bmatrix} = C \begin{bmatrix} x_1 \\ x_2 \end{bmatrix} + D \cos t$$

(c) 초기 조건(initial conditions):

$x_1(0) = 1,\ x_2(0) = 0 \iff$ [1 0]

- **<Scope> 블록**: 나중에 변동 내용이 있으나 현재는 변동없이 초기 상태를 유지한다.

(5) 위 (4)의 단계 내용으로 블록 설정을 완료하고 블록들을 연결하면 블록선도는 <표4>와 같이 될 것이다.

표4

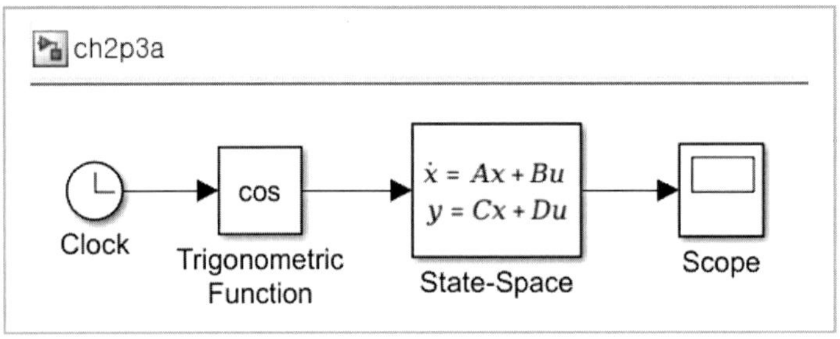

Simulink 에디터 상단에 위치한 도구바의 오른쪽에 있는 직사각형 박스 내부에 3을 입력하여 시뮬레이션의 종료 시간을 10에서 3으로 설정한다.

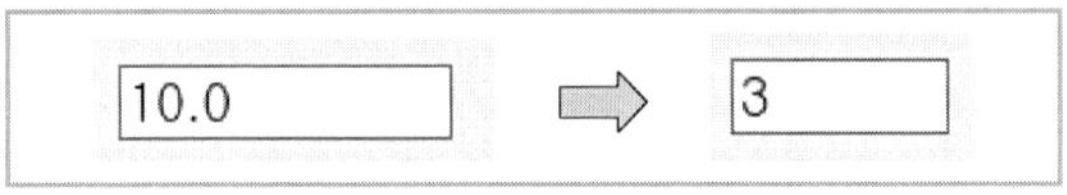

(6) 위 <표4>에 주어진 블록선도를 실행하기 전에 아래의 절차를 추가한다.

Scope 창의 메뉴바에서 〈보기(View)〉-〈범례(Legend)〉 항목을 선택

Scope 창은 블록선도에 있는 <Scope> 블록을 더블클릭하면 화면 출력된다. 참고로 Scope 창의 메뉴바와 도구바는 다음 <표4a>와 같고 메뉴바의 세 번째 위치에서 <보기(View)> 메뉴를 볼 수 있다.

표4a

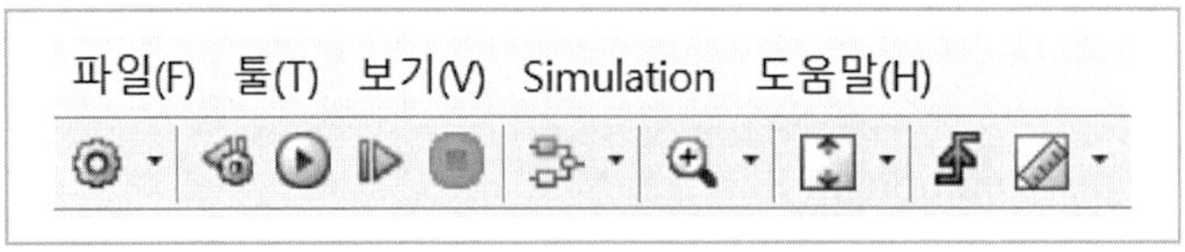

(7) 위 (6)의 단계에서 설명한 추가 절차를 완료하고 <표4>에 주어진 ch2p3a.slx 파일이 있는 Simulink 에디터에서 도구바에 위치한 실행 버튼 ▶을 클릭한다. 실행이 종료

되면 <Scope> 블록을 더블클릭하여 Scope 창을 연다. 결과로서 검은 바탕색에 두 개의 그래프(출력)을 볼 수 있을 것이다. 같은 결과이지만 <표6>과 같은 형태의 Scope 창을 만들기 위하여 아래 <표5>의 내용을 수행한다.

표5

〈표4〉에 주어진 블록선도에서 〈Scope〉 블록을 더블 클릭하여 Scope 창을 화면 출력한다. Scope 창의 도구바에서 아이콘 를 선택하여 〈Style: Scope〉 박스로 이동 후, 2.1.2절에서 설명했던 〈표11〉의 내용과 유사하게 다음 〈표5a〉의 내용으로 설정한다.

표5a --

- 〈Figure color〉 항목에 대응하는 색: [0.94 0.94 0.94]
- 〈Axes colors〉 항목의 첫 번째 박스 대응색은 [0.8 0.8 0.8]이고
  두 번째 박스 대응색은 검정색(Black)으로 선택.
- 출력 신호가 2 종류이므로 〈Line〉 항목에서는 다음과 같이 설정한다.

(a) 〈Properties for line〉 항목에서 〈State-Space:1〉을 선택 경우:
[선의 종류(점선), 선의 두께(3), 선의 색(black)]

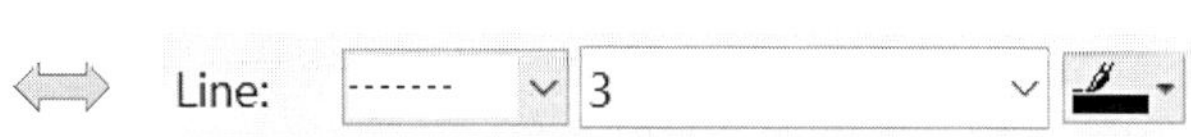

(b) 〈Properties for line〉 항목에서 〈State-Space:2〉을 선택 경우:
[선의 종류(실선), 선의 두께(2), 선의 색(black)]

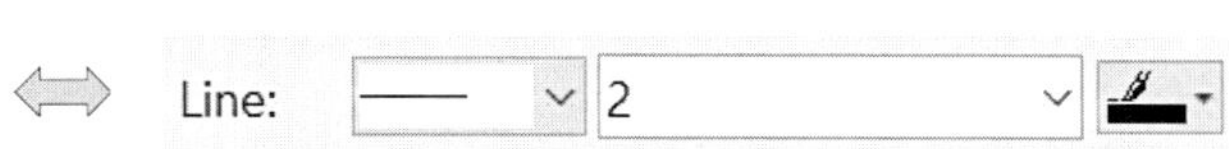

----

(8) 위 (7)의 단계 내용을 완료하고 ch2p3a.slx 파일이 있는 Simulink 에디터에서 실행 버튼 을 다시 클릭하면 <표6>의 결과를 얻을 것이다. 이 결과는 2.3.2절의 <표2>에서 보았던 결과와 동일한 내용을 갖는다. 참고로 <State-Space:1>, <State-Space:2>은 각각 $x_1(t), x_2(t)$ 에 대응한다.

표6

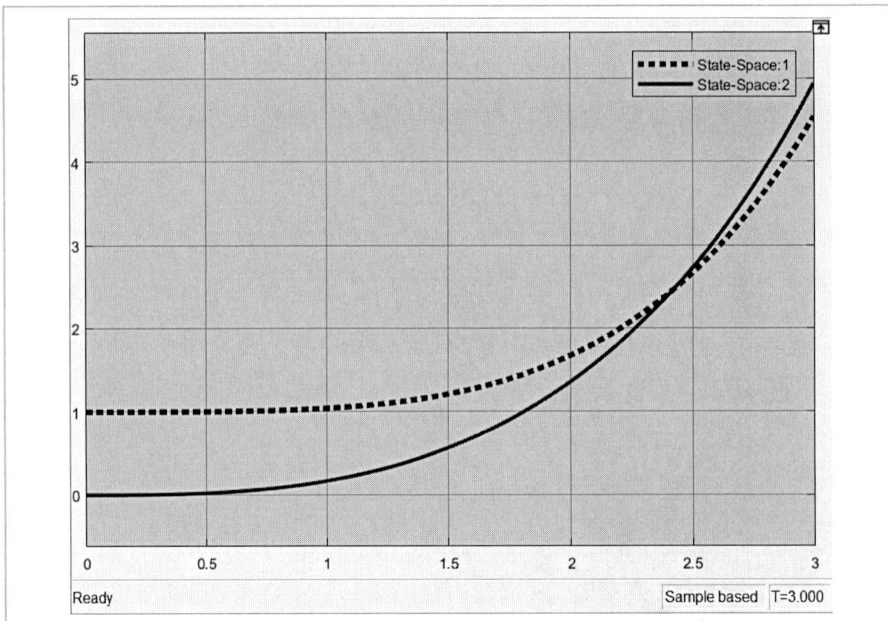

앞 <표3>에서 설명된 행렬 C와 D의 크기와 형태는 출력 신호의 개수에 대응하여 변경될 수 있다. 이런 내용이 다음 절에서 설명된다.

2.3.4 <State-Space> 블록 사용법 이해

1계 연립 선형 미분방정식이 다음 ㉮와 같은 방식으로 표현되었을 때,

㉮

$$\dot{X} = AX + Bu$$
$$Y = CX + Du$$
$$[X]_{t=t_0} = X_0,$$

<State-Space> 블록인

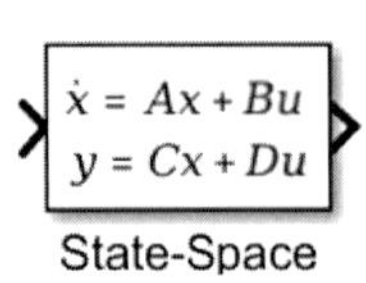

을 이용하여 그 해를 구할 수 있다.

위의 ㉮식에서 u는 입력 신호이고 Y는 출력 신호이다. X는 다음과 같이 상태변수(state variable) x_j $(j=1,2,\ldots,n)$가 성분인 열벡터의 형태를 가지고 상태벡터(state vector)라고 부른다:

$$X = [x_1, x_2, \cdots, x_n]^T$$

따라서, $\dot{X}$는 각 상태변수의 미분을 의미한다:

$$\dot{X} = \left[\frac{dx_1}{dt}, \frac{dx_2}{dt}, \cdots, \frac{dx_n}{dt}\right]^T$$

또한, X_0은 상태벡터의 초기 조건(initial condition)이고 행렬 A,B,C,D는 다음과 같은 내용으로 설정된다.

- 행렬 A의 크기는 $n \times n$이다. 이때 n은 상태변수의 개수이다.
- 행렬 B의 크기는 $n \times m$이다. 이때 n은 상태변수의 개수이고 m은 입력신호의 개수이다.
- 행렬 C의 크기는 $r \times n$이다. 이때 r은 출력신호의 개수이고 n은 상태변수의 개수이다.
- 행렬 D의 크기는 $r \times m$이다. 이때 r은 출력신호의 개수이고 m은 입력신호의 개수이다.

행렬 A,B,C,D의 크기(size)를 쉽게 기억하기 위하여 아래 <표1>의 그림을 활용한다.

표1

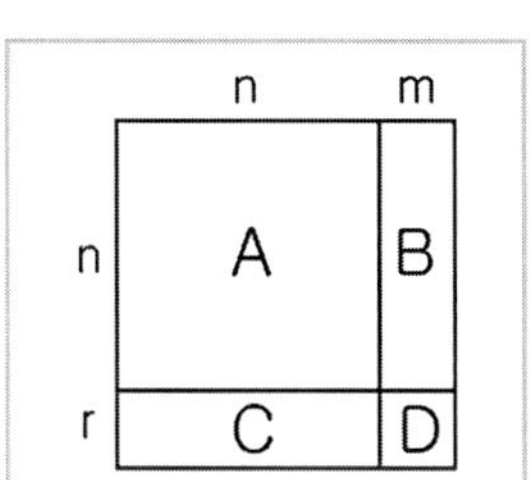

위의 일반적인 사항은 앞 절의 내용에 적용될 수 있다. 앞 절의 ㉮에 주어진 연립 미분 방정식은 다음 <표2>와 같은 대응관계를 가졌다.

표 2

(a) $\begin{bmatrix} x_1' \\ x_2' \end{bmatrix} = \begin{bmatrix} 0 & 1 \\ 1 & 0 \end{bmatrix}\begin{bmatrix} x_1 \\ x_2 \end{bmatrix} + \begin{bmatrix} 0 \\ -1 \end{bmatrix}\cos t \iff \begin{bmatrix} x_1' \\ x_2' \end{bmatrix} = A\begin{bmatrix} x_1 \\ x_2 \end{bmatrix} + B\cos t$

(b) $\begin{bmatrix} x_1 \\ x_2 \end{bmatrix} = \begin{bmatrix} 1 & 0 \\ 0 & 1 \end{bmatrix}\begin{bmatrix} x_1 \\ x_2 \end{bmatrix} + \begin{bmatrix} 0 \\ 0 \end{bmatrix}\cos t \iff \begin{bmatrix} x_1 \\ x_2 \end{bmatrix} = C\begin{bmatrix} x_1 \\ x_2 \end{bmatrix} + D\cos t$

위 <표1>의 내용을 <표2>에 적용하면 상태변수의 개수 n, 입력신호의 개수 m, 출력신호의 개수 r은 다음과 같다:

$$n = 2, \quad m = 1, \quad r = 2$$

이때, 출력 신호 Y는 $Y = [x_1, x_2]^T$에 해당된다. 앞 2.3.3절의 <표4>에 주어진 ch2p3a.slx 파일을 실행하여 출력된 신호가 앞 2.3.3절의 <표6>과 같이 두 개인 것은 이런 이유에 의해서다.

만약에 위 <표2>에서 (a)에 대응된 식은 원래대로 유지하고 (b)의 식을 <표3>과 같이 변경하였다고 가정하자. 출력 신호 Y가 $Y = [x_1, x_2]^T$에서 $Y = [x_1]$로 변경된 경우가 된다.

표 3

(a) $\begin{bmatrix} x_1' \\ x_2' \end{bmatrix} = \begin{bmatrix} 0 & 1 \\ 1 & 0 \end{bmatrix}\begin{bmatrix} x_1 \\ x_2 \end{bmatrix} + \begin{bmatrix} 0 \\ -1 \end{bmatrix}\cos t \iff \begin{bmatrix} x_1' \\ x_2' \end{bmatrix} = A\begin{bmatrix} x_1 \\ x_2 \end{bmatrix} + B\cos t$

(b) $[x_1] = [1 \;\; 0]\begin{bmatrix} x_1 \\ x_2 \end{bmatrix} + [0]\cos t \iff [x_1] = C[x_1] + D\cos t$

따라서 위 <표3>의 내용에 대응하여 <State-Space> 블록의 설정 내용이 변경된다. 즉,

아래 (1)-(4)와 같은 절차를 진행한다.

(1) 앞 절 <표4>에 주어진 블록선도 ch2p3a.slx 파일에서 <State-Space> 블록을 더블클릭하여 <Block Parameters: State-Space> 박스를 연다.

(2) 박스 내부에서 아래 <표4>의 내용으로 행렬 C, D를 변경한다. 즉, 행렬 C와 D에 대응하는 행렬만 변경하고 나머지는 그대로 유지한다.

표4

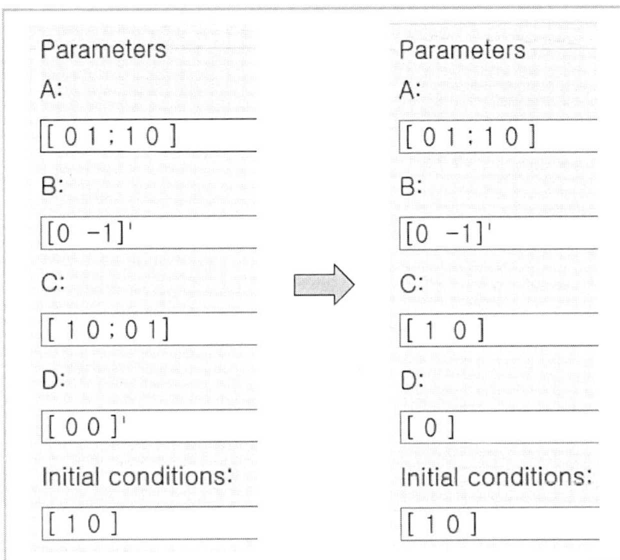

구체적으로 r, n, m 에 대응하는 수를 구하면 다음 ①-③의 내용과 같다.

① r 은 출력신호의 개수이므로 $r = 1$.

② n 은 상태변수의 개수이므로 변화 없이 $n = 2$.

③ m 은 입력신호의 개수이므로 변화 없이 $m = 1$.

따라서 행렬 A 와 B 의 크기 변화는 없고 행렬 C 와 D 의 크기만 다음과 같이 변경된다:

$$\mathrm{C} = r \times n = 1 \times 2 \quad \text{이고} \quad \mathrm{D} = r \times m = 1 \times 1$$

(3) 위의 절차를 완료하고 블록선도(ch2p3a.slx)를 ch2p3b.slx 파일명으로 저장한다.

(4) ch2p3b.slx 파일이 있는 Simulink 에디터에서 실행 버튼 ▶을 클릭하면 <표5>의 결과(Scope 창이 화면에서 없으면 실행 후 <Scope> 블록을 더블클릭)를 얻을 것이다.

표5

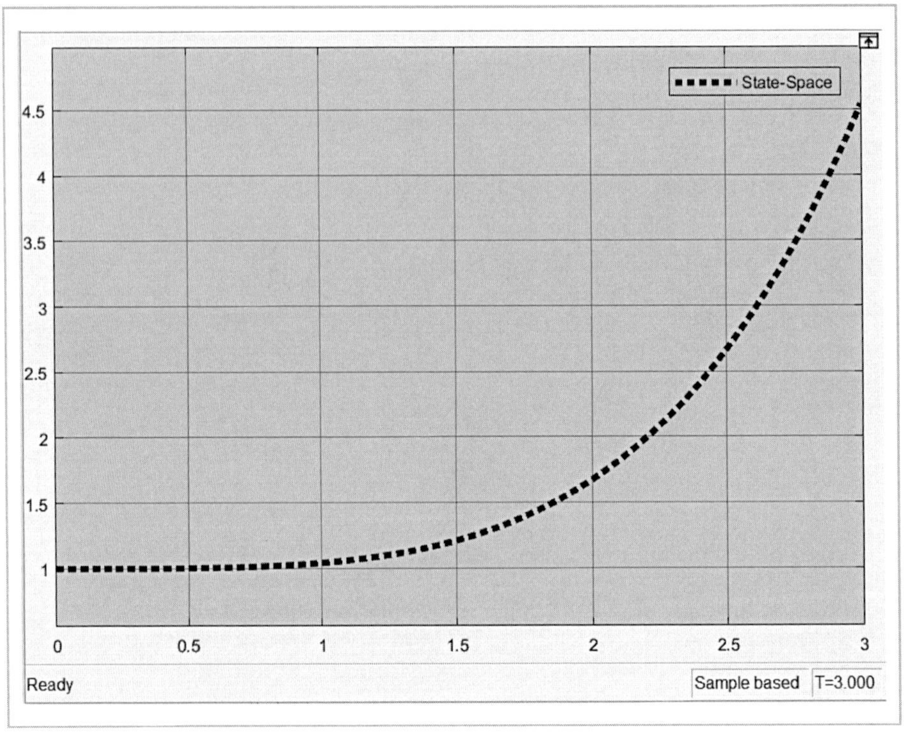

이번 절에서 설명한 내용을 정리하여 보자. 연립 미분 방정식의 해를 구할 때 <State-Space> 블록을 사용하는 경우, 행렬 C와 D의 크기를 조절하여 출력 신호의 개수를 변경할 수 있다. 위에서와 같이 <표2>에서 <표3>의 내용으로 변경하면 출력 신호가 두 개에서 하나로 설정된다. 연립 미분 방정식의 해가 두 개 이상인 경우에도 이번 절에서 설명한 내용을 적용하면 원하는 대상(상태변수)만 Scope 창에 출력할 수 있다.

2.4 2계 상미분방정식

2.4.1 일반적 배경

공학 분야에서 실험 모델의 분석을(또는 자연에서 일어나는 현상의 이해를) 위하여 미분 방정식이 이용될 수 있다. 역학 이론이 적용된 수학적 모델링을 통하여 미분 방정식이 생성된다. 생성된 미분 방정식은 2계 도함수 또는 그 이상의 도함수가 존재하는 고계 미분방정식의 형태가 될 수 있다. 고계 상미분방정식을 연립 미분방정식으로 그 형태를 변형하여 고계 상미분방정식의 해를 구할 수 있는데 관련된 일반적 내용을 이번 절에서 알아보도록 한다. 이하의 내용에서 미분방정식은 상미분방정식을 의미한다.

아래 ㉮와 같이 n개의 초기치 조건

㉮ $$y(a)=k_1,\ \frac{dy(a)}{dt}=k_2\ ,\ \ldots\ ,\ \frac{d^{n-1}y(a)}{dt^{n-1}}=k_n$$

이 제공된 n계 미분방정식

㉯ $$\frac{d^n y(t)}{dt^n}=f\left(t, y(t), \frac{dy(t)}{dt}, \frac{d^2y(t)}{dt^2}, \ldots , \frac{d^{n-1}y(t)}{dt^{n-1}}\right)$$

이 $a \le t \le b$ 인 정의역에 대하여 주어졌다고 가정하자.

위 ㉯식에 주어진 n계 미분방정식을 연립 1계 미분방정식의 형태로 변경할 수 있는 과정은 다음과 같다. 우선, 아래 ㉰에 주어진 대응관계

㉰
$$\begin{aligned} x_1(t) &= y(t), \\ x_2(t) &= \frac{dy(t)}{dt}, \\ x_3(t) &= \frac{d^2y(t)}{dt^2}, \\ &\vdots \\ x_n(t) &= \frac{d^{n-1}y(t)}{dt^{n-1}} \end{aligned}$$

를 만족하는 n 개의 변수

$$x_1(t),\ x_2(t),\ x_3(t),\ \cdots\ ,x_n(t)$$

을 생성한다. 위 ㉰에 주어진 대응관계로부터 다음 ㉱와 같은 n 개의 방정식으로 구성된 연립 미분방정식이 유도된다.

㉱
$$\begin{aligned} \frac{dx_1(t)}{dt} &= \frac{dy(t)}{dt} = x_2(t) \\ \frac{dx_2(t)}{dt} &= \frac{d^2y(t)}{dt^2} = x_3(t) \\ &\vdots \\ \frac{dx_{n-1}(t)}{dt} &= \frac{d^{n-1}y(t)}{dt^{n-1}} = x_n(t) \\ \frac{dx_n(t)}{dt} &= \frac{d^ny(t)}{dt^n} = f\left(t, y(t), \frac{dy(t)}{dt}, \frac{d^2y(t)}{dt^2}, \ldots, \frac{d^{n-1}y(t)}{dt^{n-1}}\right) \\ &= f\left(t, x_1(t), x_2(t), \ldots, x_n(t)\right) \end{aligned}$$

위 ㉱의 결과를 간단히 정리하면 다음과 같다.

㉤
$$\begin{aligned}\frac{dx_1(t)}{dt} &= x_2(t)\\ \frac{dx_2(t)}{dt} &= x_3(t)\\ &\vdots\\ \frac{dx_{n-1}(t)}{dt} &= x_n(t)\\ \frac{dx_n(t)}{dt} &= f(t, x_1(t), x_2(t), \ldots, x_n(t))\end{aligned}$$

위 ㉮에서 제공되었던 초기치 조건은

㉥
$$x_1(a) = k_1,\ x_2(a) = k_2,\ \ldots\ ,\ x_n(a) = k_n$$

와 같이 표현될 수 있고 결과적으로 ㉤식에 주어진 1계 연립 미분방정식의 초기치 조건이 된다. 이러한 이론적인 내용을 지금부터 2계 미분 방정식에 적용할 것이다.

정의역 변수 t의 범위가 $0 \le t \le 10$ 일 때, 아래와 같이 두 개의 초기치 조건

㉦
$$y(0) = 1,\ \ \frac{dy(0)}{dt} = 0$$

을 가진 2계 미분방정식

㉧
$$0.4\frac{d^2y}{dt^2} + 0.8\frac{dy}{dt} + 1.6y = 4\sin(t)$$

이 주어졌다고 가정한다. 이 방정식은 연립 미분방정식으로 변형될 수 있다. 먼저 위 ㉰에 제공된 대응관계를 적용하여

㉲
$$x_1(t) = y(t)$$
$$x_2(t) = \frac{dy(t)}{dt}$$

와 같이 x_1과 x_2 변수를 대응시키면 위 ㉣와 ㉤에서 설명하였듯이

㉳
$$\frac{dx_1(t)}{dt} = \frac{dy(t)}{dt} = x_2(t)$$
$$\begin{aligned}\frac{dx_2(t)}{dt} = \frac{d^2y(t)}{dt^2} &= f(t, y(t), \frac{dy(t)}{dt}) \\ &= \frac{1}{0.4}\left(-0.8\frac{dy}{dt} - 1.6y + 4\sin(t)\right) \\ &= f(t, x_1(t), x_2(t)) \\ &= -2x_2(t) - 4x_1(t) + 10\sin(t)\end{aligned}$$

이 되고 초기치 조건은

㉴
$$x_1(0) = y(0) = 1,\ x_2(0) = \frac{dy(0)}{dt} = 0$$

가 된다. 위의 내용을 간략하게 정리하며 본다. 즉 위 ㉦에 제공된 초기치 조건을 만족하는 ㉧의 형태를 가진 2계 미분 방정식은 다음 <표1>의 내용과 같이 2개의 방정식으로 구성된 연립 미분방정식이 된다.

표1

$$\frac{dx_1(t)}{dt} = x_2(t)$$
$$\frac{dx_2(t)}{dt} = -2x_2(t) - 4x_1(t) + 10\sin(t)$$

초기치 조건: $x_1(0) = 1,\ x_2(0) = 0$

2.4.2 dsolve 사용과 Latex 문법 이해

정의역의 범위 $0 \le t \le 10$에 대해서 아래 ㉮와 같이 주어진 2계 미분방정식

㉮
$$0.4\frac{d^2y}{dt^2} + 0.8\frac{dy}{dt} + 1.6y = 4\sin(t),$$
$$y(0) = 1, \quad \frac{dy(0)}{dt} = 0$$

의 해인 $y(t)$는 다음과 같다.

㉯
$$y(t) = \frac{30}{13}\sin(t) - \frac{20}{13}\cos(t) - \frac{33}{13}e^{-t}\cos(\sqrt{3}t) + \frac{\sqrt{3}}{13}e^{-t}\sin(\sqrt{3}t)$$

위의 결과를 dsolve 명령어로 확인하기 위하여 아래 <표1>에 주어진 내용을 <명령 창>에서 실행한다. <표1>에서 각 줄의 왼쪽에 있는 '줄번호:'인

'1:', '2:', '3:', ...

은 설명의 편의를 위하여 저자가 도입한 줄의 번호를 나타낸다. 그러므로 <명령 창>에서 <표1>의 내용을 실행 시 각각의 줄에서 '줄번호:'는 입력하지 않는다. 예를 들어, <표1>의 첫 번째 줄의 내용을 <명령 창>에 입력할 때에는 '1:'을 입력하지 않고

```
>> clear, clc
```

만 입력하면 된다.

표 1

```
1: clear, clc
2: syms y(t)
```

```
Dy = diff(y,t);
cond = [y(0)==1, Dy(0)==0];
sol=dsolve( 0.4*diff(y, t, 2) + 0.8*diff(y,t,1) + 1.6*y == 4*sin(t), cond);
y = simplify(sol)
%
hold on
yg = fplot(y,[0 10]);
set(yg,'linewidth',2,'linestyle','-','color','k');
title('₩bf₩fontsize{14} Graph of y(t)');
xlabel('₩bf₩fontsize{14} t');
str1 = '$₩bf 0.4 ₩ddot{y} + 0.8 ₩dot{y} + 1.6 y$'
str2 = '$₩bf = 4 sin(t) $';
text(3.3,2.1,str1,'interpreter','latex','fontsize',15);
text(4,1.6,str2,'interpreter','latex','fontsize',15);
--------------------------------------------------
```

위 <표1>의 내용을 실행하면 해인 $y(t)$(위 ㊏식에 대응하는)가 다음 <표2>와 같이 변수명 y로 <명령 창>에 출력된다.

표2

```
y = (30*sin(t))/13 - (20*cos(t))/13 + (33*exp(-t)*cos(3^(1/2)*t))/13
    + (3^(1/2)*exp(-t)*sin(3^(1/2)*t))/13
```

위 <표1>의 내용을 모두 실행하고 <표2>에 제공된 y가 <명령 창>에 출력된 뒤에 <명령 창>에서

```
>> pretty(y)
```

와 같이 계속 실행하면 <표3>과 같이 분수의 형태로 y를 <명령 창>에서 볼 수 있다. 이와 같이 심볼릭 수식이 저장된 y에 pretty 명령어를 적용하면 복잡한 수식의 구조를

이해하는데 도움을 받을 수 있다. <표2>에서 본 출력 형식에 비해서 <표3>의 형식이 좀 더 쉽게 이해될 수 있는 형태라는 의미로 여겼으면 한다. 문서 편집기에서 볼 수 있는 앞 ㉯의 형태로 출력되는 것은 아니다.

표3

```
 30 sin(t)        20 cos(t)        33 exp(-t) cos(sqrt(3) t)
--------- - --------- + -------------------------
   13              13                    13

   sqrt(3) exp(-t) sin(sqrt(3) t)
 + -------------------------------
              13
```

또한 <표1>에 주어진 내용의 실행 결과로서, 앞 ㉮에 주어진 2계 미분방정식의 해인 $y(t)$에 대응하는 그래프(㉯식에 주어진)도 <표4>와 같이 구해진다.

표4

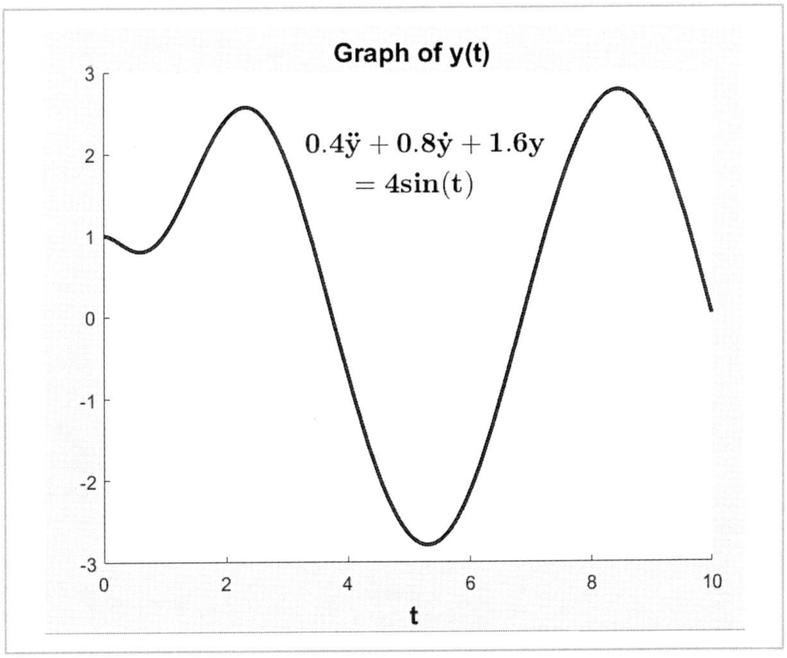

❑ <표1>의 내용에 대한 추가 설명: (a)-(e)

(a) 5번째 줄에 있는 dsolve 명령어를 실행시키기 위하여 다음과 같은 절차가 필요하다: 앞 ㉮에 주어진 2계 미분 방정식의 초기치 조건인

$$y(0)=1,\ \ \frac{dy(0)}{dt}=0$$

을 적용시키기 위하여 우선 2번째 줄의 내용을 다음과 같이 실행시킨다.

```
>> syms y(t)
```

결과로서 심볼릭 변수 t와 심볼릭 함수 y가 생성된다. 즉, <작업 공간>을 보면 다음 <표4a>와 같은 출력을 볼 수 있다.

표4a

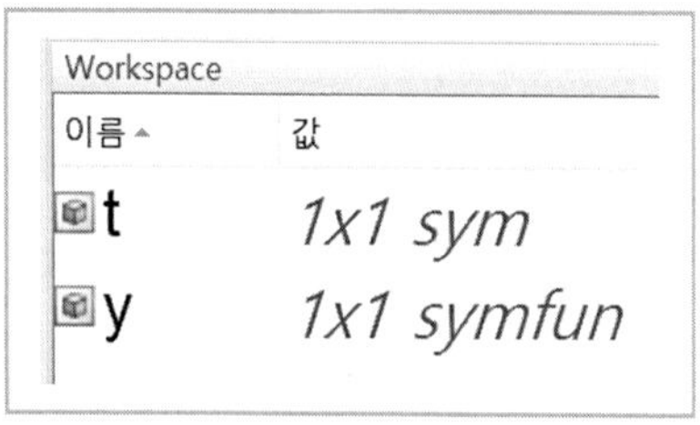

Workspace

이름 ▲	값
t	1x1 sym
y	1x1 symfun

계속해서 3번째 줄과 4번째 줄의 내용을 실행시켜 cond 변수를 생성한다:

```
>> Dy = diff(y,t)
Dy(t) = diff(y(t), t)

>> cond = [y(0)==1, Dy(0)==0]
cond = [ y(0) == 1, subs(diff(y(t), t), t, 0) == 0]
```

다음으로 5번째 줄의 내용인

```
sol=dsolve( 0.4*diff(y, t, 2) + 0.8*diff(y,t,1) + 1.6*y == 4*sin(t), cond);
```

에서와 같이 dsolve 명령어의 두 번째 인자의 값으로 cond 변수명을 입력하였다. dsolve 명령어를 실행시키는 다른 방법으로 cond 변수명을 생성하지 않고 cond 변수에 저장된 내용을 dsolve 명령어 두 번째 인자에 직접 입력할 수 있다. 즉, 4번째와 5번째 줄에 있는

```
cond = [y(0)==1, Dy(0)==0];
sol=dsolve( 0.4*diff(y, t, 2) + 0.8*diff(y,t,1) + 1.6*y == 4*sin(t), cond);
```

와 같은 실행문 대신에 아래 박스 안의 내용으로 실행해도 같은 결과를 구할 수 있다.

```
sol=dsolve( 0.4*diff(y, t, 2) + 0.8*diff(y,t,1) + 1.6*y == 4*sin(t), ...
            y(0)==1, Dy(0)==0);
```

(b) simplify 명령어는 복잡한 수식을 가능한 한 간단한 형태로 변형시켜 출력한다. <표1>의 내용에서 설명하면 다음과 같다: 5번째 줄에 있는 dsolve 명령어의 결과로서 sol 변수명에 저장된 복잡한 수식이, 6번째 줄에 있는 simplify 명령어 실행으로 보통은 간단한 형태로 변형되어 y 변수명에 저장된다. <명령 창>에서 sol 변수와 y 변수에 저장된 내용을 비교하여 보길 바란다. 삼각함수가 많은 수식은 simplify 명령어 적용으로 그 길이가 상당히 줄어들 수 있다.

(c) 12번째 줄에 있는 xlabel 명령어를 이용하면 그림창(figure)에서 정의역의 축에 원하는 내용을 출력할 수 있다. 12번째 줄에 있는

```
xlabel('₩bf₩fontsize{14} t');
```

의 실행으로 <표4>와 같이 t 문자가 정의역의 축 아래에 출력(글자의 모양은 bold

글자체, 크기는 14로 설정) 되었다.

(d) 13-16번째 줄에 있는 내용으로, <표4>와 같이 제목 아래 위치에 미분방정식

$$\mathbf{0.4\ddot{y} + 0.8\dot{y} + 1.6y} \\ \mathbf{= 4sin(t)}$$

이 그림창에 출력되었다. 좀 더 설명하면 다음과 같다. 15번째 줄에 있는 내용인

```
text(3.3,2.1,str1,'interpreter','latex','fontsize',15);
```

에 의하여 그림창의 $(3.3, 2.1)$ 좌표 위치에서부터 str1에 저장되어 있는 문자열이

$$\mathbf{0.4\ddot{y} + 0.8\dot{y} + 1.6y}$$

와 같이 출력된다. 위와 같은 형태로 출력되는 이유는 속성 interpreter의 값으로 latex이 설정되었고 str1 변수에 저장된 내용이 latex 문법을 따르기 때문이다. 참고로, 13번째 줄에 있는 str1 변수에 저장된 내용인

```
str1 = '$₩bf 0.4 ₩ddot{y} + 0.8 ₩dot{y} + 1.6 y$'
```

을 분석하면

```
str1 = '$ 수식 $'
```

의 형식을 따르고 있다. 수식은 latex 문법에 의하여 작성되고 그 내용이 변경되면 출력되는 내용도 변경된다. 그러므로 다양한 형태의 수식을 표현하기 위해서는 그 수식에 대응하는 latex 문법을 알아야 한다. latex 문법에 대해서 상세히 알고 싶은 경우에는 관련서적을 찾아보기 바란다[LAM].

(e) 8-11번째 줄에 있는 내용(hold, fplot, set, title 명령어 관련)은 2.3.2절의 내용을 참고하도록 한다.

이것으로 <표1>의 내용에 대한 추가적 설명을 종료한다. 참고로 Latex 문법과 관련된 내용(①-⑤)을 간략히 살펴보자.

① 기호1

Latex 입력	출력	Latex 입력	출력
₩dot{z}	$\dot{z}$	₩ddot{z}	$\ddot{z}$
z^n	z^n	z_n	z_n
₩leq	$\leq$	₩geq	$\geq$
₩subset	$\subset$	₩supset	$\supset$

② 기호2

Latex 입력	출력	Latex 입력	출력
₩in	$\in$	₩neq	$\neq$
₩leftarrow	$\leftarrow$	₩rightarrow	$\rightarrow$
₩uparrow	$\uparrow$	₩downarrow	$\downarrow$
₩leftrightarrow	$\leftrightarrow$	₩updownarrow	$\updownarrow$

③ 기호3

Latex 입력	출력	Latex 입력	출력
₩partial	∂	₩infty	∞
₩pm	$\pm$	₩times	$\times$
₩prod	$\prod$	₩cdot	$\cdot$
₩prime	$\prime$	₩emptyset	$\emptyset$

④ 수식1

Latex 입력	출력
₩sum_{k=1}^{25} ₩frac {k} {k+1}	$\sum_{k=1}^{25} \frac{k}{k+1}$
₩int_{0}^{₩infty} e^{-z} dz	$\int_0^{\infty} e^{-z} dz$

- **사용 예**: 아래 <표5>의 내용으로 <명령 창>에서 실행하면 <표6>과 같은 그림창의 결과를 볼 수 있다.

표5

```
clear, clc
axis([ 0 2 0 2]);
axis off
str3 = '$₩bf  ₩int_{0}^{₩infty} e^{-z} dz $';
text(0.8, 1, str3,'interpreter','latex','fontsize',20);
title('₩bf₩fontsize{18}  수식 출력');
```

표6

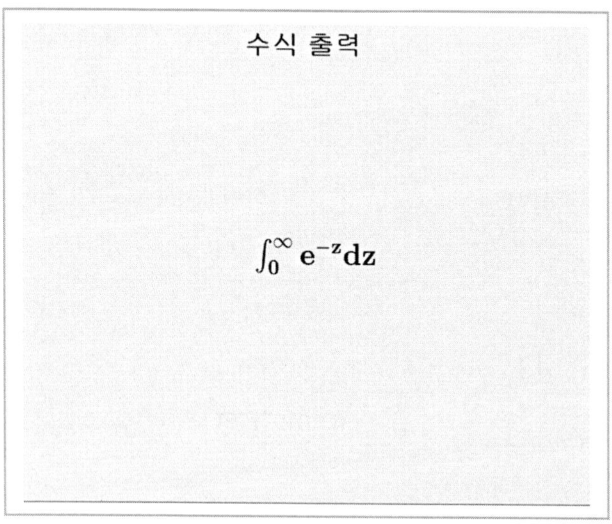

⑤ 앞의 경우보다는 복잡한 수식을 출력하여 보자. 아래 <표7>에 주어진 내용을 <명령 창>에서 실행하면 <표8>과 같은 그림창의 결과를 볼 수 있다.

표7

```
clear, clc
axis([ 0 2 0 2]);
axis off
str4 = '$₩bf  f(x)=₩left₩{ ₩begin{array}{ll} 1 & ₩mbox{if $x ₩ge 0$}';
str5 = ' ₩₩ 0 &  ₩mbox{if $x<0$}  ₩end{array} ₩right. $';
str6 = [ str4 str5 ]
text(0.5, 1,str6,'interpreter','latex','fontsize',18);
title('₩bf₩fontsize{18}  수식 출력');
```

표8

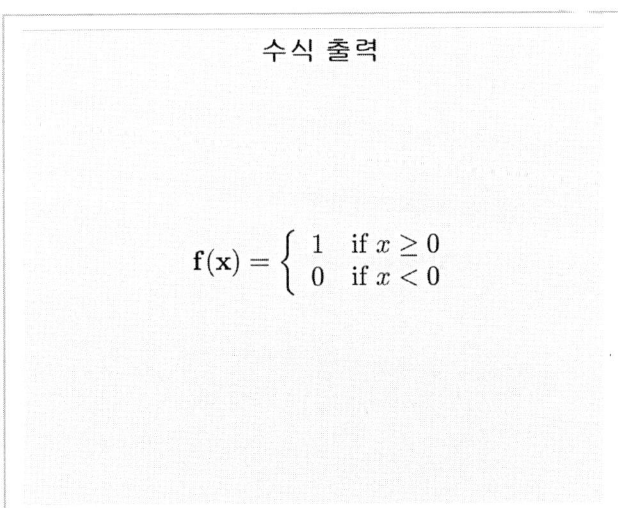

한 가지 경우를 더 실행하여 보자. <표9>에 주어진 내용을 <명령 창>에서 실행하면 <표10>과 같은 그림창의 결과를 볼 수 있다.

표9

```
clear, clc
axis([ 0 2 0 2]);
axis off
str7 = '$ M = ₩left(  ₩begin{array}{c} ';
str8 = ' a^2 + b^2   ₩₩   ₩₩   ₩sin(a) - ₩cos(b) ₩₩   ₩₩ ';
str9 = '₩left| ₩begin{array}{cc} a^2+1 & b-2   ₩₩';
str10 = ' x y   & x^2 y   ₩end{array}   ₩right| ';
str11 = ' ₩end{array}   ₩right)   $';
str20 = [ str7 str8 str9 str10 str11 ]
text(0.32, 1,str20,'interpreter','latex','fontsize',18);
title('₩bf₩fontsize{18} 행렬 출력');
```

표10

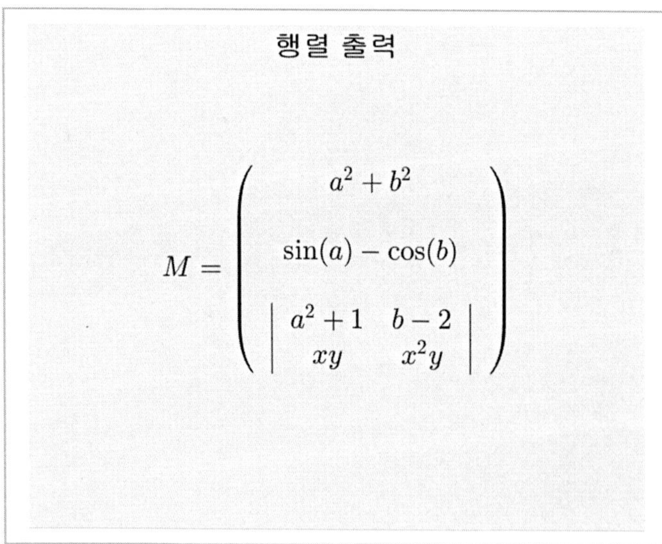

<표10>과 같이 출력된 행렬 M의 크기는 3×1 이고 M의 3행 1열에 대응하는 성분인 $M(3,1)$은 또 다시 2×2 크기의 행렬식으로 구성되어 있다. 이 $M(3,1)$ 성분에 대응하는 출력을 보여주는 latex 문법에 대하여 알아보자. <표9>의 내용에서 str9와 str10 변수

에 저장된 내용이 아래 <표10a>에 제공되었고 이 내용에 의하여 $M(3,1)$ 성분이 결정되었다.

표10a

```
str9 = '₩left| ₩begin{array}{cc} a^2+1 & b-2  ₩₩';
str10 = ' x y  & x^2 y  ₩end{array}  ₩right| ';
```

2×2 크기의 행렬 형식을 만들기 위한 latex 문법의 기본 구조는

표10b

```
₩begin{array}{cc}
   ①    &    ②    ₩₩
   ③    &    ④
 ₩end{array}
```

와 같다. 위 <표10b>에서 ①과 ②는 각각 1행의 1열과 2열 위치에 있는 성분, ③과 ④는 각각 2행의 1열과 2열의 위치에 있는 성분을 의미한다. 기호 &를 이용하여 행의 성분을 구분하고 기호 ₩₩을 이용하여 행을 나눈다. <표10b>에서 첫 번째 줄에 있는 {cc} 기호는 열 정렬을 설정한다. 즉, {cc} 기호는 1열과 2열에 있는 성분들을 중앙 정렬 시킨다. 왼쪽 정렬은 l(left에서 첫 번째 문자)을 사용하고 오른쪽 정렬은 r(right에서 첫 번째 문자)를 사용한다. 만약에 {cc} 기호 대신에 {lc} 기호로 변경하였다면 1열은 왼쪽 정렬, 2열은 중앙 정렬을 의미한다. 예를 들어, <표9>의 내용에서 다른 것은 변경하지 말고 str7 변수의 내용만을 다음과 같이 변경하여 보자.

```
str7 = '$ M = ₩left(  ₩begin{array}{c} ';
```

⇩ 변경

```
str7 = '$ M = ₩left(  ₩begin{array}{l} ';
```

위와 같이 변경 후 실행하면, 정렬을 c(중앙 정렬)에서 l(왼쪽 정렬)로 설정하였기 때문에 <표10>이 <표11>과 같은 그림창으로 출력될 것이다.

표11

행렬 출력

$$M = \begin{pmatrix} a^2 + b^2 \\ \\ \sin(a) - \cos(b) \\ \\ \begin{vmatrix} a^2 + 1 & b - 2 \\ xy & x^2 y \end{vmatrix} \end{pmatrix}$$

변수 str9의 맨 앞과 변수 str10의 맨 뒤에 있는 내용인

₩left| 과 ₩right|

은 행렬식 기호를 표현하기 위하여 필요하다. 지금까지의 설명을 기초로 <표9>의 전체 내용을 분석하면 <표10>과 같은 출력을 이해할 수 있을 것이다.

2.4.3 <State-Space> 블록 사용과 설명(Fixed-step size)

앞 절에서 다루었던 2계 미분방정식 문제의 해를 블록선도를 이용하여 구할 것이다. 즉, 정의역 $0 \le t \le 10$에 대해서 아래와 같이 주어진 2계 미분방정식

㉮ $$0.4\frac{d^2y}{dt^2} + 0.8\frac{dy}{dt} + 1.6y = 4\sin(t), \quad y(0) = 1, \quad \frac{dy(0)}{dt} = 0$$

의 해인 $y(t)$를 <State-Space> 블록을 사용하여 구해 본다. 앞에서 설명했던 2.4.1절 내용을 적용하여 대응관계

$$x_1(t) = y(t)$$
$$x_2(t) = \frac{dy(t)}{dt}$$

을 이용하면 위 ㉮에 주어진 식은

$$\frac{dx_1(t)}{dt} = x_2(t)$$

㉯ $$\frac{dx_2(t)}{dt} = -2x_2(t) - 4x_1(t) + 10\sin(t)$$

초기치 조건: $x_1(0) = 1,\ x_2(0) = 0$

와 같이 연립 미분방정식으로 변형(앞 2.4.1절에서 <표1> 내용 참고)될 수 있다. 위 ㉯ 식의 결과를 행렬로 표현하면 아래 ㉰식과 같다.

㉰ $$\begin{bmatrix} x_1' \\ x_2' \end{bmatrix} = \begin{bmatrix} 0 & 1 \\ -4 & -2 \end{bmatrix}\begin{bmatrix} x_1 \\ x_2 \end{bmatrix} + \begin{bmatrix} 0 \\ 10 \end{bmatrix}\sin(t), \quad x_1(0) = 1,\ x_2(0) = 0$$

<State-Space> 블록 사용 시, x_1과 x_2를 출력신호로 만들려면 행렬 C와 D에 관련된 식을 다음 ㉱와 같이 표현하면 된다. 아래의 식에 대한 추가적인 설명이 필요하면 앞 2.3.4절의 내용을 참고한다.

㉱ $$\begin{bmatrix} x_1 \\ x_2 \end{bmatrix} = \begin{bmatrix} 1 & 0 \\ 0 & 1 \end{bmatrix}\begin{bmatrix} x_1 \\ x_2 \end{bmatrix} + \begin{bmatrix} 0 \\ 0 \end{bmatrix}\sin(t)$$
$$= C\begin{bmatrix} x_1 \\ x_2 \end{bmatrix} + D\sin(t)$$

지금부터 <State-Space> 블록을 이용해 앞 ㉮에 주어진 미분방정식의 해를 구할 것이

다. <State-Space> 블록을 포함하는 블록선도를 아래의 (1)-(9) 단계에 따라 생성한다. Simulink 에디터를 여는 방법은 앞의 내용에서 이미 설명하였으나 블록선도를 만드는 첫 번째 절차이므로 아래 (1) 단계에서 다시 정리하였다.

(1) Simulink 에디터를 열기 위하여 <명령 창>에서 simulink을 입력하고 실행한다. 또는 매틀랩 초기화면 상단에 위치한 도구바에서 와 같은 모양의 아이콘을 선택하여도 된다. 실행 후 <Simulink Start Page> 박스가 화면에 출력되면 이 박스 내부에서 <Blank Model>을 선택하여 Simulink 에디터를 연다. 계속해서 Simulink 에디터의 도구바에 있는 아이콘 을 클릭하여 Simulink Library Browser 박스를 화면에 출력하고 유지한다.

(2) Simulink Library Browser 박스에서 [Source], [Math Operations], [Continuous], [Sinks] 라이브러리를 확인한다. 그리고 각각의 라이브러리에서 필요한 블록들은 아래와 같다.

- [Source] 라이브러리: 〈Clock〉 블록
- [Math Operations] 라이브러리: 〈Trigonometric Function〉 블록
- [Continuous] 라이브러리: 〈State-Space〉 블록
- [Sinks] 라이브러리: 〈Scope〉 블록

(3) 위 (2)의 단계에서 소개한 블록들을 이용하여 Simulink 에디터 내부에 아래 <표1>과 같이 배치하고 ch2p4a.slx 파일명으로 저장한다.

표1

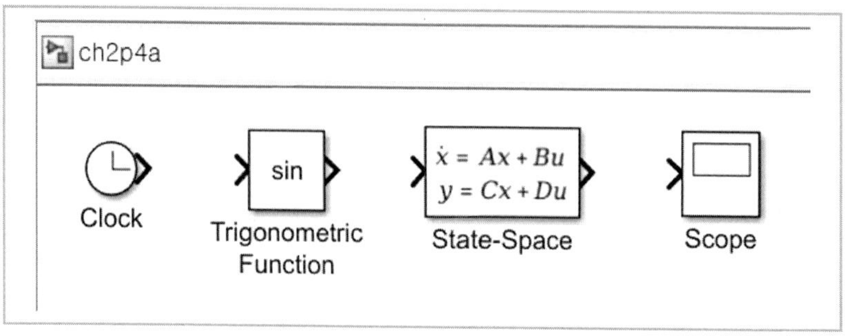

(4) 위 <표1>과 같이 배치된 블록들의 항목 설정은 다음과 같다.

- **<Clock> 블록**: 항목 변경 없이 <Block Parameters: Clock> 박스 내부의 초기 환경을 그대로 유지한다. <Clock> 블록에 대한 자세한 내용은 2.1.2절의 <표2>와 이 표에 대한 설명을 참고한다.

- **<Trigonometric Function> 블록**: 더블 클릭하여 화면 출력된 <Block Parameters: Trigonometric Function> 박스 내부에서 <Function> 항목을 보면 아래 <표2>와 같이 초기값이 sin 함수로 설정되어 있다. 이러한 초기 환경을 그대로 유지(앞 ㉰ 또는 ㉱에 주어진 식 참고)한다. 참고로 <Function> 항목에서는 삼각(Trigonometric)함수, 역삼각(Inverse Trigonometric)함수, 쌍곡선(Hyperbolic)함수, 역쌍곡선(Inverse Hyperbolic)함수 중의 하나를 선택할 수 있다.

표2

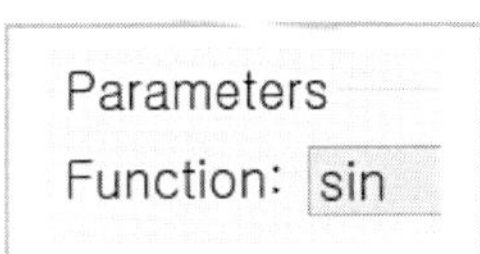

- **<State-Space> 블록**: 이 블록을 더블클릭하여 <Block Parameters: State-Space> 박스를 연다. 앞 ㉰와 ㉱에 주어진 식을 이용하여 다음 <표3>와 <표3a>의 내용으로 A, B, C, D와 초기 조건(initial conditions)을 설정한다. <Block Parameters: State-Space> 박스에서 <Initial conditions> 항목 아래에 <Absolute tolerance> 항목이 있다. <Absolute tolerance> 항목에 auto 또는 −1을 입력하면 <Configuration Parameters> 대화 창에 설정되어 있는 절대 허용오차(absolute tolerance)의 값을 사용한다. <Configuration Parameters> 대화 창은 Simulink 에디터의 상단에 위치한 메뉴바에서

  <Simulation>-<Model Configuration Parameters>

  항목을 선택하면 열린다. <Block Parameters: State-Space> 박스에서 <Absolute tolerance> 항목에 양의 실수값(K라고 가정하자)를 입력하면 <Configuration

Parameters> 대화 창에 있는 절대 허용오차(absolute tolerance) 값은 무시되고 이 K값으로 <Absolute tolerance> 항목 값이 결정된다. 절대 허용오차가 어떻게 활용되는지는 2.1.1절의 내용을 참고하기 바란다.

표3

Parameters

A:

[0 1 ; -4 -2]

B:

[0 10]'

C:

[1 0 ; 0 1]

D:

[0 0]'

Initial conditions:

[1 0]

표3a

- 대응관계는 다음과 같다.

(a) 행렬 A와 B:

$$\begin{bmatrix} x_1{}' \\ x_2{}' \end{bmatrix} = \begin{bmatrix} 0 & 1 \\ -4 & -2 \end{bmatrix} \begin{bmatrix} x_1 \\ x_2 \end{bmatrix} + \begin{bmatrix} 0 \\ 10 \end{bmatrix} \sin(t) \Longleftrightarrow \begin{bmatrix} x_1{}' \\ x_2{}' \end{bmatrix} = A \begin{bmatrix} x_1 \\ x_2 \end{bmatrix} + B\sin(t)$$

(b) 행렬 C와 D:

$$\begin{bmatrix} x_1 \\ x_2 \end{bmatrix} = \begin{bmatrix} 1 & 0 \\ 0 & 1 \end{bmatrix} \begin{bmatrix} x_1 \\ x_2 \end{bmatrix} + \begin{bmatrix} 0 \\ 0 \end{bmatrix} \sin(t) \Longleftrightarrow \begin{bmatrix} x_1 \\ x_2 \end{bmatrix} = C \begin{bmatrix} x_1 \\ x_2 \end{bmatrix} + D\sin(t)$$

(c) 초기 조건(initial conditions):

$x_1(0) = 1,\ x_2(0) = 0 \Longleftrightarrow$ [1 0]

- **<Scope> 블록**: 우선 변동 없이 초기 상태를 유지한다. 이번 절의 후반부에서 변동 사항을 설명할 것이다.

(5) 위 (4)의 단계 내용으로 블록 설정을 완료하고 블록들을 연결한다. 결과로 얻게 되는 블록선도는 <표4>와 같이 될 것이다.

표4

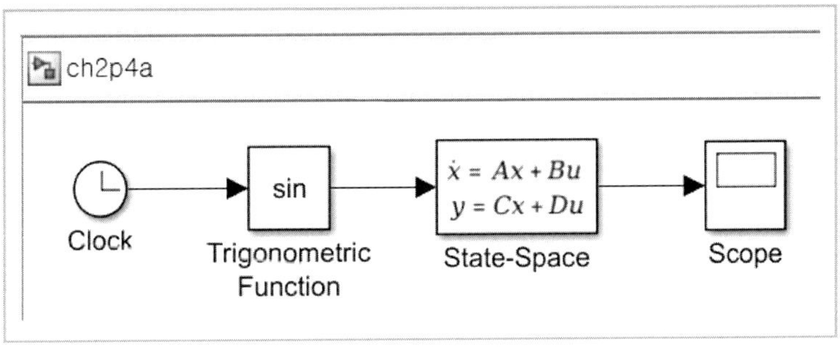

(6) Simulink 에디터 상단에 위치한 도구바의 오른쪽에 아래와 같이

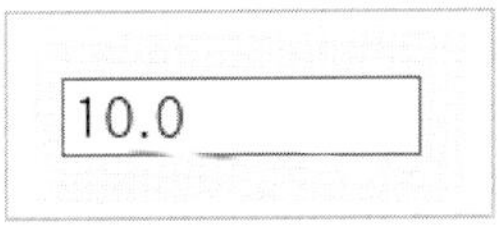

10 이 적혀있는 직사각형 박스에서 시뮬레이션의 종료 시간을 설정할 수 있다. 위 ㉮식에 대응하는 정의역의 범위가 $0 \le t \le 10$ 이므로 박스 안의 초기값인 10을 유지한다.

(7) 위 <표4>에 주어진 블록선도를 실행하기 전에 아래의 방법으로 <Legend> 항목을 선택하여 출력되는 그래프에 대한 범례(Scope 창에 출력되는)를 생성한다.

Scope 창의 메뉴바에서 〈보기(View)〉-〈범례(Legend)〉 항목 선택

(8) 위의 (1)-(7) 단계의 내용을 완료하고 <표4>에 주어진 ch2p4a.slx 파일이 있는 Simulink 에디터에서 실행 버튼 ▶을 클릭한다. 실행이 종료되면 <Scope> 블록을 더블클릭하여 Scope 창을 연다. 결과로서 검은 바탕색에 두 개의 선이 출력된다.

참고사항

<표4>에 주어진 ch2p4a.slx 파일을 실행 후 Scope 창이 화면에 자동으로 출력되도록 만들 수 있다. 즉, 아래의 <Step 1>과 <Step 2>의 내용을 수행한다.

<Step 1>

Scope 창에서 <보기(View)>-<구성 속성(Configuration Properties)> 항목을 선택하면

<Configuration Properties: Scope>

박스가 화면에 출력된다.

<Step 2>

출력된 박스에서 다음 <표4a>와 같이 <시뮬레이션 시작 시 열기(Open at simulation start)> 항목을 선택하고 박스 하단에 위치한 <OK>를 클릭한다. 계속해서 ch2p4a.slx 파일을 실행하면 Scope 창이 화면에 자동 출력(Scope 창을 닫은 후에 <Scope> 블록을 더블클릭하지 않아도)된다.

표4a

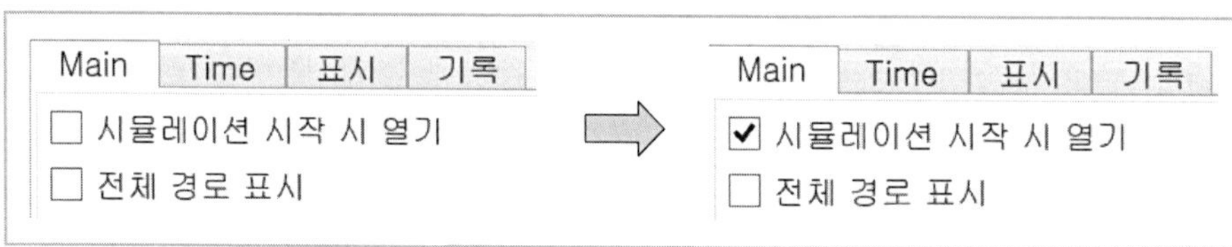

(9) 위 (8)의 단계 내용을 완료한 뒤에, 출력된 Scope 창의 결과에서 색(color)을 조정하면 <표5>와 같이 Scope 창을 만들 수 있다. 아래 <표5>에서 <State-Space:1>, <State-Space:2>은 각각 $x_1(t)=y(t)$, $x_2(t)=\frac{dy(t)}{dt}$에 대응한다. 예상한대로 아래 <표5>에서 <State-Space:1>에 대응하는 그래프는 앞 2.4.2절의 <표4>에서 제공한 해 $y(t)$의 그래프와 일치하는 것을 확인할 수 있다.

표5 Scope 창

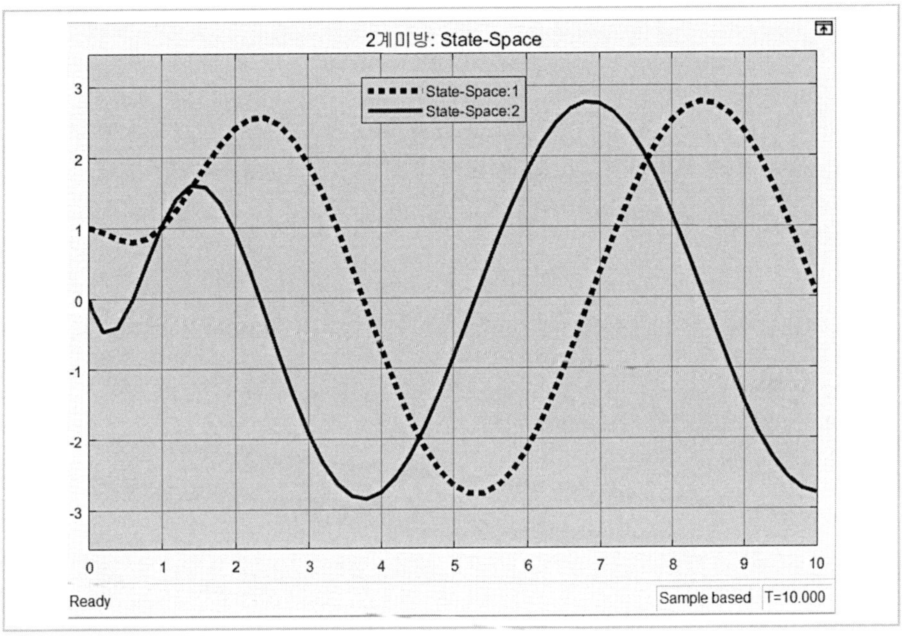

위 (8)의 단계까지 절차를 완료하면 <Scope> 블록이 제공하는 기본적인 형태의 Scope 창(검정색 바탕)이 화면에 출력되는데 본 저서에서는 검정색 바탕을 가진 Scope 창의 출력은 제외시키고 있다. 그 대신에 위 <표5>와 같은 형태의 Scope 창으로 배경색을 변경(그래프 출력 결과는 동일)하여 본 저서에 수록하고 있다.

위 (8) 단계까지의 절차를 완료한 뒤에 구해진 Scope 창의 결과(본 저서에 수록되지 않고 제외된 검은색 바탕에 두 개의 곡선)가 위 <표5>에 제공된 Scope 창과 같은 형태가 되려면 아래 <표5a>의 ①-③의 절차를 진행한다.

표5a ---

① 위 〈표4〉에 주어진 블록선도(파일명: ch2p4a.slx)에서 〈Scope〉 블록을 더블 클릭하여 Scope 창을 화면 출력한다.

② Scope 창의 도구바에서 아이콘 ⚙ ▾ 를 선택하여 〈Style: Scope〉 박스로 이동한다.

③ 2.3.3절에서 설명했던 〈표5〉와 〈표5a〉의 내용을 수행한다.

이것으로 (1)-(9) 단계까지의 설명을 모두 종료한다. 한편, 위 <표5>에 출력된 선이 매끄럽지 못한 것(특히 0과 1사이의 정의역에 대응하는 그래프가)을 볼 수 있다. 이런 문제점을 아래 ⓐ-ⓓ의 절차를 수행하여 해결하여 보자.

ⓐ 위 <표4>에 주어진 블록선도(ch2p4a.slx)가 있는 Simulink 에디터로 이동한다.

ⓑ Simulink 에디터의 메뉴바에서

〈Simulation〉-〈Model Configuration Parameters〉

항목을 선택하면 <표6>과 같은 박스가 화면에 출력된다.

표6 Configuration Parameters: ch2p4a/Configuration (Active)

위 <표6>의 <Type> 항목의 선택을 <표6a>와 같이 <Variable-Step>에서 <Fixed-step>으로 변경한다:

표6a

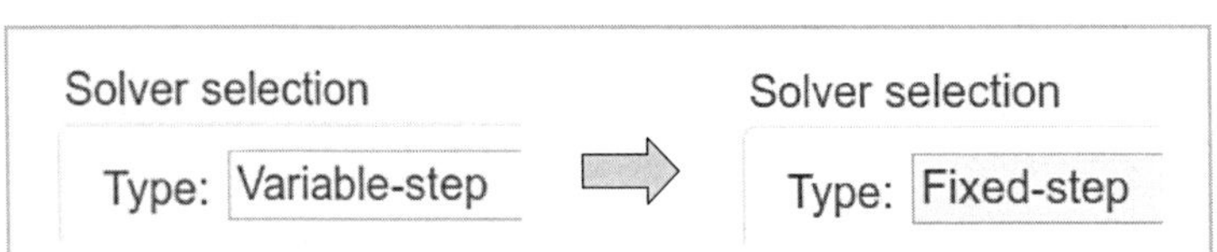

ⓒ 위와 같이 변경한 뒤에 <Type> 항목 아래에 위치한

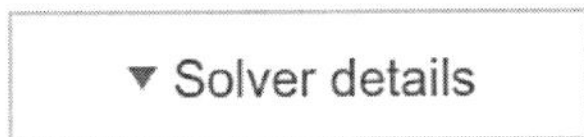

을 클릭하고 다음 <표6b>와 같이 <Fixed-step size> 항목에 0.05를 입력한다.

표6b

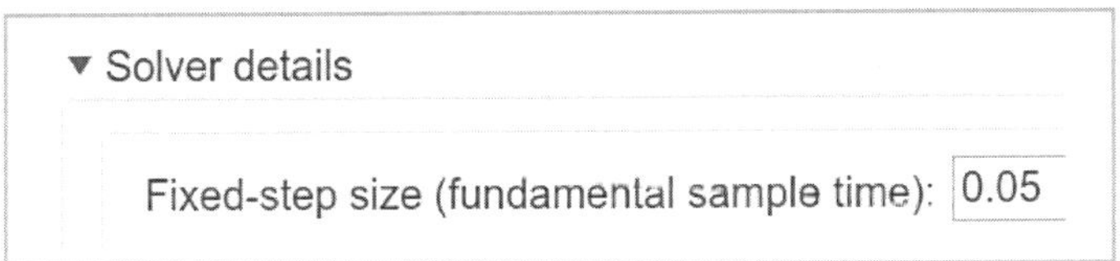

박스 하단에서 <OK> 또는 <Apply> 버튼을 클릭하여 설정을 완료한다.

ⓓ 지금까지의 내용(ⓐ-ⓒ)을 수행하고 Simulink 에디터에 있는 블록선도(ch2p4a.slx)를 다시 실행하면 <표7>과 같은 결과를 보게 될 것이다. <표5>에서 보았던 매끄럽지 못한 그래프가 <표7>에서는 매끄럽게 출력되었다.

표7

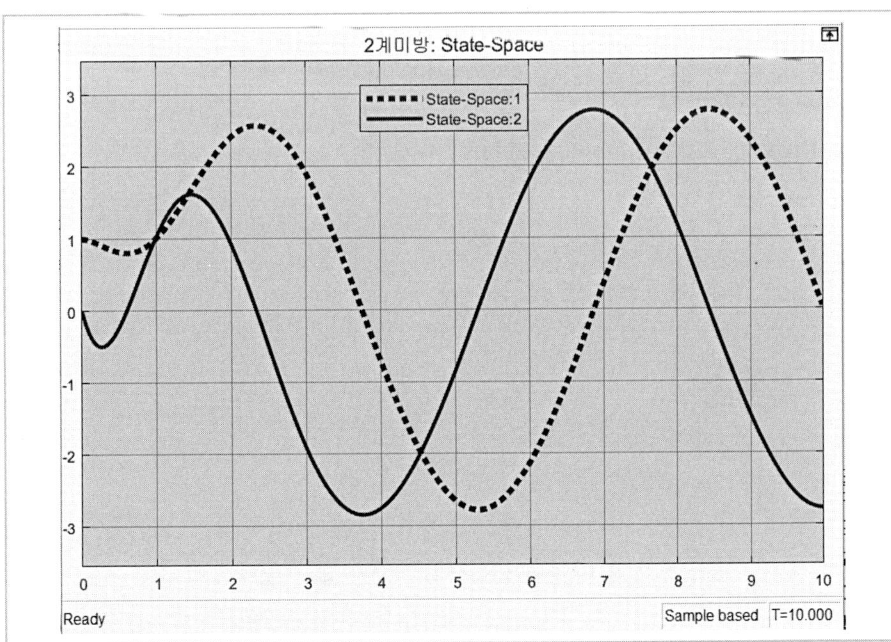

❑ 매끄러운 그래프로 변경된 이유: (1)-(3)

(1) 위 <표5>에서 제공된 그래프는 <표6>에서 <Type> 항목이 <Variable-step>으로 설정되었을 때의 결과이다. <Variable-step> 설정을 하면 정의역의 범위 $0 \le t \le 10$가 매틀랩에 의하여 자동적으로 분할(partition: 결과적으로 분할점 또는 노드점이 생성되어 시간간격이 만들어진다) 된다. 이때 분할점의 개수는 <작업 공간>에 생성되는 tout 변수의 크기로 확인할 수 있다. 예를 들어, <표5>에 제공된 그래프가 출력되었을 때 tout 변수의 크기는 다음 <표7a>와 같이 57×1 이다. 따라서, 정의역 구간 [0 10] 에 대해서 57개의 분할점이 생성되었다.

표7a

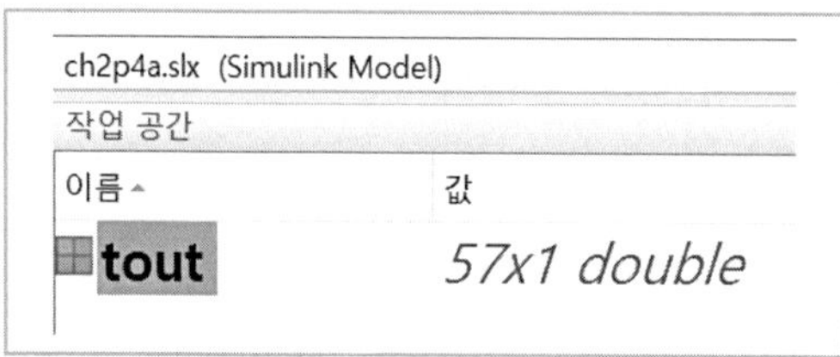

(2) 반면에 위 <표7>에서 제공된 그래프는 이미 앞에서 설명하였듯이 <표6>의 <Type> 항목이 <Fixed-step>으로 설정되었을 때의 결과이다. 이때 정의역의 범위 $0 \le t \le 10$가 시간 간격 0.05 로 분할되었기 때문에 <표7>에 제공된 그래프가 출력시 tout 변수의 크기는 다음 <표7b>와 같이 201×1 이 된다. 따라서, 정의역 구간 [0 10] 에 대해서 201 개의 분할점이 생성되었다.

표7b

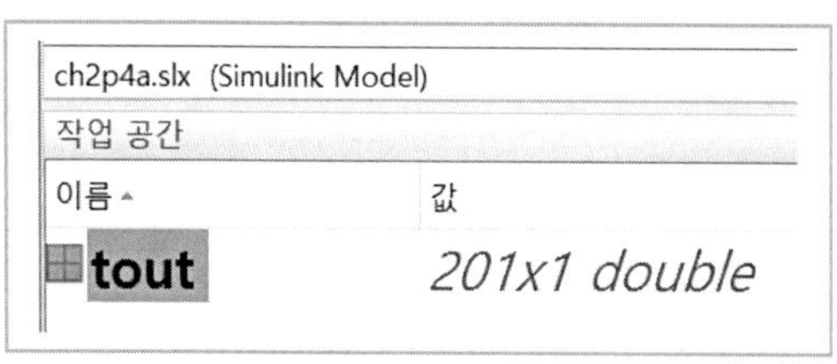

(3) 정의역의 어떤 일정 구간에서 분할점의 수가 많은 경우에, 출력되는 선 그래프의 모양이 좀 더 매끄럽게 보이게 된다. 아래 <표8>에서 볼 수 있듯이 <표5>의 그래프에 대응하는 tout 변수의 값이 0.3962에서 0.5962로 진행될 때, <표7>의 그래프에 대

응하는 tout 변수의 값은 0.35, 0.40, 0.45, 0.50,... 와 같이 0.05 간격으로 진행된다. 이런 이유로 <Type> 항목이 <Fixed-step>으로 선택(시간 간격: 0.05)된 경우의 선 그래프 출력(위 <표7>의 결과)이 좀 더 매끄러웠던 것이다. 그러나, 시간 간격이 작아지면서 분할점의 수가 늘어나면 이에 따른 계산의 양이 많아지므로 실행 시간이 길어질 수 있다.

표8

〈표5〉의 그래프에 대응하는 tout 변수		〈표7〉의 그래프에 대응하는 tout 변수	
tout (57x1 double)	1	tout (201x1 double)	1
1	0	1	0
2	5.0238e-05	2	0.0500
3	3.0143e-04	3	0.1000
4	0.0016	4	0.1500
5	0.0078	5	0.2000
6	0.0392	6	0.2500
7	0.1962	7	0.3000
8	0.3962	8	0.3500
9	0.5962	9	0.4000
10	0.7962	10	0.4500
11	0.9962	11	0.5000

2.4.4 <Integrator> 블록을 이용한 블록선도와 설명(Time 항목 옵션)

앞 2.4.2절과 2.4.3절에서 다루었던 2계 미분방정식 문제의 해를 이번 절에서는 <Integrator> 블록을 포함하는 블록선도를 이용하여 구하도록 한다. 즉, 정의역 $0 \le t \le 10$에 대해서 아래 ㉮와 같이 주어진 2계 미분방정식

㉮ $$0.4\frac{d^2y}{dt^2} + 0.8\frac{dy}{dt} + 1.6y = 4\sin(t), \quad y(0) = 1, \quad \frac{dy(0)}{dt} = 0$$

의 해 $y(t)$를 구하기 위하여 <Integrator> 블록을 두 번 사용하는 블록선도를 생성할 것이다.

위 ㉮에 주어진 미분방정식의 해를 블록선도로 구하기 위하여 아래 ㉯와 같은 형태로 먼저 변형한다.

㉯

$$\frac{d^2y}{dt^2} = \frac{1}{0.4}\left(-0.8\frac{dy}{dt} - 1.6y + 4\sin(t)\right)$$

$$= -2\frac{dy}{dt} - 4y + 10\sin(t)$$

초기치 조건: $y(0) = 1,\ \ \frac{dy(0)}{dt} = 0$

또한, 다음 <표1>과 같이 2계 도함수 y''가 <Integrator> 블록을 두 번 지나면 미분방정식의 해 y가 되는 관계를 이용할 것이다.

표1

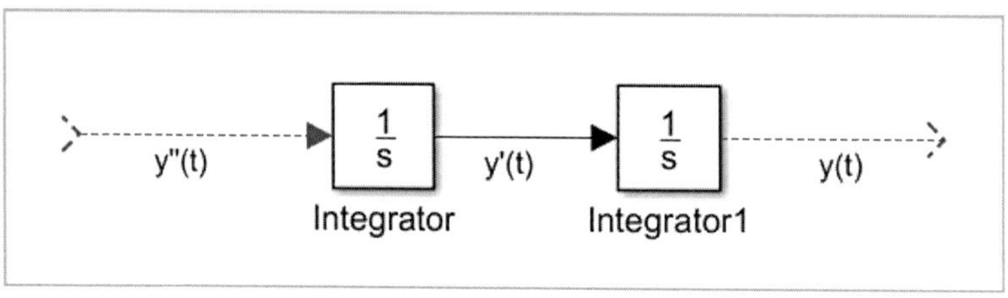

위 ㉯에 주어진 미분 방정식의 해를 구하는 블록선도를 만들기 위하여 <Sine Wave>, <Bus Creator>, <Fcn>, <Integrator>, <Scope> 블록을 사용할 것이다. 다음 (1)-(9) 단계의 절차를 차례대로 진행하자.

(1) <명령 창>에서 simulink을 입력하고 실행하면 <Simulink Start Page> 박스가 화면에 출력된다. 계속해서 <Simulink Start Page> 박스 내부에 있는 <Blank Model>을 선택하여 Simulink 에디터를 연다. Simulink Library Browser 박스를 화면에 출력하기 위하여 Simulink 에디터의 도구바에 있는 아이콘 을 클릭한다.

(2) Simulink Library Browser 박스에는 [Source], [Signal Routing], [User-Defined Functions], [Continuous], [Sinks] 라이브러리가 있다. 이 라이브러리 각각에 포함된 아래의 블록들을 결합하여 사용할 것이다.

- [Source] 라이브러리: 〈Sine Wave〉 블록
- [Signal Routing] 라이브러리: 〈Bus Creator〉 블록
- [User-Defined Functions]: 〈Fcn〉 블록
- [Continuous] 라이브러리: 〈Integrator〉 블록
- [Sinks] 라이브러리: 〈Scope〉 블록

(3) 위 (2)의 단계에서 소개한 블록들을 이용하여 Simulink 에디터 내부에 아래 <표2>와 같이 배치하고 ch2p4b.slx 파일명으로 저장한다.

표2

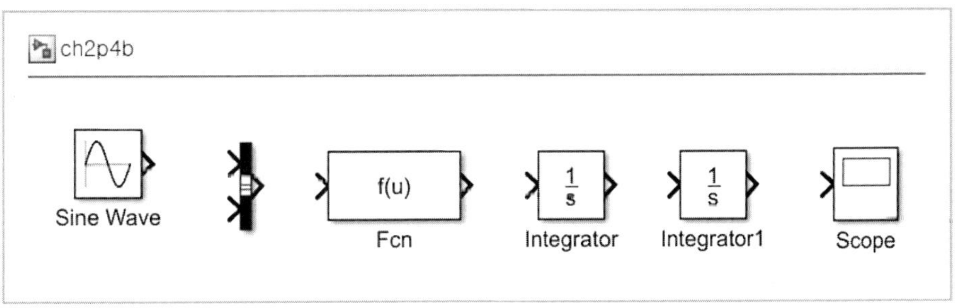

(4) 위 <표2>와 같이 배치된 블록들의 항목 설정은 다음과 같이 진행한다.

- **<Sine Wave> 블록**: <표3>과 같이 항목 변경 없이 <Block Parameters: Sine Wave> 박스 내부의 초기 환경을 그대로 유지한다. 이 초기 환경에서 설정된 값으로 <Sine Wave> 블록의 출력 신호는 $\sin(t)$가 된다. <표3>에 있는 항목에 대한 설명이 필요하면 1.3.1절의 내용을 참고한다. 또한 <Sample time> 항목의 값이 0인 것에 대한 해석도 1.3.1절의 내용을 참고하면 된다.

표3

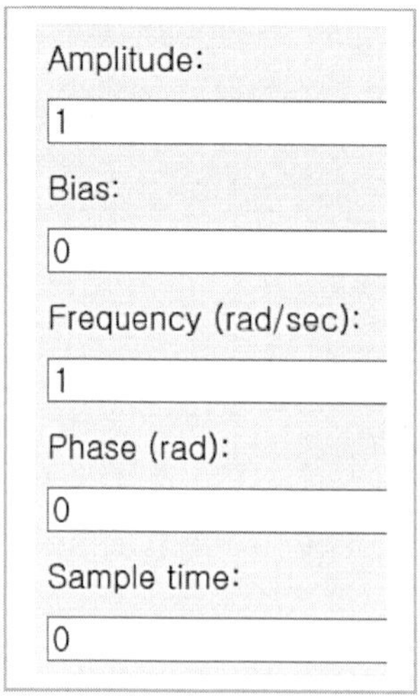

참고 사항 1

<Block Parameters: Sine Wave> 박스 에는 <표3>에서 볼 수 있는 항목 위에 <Time> 항목이 있다. <Time>에는 두 가지 옵션인

'Use simulation time'와 'Use external signal'

이 있고 이 옵션에 대한 자세한 내용은 다음 ①과 ②에 주어진다.

① Use simulation time

이 옵션으로 설정되면 블록을 실행할 때 필요한 시간 데이터(time data)의 값으로 블록선도에 설정되어 있는 simulation time을 이용한다. 이 내용을 좀 더 쉽게 이해하기 위하여 다음 <표3a>와 같이 블록선도를 만들고 SimulationTimeOne.slx 파일명으로 저장한다.

표3a

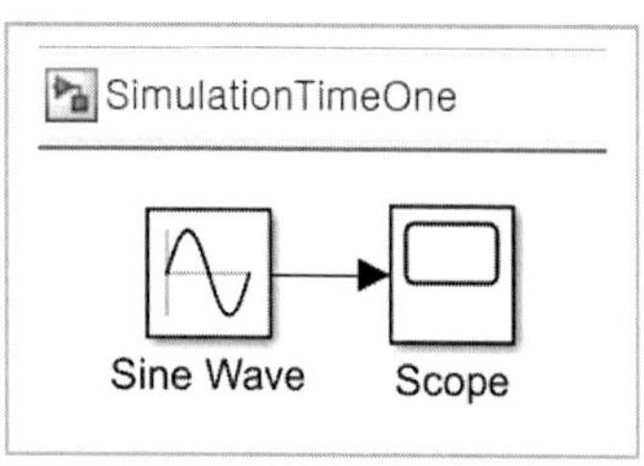

위 <표3a>에 주어진 블록선도를 다음 <표3b>의 환경에서 실행하면 <표3c>의 내용을 가진 tout 변수가 작업 공간(Workspace)에 생성된다. <표3b>에 주어진 항목은 <Configuration Parameters: SimulationTimeOne/Configuration (Active)> 박스에서 볼 수 있고 이 박스에 접근하는 방법은 2.1.1절의 내용을 참고한다.

표3b

위 <표3b>와 같은 설정 때문에 0과 2π 사이의 시간 구간을 Simulink가 Solver에 기초하여 분할(partition)하였고 Simulation time을 만들었다. 이렇게 생성된 Simulation time이 <Sine Wave> 블록 실행을 위한 시간 데이터로 사용되었다. 그 결과가 Scope 창으로 <표3d>와 같이 $\sin(t)$의 그래프가 출력되었다.

표3c

tout
51x1 double

	1
1	0
2	0.1257
3	0.2513
4	0.3770
5	0.5027
6	0.6283
7	0.7540
8	0.8796
9	1.0053
10	1.1310

표3d

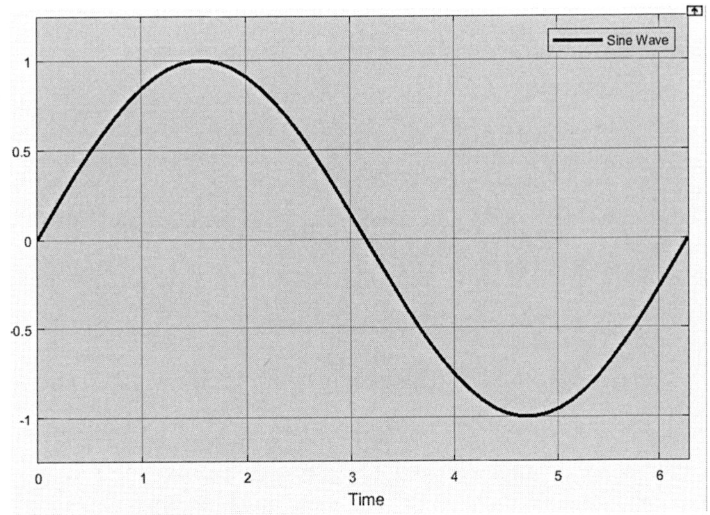

<표3d>에서 볼 수 있는 Scope 창은 2.4.3절의 <표5a>에 제시된 내용을 참고하면 만들 수 있다. 독자는 이 내용을 참고하여, 검은색 바탕에 한 개의 그래프를 출력한 최초의 Scope 창을 위 <표3d>와 같은 Scope 창으로 변경하여 본다.

이번에는 위 <표3a>에 제공된 동일한 블록선도에서, <표3b>와 같은 설정을 다음 <표3e>의 내용으로 변경하여 본다. 즉, <Type> 항목을 'Variable-step'에서 'Fixed-step'으로 변경하고 <Fixed-step size> 항목을 0.15 로 설정한다.

표3e

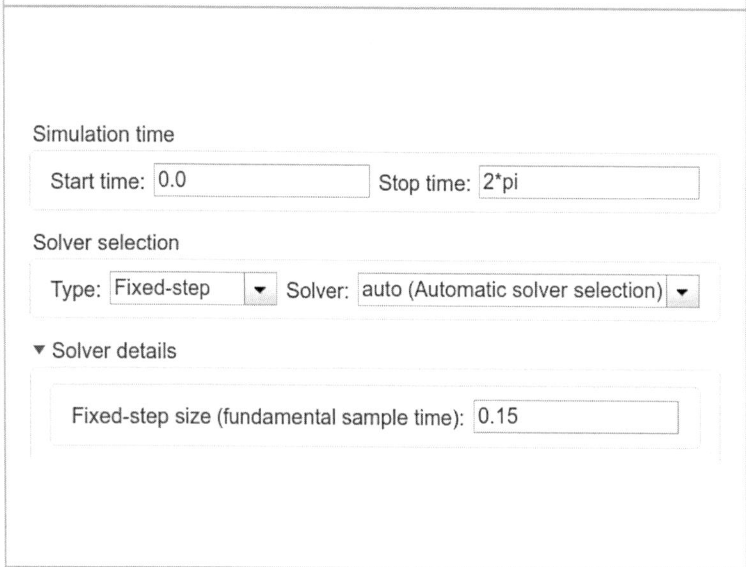

표3f

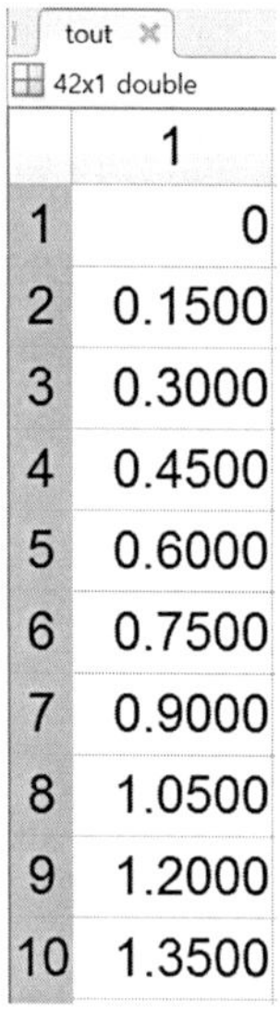

	1
1	0
2	0.1500
3	0.3000
4	0.4500
5	0.6000
6	0.7500
7	0.9000
8	1.0500
9	1.2000
10	1.3500

위 <표3e>의 내용으로 변경 완료하고 위 <표3a>에 주어진 블록선도를 실행하면 위 <표3d>에서 이미 보았던 Scope 창이 다시 출력된다. Scope 창만을 비교하면 차이가 없어 보인다. 그러나, 작업 공간(Workspace)에 생성된 tout 변수에 저장된 내용은 <표3f>와 같고 이 tout 변수에 저장된 데이터가 Simulation time이 된다. 동시에 <Sine Wave> 블록 실행을 위한 시간 데이터로 사용된다. <표3c>와 같이 저장된 tout 변수와 비교하면 분명히 차이가 있음을 알 수 있다.

지금까지 <Time> 항목이 'Use simulation time'일 때에 설명하여 보았고 정리하면 다음과 같다. 앞 <표3b>과 <표3e>에 주어진 내용으로 <표3a>에 제공된 블록선도(SimulationTimeOne.slx)를 실행하면 Simulation time이 각각 <표3c>와 <표3f>로 설정된다. 이렇게 설정된 Simulation time이 각각의 블록선도에서 <Sine Wave> 블록 실행을 위한 시간 데이터로 사용된다. 이런 방식으로 'Use simulation time' 옵션이 작용한다.

② Use external signal

이 옵션으로 설정되면 블록을 실행할 때 필요한 시간 데이터(time data)가 외부 신호에서 전달된다. 위 <표3a>에 제공된 블록선도(SimulationTimeOne.slx)를 가지고 자세히 설명하여 보자. 이 블록선도의 <Sine Wave> 블록에 대응하는 <Block Parameters: Sine Wave> 박스를 열어서 <Time> 항목을 <표3g>와 같이 설정하고 박스 하단에 있는 <OK> 버튼을 클릭한 뒤에 <표3h>와 같이 SimulationTimeTwo.slx 파일명으로 저장한다.

표3g	표3h
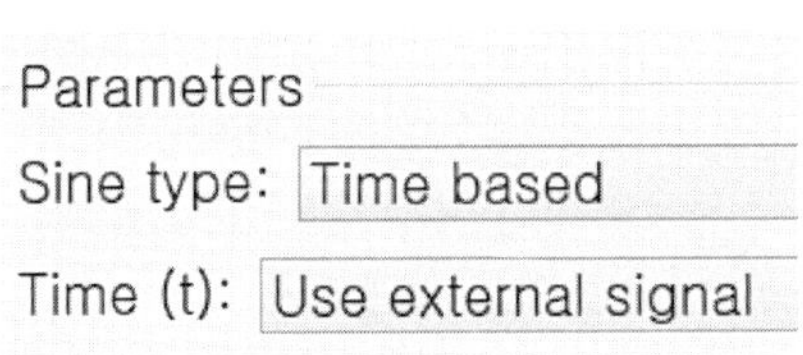	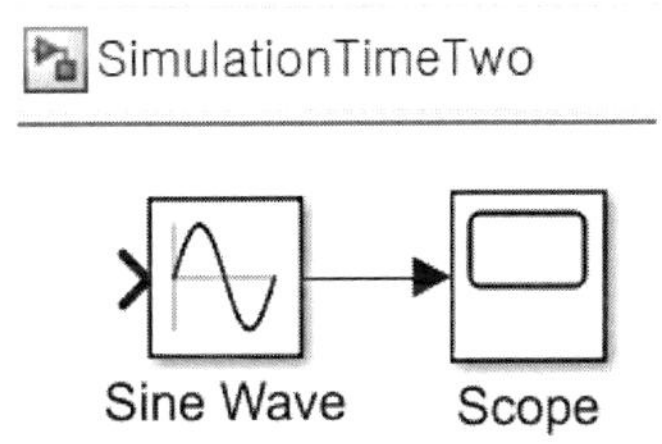

이런 과정의 결과로 <표3h>와 같이 <Sine Wave> 블록에 입력단자가 새롭게 만들어진다. 계속해서 <표3i>와 같이 <Sine Wave1> 블록을 추가하고 연결한다. 새로운 <Sine Wave> 블록을 [Sources] 라이브러리에서 블록선도로 가져오면 이미 있던 <Sine Wave> 블록과 구별하기 위하여 Simulink가 자동으로 블록명을 <Sine Wave>에서 <Sine Wave1>으로 변경한다. <Sine Wave1> 블록은 어떤 변경 없이 초기 환경으로 설정(default)되었고 그 결과로 <Sine Wave1> 블록의 출력 신호는 $\sin(t)$가 된다.

표3i

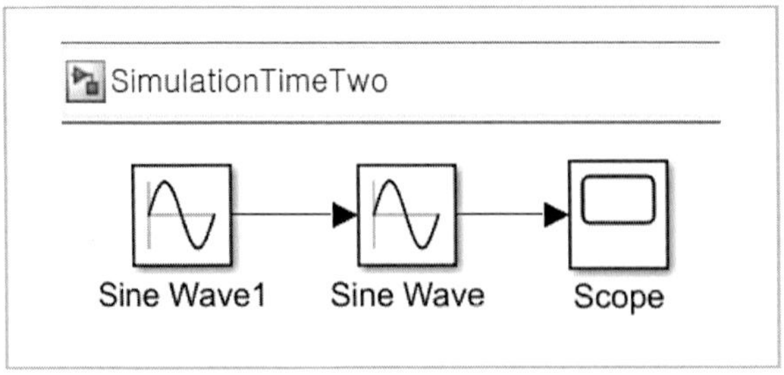

위 <표3i>에 주어진 블록선도를 실행하면 <표3j>와 같은 Scope 창이 출력된다. 함수 $\sin(t)$의 그래프가 출력된 것같이 보이나 <표3i>에 주어진 블록선도를 분석하면 합성 함수 $\sin(\sin(t))$의 그래프가 출력된 것이다. <표3d>에 주어진 Scope 창에서 볼 수 있는 $\sin(t)$의 그래프와 비교하면 그 차이점을 찾을 수 있을 것이다.

표3j

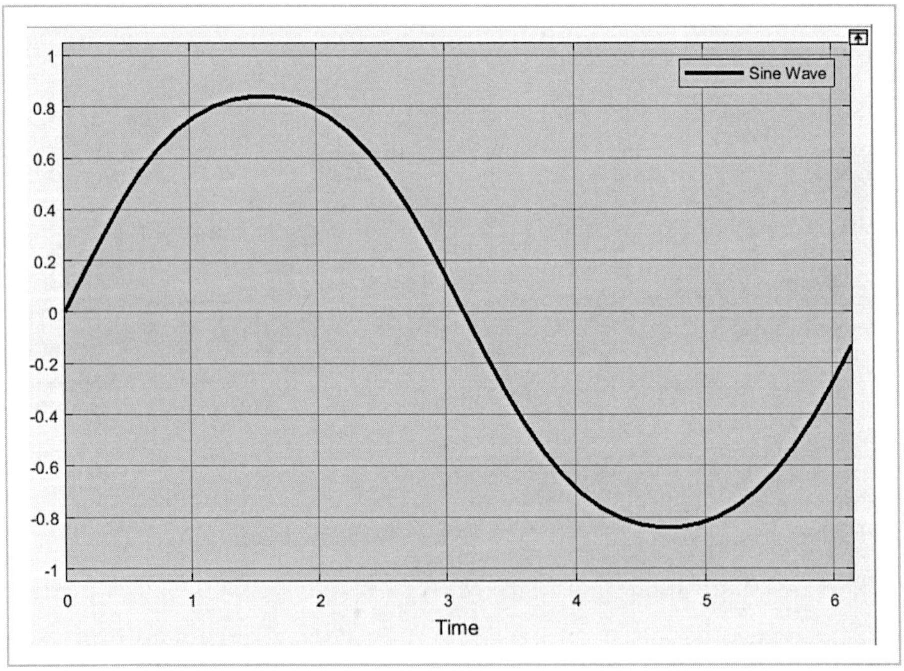

이때, 위 <표3j>의 Scope 창의 출력을 보여주는 블록선도(<표3i>에 제공된)에서 <Time> 항목은 다음 (a)와 (b)의 내용을 가진다.

(a) <Sine Wave1> 블록과 관련된 <Block Parameters: Sine Wave1> 박스에서 <Time> 항목은 <표3k>와 같이 설정되었다.

(b) <Sine Wave> 블록과 관련된 <Block Parameters: Sine Wave> 박스에서 <Time> 항목은 <표3L>과 같이 설정되었다.

표3k 〈Sine Wave1〉 블록	표3L 〈Sine Wave〉 블록
Parameters Sine type: Time based Time (t): Use simulation time	Parameters Sine type: Time based Time (t): Use external signal

추가적인 방법으로 <표3i>에 주어진 블록선도를 정확하게 분석하기 위하여 다음 <표3m>과 같은 블록선도(SimulationTimeThree.slx 파일명으로 저장)를 만들어 실행한다.

표3m

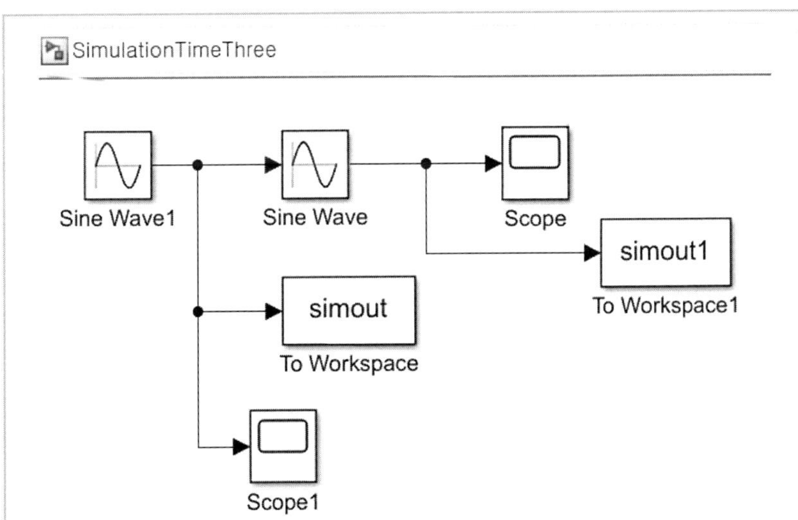

실행의 결과로 $\sin(t), \sin(\sin(t))$에 대응하는 그래프는 각각 <Scope1>과 <Scope> 블록에 출력되고 대응하는 데이터도 변수 simout와 simout1에서 각각 확인할 수 있다 (다음 <표3n>의 내용 참고).

표3n

simout

1x1 double timeseries

시계열 이름:

시간	데이...
0	0
0.1500	0.1494
0.3000	0.2955
0.4500	0.4350
0.6000	0.5646
0.7500	0.6816
0.9000	0.7833
1.0500	0.8674
1.2000	0.9320
1.3500	0.9757
1.5000	0.9975
1.6500	0.9969
1.8000	0.9738
1.9500	0.9290

simout1

1x1 double timeseries

시계열 이름:

시간	데이...
0	0
0.1500	0.1489
0.3000	0.2912
0.4500	0.4214
0.6000	0.5351
0.7500	0.6301
0.9000	0.7056
1.0500	0.7627
1.2000	0.8028
1.3500	0.8281
1.5000	0.8401
1.6500	0.8398
1.8000	0.8271
1.9500	0.8010

여기까지가 <Time> 항목을 설명한, [참고 사항 1]에 대한 ①과 ②의 내용이다. 다음은 블록명과 관련된 내용을 [참고 사항 2]에서 알아보자.

참고 사항 2

Simulink 최신 버전의 경우 블록선도를 만들 때, 블록 아래에 보이던 블록 명칭이 사라져 Simulink를 처음 배우는 독자는 어려움을 느낄 수 있다. 블록 명칭을 보이도록 하거나 사라지도록 하는 방법을 알아보자. 앞 <표3i>에 제공된 블록선도(SimulationTimeTwo.slx)를 가지고 진행(ⓐ-ⓓ)한다.

ⓐ 블록선도가 위치한 Simulink 에디터의 상단에 다음과 같은 메뉴바가 있다.

File Edit View Display Diagram Simulation Analysis Code Tools Help

ⓑ 위의 메뉴바에서 네 번째 메뉴인 <Display>를 선택한다.

ⓒ 선택 후 팝업된 박스에서 하단에 항목 <Hide Automatic Names>을 선택하면 아래와 같이 블록 명칭이 사라진 것을 확인할 수 있다.

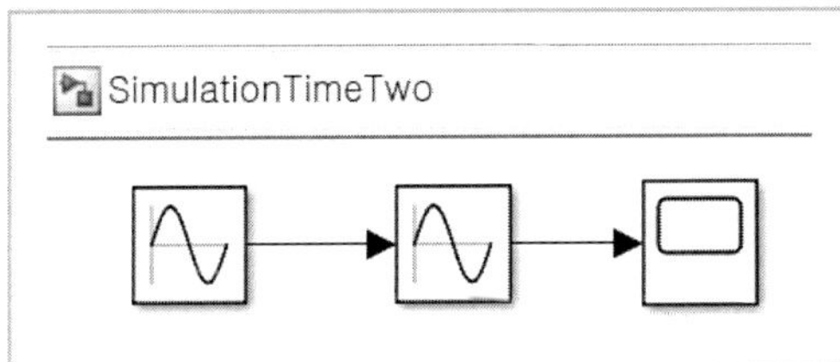

ⓓ 다시 위의 메뉴바에서 네 번째 메뉴인 <Display>를 클릭하여 <Hide Automatic Names> 항목의 선택을 해제하면 앞 <표3i>과 같이 블록 명칭이 다시 나타날 것이다. 이것으로 <참고 사항2>의 내용을 끝낸다.

현재 (4)의 단계에서 <Sine Wave 블록> 설정을 진행하는 과정이, [참고 사항 1]과 [참고 사항 2]의 추가적 내용으로 길어졌다. 지금부터 앞 <표2>에 주어진 나머지 블록의 설정을 진행한다.

- **<Bus Creator> 블록**: 더블 클릭하여 <Block Paramters: Bus Creator> 박스를 화면 출력하고 박스 내부에 있는 <Number of inputs> 항목의 값을 <표4>과 같이 2에서 3으로 변경하고 박스 하단에 있는 <OK>를 클릭한다.

표4

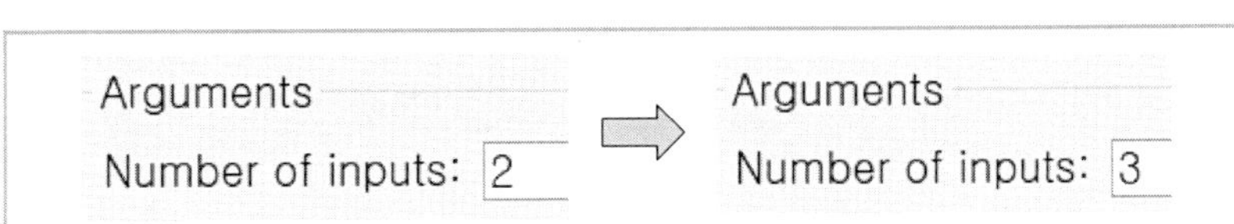

- **<Fcn> 블록**: 더블 클릭하여 <Block Parameters: Fcn> 박스를 화면 출력하고 박스 내부에 있는 <Expression> 항목에 대응하는 수식으로 아래 <표5>와 같이 입력한다.

블록선도를 완성하게 되면 <표5>에 주어진 수식은 위 ㉯에 주어진 미분방정식에서 등호 기호의 오른쪽에 있는 수식인

㉰ $$-2\frac{dy}{dt}-4y+10\sin(t)$$

에 대응된다. 아래 (5) 단계의 내용에서 <Fcn> 블록에 대하여 좀 더 설명한다.

표5

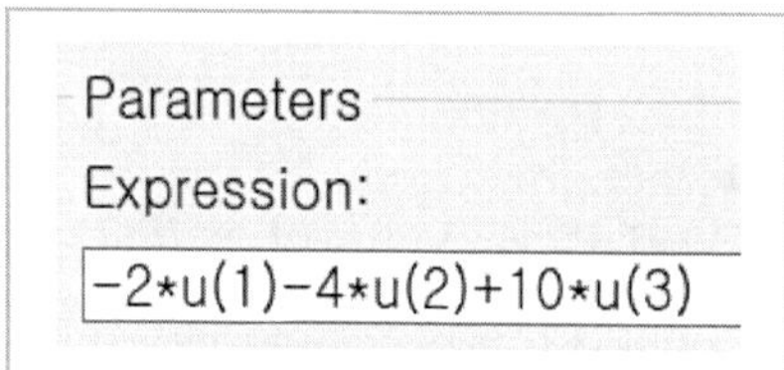

- **<Integrator> 블록**: 더블 클릭하여 <Block Parameters: Integrator> 박스를 화면 출력하고 박스 내부에 있는 <Initial condition> 항목의 값으로 0을 설정한다. 0으로 설정하는 이유는 ㉯에 주어진 미분방정식의 초기치 조건 중에 두 번째 조건이

$$\frac{dy(0)}{dt}=0$$

이기 때문이다. <Integrator> 블록에서 <Initial condition> 항목의 값이 0으로 기본 설정되어 있기 때문에 변동 없이 유지하면 된다.

- **<Integrator1> 블록**: 더블 클릭하여 <Block Parameters: Integrator1> 박스를 화면 출력하고 박스 내부에 있는 <Initial condition> 항목의 값을 0에서 1로 변경한다. 변경하는 이유는 ㉯에 주어진 미분방정식의 초기치 조건 중에 첫 번째 조건이 다음과 같기 때문이다: $y(0)=1$

- **<Scope> 블록**: 우선 변동 없이 초기 상태를 유지한다. 나중에 색(color) 관련하여 변동 사항이 있다.

(5) 위 (4) 단계의 내용으로 블록 설정을 완료하고 블록선도를 완성하기 전에 블록들을 다음 <표6>과 같이 연결하고 배치한다.

표6

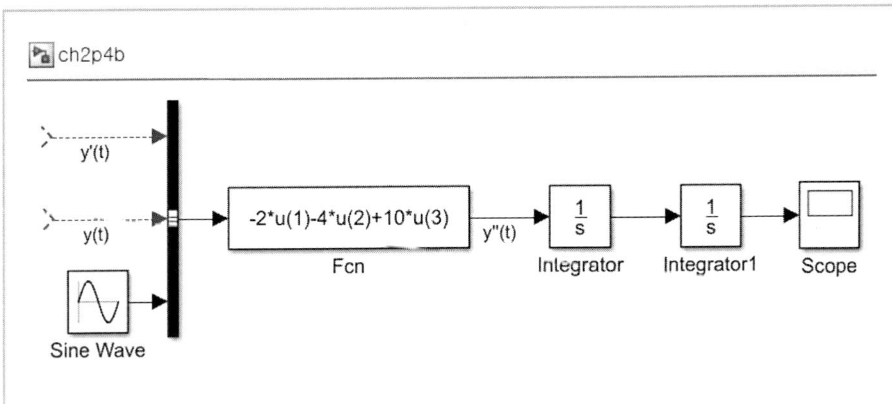

위 <표6>에서 <Bus Creator> 블록을 통과하는 세 개의 신호가 있다. 이 세 신호들은 위에서 아래의 순서로 u(1), u(2), u(3)에 대응되어 <Fcn> 블록에 입력되고 수식 표현에 사용된다. 위 <표6>의 경우 u(1), u(2), u(3)에 $y'(t)$, $y(t)$, $\sin(t)$가 대응되는 구조를 갖도록 만들 것이기 때문에 앞 <표5>와 같이 설정된 <Fcn> 블록의 수식은 다음과 같이 대응된다.

$$\text{-2*u(1)-4*u(2)+10*u(3)} \Longleftrightarrow -2\frac{dy}{dt} - 4y + 10\sin(t)$$

그러므로 앞 <표5>에 주어진(또는 바로 위 박스 내부에 주어진) <Fcn> 블록의 수식을 $y''(t)$으로 설정하고 이번 절의 앞 쪽 <표1>에 제시된 상호관계를 적용하면, $y''(t)$는 첫 번째 <Integrator> 블록을 지나면서 $y'(t)$가 되고 계속해서 두 번째 <Integrator> 블록을 지나 $y(t)$ (= 위 ㉯에 주어진 미분 방정식의 해)가 구해지게 된다.

(6) 위 (5) 단계의 설명을 기초로 <표6>에 주어진 블록선도를 <표7>과 같이 완성한다.

표7 ch2p4b.slx

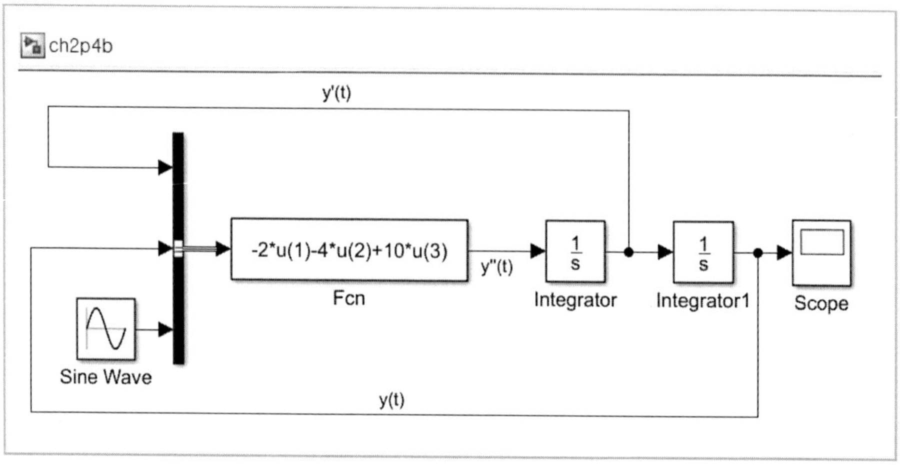

(7) Simulink 에디터 상단에 위치한 도구바에서 오른쪽에 있는 박스로 이동하여 다음과 같이 시뮬레이션 종료 시간 설정한다: 10.0

(8) 아래의 방법으로 <Legend> 항목을 선택하여 출력되는 그래프에 대한 범례(Scope 창에)를 생성한다.

Scope 창의 메뉴바에서 〈보기(View)〉-〈범례(Legend)〉 항목 선택

(9) 지금까지의 내용(위 (1)-(8) 단계)을 완료하고 <표7>에 주어진 ch2p4b.slx 파일이 있는 Simulink 에디터에서 실행 버튼 ▶을 클릭한다. 실행이 종료되면 <Scope> 블록을 더블클릭하여 Scope 창을 연다. 결과로서 검은 바탕색에 하나의 노란색 선이 출력된 것을 Scope 창에서 확인한다. 색(color) 조정을 통하여 다음 <표8>과 같이 Scope 창을 각자가 만들어 본다.

표8

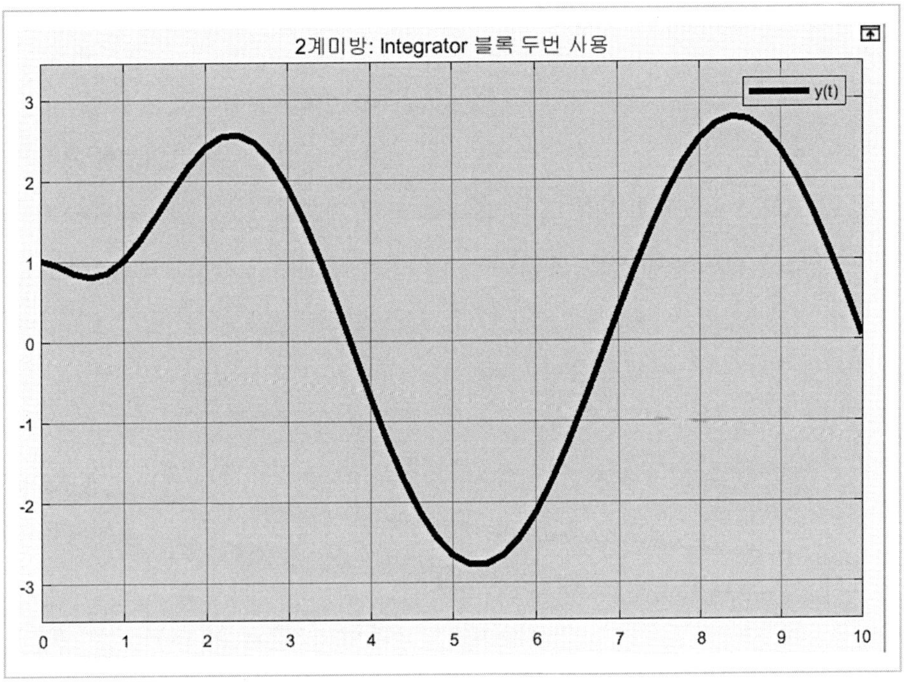

위 <표8>에서 $y(t)$에 대응하는 그래프는 ㉮ 또는 ㉯식에 주어진 미분 방정식의 해이다. 예상대로 이 그래프는 2.4.2절의 <표4>에서 제공한 해 $y(t)$의 그래프(또는 2.4.3절의 <표7>에서 점선)와 일치하는 것을 확인할 수 있다.

❑ 참고사항: 위 <표8>과 같은 Scope 창 출력을 만들지 못한 경우

검은 바탕색에 하나의 노란색 선이 출력된 Scope 창을 얻은 후에 아래의 (1)-(3) 절차를 수행한다:

(1) 위 <표7>에 주어진 블록선도(파일명: ch2p4b.slx)에서 <Scope> 블록을 더블 클릭하여 Scope 창을 화면 출력한다.

(2) Scope 창의 도구바에서 가장 앞 쪽에 아이콘 ⚙ ▾ 을 볼 수 있다. 이 아이콘 오른쪽에 붙어있는 화살표를 선택하면 네 개의 항목이 있고 두 번째 항목을 선택하여 <Style: Scope> 박스로 이동한다.

(3) 화면 출력된 <Style: Scope> 박스 안에서 아래 내용을 수행한다.

- 〈Figure color〉 항목에 대응하는 색: 세 번째 위치에 있는 [0.94 0.94 0.94]
- 〈Axes colors〉 항목의 첫 번째 박스 대응색은 다섯 번째 위치에 있는 [0.8 0.8 0.8]이고 두 번째 박스 대응색은 첫 번째 위치에 있는 검정색(Black)으로 선택
- 〈Line〉 항목에서 선의 종류는 실선, 선의 두께는 3, 선의 색은 black으로 선택

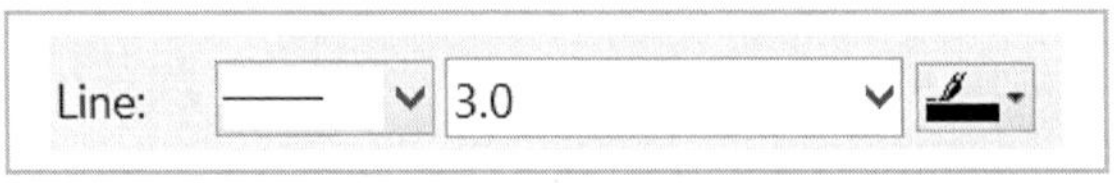

위의 절차를 완료하고 실행하면 <표8>과 같은 Scope 창을 얻게 될 것이다.

2.4.5 <Second-Order Integrator> 블록 사용법 이해와 Viewer 설명

앞 2.4.2절-2.4.4절에서 다루었던 2계 미분방정식의 해를 이번 절에서는 <Second-Order Integrator> (또는 <Integrator, Second-Order>) 블록을 이용하여 구해보자. 즉, 정의역이 $0 \le t \le 10$일 때 아래와 같이 주어진 2계 미분방정식

㉮ $$0.4\frac{d^2y}{dt^2} + 0.8\frac{dy}{dt} + 1.6y = 4\sin(t), \quad y(0) = 1, \quad \frac{dy(0)}{dt} = 0$$

의 해 $y(t)$를 구하기 위하여 <Second-Order Integrator> 블록을 사용하는 블록선도를 생성할 것이다. 위 ㉮에 주어진 미분방정식의 해를 <Second-Order Integrator> 블록으로 구하기 위하여 ㉮와 같은 미분방정식의 형태를 아래 ㉯의 형태로 변형한다.

㉯ $$\begin{aligned}\frac{d^2y}{dt^2} &= \frac{1}{0.4}\left(-0.8\frac{dy}{dt} - 1.6y + 4\sin(t)\right) \\ &= -2\frac{dy}{dt} - 4y + 10\sin(t)\end{aligned}$$

초기치 조건: $y(0) = 1, \quad \dfrac{dy(0)}{dt} = 0$

위 ㉯에 주어진 미분 방정식의 해를 구하는 블록선도를 만들기 위하여 <Sine Wave>, <Sum>, <Gain>, <Second-Order Integrator>, <Scope> 블록을 사용할 것이다. 다음 (1)-(7) 단계까지의 절차를 진행한다.

(1) 매틀랩 초기화면 상단에 위치한 도구바에서 와 같은 모양의 아이콘을 클릭한 뒤에 <Blank Model>을 선택하여 Simulink 에디터를 연다.

(2) 도구바에 있는 아이콘 을 클릭하여 화면 출력된 Simulink Library Browser 박스에서 [Source], [Math Operations], [Continuous], [Sinks] 라이브러리를 확인한다. 이 라이브러리 각각에 포함된 아래의 블록들을 이용할 것이다.

- [Source] 라이브러리: 〈Sine Wave〉 블록
- [Math Operations] 라이브러리: 〈Sum〉, 〈Gain〉 블록
- [Continuous] 라이브러리: 〈Second-Order Integrator〉 블록
- [Sinks] 라이브러리: 〈Scope〉 블록

참고로, 이번 절에서 처음으로 사용하는 <Second-Order Integrator> 블록은 다음 <표1>과 같은 모양을 가지고 있다.

표1

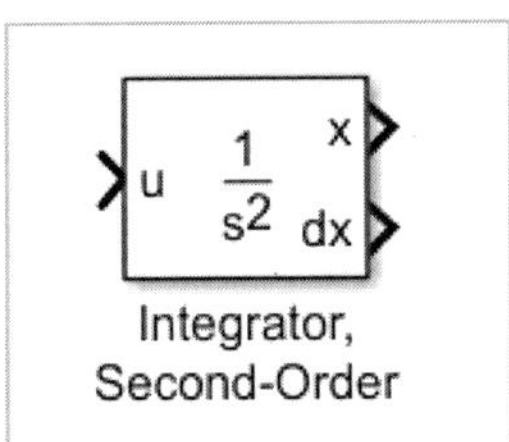

(3) 위 (2)의 단계에서 소개한 블록들을 이용하여 Simulink 에디터 내부에 아래 <표2>와 같이 배치하고 연결한 뒤에 ch2p5a.slx 파일명으로 저장한다.

표2

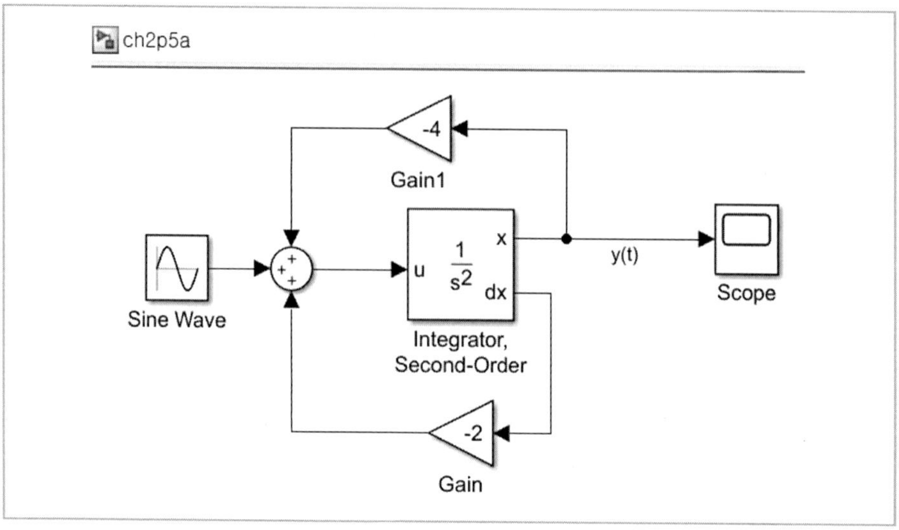

위 <표2>와 같이 배치된 블록들의 항목 설정은 다음과 같이 진행한다.

- **<Sine Wave> 블록**: <Block Parameters: Sine Wave> 박스에서 <Amplitude> 항목의 값을 아래 <표3>과 같이 10으로 설정하고 나머지 항목은 초기 환경을 그대로 유지한다. 이런 설정으로 <Sine Wave> 블록의 출력 신호는 $10\sin(t)$가 된다. <Sine Wave> 블록에 대한 추가 설명이 필요하면 1.3.1절의 내용을 참고한다.

표3

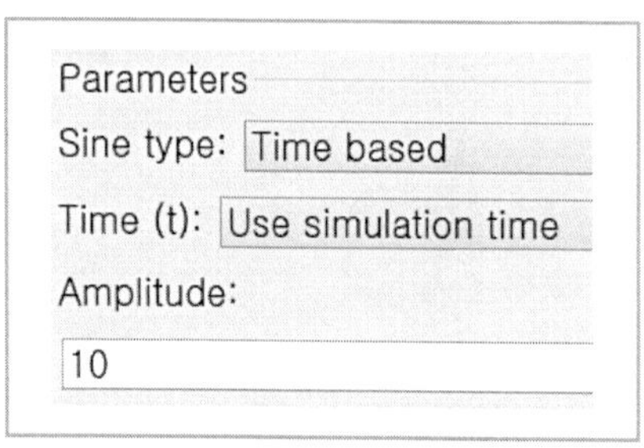

- **<Sum> 블록**: <Block Parameters: Sum> 박스에서 <List of signs> 항목의 값을 아래 <표4>와 같이 '+++'로 입력하고 하단에 <OK> 버튼을 클릭한다. 그 결과로 <표2>에 주어진 블록선도에서 볼 수 있는, 세 개의 신호가 더해지는 <Sum> 블록이 만들어진다. <Sum> 블록과 관련하여 추가적인 내용은 앞 2.2.3절의 내용을 참고한다.

표4

List of signs: +++	클릭 ⇨	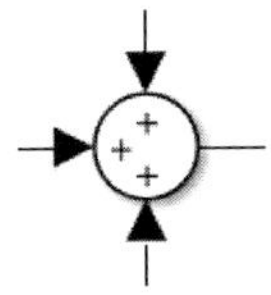

- **<Gain>과 <Gain1> 블록**: <Block Parameters: Gain>과 <Block Parameters: Gain1> 박스에서 <Gain> 항목의 값을 아래 <표5>와 <표6>과 같이 -2와 -4로 각각 입력하고 나머지 항목들은 초기 환경을 유지한다.

표5 〈Gain〉 블록	**표6** 〈Gain1〉 블록
Gain: -2	Gain: -4

> **참고**
> 블록선도에서 〈Gain〉 블록의 방향을 변경하려면 〈Gain〉 블록을 마우스 오른쪽 버튼으로 클릭하여 박스를 팝업시킨다. 팝업된 박스에서 〈Rotate & Flip〉 항목을 이용하여 블록의 방향을 변경할 수 있다.

- **<Second-Order Integrator> 블록**: 위 ㉯에서 등호 오른쪽에 위치한 수식이, 위 <표2>에 주어진 블록선도에서 <Second-Order Integrator> 블록의 입력 신호 u로 전달된다. <Block Parameters: Integrator, Second-Order> 박스를 화면 출력하고 박스 내부에 있는 (i) <x> 항목의 하위 항목인 <Initial condition x> 항목의 값과 (ii) <dx/dt> 항목의 하위 항목인 <Initial condition dx/dt> 항목의 값을 다음 <표7>과 같이 각각 1과 0로 설정한다. 이렇게 설정하는 이유는 ㉯에 주어진 미분방정식의 초기치 조건이 다음과 같기 때문이다: $y(0)=1,\quad \dfrac{dy(0)}{dt}=0$. 나머지 항목들은 변경 없이 초기 환경을 유지한다. 출력 신호 x와 dx는 위 ㉯에 주어진 미분방정식의 y와 dy/dt에 대응한다. 그러므로 <표2>에 주어진 블록선도에서 <Scope> 블록의 Scope 창에는 미분방정식의 해인 y가 출력된다. 또한 출력 신호 x와 dx는 위 ㉯에

서 등호 오른쪽에 위치한 수식을 만들기 위하여 <Sum> 블록에 전달된다.

표7

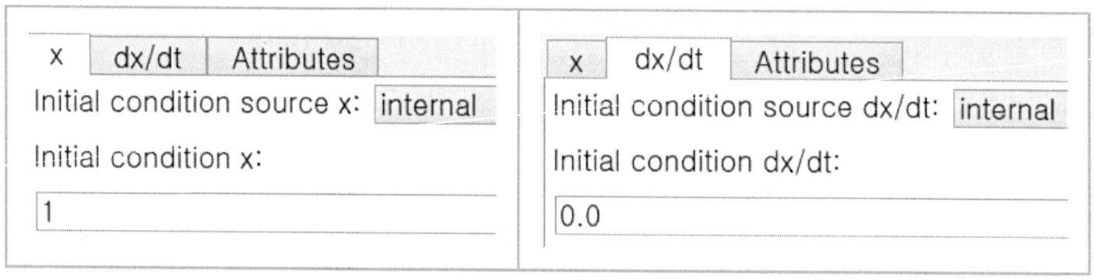

- **연결선 라벨 입력**: <Second-Order Integrator> 블록과 <Scope> 블록을 연결하는 선을 더블클릭하여 <표2>에 주어진 블록선도와 같이 연결선 아래에 라벨 $y(t)$를 입력한다. <Second-Order Integrator> 블록의 출력 신호 x와 dx는 위 ㉯에 주어진 미분방정식에서 y와 dy/dt에 대응됨을 확인한다.

- **<Scope> 블록**: 우선 변동 없이 초기 환경을 유지한다. 초기 환경을 유지하면 검은 바탕색에 하나의 노란색 선이 출력될 것이다. 색(color) 조정을 통하여 다음 <표8>과 같이 Scope 창을 각자 만들어 본다.

(4) Simulink 에디터 상단에 도구바가 있다. 도구바의 오른쪽에 위치한 박스 안에 시뮬레이션 종료 시간을 다음과 같이 10으로 설정한다: 10.0

(5) 아래의 방법으로 <Legend> 항목을 선택하여 출력되는 그래프에 대한 범례(Scope 창에)를 생성한다.

Scope 창의 메뉴바에서 〈보기(View)〉-〈범례(Legend)〉 항목 선택

(6) 지금까지의 내용(앞 (1)-(5)의 단계)을 완료하고 <표2>에 주어진 ch2p5a.slx 파일을 실행한다. <표8>과 같은 그래프를 보여주는 Scope 창을 보게 될 것이다.

표8

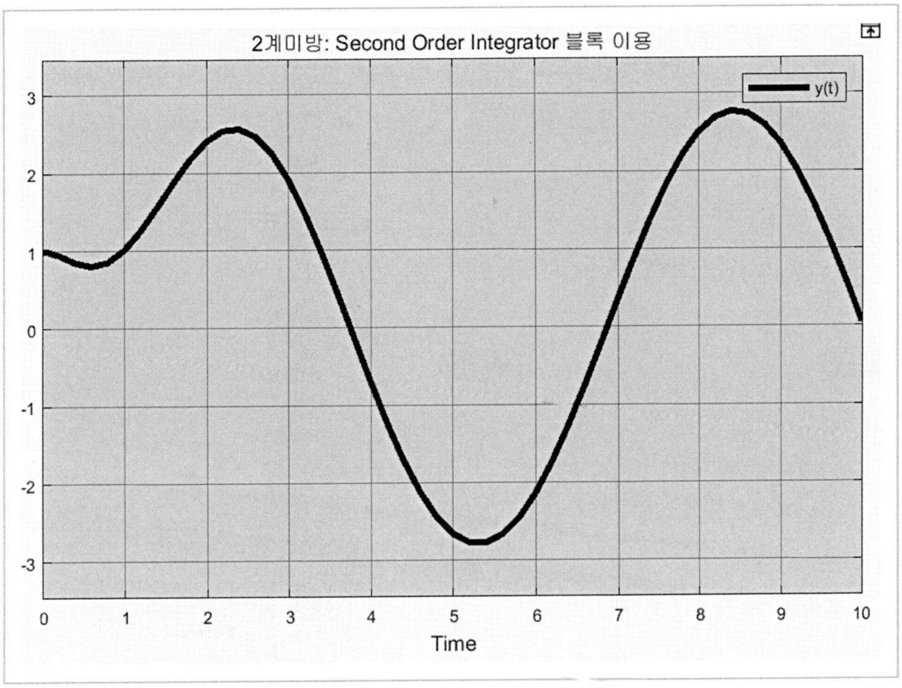

위 <표8>에서 $y(t)$에 대응하는 그래프는 ㉮(또는 ㉯)식에 주어진 미분 방정식의 해이다. 예상대로 이 그래프는 다음과 같은 앞의 내용(ⓐ-ⓒ)과 일치한다.

ⓐ 2.4.2절의 〈표4〉에서 제공한 해 $y(t)$의 그래프

ⓑ 2.4.3절의 〈표7〉에서 점선

ⓒ 2.4.4절의 〈표8〉에서 제공한 해 $y(t)$의 그래프

(7) Scope 창의 출력을 위 <표8>과 같이 만들지 못한 경우에는 2.4.4절의 후반부 내용을 참고한다.

〈Second-Order Integrator〉 블록: 추가 내용(①-④)

① 위 <표2>에 주어진 블록선도(ch2p5a.slx)를 가지고 <Second-Order Integrator> 블록의 기능을 좀 더 알아보자. <Block Parameters: Integrator, Second-Order> 박스

에서 <x> 항목의 하위 항목인 <Limit x> 항목을 선택(체크 표시됨)하면 <표9>와 같이 <Limit x> 항목 아래의 위치에 <Upper limit x>와 <Lower limit x> 항목이 생성된다. 계속해서 <표10>과 같이 <Upper limit x>와 <Lower limit x> 항목의 값을 각각 2와 −1로 설정하고 박스 하단의 <OK> 버튼을 클릭하여 설정을 완료한다. 이러한 새로운 설정을 가진 블록선도를 ch2p5b.slx 파일명으로 저장하고 실행하면 <표11>과 같은 Scope 창을 보게 될 것이다.

표9

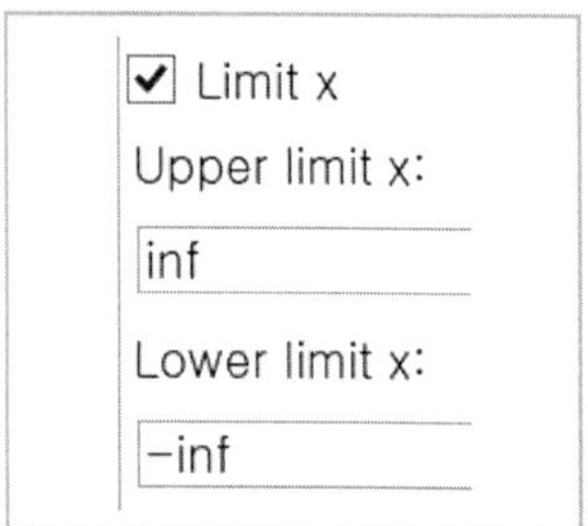

표10

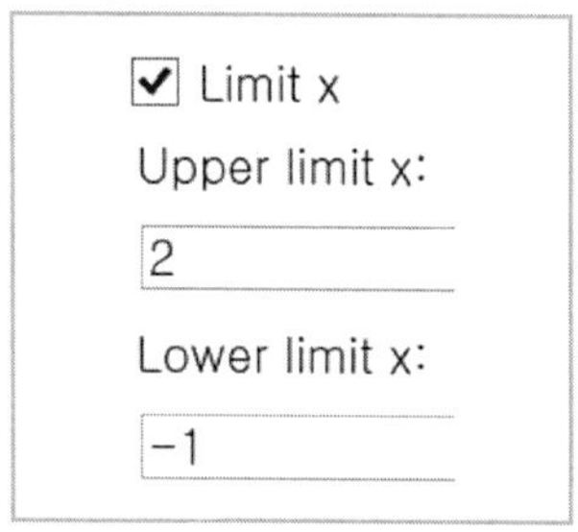

표11 ch2p5b.slx

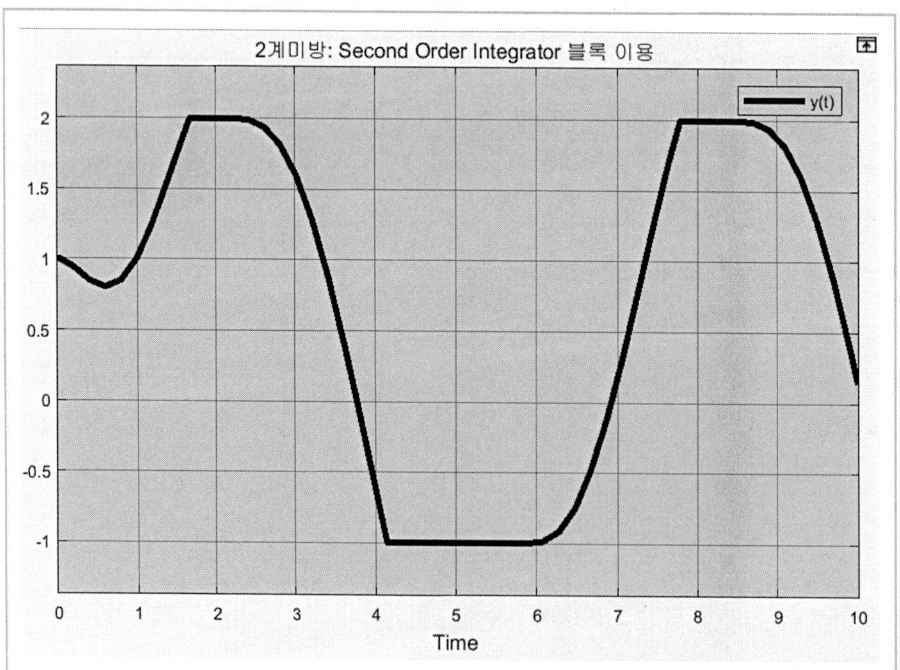

앞 <표8>에 주어진 그래프와 비교하면 y(t)(출력 신호 x에 대응)의 출력이

$$-1 \le y(t) \le 2$$

의 범위로 제한된 것을 확인할 수 있다. 출력 신호와 관련하여 좀 더 자세히 설명하면 다음 <표12>의 내용과 같다.

표12

- $y(t) \ge 2$ (upper limit) 이면 $y(t) = 2$ 이고 $dy/dt = 0$ 로 설정된다.
- $y(t) \le -1$ (lower limit) 이면 $y(t) = -1$ 이고 $dy/dt = 0$ 로 설정된다.

② 위 <표12>의 내용에서 $dy/dt = 0$ 와 같은 출력 신호를 확인하기 위하여 Viewer를 이용하여 본다. <표11>과 같은 결과를 주는 블록선도(ch2p5b.slx)에서 <Second-Order Integrator> 블록과 <Gain> 블록 사이의 연결선(dx 출력 신호에 대응하는)을 마우스 오른쪽 버튼으로 클릭한다. 팝업된 박스에서 다음과 같은 순으로 항목을 선택한다.

〈Creat & Connect Viewer〉-〈Simulink〉-〈Scope〉

그 결과로 <Second-Order Integrator> 블록 옆의 연결선에 다음 <표13>과 같은 Viewer 마크를 보게 된다. Viewer 마크는 블록선도에서 직접 보더라도 약간 흐릿하게 보인다.

표13

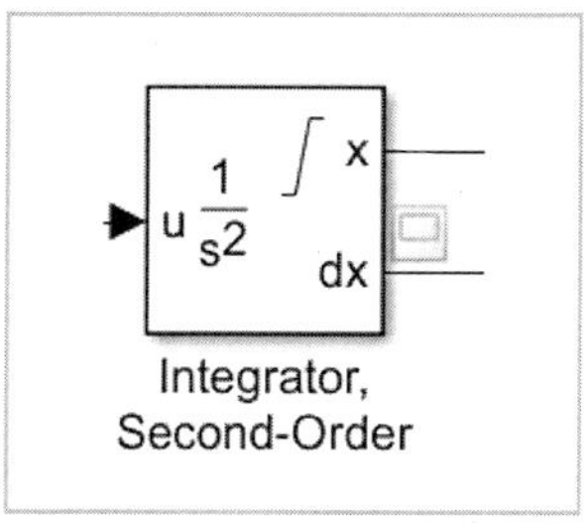

다음 <표14>와 같이 <Second-Order Integrator> 블록과 <Gain> 블록 사이의 연결선에 y(t)의 1계 미분을 의미하는 'y'(t)'으로 명칭을 입력하고 Viewer 마크를 포함하는 블록선도를 ch2p5c.slx 파일명으로 저장한다.

표14

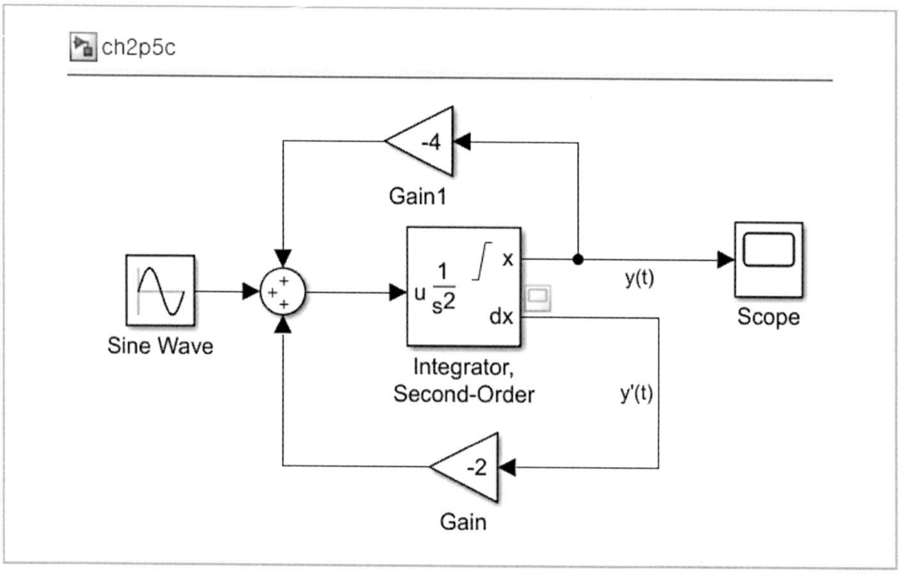

위 <표14>에 주어진 블록선도(ch2p5c.slx)를 실행 후에 Viewer 마크를 클릭하면 <표15>와 같은 Scope 창이 화면 출력된다. <표15>에서 볼 수 있는 그래프는 dy/dt 에 대응한다. 또한 이 Scope 창에서 위 <표12>의 내용인 $dy/dt = 0$ 을 확인할 수 있다. 처음에는 검은 바탕색에 하나의 노란색 선이 출력될 것이다. 색(color) 조정을 통하여 다음 <표15>와 같이 Scope 창을 각자 만들어 본다(2.4.4절 후반부 내용 참고).

표15 Viewer: Scope1

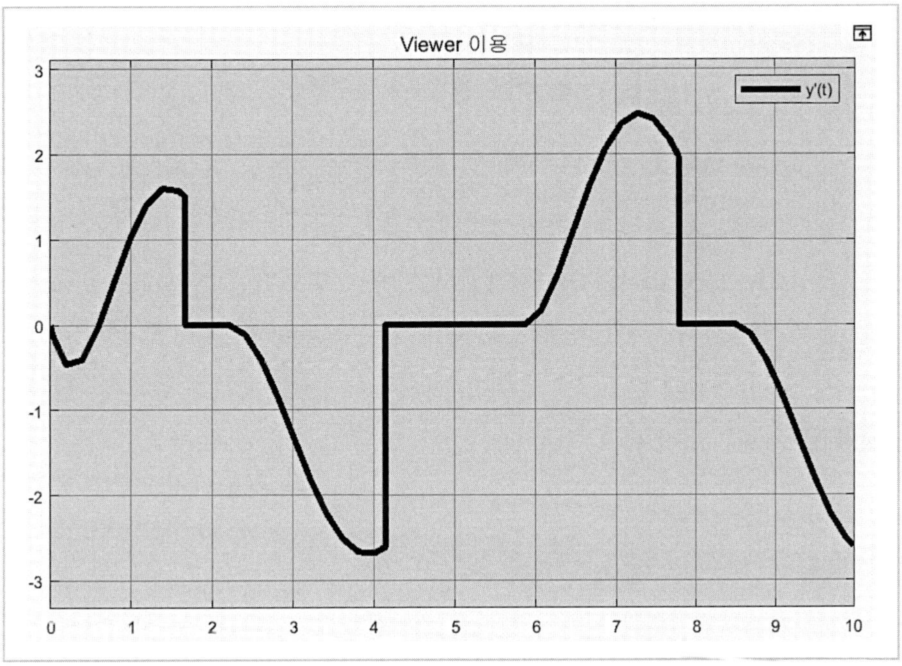

이번 절에서는 <Second-Order Integrator> 블록을 설명하면서 Viewer 기능을 이용하였지만 <Second-Order Integrator> 블록이 사용될 때만 사용할 수 있는 기능은 아니다. 즉 임의의 블록선도가 주어지고 그 내부의 임의의 위치에서 어떤 신호의 결과를 알고 싶으면 위와 같이 Viewer 기능을 이용하여 간단히 확인할 수 있다.

③ 앞 <표14>에서 주어진 블록선도(ch2p5c.slx)에서 <Second-Order Integrator> 블록과 <Scope> 블록을 연결하는 선(해인 y(t)에 대응하는 연결선)을 마우스 오른쪽 버튼으로 클릭하면 팝업 박스가 화면 출력된다. 팝업된 박스에서 다음 순으로 항목을 선택한다:

〈Connect To Viewer〉-〈Scope1〉

선택을 완료하면 다음 <표16>과 같이 블록선도에서 두 개의 Viewer 마크가 보일 것이다.

표16

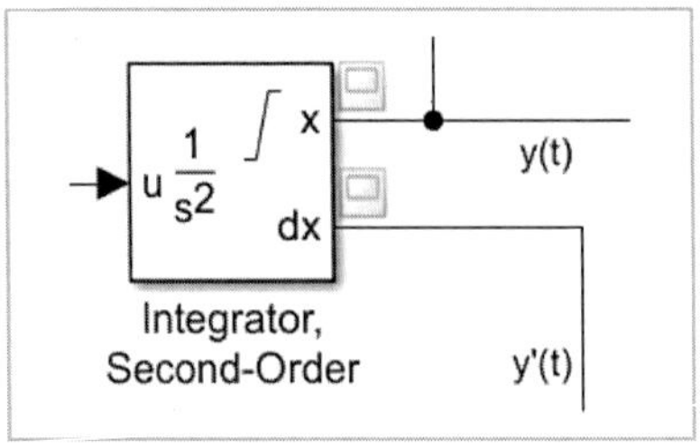

블록선도(ch2p5c.slx)를 다시 실행한다. 실행이 종료되면 두 개의 Viewer 마크 중에 하나를 선택한다. 그 결과로 <표17>과 같은 Scope 창을 보게 된다.

표17 Viewer: Scope1 (y'(t), y(t))

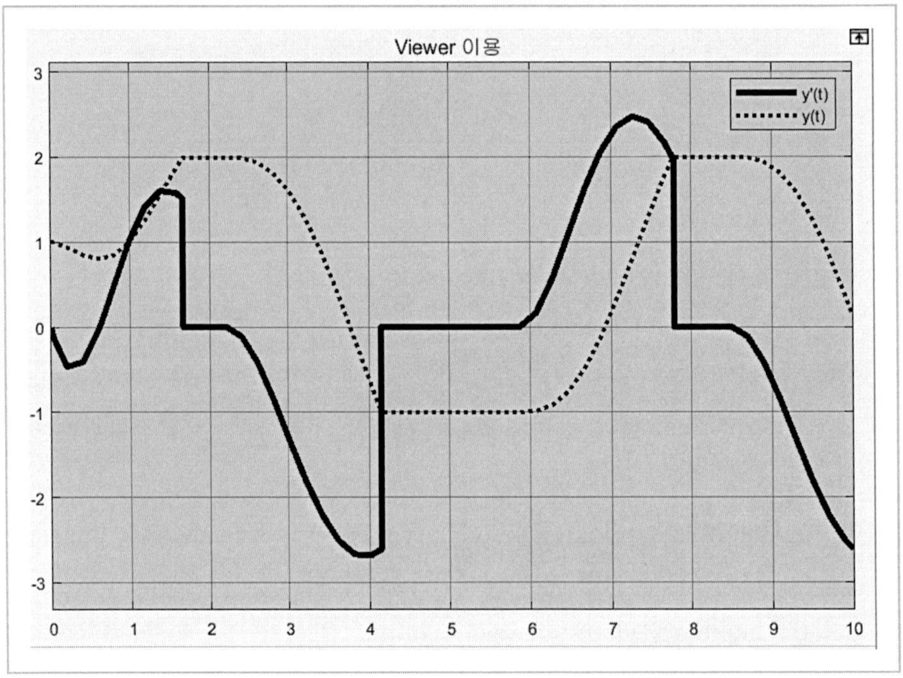

<Second-Order Integrator> 블록의 두 개의 출력 신호인 x(= y(t)에 대응)와 dx(= y(t)의 1계 도함수)를 한 개의 Scope 창에 출력하기 위해서는 <표14>에 주어진 블록선도(ch2p5c.slx)를 수정해야 한다. 그러나 위에서 설명한 바와 같이 Viewer와 <Connect To Viewer> 기능을 이용하면 블록선도의 수정 없이 두 개의 신호를 하나

의 Scope 창에 출력하는 것이 가능하다. 처음에는 <표17>에 주어진 Scope 창에서와 같이 y(t)에 대응하는 그래프가 점선이 아닐 수 있다. <Style: Viewer: Scope1> 박스에서 <Line> 항목을 조정하여 <표17>과 같이 Scope 창을 각자 만들어 본다(2.4.4절 후반부 내용 참고). <표17>에서 y(t)에 대응하는 선의 종류는 점선(dotted line)이고 선의 두께는 2로 설정하였고 마지막으로 선의 색은 첫 번째 항목인 검정색을 선택하였다. 한편 <표17>에 출력된 두 개의 선에서 $y(t)=2$와 $dy/dt=0$(또는 $y(t)=-1$와 $dy/dt=0$)가 되는 정의역의 범위를 좀 더 정확하게 알고자 한다면 앞 2.4.4절의 <표3m>과 <표3n>에서와 같은 방식으로 수(number) 데이터를 출력하여 비교해 볼 것을 제안한다.

④ <Block Parameters: Integrator, Second-Order> 박스 내부에서 다음과 같은 항목과 관련된 내용은 나중에 3.3절에서 자세히 알아볼 것이다.

- 〈dx/dt〉-〈Initial condition source dx/dt〉: internal, external
- 〈Attributes〉-〈Reinitialize dx/dt when x reaches saturation〉

위의 항목들은 자유 낙하하는 공이 바닥을 치고 올라왔다가 다시 내려가는 공의 상하 진동 운동을 시뮬레이션할 때 고려해야 하는 내용이다. 이것으로 2장 내용을 종료한다.

CHAPTER 03

Simulink 기초 Ⅱ

3.1 〈Transfer Fcn〉 블록 활용

3.2 3계 상미분방정식

3.3 공의 상하 운동
(Second-Order Integrator 블록 활용)

3.4 Euler 방법
(MATLAB Function 블록 활용)

3.1 <Transfer Fcn> 블록 활용

미분 방정식의 초기치 조건들이 모두 0(zero)인 경우에는 <Transfer Fcn> 블록을 포함하는 블록선도를 작성하여 미분 방정식의 해를 구할 수 있다. <Transfer Fcn> 블록을 사용하기 위해서는 라플라스 변환[ZIL]과 관련된 내용을 이해하고 있어야 한다.

3.1.1 배경(라플라스 변환)

입력 신호가 $f(t)$이고 출력 신호가 $y(t)$일 때 다음 ㉮와 같은 선형 미분 방정식으로 표현되었다고 가정하자.

㉮ $$a\frac{d^2y}{dt^2}+b\frac{dy}{dt}+cy=f(t),\;\; y(0)=0,\;\; y'(0)=0$$

위의 식에서 a, b, c는 각각 상수이다. $f(t)$와 $y(t)$에 라플라스 변환(Laplace Transform)을 적용하여 얻어진 식을 $F(s)$, $Y(s)$라고 하자. 즉,

㉯ $$L\{f(t)\}=F(s),\;\; L\{y(t)\}=Y(s)$$

다음으로 위 ㉮에 주어진 식에 라플라스 변환을 적용하면

㉰ $$a\left[s^2Y(s)-sy(0)-y'(0)\right]+b\left[sY(s)-y(0)\right]+cY(s)=F(s)$$

이 된다. 참고로 n계 도함수 $y^{(n)}(t)$의 라플라스 변환에 관한 내용은 다음 <표1>과 <표2>에 주어진다.

표1 지수적 차수에 대한 정의

다음 내용을 만족하면 '함수 y는 지수적 차수(exponential order)이다'라고 정의한다: $t > T$일 때 부등식 $\lvert y(t) \rvert \le M e^{ct}$을 만족하는 상수 $c, M > 0$와 $T > 0$가 존재한다.

표2

정의역 $[0, \infty)$에서 다음 ①-③의 내용을 가정한다.

① $y, y', \ldots, y^{(n-1)}$가 연속(continuous)이다.
② $y, y', \ldots, y^{(n-1)}$가 지수적 차수(exponential order)이다.
③ $y^{(n)}(t)$가 조각마다 연속(piecewise continuous)이다.

위의 가정 하에서 $L\{y(t)\} = Y(s)$일 때, 다음 식이 만족한다.

$$L\{y^{(n)}(t)\} = s^n Y(s) - s^{n-1} y(0) - s^{n-2} y'(0) - \ldots - y^{(n-1)}(0)$$

계속해서 ㉮에 주어진 초기치 조건인

$$y(0) = 0, \;\; y'(0) = 0$$

을 위 ㉰식에 적용하면

㉱ $$(as^2 + bs + c) Y(s) = F(s) \iff \frac{Y(s)}{F(s)} = \frac{1}{as^2 + bs + c}$$

와 같이 표현될 수 있다. 위와 같이 입력 신호 $f(t)$의 라플라스 변환식($= F(s)$)에 대한 출력 신호 $y(t)$의 라플라스 변환식($= Y(s)$)의 비에 대응하는 식인

㉲ $$\frac{Y(s)}{F(s)}$$

을 주어진 선형 시스템의 전달함수라고 부른다. 어떤 시스템이 미분 방정식으로 표현되

고 그 미분 방정식에 위 ㉣식과 같이 라플라스 변환을 적용하여 구해진 전달함수는 그 시스템의 구조를 분석하는데 이용될 수 있다.

예를 들어, 입력 신호 $f(t)$가 아래 ㉥와 같이 주어졌다고 가정하자.

㉥ $$f(t) = \sin(t)(U(t-\pi) - U(t-2\pi))$$

위 ㉥에 주어진 식에서 $U(t-\pi)$ 또는 $U(t-2\pi)$는 Heaviside 함수(또는 unit step 함수)이고 정의는 다음 절인 3.1.2절에서 설명한다. 이때 정의역의 범위 $0 \le t \le 10$에 대해서 2계 미분방정식

㉦ $$\frac{d^2y}{dt^2} + 2\frac{dy}{dt} + 4y = f(t), \quad y(0) = 0, \frac{dy(0)}{dt} = 0$$

의 전달함수는

㉧ $$\frac{Y(s)}{F(s)} = \frac{1}{s^2 + 2s + 4}$$

가 된다. 이번 절의 내용을 종료한다.

3.1.2 dsolve 사용과 heaviside 함수

정의역의 범위 $0 \le t \le 10$에 대해서 초기치 조건으로

㉮ $$y(0) = 0, \frac{dy(0)}{dt} = 0$$

이 주어진 2계 미분방정식

㉯
$$\frac{d^2y}{dt^2} + 2\frac{dy}{dt} + 4y = \sin(t)(U(t-\pi) - U(t-2\pi))$$

의 해인 $y(t)$를 dsolve 명령어를 사용하여 구하여 보자. 위의 식에서 사용되는 Heaviside(또는 unit step) 함수 $U(t-a)$는 다음과 같이 정의된다.

㉰
$$U(t-a) = \begin{cases} 0, & t < a \\ 1, & t \geq a \end{cases}$$

따라서, $t \geq 0$에 대하여 $U(t-a)$에 대응하는 그래프(단, $a \geq 0$)는 다음 <표1>과 같다.

표1

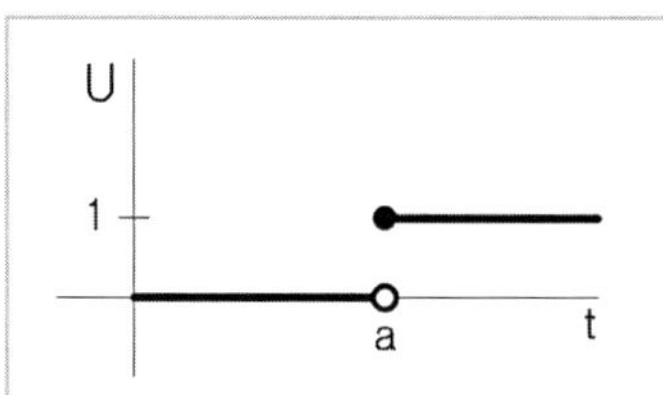

참고로, 다음 <표2>에 제공된 그래프는 Heaviside 함수 $U(t-\pi)$를 매틀랩에서 출력한 결과이다.

표2

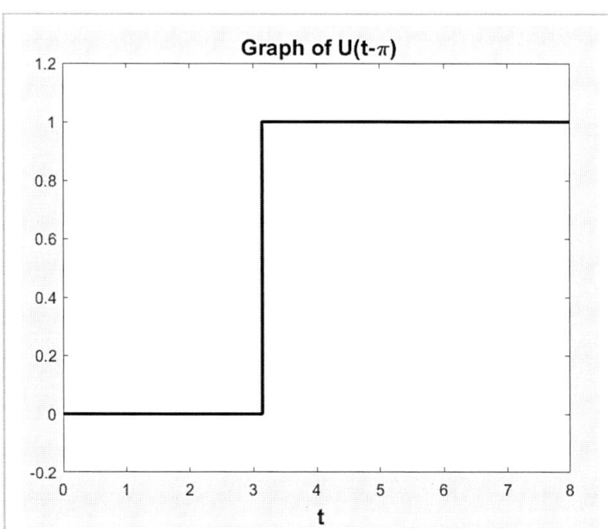

위 ㉯에 주어진 미분방정식의 해를 구하기 위하여 다음 <표3>에 주어진 내용을 <명령창>에서 실행한다.

표3

```
clear, clc
syms y(t)
sympref('HeavisideAtOrigin',1);
Dy = diff(y,t);
cond = [y(0)==0, Dy(0)==0];
eqLHS =  diff(y, t, 2) + 2*diff(y,t,1) + 4*y;
eqRHS =  sin(t)*(heaviside(t- sym(pi))-heaviside(t-2*sym(pi)));
sol=dsolve( eqLHS == eqRHS , cond);
y = simplify(sol)
%
hold on
figure(1)
yg = fplot(y,[0 10]);
set(yg,'linewidth',2,'linestyle','-','color','k');
title('₩bf₩fontsize{14} Graph of y(t)');
xlabel('₩bf₩fontsize{14} t');
str1 = '$₩bf  ₩ddot{y} + 2 ₩dot{y} + 4 y$';
str2 = '$₩bf = sin(t)(U(t-₩pi) - U(t-2 ₩pi)) $';
text(1.5, 0.1, str1,'interpreter','latex','fontsize',15);
text(1.5, 0.06, str2,'interpreter','latex','fontsize',15);
axis([0 10 -0.3 0.15]);
%
figure(2)
eqRHSg = fplot(eqRHS, [0 10]);
set(eqRHSg,'linewidth',2,'linestyle','-','color','k');
title('₩bf₩fontsize{14} 입력 신호');
```

```
xlabel('₩bf₩fontsize{14} t');
str3 = '$₩bf f(t) = sin(t)(U(t-₩pi) - U(t-2 ₩pi)) $';
text(1.5, 0.6, str3,'interpreter','latex','fontsize',15);
axis([0 10 -1.5 1]);
```

위 <표3>의 내용을 실행하면 세 가지 종류의 출력(①-③)이 있다.

① 첫 번째로 <명령 창>에 아래 <표4>와 같이 ㉯에 주어진 미분 방정식의 해인 $y(t)$가 출력된다. 그 이유는 <표3>의 내용에서 앞으로부터 9번째 줄에 있는 실행문

```
y = simplify(sol)
```

의 결과이다. 실행문 뒤에 세미콜론 기호(= ;)를 생략했기 때문에 실행되면서 결과 y가 <명령 창>에 출력되었다.

표4

```
y =
(2*cos(t)*heaviside(t - 2*pi))/13 - (2*cos(t)*heaviside(t - pi))/13 +
(3*sin(t)*heaviside(t - pi))/13 - (3*sin(t)*heaviside(t - 2*pi))/13 -
(2*exp(2*pi - t)*cos(3^(1/2)*(t - 2*pi))*heaviside(t - 2*pi))/13 -
(2*exp(pi - t)*cos(3^(1/2)*(t - pi))*heaviside(t - pi))/13 +
(3^(1/2)*exp(pi - t)*sin(3^(1/2)*(t - pi))*heaviside(t - pi))/39 +
(3^(1/2)*exp(2*pi - t)*sin(3^(1/2)*(t - 2*pi))*heaviside(t - 2*pi))/39
```

② 두 번째로 위 ㉯식에서 등호의 오른쪽에 위치한 입력 신호인

$$f(t)= \sin(t)(U(t-\pi)- U(t-2\pi))$$

에 대응하는 그래프가 <표5>과 같이 출력된다. <표3>의 내용 중에서 후반부에 위치한 figure(2) 실행문 이하의 내용이 <표5>에 주어진 출력과 관련된다. 즉, figure(2)

실행문을 포함하여 <표3>의 마지막 줄까지인 다음 내용이 <표5>에 주어진 출력과 관련된다.

```
figure(2)
eqRHSg = fplot(eqRHS, [0 10]);
set(eqRHSg,'linewidth',2,'linestyle','-','color','k');
title('₩bf₩fontsize{14} 입력 신호');
xlabel('₩bf₩fontsize{14} t');
str3 = '$₩bf f(t) = sin(t)(U(t-₩pi) - U(t-2 ₩pi)) $';
text(1.5, 0.6, str3,'interpreter','latex','fontsize',15);
axis([0 10 -1.5 1]);
```

표5

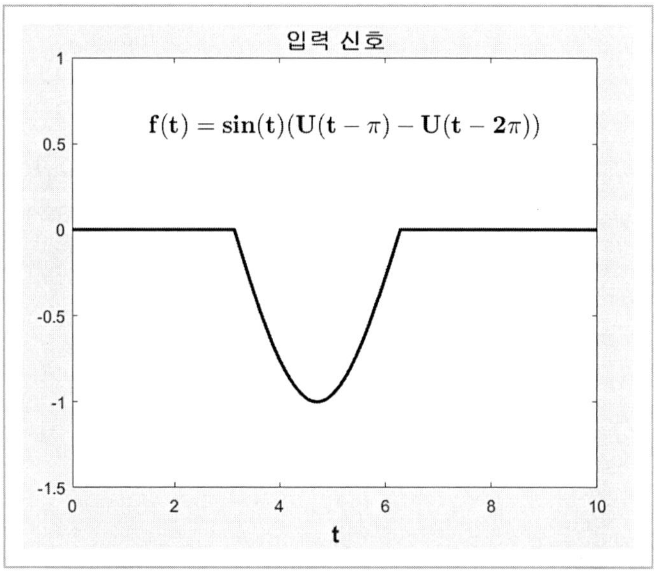

③ 세 번째로 위 <표4>에 주어진 2계 미분방정식의 해 $y(t)$에 대응하는 그래프가 <표6>과 같이 출력된다. <표3>의 내용 중에서 중반부에 위치한 figure(1) 실행문 다음 줄부터 figure(2) 실행문 전 줄까지 내용이 <표6>의 출력에 관련된다. 즉, 실행문

```
yg = fplot(y,[0 10]);
```

에서 시작하여 실행문

```
axis([0 10 -0.3 0.15]);
```

까지 총 9줄 내용의 실행으로 <표6>의 결과를 볼 수 있다.

표6

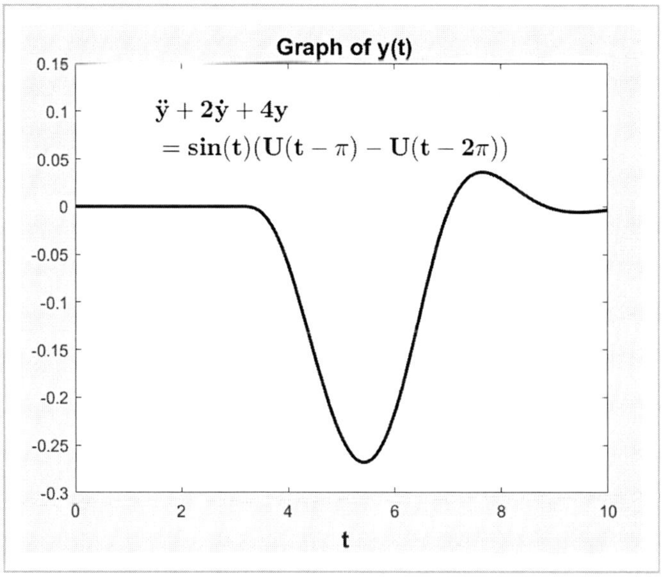

❑ 앞 <표3>의 내용에 대한 추가 설명: (a)-(e)

(a) 위 <표3>에 주어진 프로그램 내용 중, 앞에서부터 일곱 번째 줄에서 사용하고 있는 heaviside 함수는 다음과 같은 설정으로 초기화 되어있다.

$$\text{heaviside}(x) = \begin{cases} 0, & x < 0 \\ \dfrac{1}{2}, & x = 0 \\ 1, & x > 0 \end{cases}$$

위의 내용을 <명령 창>에서 아래와 같이 확인하여 본다.

```
>> heaviside(-1)
ans =       0
>> heaviside(0)        %   또는  >> heaviside(sym(0))
ans =    0.5000
>> heaviside(1)
ans =      1
```

그러나, <표3>에서 앞에서부터 세 번째 줄에 있는 내용인

```
sympref('HeavisideAtOrigin',1);
```

을 실행하면 $x=0$에서 **heaviside** 함수의 값은 1로 설정된다. 즉, 다음과 같이 **heaviside** 함수의 값이 변경된다.

$$\mathrm{heaviside(x)} = \begin{cases} 0\ , & \mathrm{x} < 0 \\ 1\ , & \mathrm{x} \geq 0 \end{cases}$$

위의 결과를 아래와 같이 <명령 창>에서 확인한다.

```
>> sympref('HeavisideAtOrigin',1);
>> heaviside(0)
ans =      1
```

(b) **heaviside** 함수의 입력 인자인 x는 수(number) 또는 심볼릭 객체가 될 수 있다. 입력 인자 x가 수이면 **heaviside(x)**는 **double**로 출력되고 x가 심볼릭 객체이면 **heaviside(x)**는 심볼릭 객체로 출력된다. <명령 창>에서 다음과 같이 실행하여 본다.

```
-------------------------------------------------
>> aa = heaviside(3)
aa =  1
>> bb = heaviside(sym(3))
bb = 1
>> whos
  Name      Size        Bytes  Class     Attributes
  aa        1x1             8  double
  bb        1x1             8  sym
-------------------------------------------------
```

(c) 명령어 sympref에 의하여 변경된 내용을 다시 초기값으로 복귀시키려면 다음과 같이 <명령 창>에서 실행하면 된다.

```
>> sympref('HeavisideAtOrigin','default');
>> heaviside(0)
ans =     0.5000
```

(d) <표3>에서 앞에서부터 네 번째와 다섯 번째 줄에 있는 내용인

```
Dy = diff(y,t);
cond = [y(0)==0, Dy(0)==0];
```

을 이해하기 위하여 아래와 같이 <명령 창>에서 실행하여 보자.

```
>> syms y(t)
>> Dy = diff(y,t)
Dy(t) = diff(y(t), t)
>> Dy(0)
ans = subs(diff(y(t), t), t, 0)
```

위의 결과로부터

Dy(0)==0	⟺	$y'(0)=0$

임을 알 수 있다.

(e) 위 <표3>에서 실행되는 나머지 내용은 2.4.2절의 설명을 참고하면 된다.

여기까지의 내용으로 <표3>에 대한 추가 설명을 끝내고 다음 절로 진행한다.

3.1.3 블록선도 만들기

앞 3.1.2절에서 다루었던 2계 미분방정식의 해를 이번 절에서는 블록선도를 이용하여 구하여 본다. 즉, 입력 신호 $f(t)$가

㉮ $$f(t) = \sin(t)(U(t-\pi) - U(t-2\pi))$$

일 때, 정의역 $0 \le t \le 10$에 대해서 아래와 같이 주어진 2계 미분방정식

㉯ $$\frac{d^2y}{dt^2} + 2\frac{dy}{dt} + 4y = f(t), \quad y(0)=0, \ \frac{dy(0)}{dt} = 0$$

의 해인 $y(t)$를 <Transfer Fcn> 블록을 사용하여 알아낼 수 있다. 지금부터 위 ㉯에 주어진 미분방정식의 해를 구하는 블록선도를 아래의 절차((1)-(6) 단계)에 따라 생성하여 본다.

(1) 매틀랩 초기화면 상단에 위치한 도구바에서 아이콘 을 선택(마우스로 클릭)한다. 계속해서 <Simulink Start Page> 박스가 화면에 출력되면 이 박스 내부에서 <Blank

Model>을 선택하여 Simulink 에디터를 연다. 다음으로 Simulink 에디터의 도구바에 있는 아이콘 을 클릭하여 Simulink Library Browser 박스를 화면에 출력하고 유지한다.

(2) Simulink Library Browser 박스 내부에 위치한 [Source], [Signal Routing], [User-Defined Functions], [Continuous], [Sinks] 라이브러리에서 아래의 블록들을 사용할 것이다.

- [Source] 라이브러리: 〈Step〉 블록, 〈Sine Wave〉 블록
- [Signal Routing] 라이브러리: 〈Mux〉 블록
- [User-Defined Functions] 라이브러리: 〈Fcn〉 블록
- [Continuous] 라이브러리: 〈Transfer Fcn〉 블록
- [Sinks] 라이브러리: 〈Scope〉 블록

(3) 위 (2)의 단계에서 소개한 블록들을 이용하여 Simulink 에디터 내부에 다음 <표1>과 같이 배치하고 ch3p1a.slx 파일명으로 저장한다.

표1

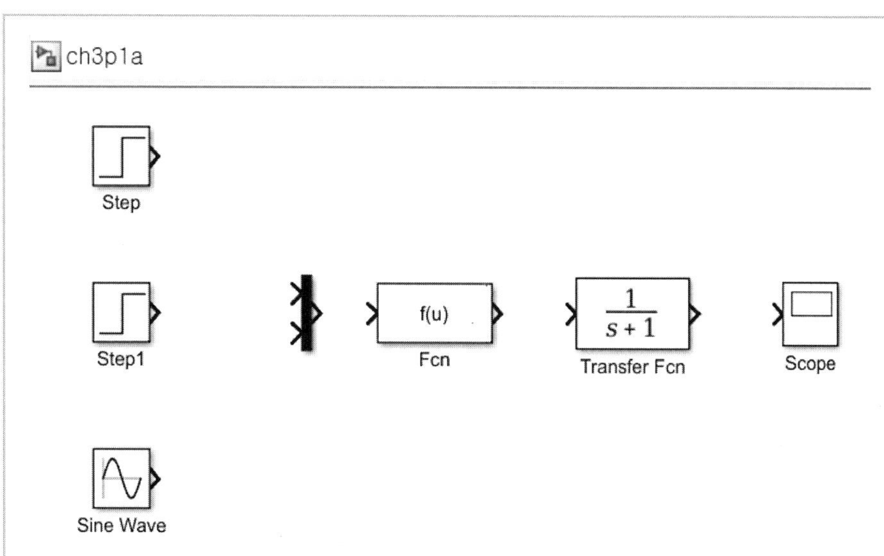

(4) Simulink 최신 버전의 경우, 블록선도에서 배치한 블록명이 자동으로 나타나지 않을 수 있다. 숨어있는 블록명을 블록선도에 표시하고 싶으면 Simulink 에디터 메뉴바에서 <Display> 항목을 클릭한다. 계속해서, 팝업된 박스의 하단에 위치한 <Hide Automatic Names> 항목의 선택을 해제한다.

〈Simulink 에디터 메뉴바〉-〈Display〉-〈Hide Automatic Names〉

즉, 위의 위치에 있는 항목이 체크표시로 선택되어 있으면 클릭하여 선택 해제를 한다. 그 결과로 <표1>과 같이 블록명이 표시될 것이다. 위 <표1>과 같이 배치된 블록에 대한 항목을 다음 ①-⑥과 같이 각각 설정한다.

① **<Step> 블록**: <Step> 블록을 더블클릭하면 대응하는 <Block Parameters: Step> 박스가 화면에 출력된다. 이 박스에서 <Step time> 항목에 대응하는 값을 <표2>와 같이 pi로 설정하고 나머지 항목들은 변경하지 않는다. 이 블록으로부터 <표2a>와 같은 그래프를 보여주는 $U(t-\pi)$가 생성된다.

표2

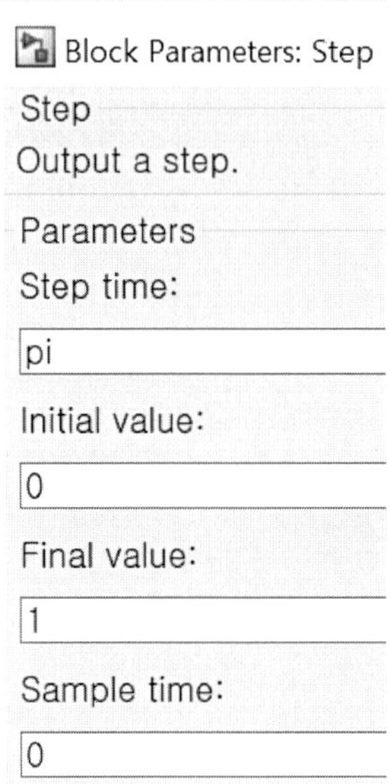

표2a

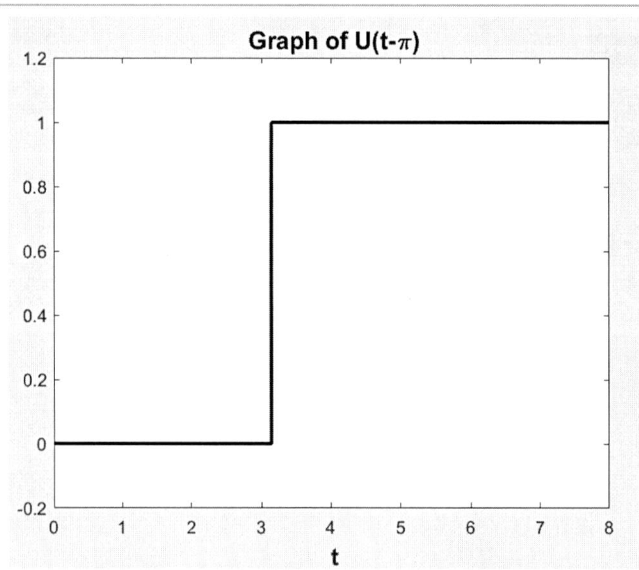

② **<Step1> 블록**: <Step1> 블록을 더블클릭하면 대응하는 <Block Parameters: Step1> 박스가 화면에 출력된다. 이 박스에서 <Step time> 항목에 대응하는 값을 <표3>과 같이 2*pi로 설정하고 나머지 항목들은 변경하지 않는다. 이 블록으로부터 <표3a>와 같은 그래프를 보여주는 $U(t-2\pi)$가 생성된다.

표3	표3a
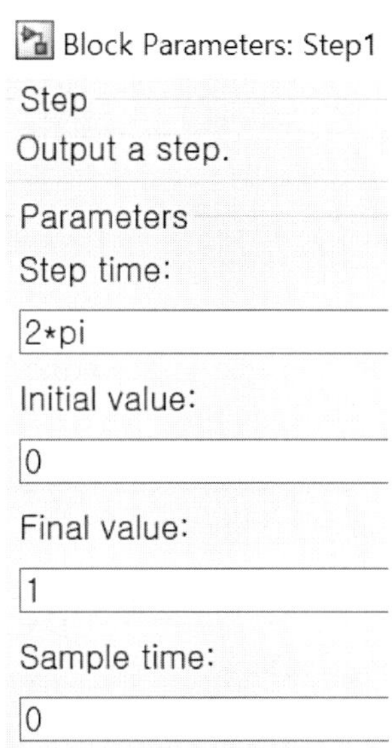	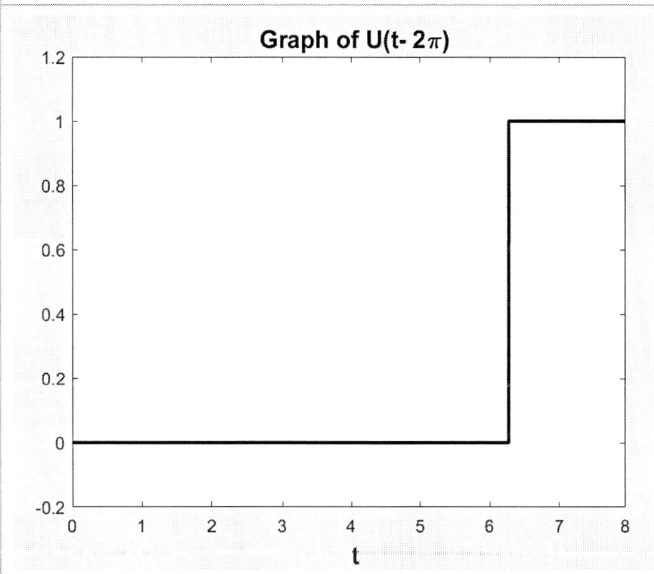

③ **<Sine Wave> 블록**: 모든 항목을 변경하지 않고 <표4>와 같이 초기값을 유지한다. 초기값을 유지하면 이 블록으로부터 $\sin(t)$에 대응하는 함수가 <표4a>와 같이 생성된다. <Sine Wave> 블록을 더블클릭하여 <Block Parameters: Sine Wave> 박스가 화면에 출력되면 <표4>와 같이 각 항목의 값이 설정되어 있는지 확인하면 된다. <Sample time> 항목을 포함한 <Sine Wave> 블록에 대한 자세한 설명은 1.3.1절의 내용을 참고한다.

표4	표4a
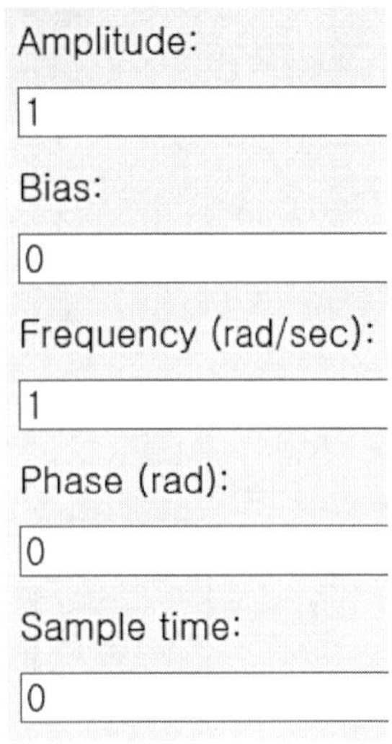	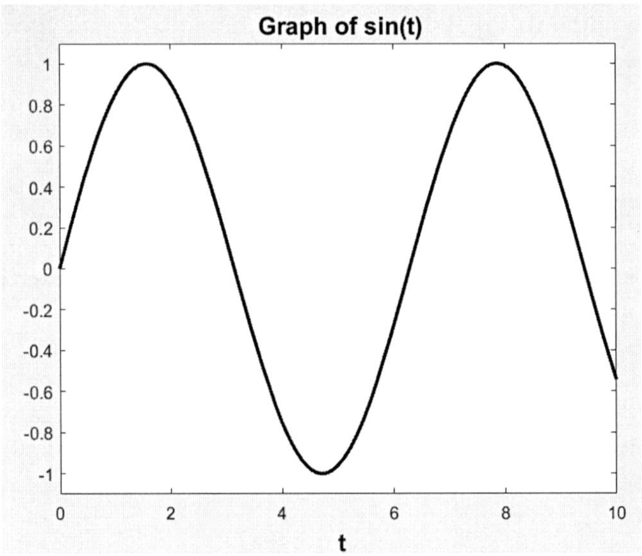

④ **<Mux> 블록**: <Mux> 블록을 더블클릭하면 <Block Parameters: Mux> 박스가 화면에 출력된다. 이 박스에서 <Number of inputs> 항목에 대응하는 값을 다음 <표5>와 같이 2에서 3으로 변경하고 박스 하단에 위치한 <OK> 버튼을 클릭한다.

표5

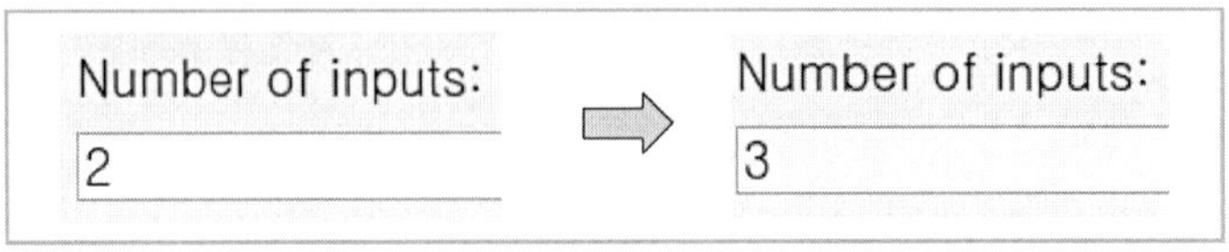

앞 <표1>에 주어진 블록선도(ch3p1a.slx)에서 <Mux> 블록의 크기를 마우스 왼쪽 버튼으로 조정하면 <표5a>와 같이 입력 단자가 2개에서 3개로 변경된 것을 확인할 수 있다.

표5a

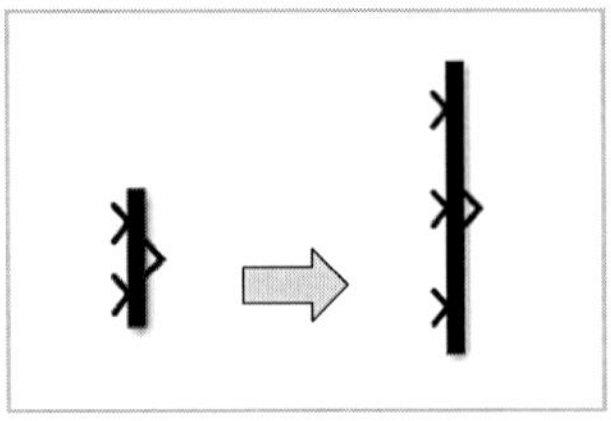

⑤ **<Fcn> 블록**: <Fcn> 블록을 더블클릭하여 <Block Parameters: Fcn> 박스를 연다. 위 ㉯에 주어진 2계 미분 방정식에서 입력 신호 $f(t)$가

$$f(t) = \sin(t)(U(t-\pi) - U(t-2\pi))$$

이므로 <Block Parameters: Fcn> 박스 내부의 <Expression> 항목의 값을 다음 <표6>과 같이 설정하고 박스 하단에 위치한 <OK> 버튼을 클릭한다.

표6

Parameters
Expression:
u(3)*(u(1) - u(2))

⑥ **<Transfer Fcn> 블록**: 위 ㉯에 주어진 미분 방정식에 대한 전달 함수 $Y(s)/F(s)$가

$$\frac{Y(s)}{F(s)} = \frac{1}{s^2 + 2s + 4}$$

와 같이 된다(3.1.1절에서 ㉵식 참고). 이런 결과를 <Transfer Fcn> 블록에 전달해야 한다. 우선 <Transfer Fcn> 블록을 더블클릭히여 <Block Parameters: Transfer Fcn> 박스를 연다. 박스 내부에서 <Numerator coefficients>, <Denominator coefficients> 항목에 대응하는 값을 다음 <표7>과 같이 변경하고 박스 하단에 위치한 <OK> 버튼을 클릭한다.

표7

Numerator coefficients: [1]	⇨	Numerator coefficients: [1]
Denominator coefficients: [1 1]	⇨	Denominator coefficients: [1 2 4]

(5) 위와 같이 블록 설정을 마치고 <표1>에 주어진 블록선도의 블록들을 연결한 뒤에 ch3p1b.slx 파일명으로 저장한다. 그 결과로서 다음 <표8>과 같은 블록선도를 만들게 된다.

표8 ch3p1b.slx

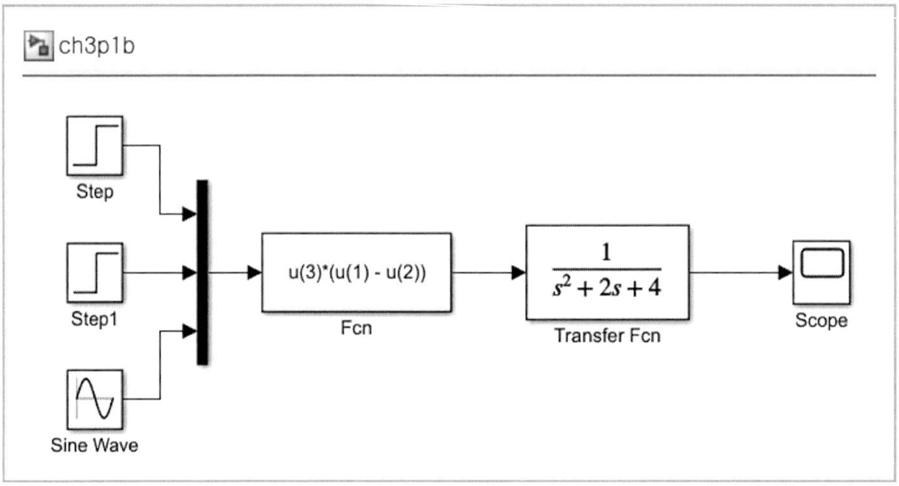

만약에 <Fcn> 블록과 <Transfer Fcn> 블록이 <표8>에 제공된 모양과 다르면 마우스를 이용하여 블록 크기를 조정(앞 (4)의 단계에서 블록 항목 설정을 완료한 뒤에) 하면 <표8>과 같이 수식이 블록 내부에 보일 것이다.

(6) Simulink 에디터 상단에 도구바가 있고 이 도구바의 오른쪽에 위치한 박스 내부에 시뮬레이션 종료 시간이 10.0 와 같이 10 으로 설정되어 있는지 확인한다. 확인하였으면 위 <표8>에 주어진 블록선도(ch3p1b.slx)를 실행한다. 실행 종료 후에 <Scope> 블록을 더블클릭하여 Scope 창을 보면 검은 바탕색에 노란색 선이 출력되어 있을 것이다. 색(color) 조정을 통하여 다음 <표9>와 같이 Scope 창을 각자 만들어 본다. Scope 창의 출력을 다음 <표9>와 같이 만들지 못한 경우에는 2.4.4절의 후반부 내용을 참고한다.

표9 Graph of $y(t)$

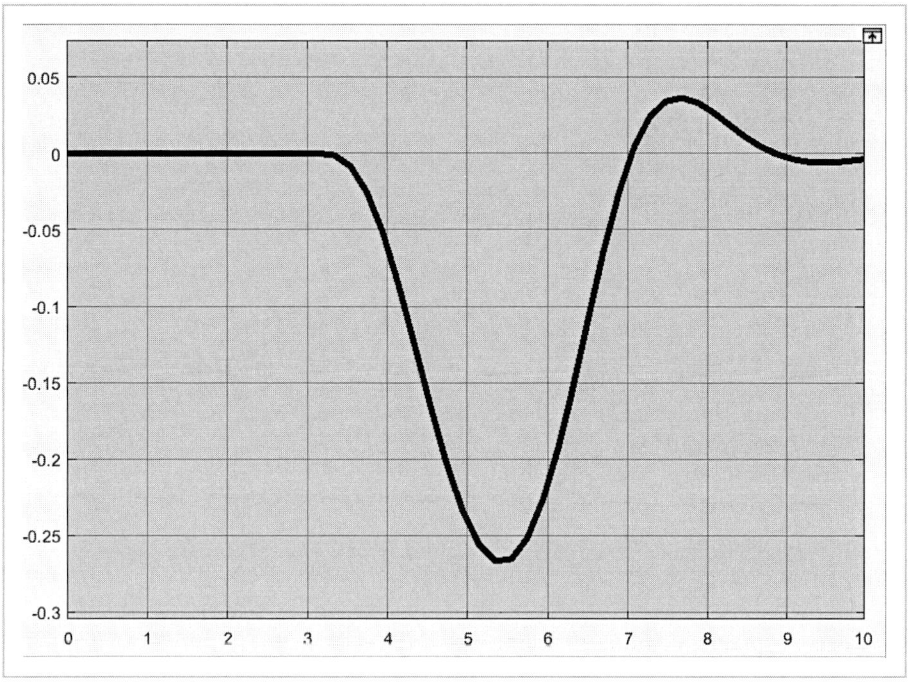

위 <표9>에 출력된 그래프를 앞 3.1.2절의 <표6>에 제공된 그래프와 비교하면 동일하다는 것을 알 수 있다.

3.2 3계 상미분방정식

3.2.1 일반해 구하기

정의역 변수 t의 범위가 $0 \le t \le 3$ 일 때, 아래와 같이 세 개의 초기치 조건

㉮ $$y(0)=1,\ \left[\frac{dy}{dt}\right]_{t=0}=0,\ \left[\frac{d^2y}{dt^2}\right]_{t=0}=0$$

을 가진 3계 미분방정식

㉯ $$\frac{d^3y}{dt^3}+2\frac{d^2y}{dt^2}=e^t\cos t$$

의 해인 $y(t)$를 다음 <step1>-<step3>에서 구하여 보자.

<step1> 아래 ㉰에 주어진 미분 방정식(homogeneous equation)의 해를 y_h로 설정하고 구한다.

㉰ $$\frac{d^3y}{dt^3}+2\frac{d^2y}{dt^2}=0$$

위 ㉰에 대응하는 특성 방정식(characteristic equation)이 $m^3+2m^2=0$이므로

㉱ $$y_h(t)=c_1+c_2t+c_3e^{-2t},\qquad (c_1,\ c_2,\ c_3\text{는 상수})$$

이다.

<step2> 위 ㉯에 주어진 미분방정식을 만족하는 특수해(particular solution)를 y_p 라 하면

㉰ $$y_p(t) = Ae^t \cos t + Be^t \sin t$$

로 설정할 수 있다. 위 ㉰와 같은 설정에서 $y_p^{(1)}$, $y_p^{(2)}$, $y_p^{(3)}$ 를 구하면

㉱ $$\begin{aligned} y_p^{(1)} &= (A+B)e^t \cos t + (B-A)e^t \sin t \\ y_p^{(2)} &= 2Be^t \cos t - 2Ae^t \sin t \\ y_p^{(3)} &= 2(B-A)e^t \cos t - 2(A+B)e^t \sin t \end{aligned}$$

이다. 위 ㉱의 결과를 ㉯에 주어진 미분 방정식에 대입하면

㉲ $$(6B-2A)e^t \cos t - (6A+2B)e^t \sin t = y_p^{(3)} + 2y_p^{(2)} = e^t \cos t$$

이므로 다음 ㉳와 같이 A, B에 대한 연립 방정식이 구해진다.

㉳ $$6B - 2A = 1,\ 6A + 2B = 0$$

위의 방정식을 풀면 A, B는 다음과 같다.

$$A = -\frac{1}{20},\ B = \frac{3}{20}$$

그러므로 ㉰에 주어진 특수해 y_p 는

㉴ $$y_p(t) = -\frac{1}{20}e^t \cos t + \frac{3}{20}e^t \sin t$$

가 된다.

<step3> 위 ㉣와 ㉶에서 얻은 결과를 이용하면 ㉯에 주어진 미분방정식의 일반해 (general solution) $y(t)$는

㉷
$$\begin{aligned} y(t) &= y_h(t) + y_p(t) \\ &= c_1 + c_2 t + c_3 e^{-2t} - \frac{1}{20} e^t \cos t + \frac{3}{20} e^t \sin t \end{aligned}$$

이다. 다음으로 ㉮에 주어진 초기치 조건을 위의 식에 적용하면

$$c_1 + c_3 = \frac{21}{20} \qquad (\text{㉮의 첫 번째 조건에 대응})$$

$$c_2 - 2c_3 = -\frac{2}{20} \qquad (\text{㉮의 두 번째 조건에 대응})$$

$$4c_3 = -\frac{6}{20} \qquad (\text{㉮의 세 번째 조건에 대응})$$

와 같이 c_1, c_2, c_3에 대한 연립방정식이 구해진다. 이 연립방정식을 풀면

$$c_1 = \frac{9}{8},\ c_2 = -\frac{1}{4},\ c_3 = -\frac{3}{40}$$

이다. 따라서 앞 ㉷에 주어진 일반해 $y(t)$는

㉸
$$y(t) = \frac{9}{8} - \frac{1}{4}t - \frac{3}{40}e^{-2t} - \frac{1}{20}e^t \cos t + \frac{3}{20} e^t \sin t$$

가 된다. 이번 절에서는 특성 방정식과 특수해를 이용한 이론적 내용의 접근으로 ㉯에 주어진 미분 방정식의 일반해를 구하였다. 다음 절에서는 매틀랩 명령어인 dsolve를 이용하여 일반해 $y(t)$를 구할 것이다.

3.2.2 dsolve 명령어에 의한 일반해

앞 3.2.1절에서 소개한 초기치 조건

㉮ $$y(0) = 1,\ \left[\frac{dy}{dt}\right]_{t=0} = 0,\ \left[\frac{d^2y}{dt^2}\right]_{t=0} = 0$$

을 가진 3계 미분방정식

㉯ $$\frac{d^3y}{dt^3} + 2\frac{d^2y}{dt^2} = e^t \cos t$$

의 해인 $y(t)$를 정의역 $0 \le t \le 3$에서 dsolve 명령어를 사용하여 구할 것이다. 다음 <표1>에 주어진 내용을 <명령 창>에서 실행한다.

표1

```
clear, clc
syms y(t)
Dy = diff(y,t); D2y = diff(Dy,t);
cond = [y(0)==1, Dy(0)==0, D2y(0)==0];
sol = dsolve(diff(y,t,3)+2*diff(y,t,2) == exp(t)*cos(t), cond);
y = simplify(sol)
%
hold on
yg = fplot(y,[0 3]); axis([0 3 0 2.5])
set(yg,'linewidth',2,'linestyle','-','color','k');
title('₩bf₩fontsize{16} Graph of y(t)');
xlabel('₩bf₩fontsize{18} t');
str1 = '$₩bf ₩frac {d^{3}y} {dt^{3}} + ';
str2 = ' 2 ₩frac {d^{2}y} {dt^{2}} = e^t cos t$' ;
str3 = [ str1 str2 ];
```

```
text(0.8,0.5,str3,'interpreter','latex','fontsize',20);
yval = double(subs(y,t,2));
text(2,yval,'₩fontsize{16} ₩leftarrow y(t)');
-----------------------------------------------------
```

위 <표1>의 내용을 실행하면 출력되는 내용을 아래 ①과 ②에서 설명한다.

① 아래 <표2>와 같이 ㉯에 주어진 미분 방정식의 해인 $y(t)$가 <명령 창>에 출력된다. 3.2.1절의 ㉮에서 이미 구했던 일반해와 동일한 것을 확인할 수 있다.

표2

```
y = (3*exp(t)*sin(t))/20 - (3*exp(-2*t))/40 - (exp(t)*cos(t))/20
    - t/4 + 9/8
```

위 <표1>에 제공된 프로그램의 내용 중, 앞에서 5번째 줄에 있는 실행문

```
sol = dsolve(diff(y,t,3)+2*diff(y,t,2) == exp(t)*cos(t), cond);
```

에 의하여 ㉯에 주어진 미분 방정식의 해(초기 조건 ㉮를 가지는)가 sol 변수에 저장된다. 그 다음 줄에 있는 실행문

```
y = simplify(sol)
```

에 의하여 sol 변수에 저장된 해를 간결한 형태로 변형하여 y 변수에 저장된다. <명령 창>에 출력된 식은 이 y 변수에 저장된 내용이다. <R2018a> 매틀랩 버전을 기준으로 sol과 y에 저장된 내용은 동일하였다. 즉, sol 변수에 저장된 식이 이미 가장 간결한 형태이기 때문에, simplify 명령어를 이용하여도 좀 더 간단한 형태로 식을 변경할 수 없다는 것을 알 수 있다.

② 위 <표2>에 주어진 해 $y(t)$에 대응하는 그래프가 <표3>과 같이 출력된다. <표1>의 내용 중에서 중간 위에 위치한 % 기호 다음 줄부터 마지막 줄까지 내용이 <표3>의 출력에 관련된다. 즉, 실행문

hold on

에서 시작하여 실행문

```
text(2,yval,'₩fontsize{16} ₩leftarrow y(t)');
```

까지의 내용 실행으로 <표3>의 결과를 볼 수 있다. <표1>에 주어진 명령문에 대한 추가적인 설명은 3.1.2절의 내용을 참고한다.

표3

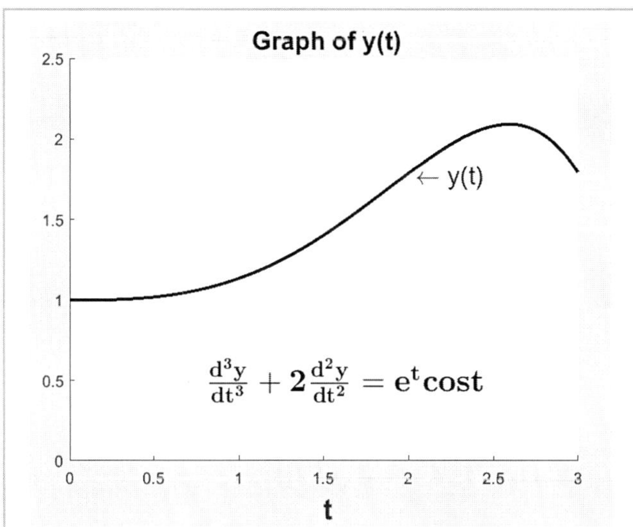

3.2.3 <State-Space> 블록을 이용한 블록선도와 <Math Function> 블록 사용법 이해

앞 3.2.1절과 3.2.2절에서 다루었던 3계 미분방정식 문제의 해를 블록선도로 구해본다. 정의역 $0 \le t \le 3$에 대해서 아래와 같이 주어진 3계 미분방정식

㉮ $$\frac{d^3y}{dt^3} + 2\frac{d^2y}{dt^2} = e^t \cos t$$

의 해인 $y(t)$를 <State-Space> 블록을 사용하여 구하여 보자. 이때 초기치 조건은

㉯ $$y(0)=1,\quad \left[\frac{dy}{dt}\right]_{t=0}=0,\quad \left[\frac{d^2y}{dt^2}\right]_{t=0}=0$$

이다. 앞에서 설명했던 2.4.1절의 내용을 적용하여

$$x_1(t)=y(t),$$

$$x_2(t)=\frac{dy(t)}{dt},$$

$$x_3(t)=\frac{d^2y(t)}{dt^2}$$

와 같은 치환을 한다. 다음으로 위 ㉮와 ㉯에 주어진 식은

㉰ $$\frac{dx_1(t)}{dt}=x_2(t)$$

$$\frac{dx_2(t)}{dt}=x_3(t)$$

$$\frac{dx_3(t)}{dt}=-2x_3(t)+e^t\cos(t)$$

초기치 조건: $x_1(0)=1,\ x_2(0)=0,\ x_3(0)=0$

와 같이 연립 미분방정식으로 변형될 수 있다. 위 ㉰식의 결과를 행렬로 표현하면 아래 ㉱식과 같다.

㉱ $$\begin{bmatrix} x_1{}' \\ x_2{}' \\ x_3{}' \end{bmatrix}=\begin{bmatrix} 0 & 1 & 0 \\ 0 & 0 & 1 \\ 0 & 0 & -2 \end{bmatrix}\begin{bmatrix} x_1 \\ x_2 \\ x_3 \end{bmatrix}+\begin{bmatrix} 0 \\ 0 \\ 1 \end{bmatrix}e^t\cos(t),$$

초기치 조건: $x_1(0)=1,\ x_2(0)=0,\ x_3(0)=0$

<State-Space> 블록 사용 시, x_1, x_2 , x_3 중에 $x_1(=y(t))$ 만을 출력신호로 만들려면 행렬 C와 D에 관련된 식은 다음 ㉱와 같이 표현하면 된다. 아래의 식에 대한 자세한 설명이 필요하면 2.3.4절의 내용을 참고한다.

㉱
$$[x_1] = [1\ \ 0\ \ 0]\begin{bmatrix} x_1 \\ x_2 \\ x_3 \end{bmatrix} + [0]\, e^t \cos(t)$$
$$= C\begin{bmatrix} x_1 \\ x_2 \\ x_3 \end{bmatrix} + D\, e^t \cos(t)$$

지금부터 <State-Space> 블록을 이용해 위 ㉮에 주어진 미분방정식의 해를 구할 것이다. 아래의 (1)-(8) 단계에 따라 블록선도를 생성한다.

(1) 메틀랩 초기화면 상단에 위치한 도구바에서 아이콘 을 마우스 왼쪽 버튼으로 한번 클릭한다. 다음으로 <Simulink Start Page> 박스가 화면에 출력되면 이 박스 내부에서 <Blank Model>을 마우스 왼쪽 버튼으로 선택하여 Simulink 에디터를 연다. 계속해서 Simulink 에디터의 도구바에 있는 아이콘 을 클릭하여 Simulink Library Browser 박스를 화면에 출력하고 유지한다.

(2) Simulink Library Browser 박스에 있는 [Source], [Math Operations], [Continuous], [Sinks] 라이브러리 각각에서 필요한 블록들은 아래와 같다.

- [Source] 라이브러리: ⟨Clock⟩ 블록
- [Math Operations] 라이브러리: ⟨Product⟩ 블록, ⟨Math Function⟩ 블록, ⟨Trigonometric Function⟩ 블록
- [Continuous] 라이브러리: ⟨State-Space⟩ 블록
- [Sinks] 라이브러리: ⟨Scope⟩ 블록

(3) 위 (2)의 단계에서 소개한 블록들을 이용하여 Simulink 에디터 내부에 아래 <표1>과 같이 배치하고 ch3p2a.slx 파일명으로 저장한다.

표1

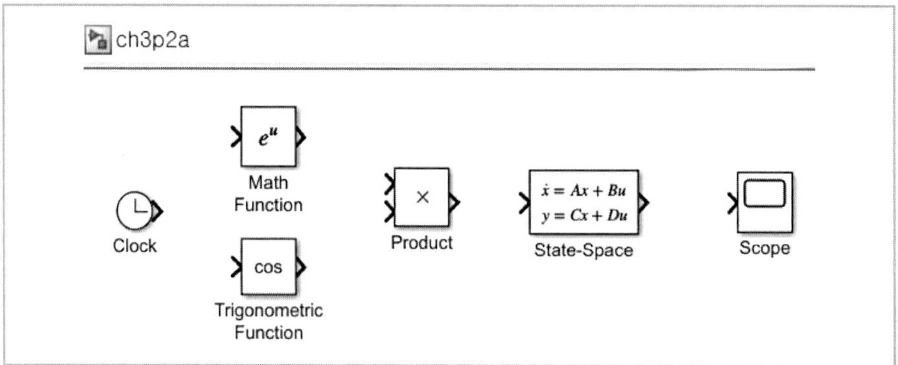

(4) 위 <표1>에 제공된 블록선도(ch3p2a.slx)에서 블록의 항목 설정은 다음과 같다.

- **<Clock> 블록**: 항목 변경 없이 초기 환경을 그대로 유지한다. <Clock> 블록을 더블 클릭하면 <Block Parameters: Clock> 박스가 화면 출력된다. 이 박스 안에 있는 항목 설정과 관련된 내용은 2.1.2절의 <표2>와 이 표에 대한 설명을 참고한다.

- **<Math Function> 블록**: 이 블록에서 선택할 수 있는 수학 함수에 대한 자세한 설명은 이번 절의 후반부에 주어질 것이다. 우선 아래 <표2>와 같이 초기 환경을 유지한다.

표2

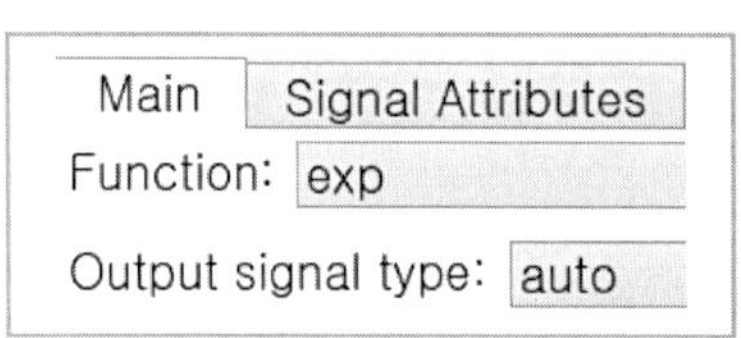

위 <표2>에 대한 설명은 다음 ①과 ②에서 주어진다.

① <Function> 항목을 exp 함수로 설정한다. 그 결과로서 입력 신호가 u 이면 출력 신호는 e^u 가 된다.

② <Output signal type> 항목을 auto로 설정한다. 그 결과로서 입력 신호 종류(Input Signal Type)가 실수(real), 복소수(complex)이면 출력 신호 종류(Output Signal Type)도 각각 실수, 복소수가 된다. <표1>에서 <Math Function> 블록의 입력 신호가 정의역 $0 \le t \le 3$ 로 설정되기 때문에, 입력 신호 종류는 실수(real)로 정해진다. 따라서 출력 신호 종류도 실수가 된다(위 <표2>에서 <Output signal type> 항목을 auto로 설정했기 때문에).

만약에 입력 신호가 $u = x + iy$ 와 같이 복소수이면 출력 신호 e^u 는 다음과 같이 복소수로 전달된다.

$$e^u = e^{x+iy} = e^x(\cos y + i\sin y)$$

따라서, $u = i\pi$ 이면

$$e^u = e^{i\pi} = e^0(\cos\pi + i\sin\pi) = -1 + i0 = -1$$

가 된다. 참고로 ㉥에 주어진 함수에 대응하는 그래프를 화면에 출력하여 본다.

㉥ $$y = e^{it},\ 0 \le t \le 2\pi$$

즉 다음 <표3>에 제공된 내용을 <명령 창>에서 실행한다.

표3

```
t = 0:pi/10:2*pi;
p = plot(exp(i*t),'k-o','linewidth',1)
set(p,'markeredgecolor','k','markerfacecolor','r','MarkerSize',9);
axis square
axis([-1.1 1.1 -1.1 1.1])
title('₩bf₩fontsize{12}  exp(i*t), 0 ₩leq t ₩leq 2 ₩pi ');
grid on
```

실행의 결과로 <표4>와 같은 출력을 볼 수 있다.

표4

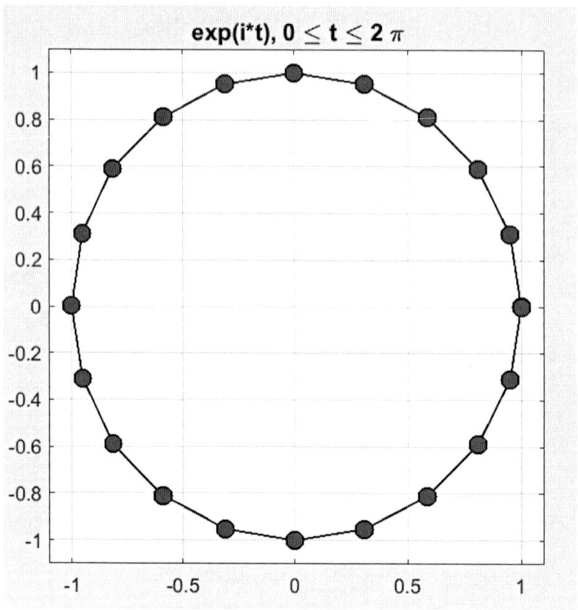

반지름이 1 인 원위에 원모양의 마커가 표시된다. 그 이유는 다음 식에서 이해할 수 있다.

$$|e^{it}| = |\cos t + i\sin t| = \sqrt{\cos^2 t + \sin^2 t} = 1$$

또한, <표3>의 4번째 줄에 있는 명령문

```
axis square
```

의 실행으로 x축과 y축의 길이를 동일하게 만들었다. 그 결과 원 모양의 그래프로 <표4>와 같이 <그림 창>에 출력되었다. 위의 명령문을 생략하고 <표3>의 내용을 실행하면 그 차이점을 알 수 있다. 즉 그래프가 원 모양인 아닌 타원 모양으로 출력된다.

- **<Trigonometric Function> 블록**: 이 블록을 더블클릭하여 열린 <Block Parameters: Trigonometric Function> 박스 내부에서 <Function> 항목을 아래 <표5>와 같이 sin 함수에서 cos 함수로 설정한다. 나머지 항목은 초기 설정(default)을 유지한다.

표5

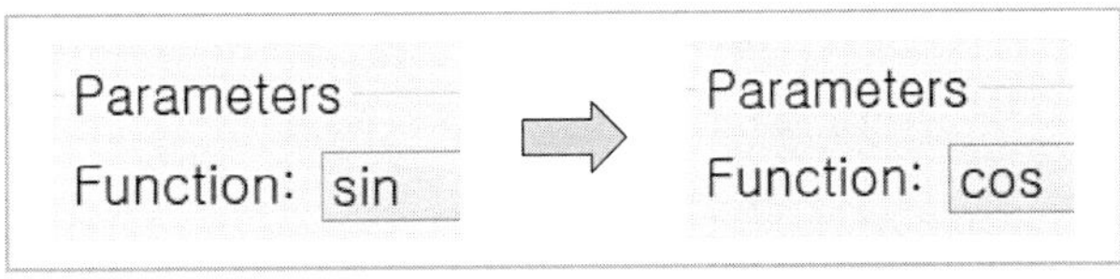

<Block Parameters: Trigonometric Function> 박스 내부에 있는 나머지 항목 중에 <Output signal type> 항목이 auto로 설정(default)되면 입력 신호 종류에 의존하여 출력 신호 종류도 결정된다. 즉 <Math Function> 블록에서와 마찬가지로 입력 신호 종류가 실수(real), 복소수(complex)이면 출력 신호 종류도 실수, 복소수로 각각 자동 설정된다.

참고로 복소수 z에 대해서 $\cos(z)$은 아래 ㉦와 같이 계산된다.

㉦
$$\cos(z) = \frac{e^{iz} + e^{-iz}}{2}$$

예를 들어, $z = 1 + i$ 이면

$$\begin{aligned}
\cos(1+i) &= \frac{e^{i(1+i)} + e^{-i(1+i)}}{2} \\
&= \frac{e^{-1+i} + e^{1-i}}{2} \\
&= \frac{e^{-1}(\cos(1) + i\sin(1)) + e(\cos(1) - i\sin(1))}{2} \\
&= \frac{(e^{-1} + e)\cos(1)}{2} + i\frac{(e^{-1} - e)\sin(1)}{2} \\
&\simeq 0.833730025131149 - 0.988897705762865i
\end{aligned}$$

가 된다. <명령 창>에서 다음과 같이 확인하여 본다.

```
>> format long
>> y = cos(1+i)
y =    0.833730025131149 - 0.988897705762865i
```

- **<Product> 블록**: 두 개의 입력 신호인 e^t와 $\cos t$를 곱할 것이기 때문에 <표6>과 같이 초기 설정을 유지한다. 이런 설정의 결과로 출력 신호는 $e^t \cos t$가 된다.

표6

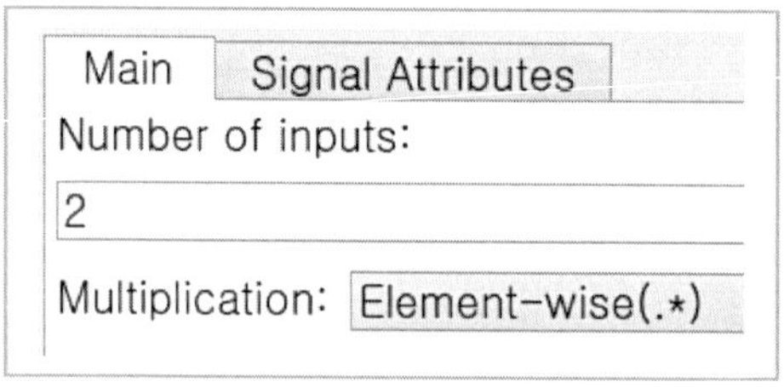

- **<State-Space> 블록**: 이 블록을 더블클릭하여 <Block Parameters: State-Space> 박스를 연다. 앞 ㊑와 ㊒에 주어진 식을 이용하여 아래 <표7>의 내용으로 A, B, C, D와 초기 조건(initial conditions)을 설정한다. <Block Parameters: State-Space> 박스에서 <Initial conditions> 항목 아래에 위치한 <Absolute tolerance> 항목에 대한 설명은 2.1.1절과 2.4.3절의 내용을 참고한다.

표7

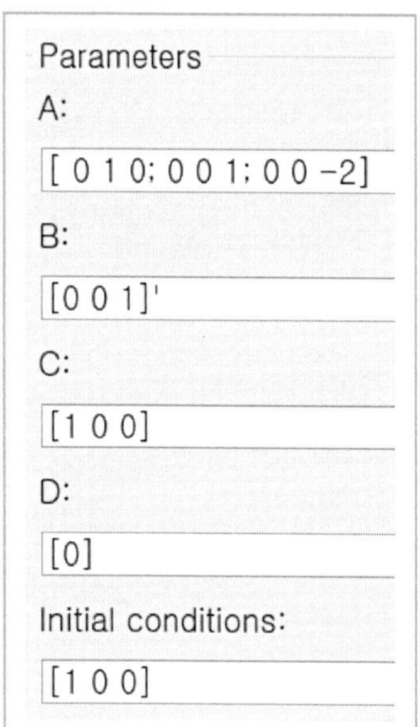

위 <표7>의 내용과 같이 설정된 이유는 아래 ①-③에 주어진다.

① 행렬 A와 B: $\begin{bmatrix} x_1{}' \\ x_2{}' \\ x_3{}' \end{bmatrix} = \begin{bmatrix} 0 & 1 & 0 \\ 0 & 0 & 1 \\ 0 & 0 & -2 \end{bmatrix}\begin{bmatrix} x_1 \\ x_2 \\ x_3 \end{bmatrix} + \begin{bmatrix} 0 \\ 0 \\ 1 \end{bmatrix} e^t \cos(t),$

$\Longleftrightarrow \quad \begin{bmatrix} x_1{}' \\ x_2{}' \\ x_3{}' \end{bmatrix} = A\begin{bmatrix} x_1 \\ x_2 \\ x_3 \end{bmatrix} + Be^t \cos(t),$

② 행렬 C와 D: $[x_1] = [1 \ 0 \ 0]\begin{bmatrix} x_1 \\ x_2 \\ x_3 \end{bmatrix} + [0]\, e^t \cos(t)$

$\Longleftrightarrow \quad [x_1] = C\begin{bmatrix} x_1 \\ x_2 \\ x_3 \end{bmatrix} + D\, e^t \cos(t)$

③ 초기 조건: $x_1(0) = 1,\ x_2(0) = 0,\ x_3(0) = 0$

- <Scope> 블록: 우선 변동 없이 초기 상태를 유지한다.

(5) 위 (4)의 단계에서 설명한 내용으로 블록 설정을 완료한 뒤에 블록들을 <표8>과 같이 연결한다.

표8

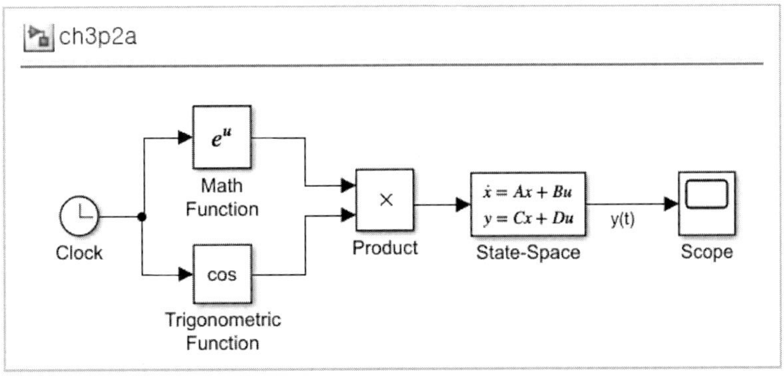

(6) Simulink 에디터 상단에 위치한 도구바의 오른쪽에 시뮬레이션의 종료 시간을 입력할 수 있는 박스가 있다. 위 ㉮식에 대응하는 정의역의 범위가 $0 \le t \le 3$ 이므로 아래와

같이 10에서 3으로 변경한다.

(7) 위의 (1)-(6) 단계를 완료하고 <표8>에 주어진 ch3p2a.slx 파일이 있는 Simulink 에디터에서 실행 버튼 ▶을 클릭한다. 실행이 종료되면 <Scope> 블록을 더블클릭하여 Scope 창을 연다. 결과로서 검은 바탕색에 하나의 노란선(해인 y(t)에 대응하는)이 출력된다. 바탕색과 그래프의 색(color)을 조정하면 <표9>와 같이 Scope 창을 만들 수 있다.

표9

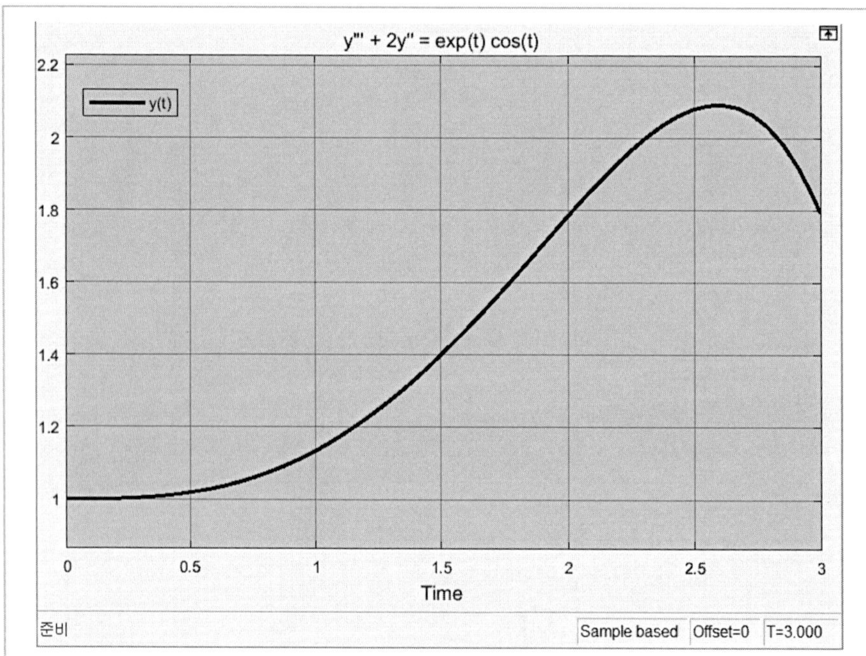

검은 바탕색에 하나의 노란선이 출력된 Scope 창에서 위 <표9>에 제공된 Scope 창과 같은 형태가 되도록 만들려면 아래 <표9a>에서 설명하는 ①-③의 절차를 진행한다.

표9a ---

① 위 〈표8〉에 주어진 블록선도(파일명: ch3p2a.slx)에서 〈Scope〉 블록을 더블 클릭하여 Scope 창(검은 바탕색에 노란색 선이 출력되어 있는)을 화면 출력한다.

② Scope 창의 도구바에서 아이콘 를 선택하면 네 개의 항목을 가진 박스가 팝업된다. 이 박스에서 두 번째에 위치한 〈스타일〉 항목을 선택한다.

③ 2.3.3절에서 설명했던 〈표5〉와 〈표5a〉의 내용을 참고한다.

---

(8) 위 <표9>에서 볼 수 있는 결과(해 y(t)에 대응하는 그래프)는 3.2.2절의 <표3>에서 얻었던 결과(dsolve 명령어로 구한 해)와 동일하다는 것을 알 수 있다.

여기까지의 내용으로 위 <표9>의 결과를 주는 블록선도(ch3p2a.slx)가 완성되었다. 다음으로 <표8>의 블록선도에 포함된 <Math Function> 블록의 사용법에 대하여 아래 ①-④에서 알아보자.

① <Math Function> 블록에서 사용하는 함수를 <표10a>와 <표10b>에서 설명:

표10a

함수 종류	대응 수학식	대응 매틀랩 명령어
exp	e^u	exp(u)
log	$\ln u$ (자연로그)	log(u)
10^u	10^u	10.^u
log10	$\log u$	log10(u)
magnitude^2	$\|u\|^2$	(abs(u)).^2
square	u^2	u.^2
conj	$\bar{u}$ (complex conjugate)	conj
reciprocal	$1/u$	1./u
transpose	u^T (transpose)	u.'
hermitian	u^H (complex conjugate transpose)	u'

표10b

함수 종류	대응 수학식	대응 매틀랩 명령어
pow	u^v	u.^v 또는 power(u,v)
hypot	$\sqrt{u^2+v^2}$	hypot(u,v)
rem	나누기 후 나머지	x = rem(u,m) 또는 x = u-m.*fix(u./m)
mod	나누기 후 나머지	y = mod(u,m) 또는 y = u-m.*floor(u./m)

② 위 <표10b>에 주어진 내용 중 fix, floor 명령어에 대한 설명은 다음과 같다.

- q = fix(p): 실수 p의 값(위치)에서 0(원점) 방향으로 가장 가까운 정수가 q 변수에 저장된다. 만약에 p가 실수를 성분으로 하는 벡터 또는 행렬이면 p의 각 성분은 0(원점) 방향으로 가장 가까운 정수로 변경되어 q 변수에 저장된다.

예를 들어, <명령 창>에서 다음과 같이 실행하여 본다.

```
>> x = rem(-3,2)
x =  -1

이유:  x = rem(u,m) = u-m.*fix(u./m)
         = -3-2.*fix(-3./2) = -3-2.*(-1) = -3+2 = -1

>> x = rem(3,-2)
x =  1

이유:  x = rem(u,m) = u-m.*fix(u./m)
         = 3-(-2).*fix(3./(-2)) = 3-(-2).*(-1) = 3-2 = 1
```

- **q = floor(p)**: 실수 p의 값(위치)보다 작거나 또는 같은(less than or equal to) 가장 가까운 정수가 q 변수에 저장된다. 만약에 p가 실수를 성분으로 하는 벡터 또는 행렬이면 p의 각 성분은 가장 가까운 정수(각 성분의 값보다 작거나 또는 같은)로 변경되어 q 변수에 저장된다.

예를 들면,

```
>> y = mod(-3,2)
y =     1

이유:  y = mod(u,m) = u-m.*floor(u./m)
         = -3-2.*floor(-3./2) = -3-2.*(-2) = -3-(-4) = 1

>> y = mod(3,-2)
y =    -1

이유:  y = mod(u,m) = u-m.*floor(u./m)
         = 3-(-2).*floor(3./(-2)) = 3-(-2).*(-2) = 3-4 = -1
```

③ rem 함수와 mod 함수의 차이점:

- **x = rem(u,m)**: 출력 변수 x는 0 또는 u와 같은 부호를 갖는다.
- **y = mod(u,m)**: 출력 변수 y는 0 또는 m과 같은 부호를 갖는다.
- rem(u,0)은 NaN, mod(u,0)은 u를 출력한다. 예를 들면,

>> mod(3,0) ans = 3	>> rem(3,0) ans = NaN

④ <Math Function> 블록을 사용할 때, 위 ①의 <표10b>에 주어진 함수를 선택하면 두 개의 입력 단자가 만들어진다. 예를 들어, <Math Function> 블록에서 다음 <표11>

과 같이 pow 함수를 선택하고 <표12>와 같이 블록선도를 만든 뒤에 실행하여 본다. $u^v = 3^2 = 9$ 와 같은 계산에 의하여 <Display> 블록에 9 가 출력된다.

표11

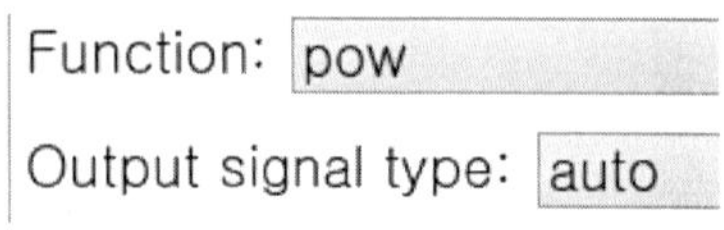

표12

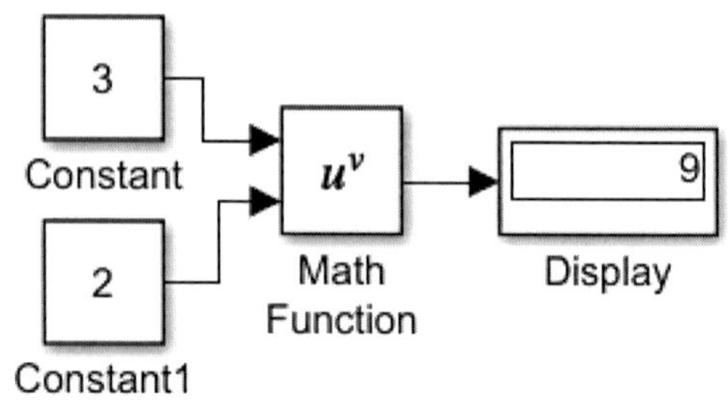

3.3 공의 상하 운동(Second-Order Integrator 블록 활용)

3.3.1 배경

지면으로부터 $10m$ 의 높이에 공이 있다. 초기 속도 $v_0 = 5m/s$로 공이 지면에 수직이면서 위쪽방향으로 발사되고 최고점에 도착하면 지면을 향하여 자유 낙하운동을 한다고 가정하자. <표1>에 주어진 그림을 참고한다.

표1

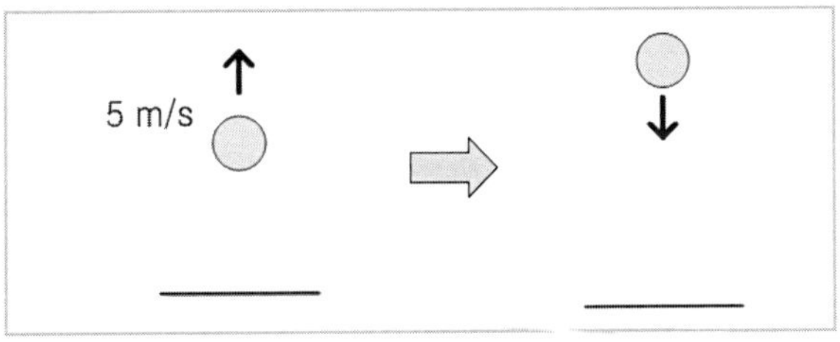

공이 <표1>과 같은 운동을 할 때 다음 ①-③의 내용을 가정한다.

① 공에 영향을 주는 힘(force)은 중력이고 공기 저항(air resistance)과 같은 다른 힘은 공에 영향을 주지 않는다.

② 시각 t일 때 지면으로부터 공까지의 거리는 $x(t)$이다.

③ 지면에서 수직으로 위쪽으로의 방향이 양(positive)의 방향이다.

위의 가정과 함께 공에 Newton의 제 2법칙(Newton's second law of motion)을 적용하면 다음과 같은 식이 만족한다.

㉮
$$M\frac{d^2x}{dt^2} = -Mg$$

위의 식에서 M은 공의 질량(mass)이고 g는 중력가속도이다. 또한 위의 식에서 오른쪽에 있는 음의 부호(negative sign)는 중력이 지면 방향(아래쪽)으로 작용하기 때문에 도입되었다(위 ③의 내용에서 위쪽 방향을 양의 방향으로 가정한 내용이 적용). 위 ㉮식의 양변을 M으로 나누면

㉯ $$\frac{d^2x}{dt^2} = -g$$

가 된다. 이때 초기치 조건은 다음과 같이 쓸 수 있다.

㉰ $$x(0) = 10, \;\; x'(0) = 5$$

위 ㉯에 주어진 식을 두 번 적분하면

㉱ $$x(t) = -\frac{1}{2}gt^2 + c_1t + c_2 \quad (c_1,\ c_2\text{는 상수})$$

이 된다. 다음으로 ㉰에 주어진 초기치 조건을 위 ㉱식에 적용하면 상수 c_1과 c_2의 값이 정해진다. 결과적으로 ㉱식은 다음과 같이 된다.

㉲ $$x(t) = -\frac{1}{2}gt^2 + 5t + 10$$

위 ㉲에 제공된 함수에 대응하는 그래프를 정의역 $0 \le t \le 3$에서 그림창에 출력하여 본다. 즉, 다음 <표2>의 내용을 <명령 창>에서 실행한다.

표2

```
stepsize = 0.01;
t = 0:stepsize:3;
g = 9.8;
x = -g/2*t.^2 + 5*t + 10;
xgraph = plot(t,x);
set(xgraph,'linewidth',3,'color','k');
```

```
 7: xlabel('t','fontsize',16);
 8: ychar = ylabel('x(t)','fontsize',16);
 9: set(ychar,'rotation',0);
10: grid on
```

실행의 결과로서 다음 <표3>에 제공된 그림창 결과를 보게 될 것이다. <표2>의 내용 중, 3번째 줄에서 중력가속도 g의 값을 9.8로 설정하였다. 또한 9번째 줄의 내용인

```
set(ychar,'rotation',0);
```

을 실행하여 변수 ychar에 저장된 라벨명 x(t)를 <표3>과 같이 가로 방향으로 읽기 쉽게 출력하였다. <표2>의 내용에서 9번째 줄의 내용만을 생략하고 실행한 뒤에 출력된 결과와 <표3>에 제공된 결과를 비교하면 그 차이점을 직접 볼 수 있다.

표3

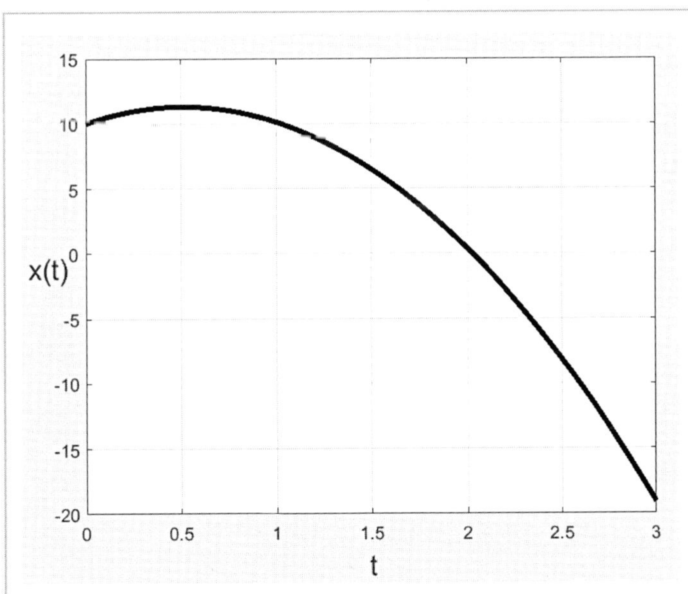

지금까지의 이번 절 내용으로, ㉰에 주어진 초기치 조건을 가진 공이 운동을 시작하여 $t = 3$ 이 될 때까지 어느 위치에 있는가를 <표3>에서 확인할 수 있다. 이후 계속 이어질

내용을 요약하면 아래와 같다.

다음 3.3.2절에서는 <Second-Order Integrator> 블록을 이용한 블록선도를 가지고 공의 운동(위 ㉯와 ㉰에 주어진 식과 조건에 대응하는)을 분석(공이 진동하기 전까지의 운동에 대하여)할 것이다. 계속해서 3.3.3절에서는 블록선도를 이용하여 공이 위와 아래로 진동할 때의 운동을 분석할 것이다.

한편 위 <표3>에 주어진 결과를 보면 $t=2$ 근방에서 공이 지면에 도달하고 있다. 공이 첫 번째로 지면에 도달할 때에 다음의 내용을 가정하자.

공이 지면에 첫 번째로 도달하는 시각 $t=t_1$ 에서 공의 속도가 $v=v_1$ 이다.

공을 탄성이 있는 고무공이라고 가정하면 $t=t_1$ 일 때 다시 위쪽 방향으로 튀어 오르게 된다. 위쪽 방향으로의 고무공 초기 속도는 $0.75|v_1|$ 으로 설정한다. 따라서 고무공은 시각 $t=t_1$ 일 때 다음 ㉳와 같은 초기 조건을 갖고 ㉯(또는 ㉱)에 제공된 방정식을 만족하는 운동을 한다.

㉳ $$x(t_1)=0,\ \ x'(t_1)=0.75|v_1|$$

계속해서 운동이 지속되면 고무공은 두 번째로 지면에 도달하게 된다. 지면에 두 번째로 도달하는 시각 $t=t_2$ 에서 고무공의 속도가 $v=v_2$ 라고 가정한다. 또한 고무공이 위쪽 방향으로 튀어오를 때, ㉴와 같은 초기 조건을 가지도록 설정한다.

㉴ $$x(t_2)=0,\ \ x'(t_2)=0.75|v_2|$$

위의 방식을 반복 적용하면 고무공은 위의 방향과 아래의 방향으로 진동 운동을 하다가 최종적으로 지면에서 멈추게 될 것이다. 이런 내용의 진동 운동을 보여주는 블록선도를 <Second-Order Integrator> 블록을 이용하여 3.3.3절에서 작성할 것이다.

3.3.2 블록선도 만들기(Part 1)와 커서 측정(Cursor Measurements)

아래 (1)-(10) 단계까지의 절차를 진행하여 보자. 총 10단계의 순서에서 (9)와 (10) 단계의 내용은 Scope 창에서 커서 측정(Cursor Measurements)에 대한 설명이다.

(1) 매틀랩 초기화면 상단에 위치한 도구바에서 아이콘 을 클릭한 뒤에 <Blank Model>을 선택하여 Simulink 에디터를 연다.

❑ 참고 사항

- 만약에 블록선도가 abc.slx 파일명으로 이미 만들어져 있다면 <현재 폴더>에 있는 abc.slx 파일을 더블클릭하여 abc.slx 파일을 Simulink 에디터에서 열 수 있다.
- 만약에 <현재 폴더>에 abc.slx 파일이 있다면, <명령 창>에서 다음과 같이 파일명을 단일인용부호 안에 입력하고 키보드에 있는 Enter 버튼 선택으로 abc.slx 파일이 실행될 수 있다.

```
>> sim('abc')
```

위 참고 사항 내용을 종료하고 다음 (2)의 단계로 진행한다.

(2) Simulink 에디터의 도구바에서 아이콘 을 클릭하여 Simulink Library Browser 박스를 연다. 열린 박스에서 [Sources], [Continuous], [Signal Attributes], [Math], [Discrete], [Sinks] 라이브러리 각각에 포함된 아래의 블록들을 이용할 것이다.

- [Sources] 라이브러리: 〈Constant〉 블록
- [Continuous] 라이브러리: 〈Second-Order Integrator〉 블록
- [Signal Attributes] 라이브러리: 〈Initial Condition〉 블록
- [Math] 라이브러리: 〈Gain〉 블록
- [Discrete] 라이브러리: 〈Memory〉 블록

- [Sinks] 라이브러리: 〈Scope〉 블록

참고로, 위에서 소개한 <Initial Condition>과 <Memory> 블록은 다음과 같은 모양을 가지고 있다.

표1a

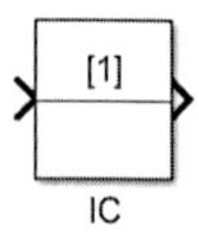

표1b

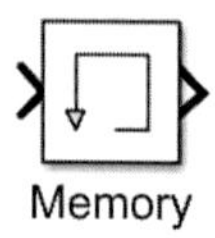

(3) 위 (2)의 단계에서 소개한 블록들을 이용하여 Simulink 에디터 내부에 아래 <표2a>와 같이 배치하고 연결한 뒤에 ch3p3a.slx 파일명으로 저장한다.

표2a

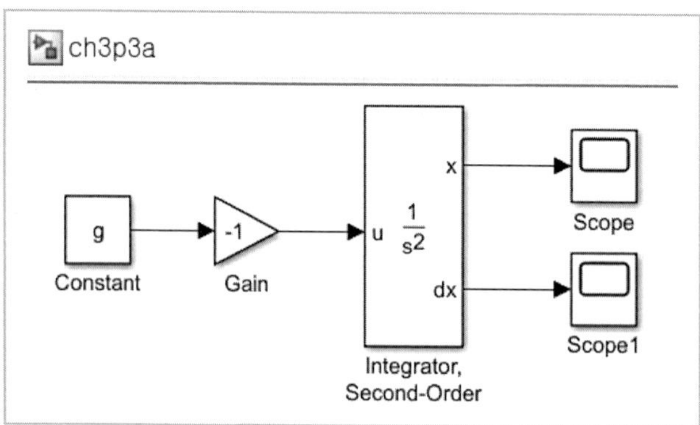

위 <표2a>에 주어진 블록선도(ch3p3a.slx)에서 배치된 블록들의 항목 설정은 다음과 같다. 아래 블록에서 언급하는 항목 이외의 항목의 값(또는 선택)은 기본설정(default)을 유지한다.

- **<Constant> 블록**: <Block Parameters: Constant> 박스에서 <Constant value> 항목의 값으로 중력가속도인 g를 <표2b>와 같이 입력한다.

표2b

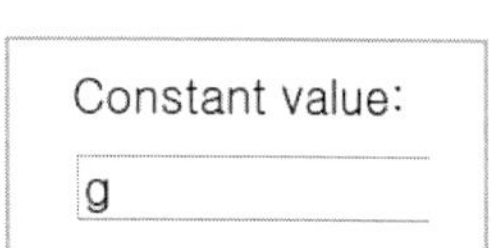

- **<Gain> 블록**: <Block Parameters: Gain> 박스에서 <Gain> 항목의 값으로 -1을 <표2c>와 같이 입력한다.

표2c

Gain:

-1

- **<Second-Order Integrator> 블록**: <Block Parameters: Integrator, Second-Order> 박스 내부에 있는 (i) <x> 항목의 하위 항목인 <Initial condition x> 항목의 값과 (ii) <dx/dt> 항목의 하위 항목인 <Initial condition dx/dt> 항목의 값을 다음 <표2d>와 같이 각각 10과 5로 설정한다.

표2d

〈x〉 항목	〈dx/dt〉 항목
Initial condition x: 10	Initial condition dx/dt: 5

이렇게 설정하는 이유는 앞 3.3.1절의 ㉰에 주어진 초기치 조건이 다음과 같기 때문이다: $x(0)=10,\ x'(0)=5$

- **<Scope>와 <Scope1> 블록**: 기본 설정을 유지하면 검은색 바탕의 Scope 창을 보게 될 것이다. 블록선도를 실행한 뒤에 색(color) 조정을 통하여 나중에 <표3a>와 <표3b>에서와 같이 Scope 창(아래 (7) 단계의 내용에서 볼 수 있는)을 각자 만들어 본다. 각각의 Scope 창에서 선의 두께는 2로 설정하였고 다른 항목 설정은 2.4.4절의 후반부 내용을 참고한다. <Scope> 블록에는 볼의 높이인 $x(t)$가 전달되고 <Scope1> 블록에는 볼의 속도인 $x'(t)$가 전달된다.

(4) Simulink 에디터 상단에 도구바가 있다. 도구바에서 오른쪽에 위치한 박스 안에 있는 수는 시뮬레이션 종료 시간을 의미한다. 다음 <표2e>와 같이 종료 시간을 3으로 변

경한다:

표2e

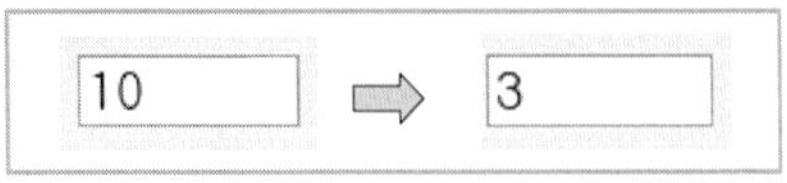

(5) 위 <표2a>에 주어진 블록선도(ch3p3a.slx)에서 <Second-Order Integrator> 블록의 출력 신호에 다음 <표2f>와 같이 라벨 '높이'와 '속도'를 각각 대응시킨다. 라벨을 입력하는 방법은 블록 사이의 연결선을 마우스 왼쪽 버튼으로 더블클릭한 뒤에 입력하면 된다.

표2f

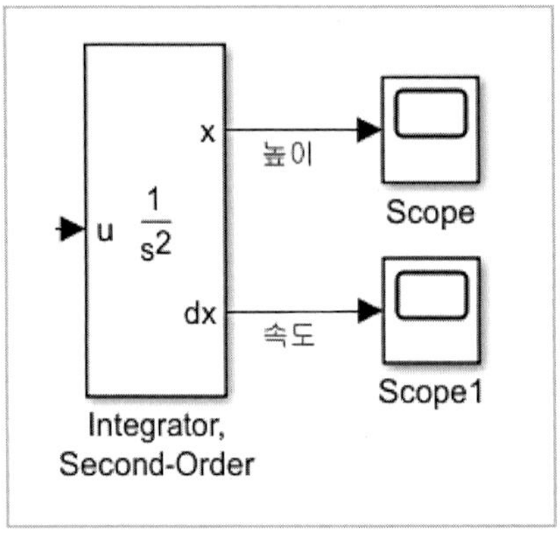

(6) 각 Scope 창의 메뉴바에서 <보기(View)>-<범례(Legend)> 항목을 선택하여 그래프에 대한 범례(Scope 창에 출력되는)를 생성한다.

(7) 지금까지의 내용(위 (1)-(6) 단계까지의 절차)을 완료 후 <명령 창>에서

```
>> g = 9.8
g =     9.8000
```

와 같이 변수 g에 9.8 의 값을 대응시키고 블록선도(ch3p3a.slx)를 실행하면 <표3a>와 <표3b>의 결과를 각각 보게 될 것이다.

표3a Scope 창

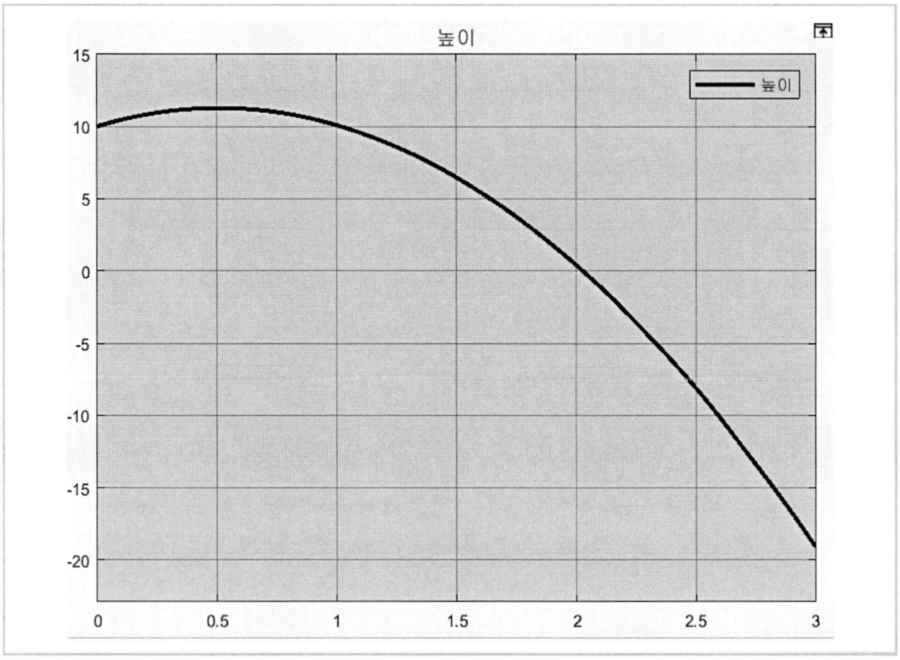

표3b Scope1 창

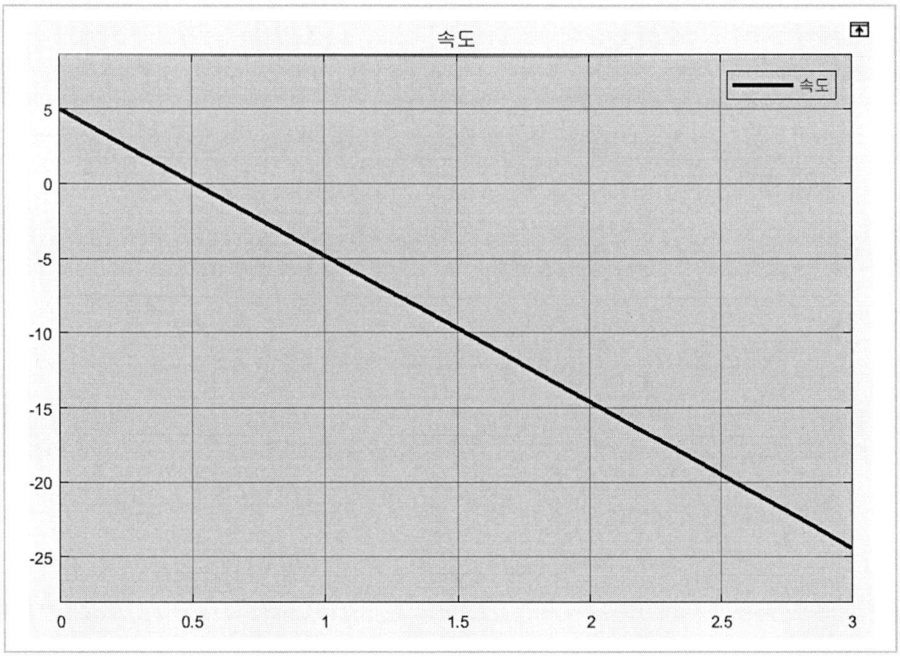

위 <표3a>와 <표3b>와 같은 Scope와 Scope1 창에 대한 환경 설정(배경색 관련)은 위 (4) 단계 내용의 시작 바로 전 <Scope>와 <Scope1> 블록에 대한 설명을 참고한다.

> **참고 내용**
>
> 〈Scope〉 블록을 포함한 블록선도를 실행한 뒤에 Scope 창이 자동으로 화면 출력되게 만들 수 있다. 〈Scope〉 블록을 더블클릭하여 Scope 창이 출력되면 상단에 위치한 메뉴바에서 다음 항목을 차례대로 체크한다.
>
> 〈보기(View)〉-〈구성 속성(Configuration Properties)〉-〈Main〉
> -〈시뮬레이션 시작 시 열기(Open at simulation start)〉
>
> 이러한 방식으로 〈시뮬레이션 시작 시 열기〉 항목이 체크되면 블록선도가 실행될 때마다 〈표3a〉와 〈표3b〉 같은 Scope 창이 동시에 자동으로 화면 출력된다. 즉 〈Scope〉 또는 〈Scope1〉 블록을 더블클릭하지 않아도 대응하는 Scope 창이, 실행될 때마다 각각 자동으로 출력된다.

(8) 위 <표3a>에 주어진 Scope 창에서 볼 수 있듯이 시간이 증가하면 공의 높이가 음수가 된다. 고무공의 높이가 지면에 도착하면 다시 튀어 올라 위, 아래로 진동하는 공에 대한 그래프 결과는 나중에 살펴볼 것이고 지금은 튀어 오르지 않고 높이 0가 계속 유지 되도록 Scope 창을 만들어 보자(다음 ①과 ②의 내용으로).

① <표2a>에 주어진 블록선도에서 <Block Parameters: Integrator, Second-Order> 박스를 화면 출력하고 박스 내부에 있는 <x> 항목의 하위 항목인 <Limit x> 항목을 체크한 뒤에 <표4a>와 같이 설정한다. 박스 하단에 <OK> 버튼을 클릭하여 설정을 완료한다.

표4a

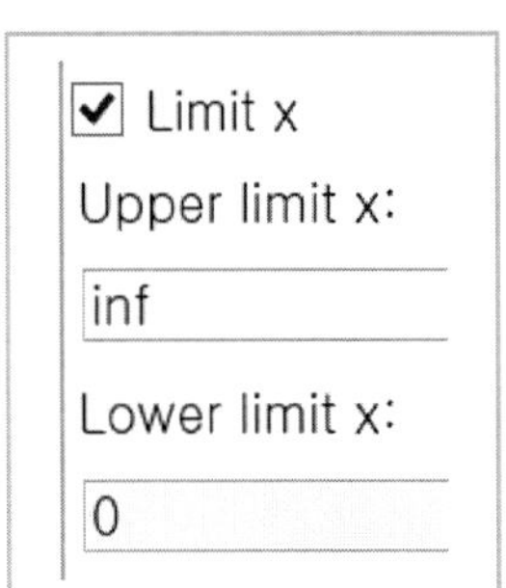

② 설정을 완료한 블록선도를 ch3p3b.slx 파일명으로 저장한 뒤에 실행한다. <표4b>와 같이 저장된 블록선도(ch3p3b.slx)에서 <Second-Order Integrator> 블록을 보면, 앞 <표2a>에 제공되었던 블록선도(ch3p3a.slx)에서 볼 수 없었던 기호가 보일 것이다. <표4a>와 같은 내용 설정으로 이런 기호가 <Second-Order Integrator> 블록에 표시되었다.

표4b

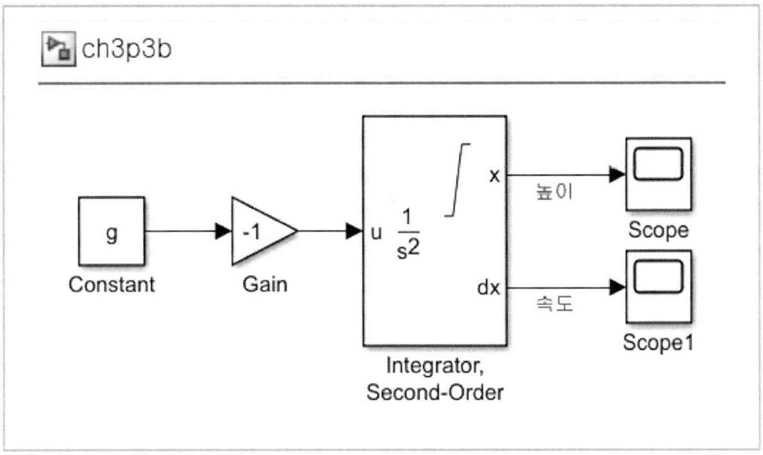

실행 시 에러가 발생하면 작업공간(Workspace)에 다음과 같이 g가 생성되어 있는지 확인한다.

위 <표4b>에 주어진 블록선도의 실행 결과로서 <표5a>와 <표5b>와 같은 그래프가 출력된다.

표5a ch3p3b.slx: Scope 창

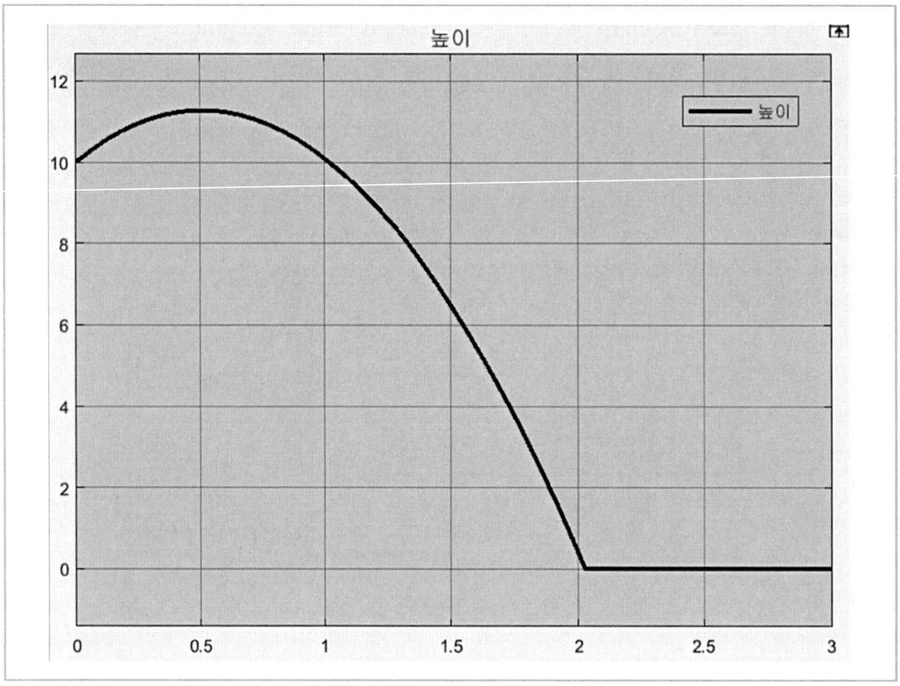

표5b ch3p3b.slx: Scope1 창

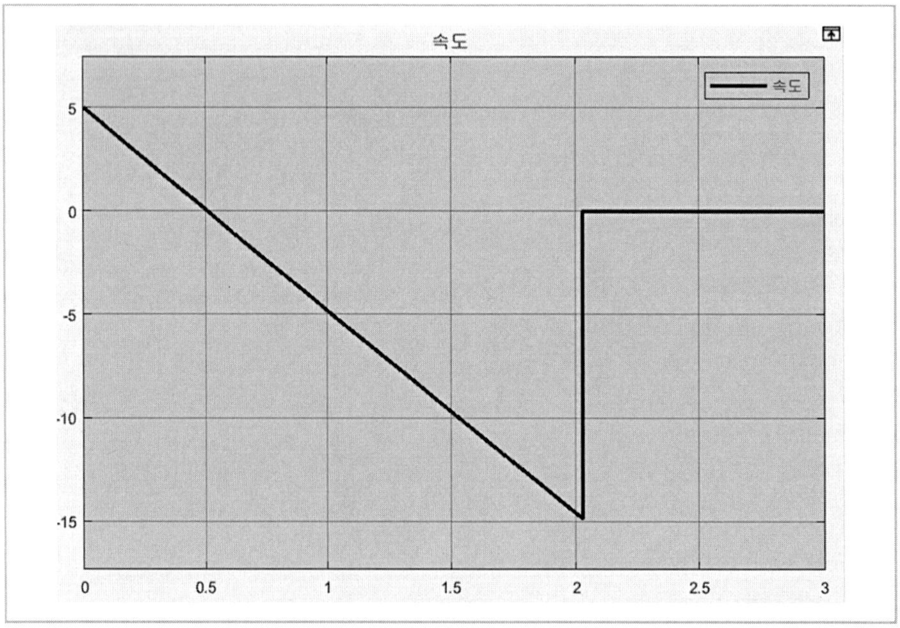

<표5a>에서의 그래프 결과는 <표4a>에서 설정한 내용으로 예상할 수 있다. 또한 이 결과로부터 <표5b>에 주어진 속도에 대한 그래프도 예상할 수 있다. 즉, 높이가 0 로 유지되는 정의역 구간에서 속도 역시 0 가 된다. 1계 도함수의 값이 0 가 되는 내용은 2.4.5 절의 <표12>에서도 이미 학습하였다.

(9) 위 <표5a>에 주어진 결과로 볼 때, 시간이 2 를 지나면서 공이 지면에 도착하고 있다. 지면에 도착하는 시각을 Scope 창에서 커서 측정(Cursor Measurements) 아이콘으로 접근하여 보자. <표5a>에 주어진 Scope 창에는 생략되었지만 이 창의 상단에 도구바가 있고 이 도구바의 오른쪽 끝에 다음과 같은 커서 측정 아이콘이 있다.

이 아이콘을 클릭하면 <표5a>의 Scope 창이 <표6a>와 같이 변경된다.

표6a Scope 창

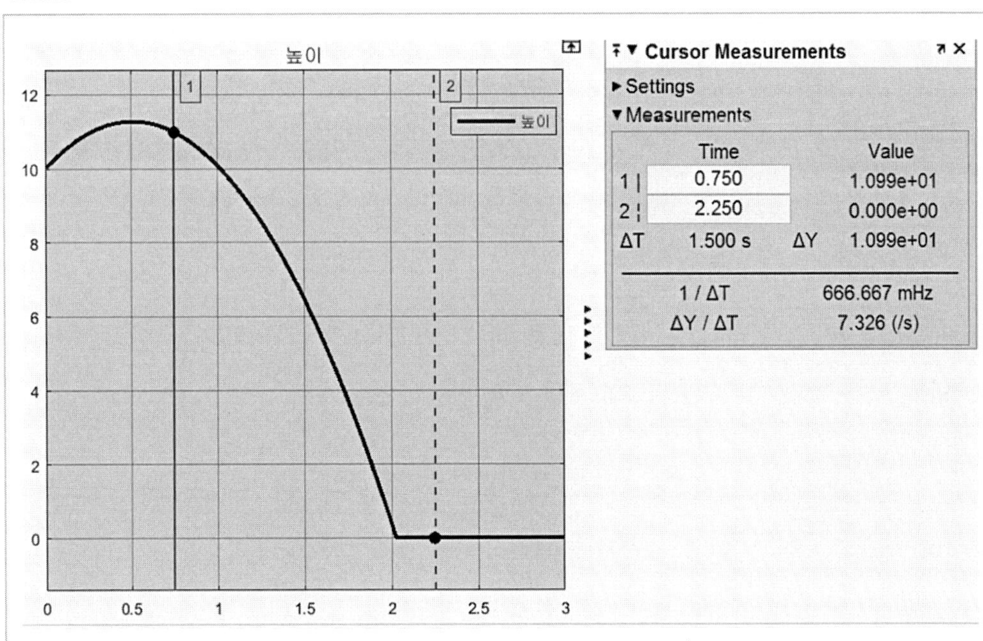

<표6a>에 주어진 Scope 창의 왼쪽 영역을 보면, 다음 <표6b>에서 두 개의 화살표로 표시한 위치에 네모 박스가 있다. 이 네모 박스 안에 1과 2라는 수를 사용하여 첫 번째와 두 번째 수직선을 각각 알려주고 있다.

표6b Scope 창의 왼쪽 영역 상단

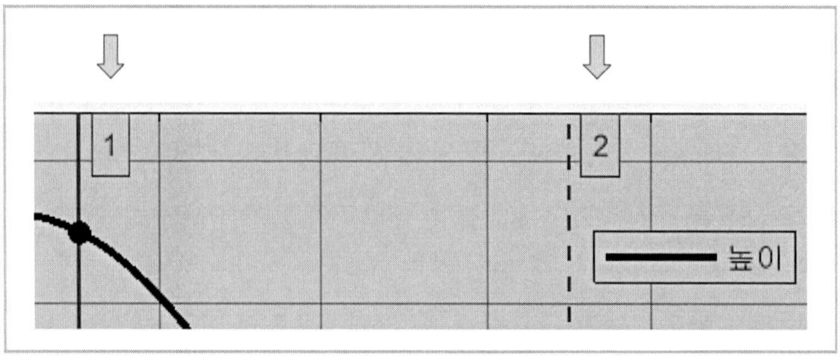

첫 번째와 두 번째 수직선이 그래프과 만나는 점을 각각 P와 Q라고 가정하자. <표6a>에 제공된 Scope 창의 오른쪽에 있는 박스에서 두 점 P와 Q에 대한 (x,y) 좌표를 알 수 있다. <표6a>를 따르면

$$P=(0.750, 1.099\text{e}+01)\text{와 } Q=(2.250, 0.000\text{e}+00)$$

임을 알 수 있다. <표6a>에서 예상할 수 있듯이 ΔT는 두 점 P와 Q의 x좌표의 거리, 즉 두 점 x좌표의 차(difference)의 절대값을 의미한다. 또한 ΔY는 두 점 P와 Q의 y좌표의 거리, 즉 두 점 y좌표의 차(difference)의 절대값을 나타낸다.

첫 번째와 두 번째 수직선을 마우스 왼쪽 버튼으로 각각 선택한 뒤에 드래그하여 <표6c>와 같이 이동시킨다. <표6c>의 내용으로 판단하면,

$$t=1.997\text{과 } t=2.087$$

사이의 시각에 공은 지면에 도달하게 된다.

표6c

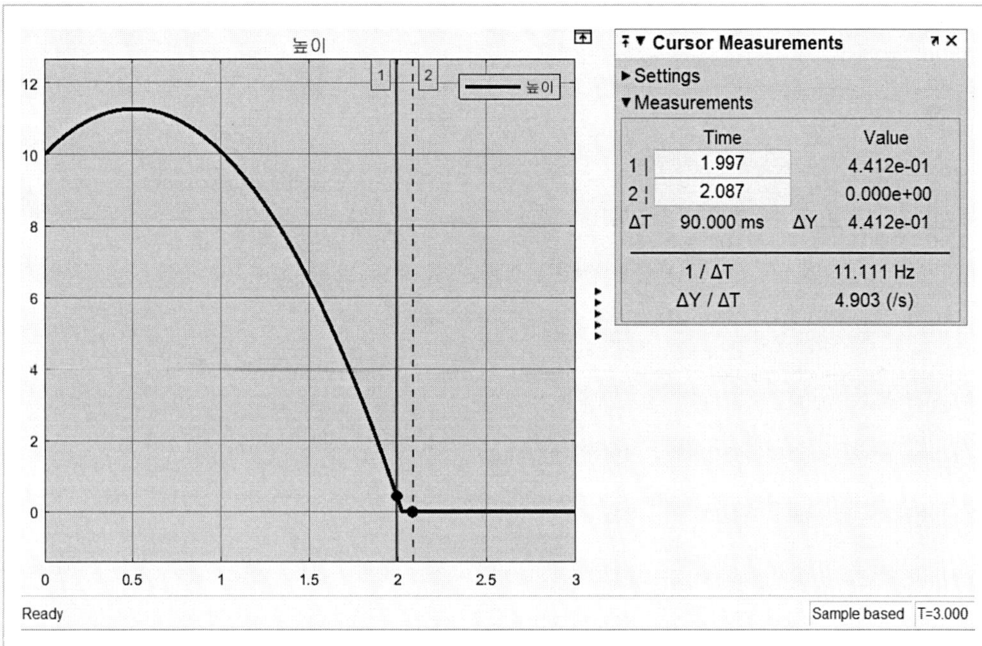

Scope 창의 상단에 있는 도구바(현재 <표6c>에서는 생략된)에서 다음 <표7a>에 주어진 아이콘을 선택하면 <표7b>와 같이 아이콘에 네모 모양(배경색과 구별되는 색으로 설정된)이 표시된다.

표7a

표7b

계속해서 마우스 커서를 Scope 창의 그래프 영역으로 이동하면 커서가 십자가 모양으로 변경될 것이다. 확대하고 싶은 영역이 있으면 그 영역 근처에서 마우스 왼쪽 버튼을 누른다. 왼쪽 버튼을 누른 상태에서 드래그하면 네모 박스 모양으로 영역이 선택된다. 관심의 영역을 선택 후, 왼쪽 버튼을 해제하면 선택된 영역이 Scope 창에 확대된다.

예를 들어, <표6c>에서 $t=2$ 근방의 영역을 위에서 설명한 방법으로 확대하면 <표7c>

와 같은 결과가 출력된다. 이런 방식으로 공이 지면에 도착하는 시각을 Scope 창에서 좀 더 정확하게 접근할 수 있다.

표7c

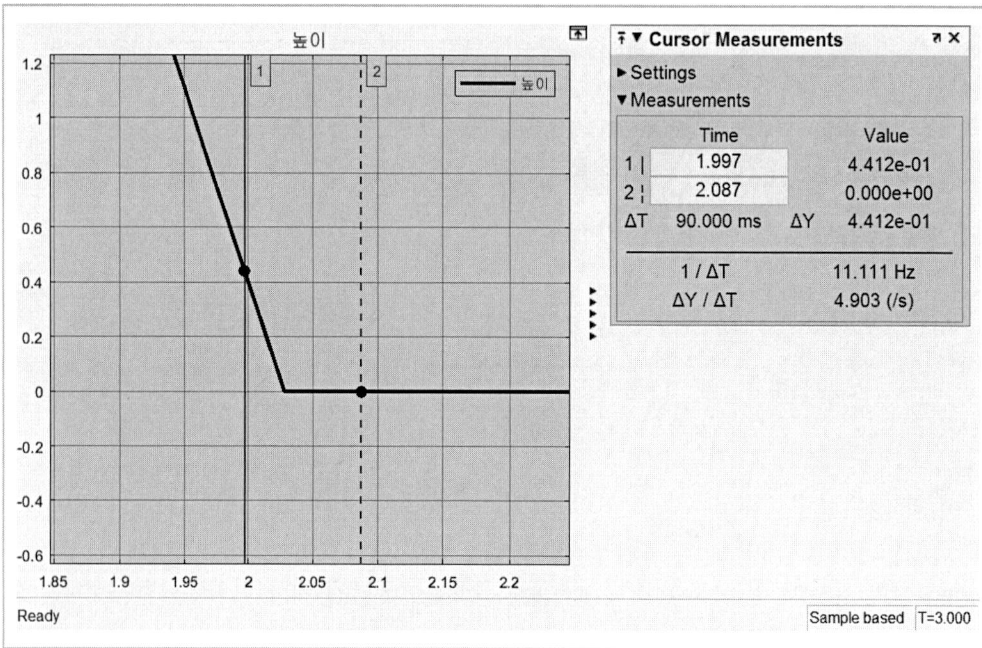

<표7c>에 주어진 Scope 창의 오른쪽에 위치한 <Cursor Measurements> 박스에서 <Time> 항목은 직접 입력할 수 있다. 즉, <표7d>와 같이 <Time> 항목의 값을 변경 입력하여 본다. 결과로서 <표7c>에서 볼 수 있는 첫 번째와 두 번째 수직선이 <표7e>에서와 같이 $t = 2.010$ 과 $t = 2.050$ 의 위치로 이동되어질 것이다.

표7d

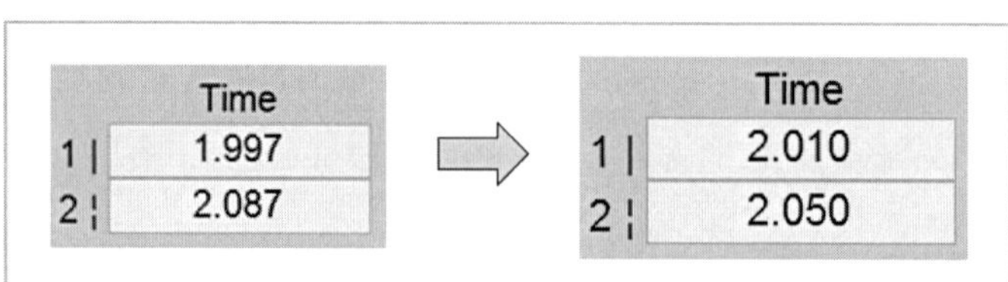

표7e

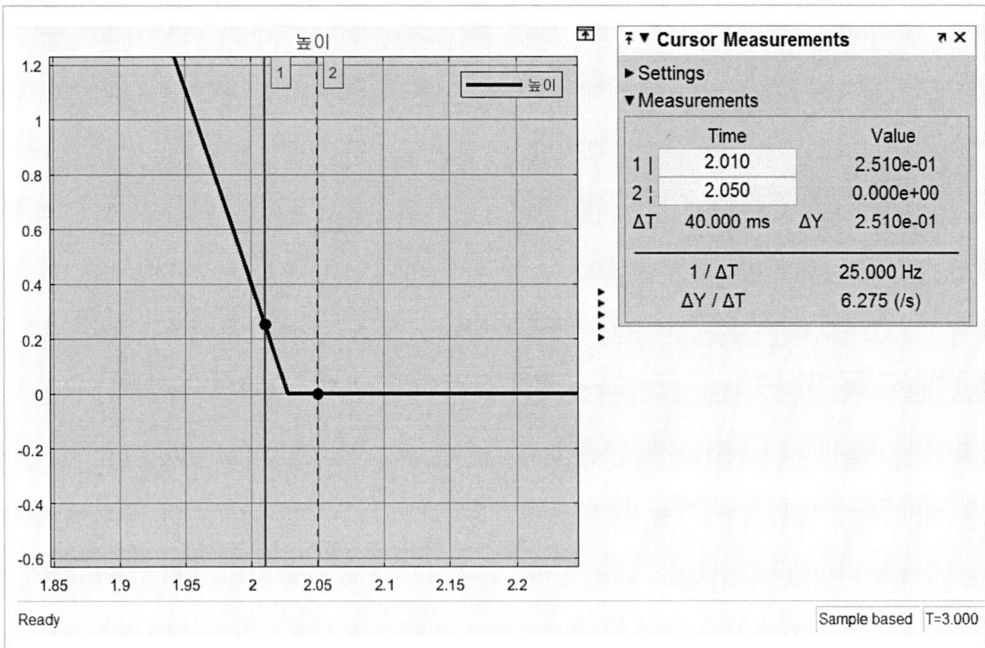

앞 <표7a>에 주어진 확대 아이콘(돋보기 모양) 옆에 붙어있는 화살표를 클릭하면 다음과 같은 네 가지 항목인 ⓐ-ⓓ를 선택할 수 있다.

ⓐ Zoom X: 가로 방향으로 확대

ⓑ Zoom Y: 세로 방향으로 확대

ⓒ Zoom Out: 전체 축소

ⓓ Pan: 확대와 축소 없이 이동

(10) 위에 주어진 <표7c>의 <Cursor Measurements> 박스에서 <Settings> 영역을 클릭하면 <표8a>와 같은 하위 항목을 볼 수 있다. 이 하위 항목에 대한 기능은 다음 ⓐ-ⓓ에서 설명한다.

표8a

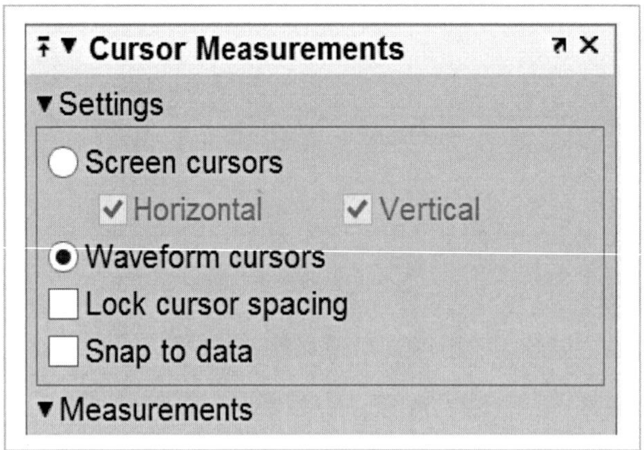

하위 항목 중에 두 번째에 있는 <Waveform cursors> 항목을 먼저 알아본다.

ⓐ **<Waveform cursors> 항목**: Scope 창에서 커서 측정(Cursor Measurements) 아이콘을 선택하면 자동으로 선택되는 기본설정(default) 항목이다. <표6a>와 <표6c>에서 보았듯이 수직선을 움직이면 Waveform cursor(수직선과 그래프가 만나는 위치에 있는 검정색 점)가 자동적으로 Scope 창에 출력된 그래프(신호)를 따라 움직인다. 따라서 <Measurements> 영역에는 Scope 창에 출력되어 있는 그래프(신호)의 좌표에 대한 정보를 보여준다.

ⓑ **<Screen cursors> 항목**: 이 항목을 선택하면 <Waveform cursors> 항목 선택이 해제된다. 아래 <표8b>에서 볼 수 있듯이 Scope 창에서 수평선과 수직선을 동시에 표시하거나(아래 <표8b>에서와 같이 <Screen cursors> 항목의 하위에 있는 <Horizontal>과 <Vertical> 항목 모두 선택된 경우에 대응), 수평선 또는 수직선 둘 중에 하나가 Scope 창에 표시되게 만들 수 있다(박스 내부 <Screen cursors> 항목의 하위에 있는 <Horizontal> 또는 <Vertical> 항목을 선택한 경우에 대응하여). 위 Waveform cursor의 작동 방식과는 달리 Scope 창의 임의의 장소로 Screen cursor(<표8b>에서 검정색 점에 대응하는)를 이동시킬 수 있다. 예를 들어, 아래 <표8b>에 제공된 Scope 창에서 보듯이 $(1.282, 3.158)$의 좌표를 가지는 첫 번째 Screen cursor의 위치와 $(2.204, 1.203)$의 좌표를 가지는 두 번째 Screen cursor의 위치는 그래프(신호) 위의 점이 아니다.

표8b

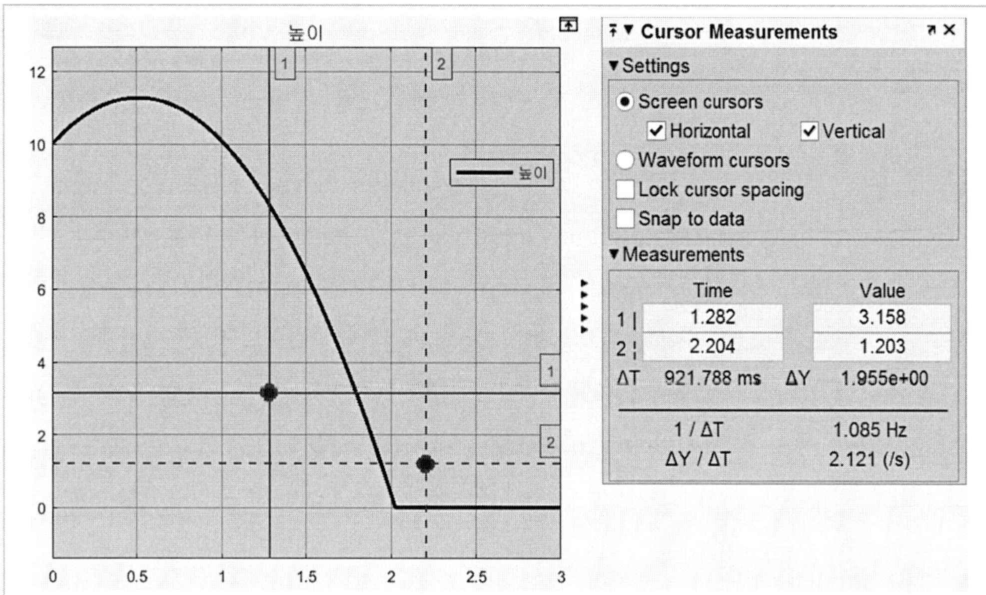

ⓒ **<Lock cursor spacing> 항목**: 두 개의 Screen cursor의 x좌표의 거리를 고정시킨다. 예를 들어, <표8b>에서 이 항목을 선택하고 Scope 창에 있는 Screen cursor를 움직일지라도 두 개의 Screen cursor의 x좌표 거리인 ΔT의 값은 변하지 않는다.

ⓓ **<Snap to data> 항목**: 블록선도를 실행하면 시뮬레이션이 일어나는 시간이 생성된다. 이렇게 생성된 시간에 의하여 만들어진 데이터를 '시뮬레이션 데이터'라고 가정하자. Simulink는 시뮬레이션 데이터 사이의 신호를 만들기 위하여 보간법(Interpolation)을 사용할 수 있다. 즉, 보간법의 결과로서 Scope 창에 출력되는 그래프가 좀 더 연속적(시뮬레이션 데이터 결과와 비교하여)으로 출력(이 항목을 선택하면)될 수 있다. <Cursor Measurements> 박스의 <Settings> 영역에서

(ⅰ) <Waveform cursors> 항목을 선택(default)하고

(ⅱ) <Snap to data> 항목 선택 없이

(ⅲ) <Lock cursor spacing> 항목을 선택

한 뒤에, Scope 창에서 수직선 커서를 움직여 본다. 결과로서 보간법이 적용된 신호

결과가 아닌 시뮬레이션 데이터가 생성된 시간 간격으로 커서가 움직이게 된다. 이런 방식의 커서 움직임을 관찰하기 위하여 각자 앞 <표6a>에 주어진 Scope 창에서 위의 내용으로 시도하여 본다.

한편, 보간법 이론에서 배우는 보간 다항식(Interpolation Polynomial)으로는 Lagrange interpolation polynomial 또는 Hermite interpolation polynomial과 같은 대상이 있다([BUR], [CHE]). Lagrange interpolation polynomial을 만들 때는 데이터의 위치 정보를 이용하고 Hermite interpolation polynomial을 만들 때는 위치 정보와 함께 도함수의 정보도 이용한다. 2차 이상의 도함수 정보를 이용하는 Hermite interpolation polynomial 생성에 대한 이론은 유수 정리(Residue Theorem)의 내용을 이용한다[KRY]. 또한 함수 또는 데이터의 위치 변화가 심한 경우에는 지수 적합 보간(Exponentially Fitted Interpolation) 이론이 적용될 수 있다[IXA].

3.3.3 블록선도 만들기(Part 2)와 분석

공이 지면에 도달할 때까지의 상황을 앞 3.3.2절의 <표4b>에 제공된 블록선도(ch3p3b.slx)로 구현하였다. 이번 절에서는 지면에 도착한 공이 튀어 오르고 다시 지면으로 향하는 진동 운동을 하는 공의 실제 상황을 블록선도로 구현할 것이다. 다음 (1)-(5)의 단계로 진행한다.

(1) 앞 3.3.2절의 <표4b>에 주어진 블록선도(ch3p3b.slx)에서 <Second-Order Integrator> 블록을 더블클릭한다. 화면에 출력되는 다음 <표1a>와 같은 <Block Parameters: Integrator, Second-Order> 박스에서 아래 ①-②의 내용을 수행한다.

① <dx/dt> 영역에 있는

〈Initial condition source dx/dt〉

항목의 값을 internal에서 <표1b>와 같이 external로 변경하고(나머지 항목은 기본 설정

(default)을 유지) 박스 하단에 있는 <OK>를 클릭한다. 이렇게 internal에서 external로 변경하면 <표1b>에서 확인할 수 있듯이 <표1a>에 있던 <Initial condition dx/dt> 항목이 사라진다. 외부에서 초기 값이 전달될 예정이기 때문에 이 항목의 존재가 필요하지 않기 때문이다.

표1a

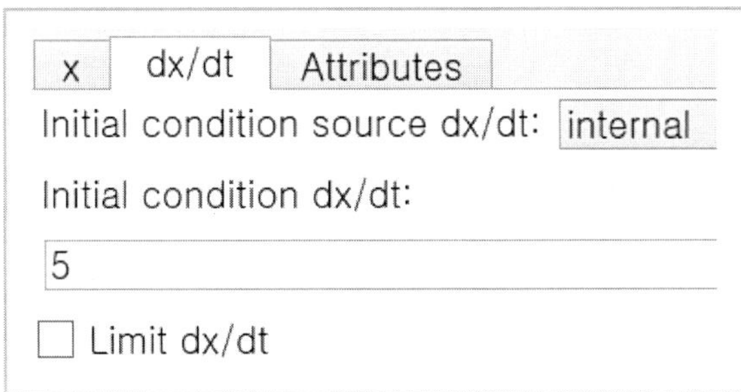

표1b

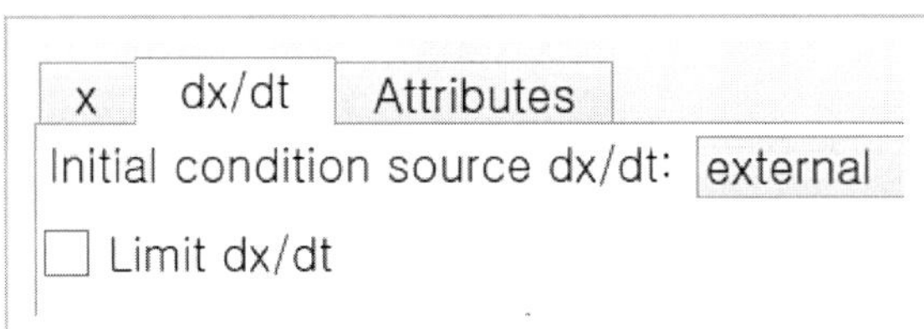

위의 내용을 수행하고 블록선도(ch3p3b.slx)에서 <Second-Order Integrator> 블록을 다시 보면 <표1c>에서 볼 수 있듯이, 블록의 왼쪽 아래에 입력단자가 새롭게 생성된 것을 알 수 있다.

표1c

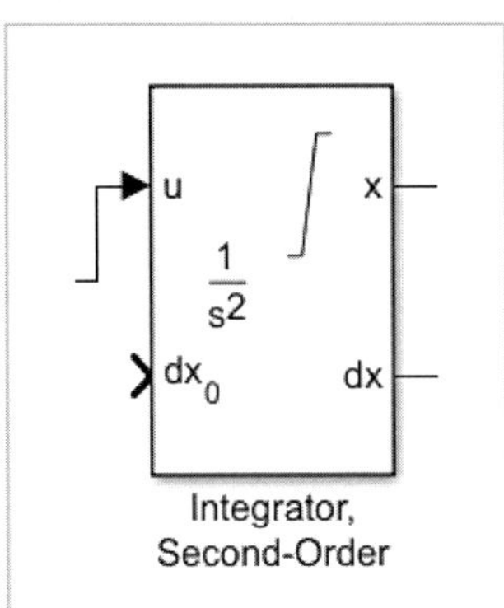

② <Attributes> 영역에서 <표2a>와 같이 되어있는 항목 설정을 <표2b>와 같이

〈Reinitialize dx/dt when x reaches saturation〉

항목을 추가로 선택하고 박스 하단에 <OK> 버튼을 클릭한다.

표2a

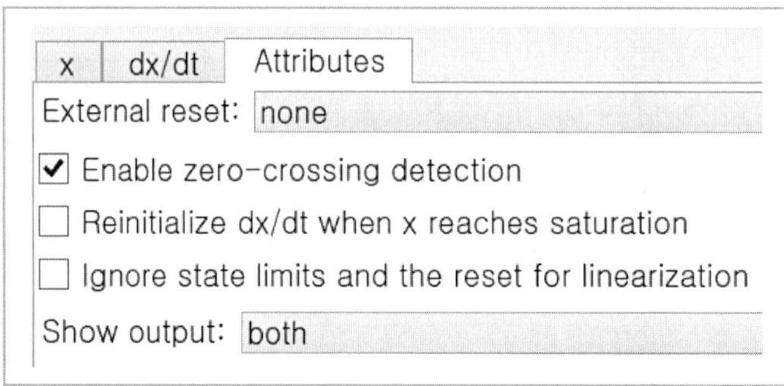

표2b

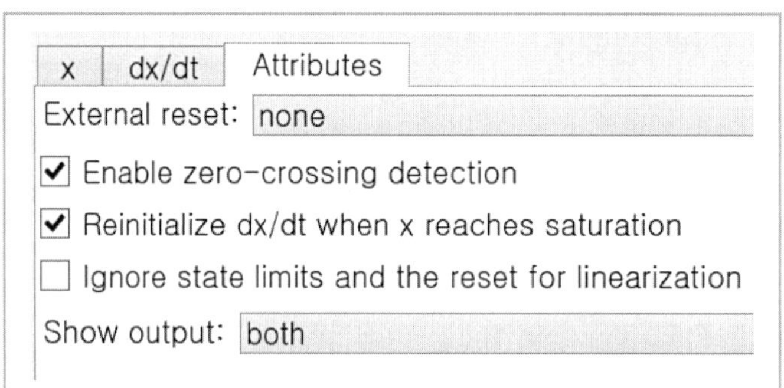

앞 절인 3.3.2절의 내용에서 <표4a>와 같이 <Lower limit x> 항목의 값으로 0을 설정한 상태이고 바로 위 <표2b>와 같이 <Reinitialize dx/dt when x reaches saturation> 항목을 선택하였기 때문에, 공이 지면에 도달($x = 0$)하면 dx/dt의 값이 재설정된다.

(2) 앞 3.3.2절의 <표4b>에 주어진 블록선도(ch3p3b.slx)에 대해서 첫 번째로 위 (1)의 단계 내용을 수행하고 두 번째로 다음 <표3>에 주어지는 블록선도와 같이 <Initial Condition> 블록을 연결(ch3p3c.slx 파일명으로 새롭게 저장)한다.

표3 ch3p3c.slx

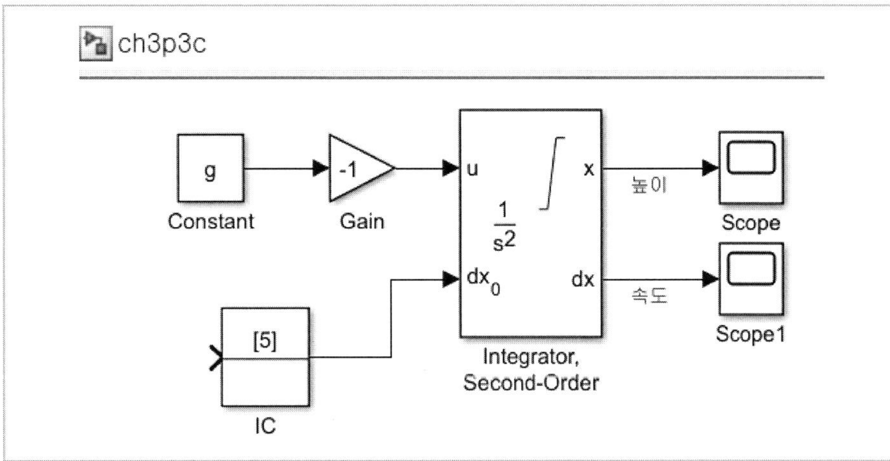

새로 도입한 <Initial Condition> 블록은 아래와 같은 위치에서 찾을 수 있다.

[Signal Attributes] 라이브러리: 〈Initial Condition〉 블록

<Initial Condition> 블록을 더블클릭하면 <Block Parameters: IC> 박스가 화면 출력되고 박스 내부에 있는 <Initial value> 항목의 값을 1(default)에서 5로 <표4>와 같이 변경한다.

표4

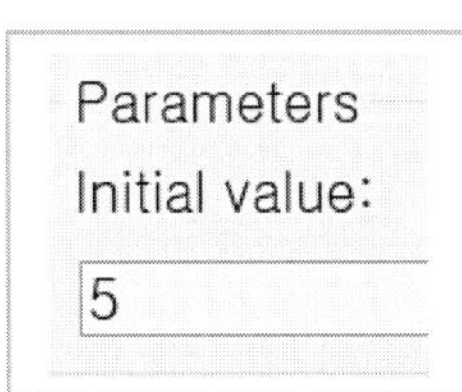

(3) 위 <표3>에 주어진 블록선도에 <Second-Order Integrator> 블록이 있다. 이 블록의 출력인자 중에서 아래에 위치한 dx와 <Initial Condition> 블록 사이에 다음 <표5>와 같이 <Gain1> 블록과 <Memory> 블록을 연결시킨다. <Memory> 블록은 다음의 라이브러리에서 찾을 수 있다.

[Discrete] 라이브러리: <Memory> 블록

표5

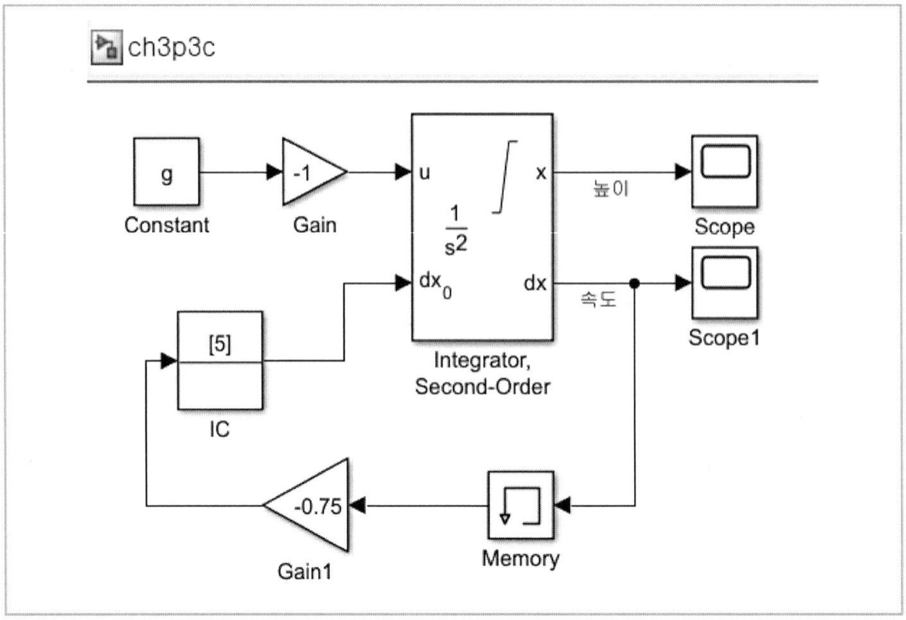

이 때, <Gain1>과 <Memory> 블록의 항목 설정은 다음 ⓐ-ⓑ의 내용과 같이 진행한다.

ⓐ <Gain1> 블록에 대응하는 <Block Parameters: Gain1> 박스 내부에서 <Gain> 항목의 값을 -0.75로 설정한다.

ⓑ <Memory> 블록에 대응하는 <Block Parameters: Memory> 박스 내부에서 모든 항목을 기본설정(default)으로 유지한다. 즉, <Initial condition> 항목의 값을 0으로 설정한다.

위 ⓐ와 ⓑ의 내용을 진행하고 각각의 박스 하단에 있는 <OK> 버튼을 클릭한다. 지금까지의 설정을 모두 완료하고 <표5>에 제공된 블록선도(ch3p3c.slx 파일명으로 다시 저장하고)를 실행한다. 실행의 결과로 <Scope> 블록과 <Scope1> 블록 각각에 대응하는 <표6a>와 <표6b>와 같은 출력을 볼 수 있다. 이때, 실행 종료시간을 12로 설정하였다. Simulink 에디터 상단에 도구바가 있다. 이 도구바의 오른쪽 끝에 실행 종료시간을 입력할 수 있는 박스가 있고 여기에 12를 입력하면 된다.

표6a ch3p3c.slx: Scope 창

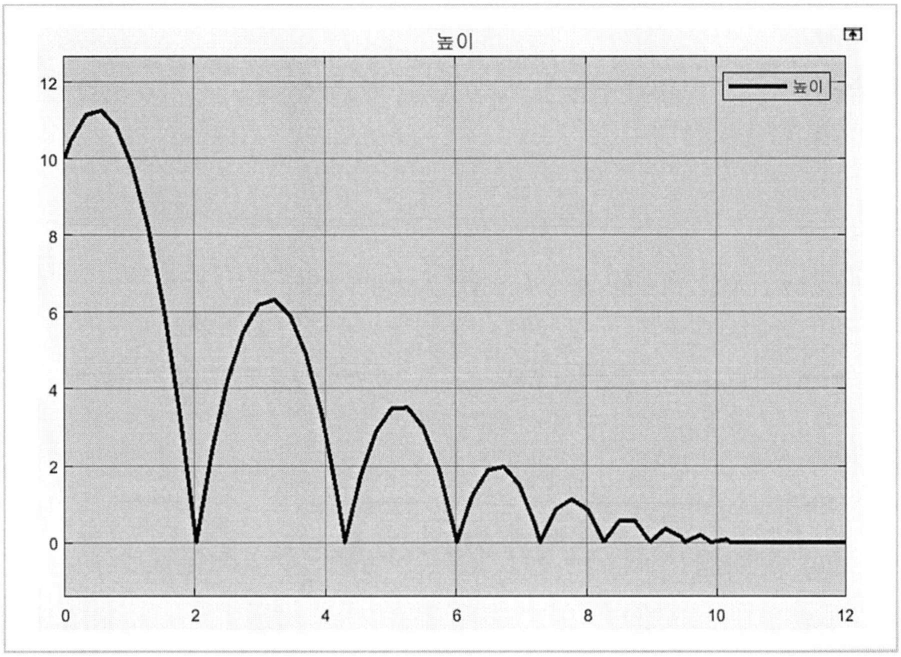

표6b ch3p3c.slx: Scope1 창

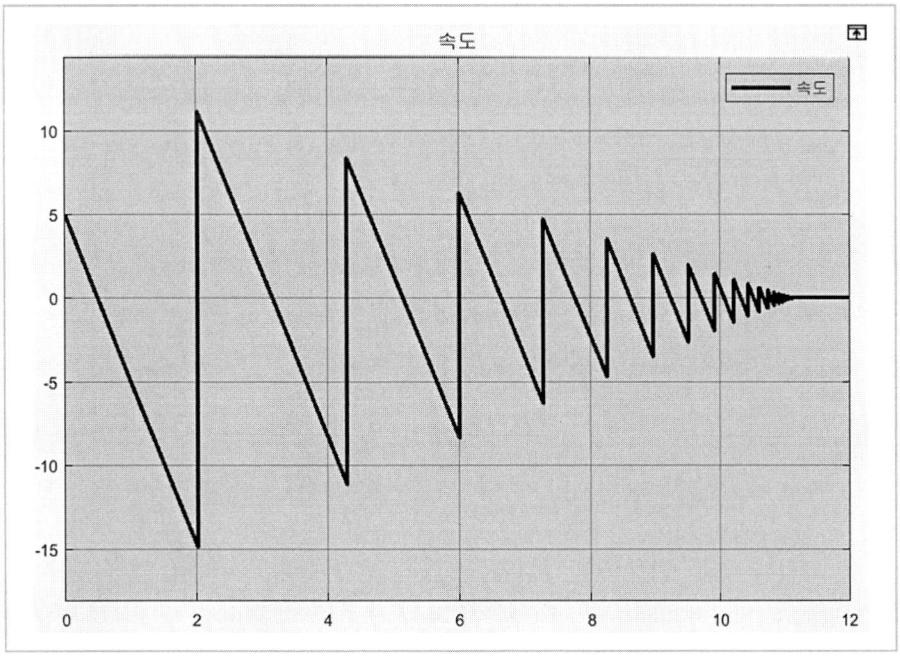

파일 ch3p3c.slx이 있는 Simulink 에디터의 상단에 위치한 메뉴바에서

〈Simulation〉-〈Model Configuration Parameters〉

항목을 선택하면 제목이

〈Configuration Parameters: ch3p3c/Configuration(Active)〉

인 <표7a>와 같은 내용의 박스가 화면 출력된다.

표7a Configuration Parameters: ch3p3c/Configuration(Active)

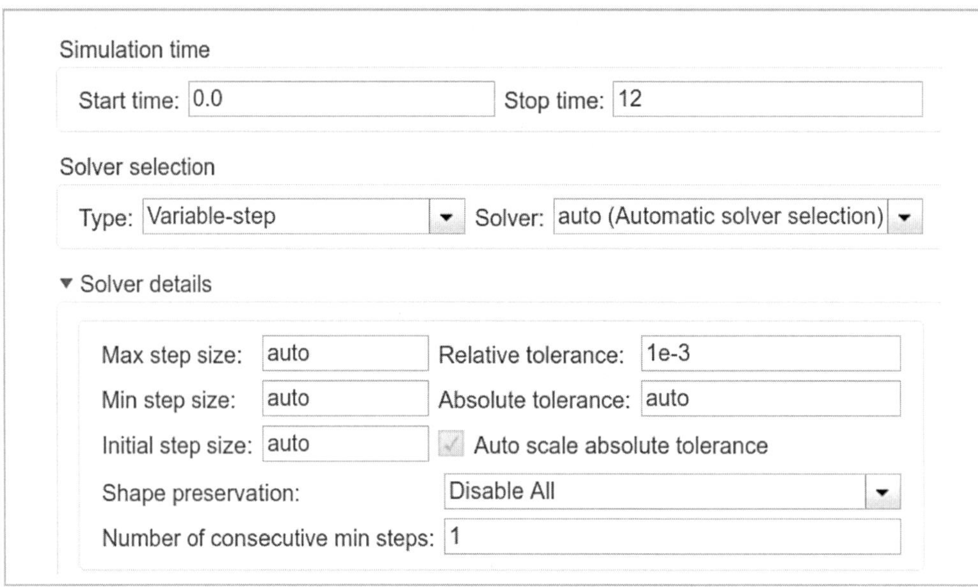

위 <표7a>에 제공된 박스 내부 <Solver details> 영역에서 <Max step size> 항목의 값을 다음 <표7b>와 같이 auto에서 0.05으로 변경한다.

표7b

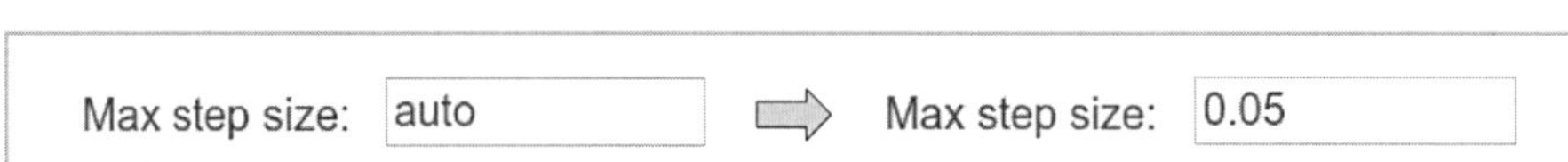

박스 하단에 있는 <OK> 버튼을 클릭하고 블록선도(ch3p3c.slx)를 실행하면 Scope 창

에서 <표7c>에 제공된 Scope 창의 출력을 볼 것이다. <표6a>에 주어진 Scope 창의 결과와 비교하여 보면 그래프의 모양이 좀 더 부드러워진 것을 알 수 있다. <Max step size> 항목의 값을 변경하여 <표7c>와 같은 방식으로 그래프 변화를 줄 수 있다는 것을 기억하도록 한다. <Max step size> 항목 값의 변화가 <표6b>와 같은 Scope1 창의 결과에는 영향을 주지 않는다. 각자 블록선도(ch3p3c.slx)를 실행하여 확인하기 바란다.

표7c

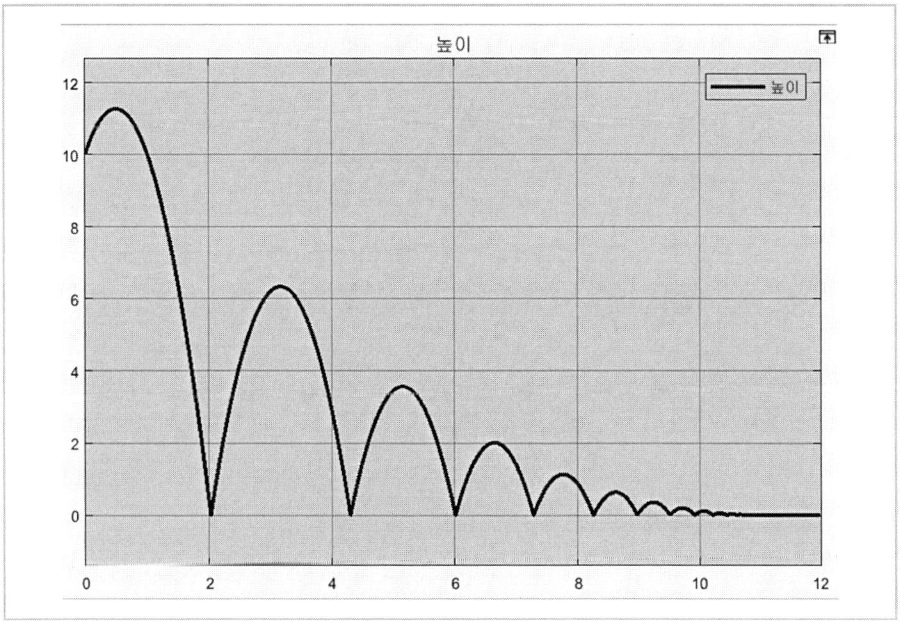

(4) <Memory> 블록 설명: <Step1>-<Step2>

<Step1>

이 블록에 입력되는 값을 바로 출력하는 것이 아니고 현재 시뮬레이션 시간 기준으로 전 단계의 입력 값을 출력한다. 즉, 신호가 <Memory> 블록을 지나면서 한 단계 지연된 신호가 <Memory> 블록의 출력 신호가 된다. 이 내용과 관련해 추가적인 설명이 아래에 주어진다.

<표7c>에 제공된 Scope 창의 결과를 주는 블록선도(ch3p3c.slx)에 <표8>과 같이 <To

Workspace> 블록을 <Memory> 블록 왼쪽과 오른쪽에 추가하고 ch3p3d.slx 파일명으로 저장한다. <To Workspace> 블록은 다음과 같은 위치에서 찾을 수 있다.

[Sinks] **라이브러리**: <To Workspace> **블록**

표8 ch3p3d.slx

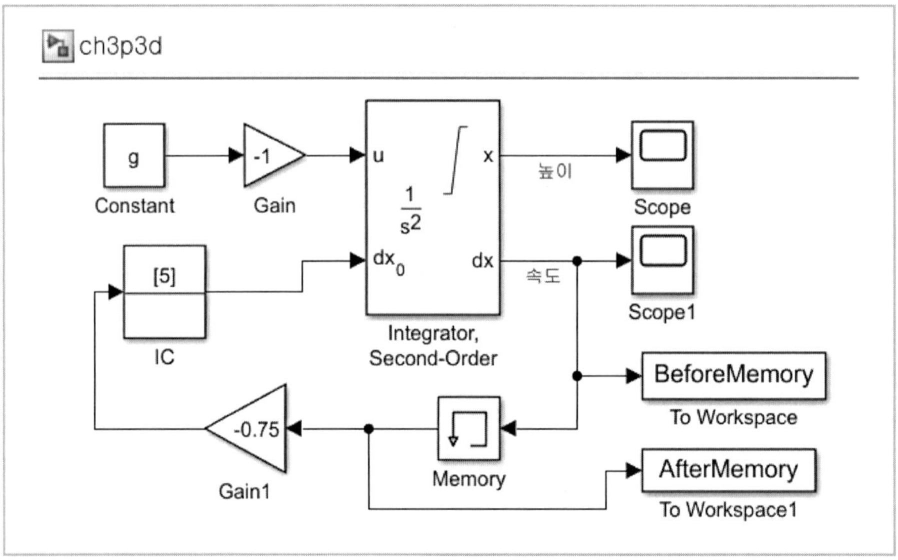

<To Workspace> 블록과 <To Workspace1> 블록을 각각 더블클릭하여 아래 ⓐ-ⓑ와 같이 설정하면 <표8>과 같이 변수명 BeforeMemory와 AfterMemory이 보일 것이다.

ⓐ <Block Parameters: To Workspace> 박스 내부에 있는 <Variable name> 항목의 값을 BeforeMemory로 입력한다.

ⓑ <Block Parameters: To Workspace1> 박스 내부에 있는 <Variable name> 항목의 값을 AfterMemory로 입력한다.

위와 같이 입력하고 각각의 박스 하단에 있는 <OK> 버튼을 클릭하여 설정을 완료한다. 위 ⓐ-ⓑ 내용 이외의 <To Workspace>과 <To Workspace1> 블록의 나머지 항목은 기본설정(default)을 유지한다.

<Step2>

다음으로 <표8>에 주어진 블록선도(ch3p3d.slx)를 실행한다. 실행의 결과로 작업공간(Workspace)에 두 개의 변수 AfterMemory와 BeforeMemory가 <표9a>와 같이 생성되어 있는 것을 볼 수 있다.

표9a 작업 공간

이름	값
AfterMemory	*1x1 double timeseries*
BeforeMemory	*1x1 double timeseries*

작업공간에 있는 두 변수 BeforeMemory와 AfterMemory을 각각 더블클릭하면 <표9b>와 같은 데이터가 화면 출력된다.

표9b

BeforeMemory

1x1 double timeseries

시계열 이름: 속도

시간	데이터:1
0	5
0.0500	4.5100
0.1000	4.0200
0.1500	3.5300
0.2000	3.0400
0.2500	2.5500
0.3000	2.0600
⋮	⋮

AfterMemory

1x1 double timeseries

시계열 이름:

시간	데이터:1
0	0
0.0500	5
0.1000	4.5100
0.1500	4.0200
0.2000	3.5300
0.2500	3.0400
0.3000	2.5500
⋮	⋮

위 <표9b>에 주어진 데이터를 비교하여 본다. 앞 <Step1>에서 언급하였듯이 <Memory> 블록을 지나면서, 한 단계 지연된 신호가 <Memory> 블록의 출력 신호로 되는 것을 AfterMemory 변수에 저장된 내용으로 확인할 수 있다.

이것으로 <Memory> 블록에 대한 설명을 종료하고 다음 단계로 진행한다.

(5) 앞 <표8>에 주어진 블록선도(ch3p3d.slx)에 다음 <표10a>와 같이 <To Workspace> 블록 두 개를 추가 연결하고 ch3p3e.slx 파일명으로 저장한다. <Second-Order Integrator> 블록과 <Scope> 블록 사이에 <To Workspace> 블록을 연결시키면 자동으로 <To Workspace> 블록이 <To Workspace2> 블록으로 명칭이 변경된다. 계속해서 <Initial Condition> 블록과 <Second-Order Integrator> 블록 사이에 <To Workspace> 블록을 연결시키면 자동으로 <To Workspace> 블록이 <To Workspace3> 블록으로 명칭이 역시 변경된다.

다음으로 <To Workspace2> 블록과 <To Workspace3> 블록을 각각 더블클릭하여 아래 ⓐ-ⓑ와 같이 설정하면 <표10a>와 같이 변수명 Xval과 InitialVal이 보일 것이다.

ⓐ <Block Parameters: To Workspace2> 박스 내부에 있는 <Variable name> 항목의 값을 Xval로 입력한다.

ⓑ <Block Parameters: To Workspace3> 박스 내부에 있는 <Variable name> 항목의 값을 InitialVal로 입력한다.

표10a

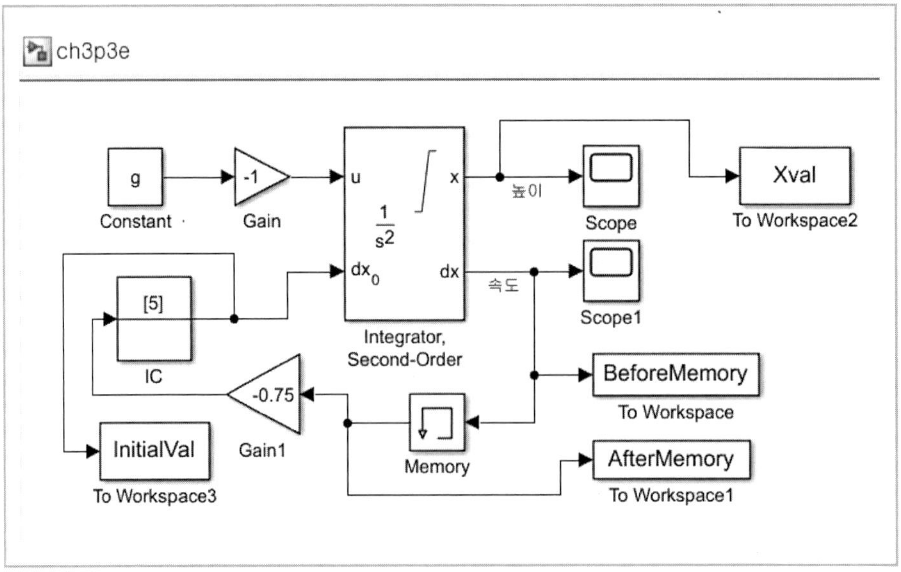

위 <표10a>에 주어진 블록선도(ch3p3e.slx)를 실행하면 <표7c>와 <표6b>에서 보았던 같은 결과를 다시 볼 수 있다. 그러나 이번에는 작업공간에 Xval과 InitialVal 변수가 <표10b>와 같이 추가된 것을 확인할 수 있을 것이다.

표10b 작업 공간(Workspace)

이름 ▴	값
AfterMemory	*1x1 double timeseries*
BeforeMemory	*1x1 double timeseries*
g	9.8000
InitialVal	*1x1 double timeseries*
tout	*474x1 double*
Xval	*1x1 double timeseries*

앞 <표7c>와 <표6b>의 결과에서 접근할 수 있듯이 공이 $T=0$에서 공중에 던져진 이후로 첫 번째로 공이 지면에 도달하는 시각은 $T=2$ 근방이고 두 번째로 지면에 다시 공이 도달하는 시각은 4를 지나고 있다. 이러한 관찰은 다음 <표10c>와 같이 작업공간에 생성된 변수에 저장된 값을 통하여 좀 더 정확하게 분석될 수 있다.

표10c

Xval — 1x1 double timeseries — 시계열 이름: 높이

시간	데이터:1
0	10
0.0500	10.2378
0.1000	10.4510
0.1500	10.6398

InitialVal — 1x1 double times — 시계열 이름:

시간	데이...
0	5
0.0500	-3.7500
0.1000	-3.3825
0.1500	-3.0150

AfterMemory — 1x1 double timeserie — 시계열 이름:

시간	데이...
0	0
0.0500	5
0.1000	4.5100
0.1500	4.0200

BeforeMemory — 1x1 double timeseries — 시계열 이름: 속도

시간	데이...
0	5
0.0500	4.5100
0.1000	4.0200
0.1500	3.5300

⋮

Xval — 1x1 double timeseries — 시계열 이름: 높이

시간	데이터:1
1.9500	1.1177
2.0000	0.4000
2.0271	4.9960e-15
2.0271	0
2.0771	0.5452

InitialVal — 1x1 double timeseri — 시계열 이름:

시간	데이...
1.9500	10.2150
2.0000	10.5825
2.0271	10.9500
2.0271	11.1496
2.0771	-8.3622

AfterMemory — 1x1 double timeser — 시계열 이름:

시간	데이...
1.9500	-13.6200
2.0000	-14.1100
2.0271	-14.6000
2.0271	-14.8661
2.0771	11.1496

BeforeMemory — 1x1 double timeseries — 시계열 이름: 속도

시간	데이...
1.9500	-14.1100
2.0000	-14.6000
2.0271	-14.8661
2.0271	11.1496
2.0771	10.6596

⋮

Xval — 1x1 double timeseries — 시계열 이름: 높이

시간	데이터:1
4.2771	0.2802
4.3026	4.1078e-15
4.3026	0
4.3526	0.4059

InitialVal — 1x1 double times — 시계열 이름:

시간	데이...
4.2771	7.8078
4.3026	8.1753
4.3026	8.3622
4.3526	-6.2716

AfterMemory — 1x1 double timeserie — 시계열 이름:

시간	데이...
4.2771	-10.4104
4.3026	-10.9004
4.3026	-11.1496
4.3526	8.3622

BeforeMemory — 1x1 double timeseries — 시계열 이름: 속도

시간	데이...
4.2771	-10.9004
4.3026	-11.1496
4.3026	8.3622
4.3526	7.8722

⋮

제공된 <표10c>에 따르면 공은 $T=2.0271$과 $T=2.0771$ 사이에 지면에 처음으로 도달한 뒤에 초기속도 11.1496 으로 재설정되어 다시 튀어 오르게 된다. 계속해서 $T=4.3026$과 $T=4.3526$ 사이에 공이 두 번째로 지면에 도달하게 되고 초기속도 8.3622 로 재설정되어 튀어 오르는 시뮬레이션 상황을 설명해 주고 있다.

앞 <표2b>에서와 같이 <Reinitialize dx/dt when x reaches saturation> 항목을 선택하였기 때문에, 공이 지면에 도달(주어진 <표10c>에서 Xval=0인 경우에 해당)하면 dx/dt의 값이 재설정된다. <표10c>에 제공된 데이터를 가지고 좀 더 설명하면 다음과 같다. Xval=0 가 되는 $T=2.0271$에서 InitialVal 변수에 저장된 값인 11.1496 을 dx/dt의 초기속도로 설정하면 Xval의 값이 0을 벗어나게 되는지 Simulink는 체크한다. 벗어나게 되면 이 값(11.1496)을 dx/dt의 초기속도로 Simulink는 블록선도를 재설정하게 된다. 이런 이유로 <표7c>에 제공된 그래프와 같이 공이 진동하는 현상을 보여주는 시뮬레이션이 구해졌다.

3.3.4 GUI 창에서 공의 상하운동

앞 3.3.3절의 <표7c>에서 구했던 그래프는 상하운동을 하는 공의 높이에 대응한다. 이번 절에서는 상하운동을 하는 공을 GUI에서 구현하여 본다. 내용 구성은 다음과 같이 <Part 1>과 <Part 2>로 나누어진다.

- **<Part 1>**: 상하운동을 하는 공의 높이에 대응하는 데이터를 MyBall 변수명으로 저장하여 <작업 공간>으로 보낼 것이다.
- **<Part 2>**: MyBall 변수에 저장된 데이터를 이용하여 공이 상하루 진동하는 운동을 보여줄 것이다(GUI window에서).

❑ Part 1

아래 <표1>에 주어진 블록선도(ch3p3p4a.slx)는 다음 ①-③의 내용을 만족한다.

① 앞 3.3.3절의 내용 중에 〈표5〉에 주어진 블록선도(ch3p3c.slx)를 가지고 와서 ch3p3p4a.slx 파일명으로 아래 〈표1〉과 같이 새롭게 저장한다.

② 앞 3.3.3절의 〈표7b〉에서 설정하였던 〈Max step size〉 항목의 값인 0.05를 유지한다.

③ 아래 〈표1〉에 주어진 블록선도는 위 ②의 설정으로 앞 3.3.3절의 〈표7c〉와 같은 결과가 나타난다.

표1 ch3p3p4a.slx

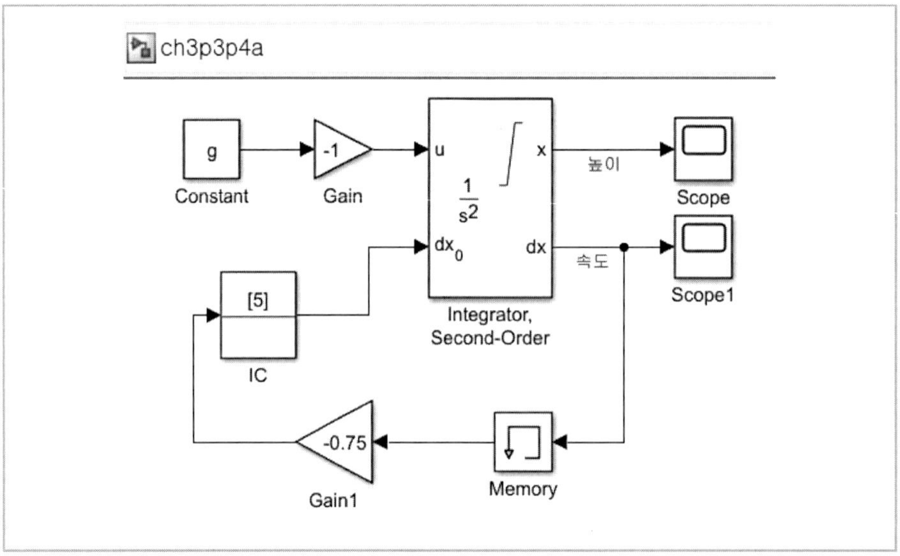

위 <표1>에 주어진 블록선도를 <표2>와 같이 오른쪽 끝에 <To Workspace> 블록만을 추가하여 연결하고 저장한다(나머지 블록들은 그대로 유지한다). 이때 <To Workspace> 블록은 [Sinks] 라이브러리에 있다.

표2

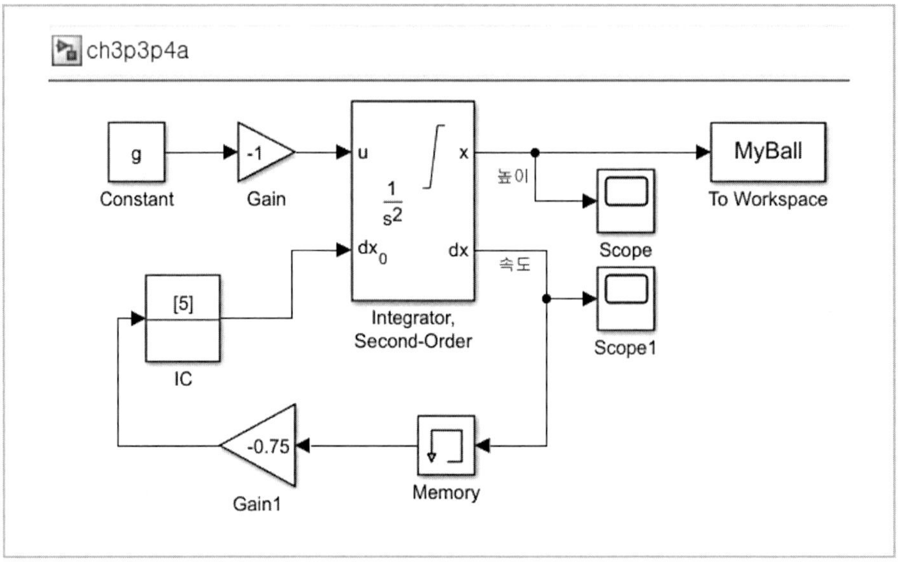

추가적으로 설명하면, <To Workspace> 블록을 더블클릭하여 <Block Parameters: To Workspace> 박스를 열고 <Variable name> 항목의 값을 MyBall로 설정한 뒤에 박스 하단에 있는 <Apply> 버튼을 클릭한다. 박스 내부에 있는 나머지 항목은 초기 설정을 유지한다. 결과로서 박스 내부에 있는 <Save format> 항목은 Timeseries 형식으로 설정된다.

우선 <명령 창>에서

```
>> g = 9.8
g =      9.8000
```

와 같이 실행 후, 블록선도의 종료시간을 12에서 10으로 변경하고 실행한다. 즉 Simulink 에디터 상단 툴바에서 가장 오른쪽에 위치한 시뮬레이션 종료시간(Simulation stop time) 박스 안에 10 와 같이 10을 입력하고 툴바에 있는 초록색의 실행 버튼 ▶을 클릭하여 실행한다(또는 Simulink 에디터 상단 메뉴바에서

〈Simulation〉-〈Run〉

항목을 클릭하여도 블록선도가 실행된다). 실행 후 <작업 공간>에 MyBall 변수가 생성된 것을 확인한다.

❑ Part 2

GUI window에서 공이 상하로 진동하는 움직임을 보여줄 것이다. <Part 2>의 내용은 다음과 같이 네 단계로 나누어 진행한다.

〈1 단계〉 레이아웃 에디터 환경 설정
〈2 단계〉 GUImyball.fig 와 GUImyball.m 파일 생성
〈3 단계〉 GUI figure panel 구성하기
〈4 단계〉 GUI 창에서 공의 운동 구현

<1 단계> 레이아웃 에디터 환경 설정

아래와 같이 <명령 창>에서 입력하고 실행한다.

```
>> guide
```

실행의 결과로 <표3>과 같은 박스가 출력된다.

표3

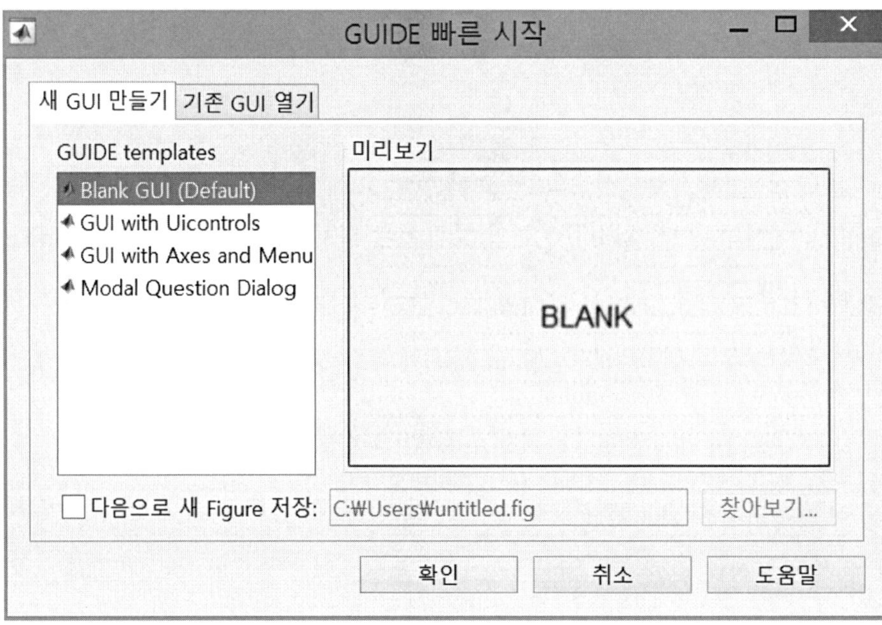

아래와 같이

<새 GUI 만들기>-<Blank GUI (Default)>-**<확인>**

순서로 클릭하면 레이아웃 에디터가 <표4>와 같이 출력된다.

표4

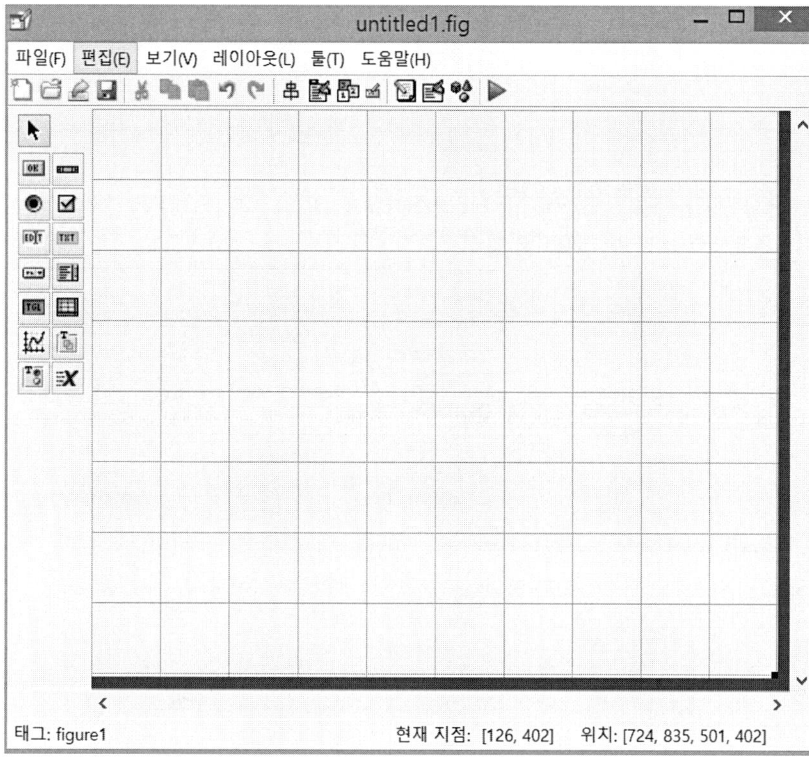

위 <표4>에 주어진 레이아웃 에디터의 메뉴바에서

<파일>-<기본설정>

항목을 선택하면 <표4a>와 같은 항목 설정 내용을 볼 수 있다.

표4a

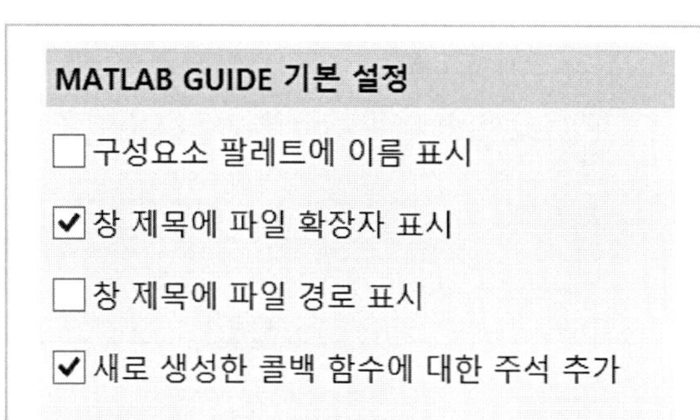

<표4a>에서의 항목 설정을 <표4b>와 같은 항목 설정으로 변경하고 박스 하단에 <확인> 버튼을 클릭한다.

표4b

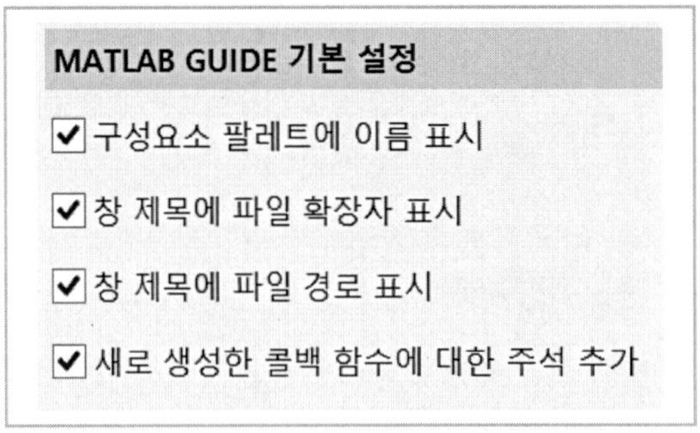

위 <표4b>와 같은 설정 변경으로 레이아웃 에디터의 왼쪽에 위치한 팔레트가 <표4c>와 같이 변경된다.

표4c

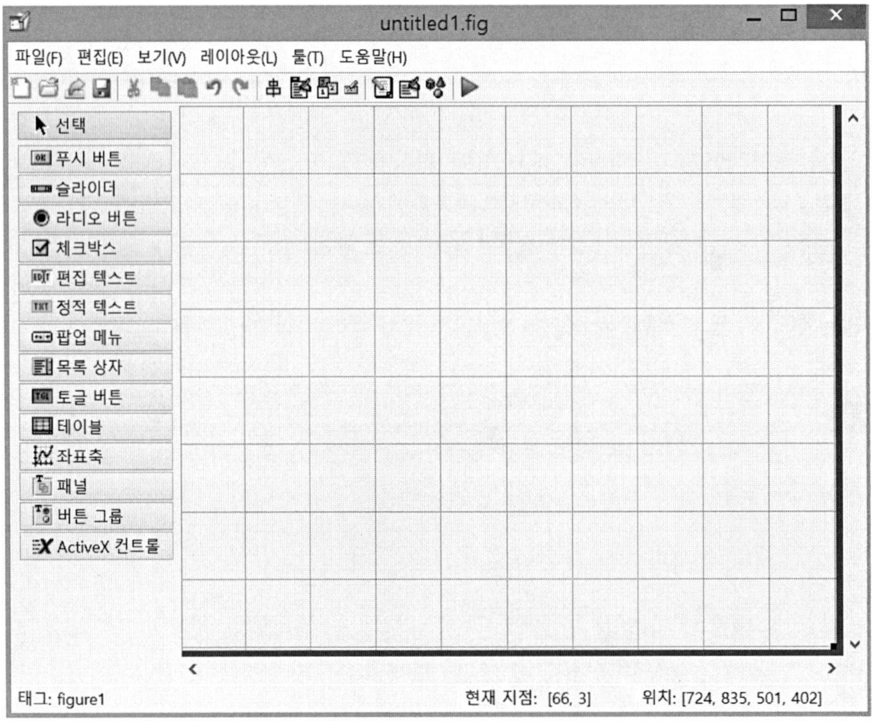

<2 단계> GUImyball.fig 와 GUImyball.m 파일 생성

위 <표4c>와 같이 레이아웃 에디터가 주어졌을 때, 상단에 위치한 메뉴바에서

<파일>-<다른 이름으로 저장>

항목을 선택하여 GUImyball.fig 파일명으로 저장하면 추가로 GUImyball.m 파일이 <현재 폴더>에 자동 생성된다. GUImyball.m 파일의 내용은 다음 <표5>에 주어진 세 개의 함수로 구성된다.

표5

```
function varargout = GUImyball(varargin)
function GUImyball_OpeningFcn(hObject, eventdata, handles, varargin)
function varargout = GUImyball_OutputFcn(hObject, eventdata, handles)
```

간략히 그 특징을 요약하면

- GUImyball:
  GUImyball의 제목을 가진 GUI 창(window)를 생성하는 주 함수(primary function)이다.
- GUImyball_OpeningFcn:
  GUI 창이 처음 생성될 때 초기화 과정과 관련된 내용이 포함될 수 있는 지역 함수(local function)이다.
- GUImyball_OutputFcn:
  출력 변수로 셀 배열을 사용하고 있고 명령창에 어떤 내용을 출력하고자 할 때 이용하는 지역 함수이다.

다음으로 레이아웃 에디터 상단에 있는 메뉴바에서

<툴>-<실행> (또는 툴바 오른쪽 끝에 위치한 아이콘 ▶ 을 선택)

항목을 클릭하면 <표5a>와 같은 어떤 내용도 없는 GUI 창이 출력된다.

표5a

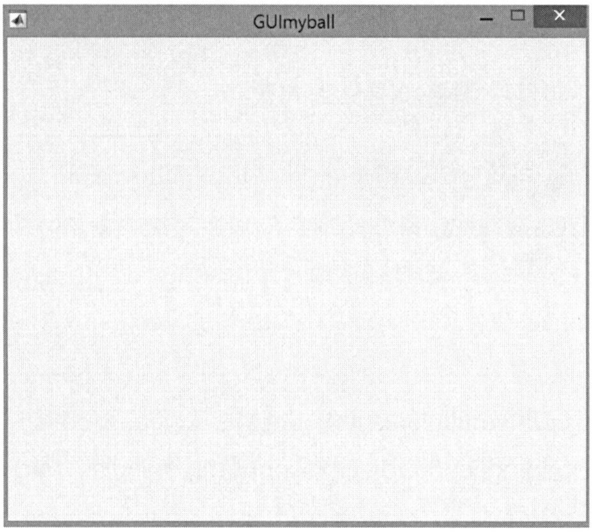

<3 단계> GUI figure panel 구성하기

레이아웃 에디터에 있는 GUI figure panel을 다음 <표6>과 같이 구성한다.

표6

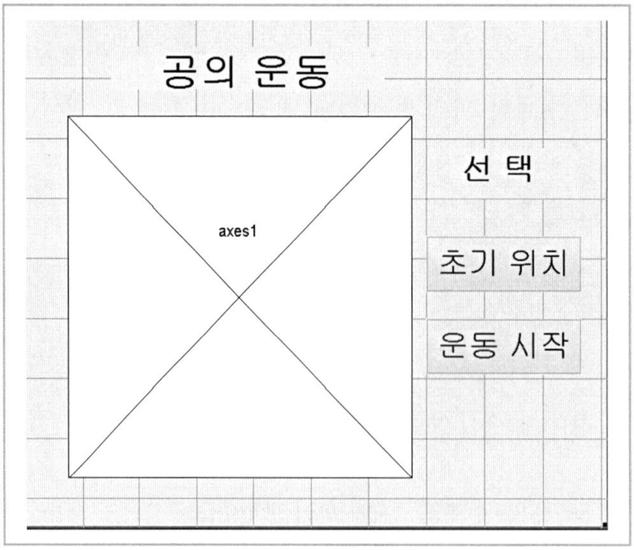

위 <표6>과 같은 GUI figure panel 조합을 만들기 위하여 다음 ①-③의 내용으로 세 가지 종류의 UI 구성요소가 이용 된다:

① 정적 텍스트: 공의 운동, 선택

② 좌표축: axes1

③ 푸시 버튼: 초기 위치, 운동 시작

위 <표6>의 GUI figure panel에서 가장 위쪽에 위치한 객체(공의 운동)를 만드는 방법은 다음 ⓐ-ⓓ의 내용을 따르면 된다.

ⓐ 레이아웃 에디터의 왼쪽에 있는 팔레트에서 <정적 텍스트>를 마우스로 클릭하고 그 클릭한 상태를 유지하며 드래그(drag)하여 <표6>과 같이 GUI figure panel의 가장 위쪽에 위치시킨다.

ⓑ GUI figure panel로 이동된 <정적 텍스트>를 더블클릭하면 속성 인스펙터(property inspector) 박스가 화면에 출력된다.

ⓒ 속성 인스펙터 박스의 첫 번째 열은 속성 이름(property name)이 주어졌고 두 번째 열에는 대응하는 속성 값(value)이 주어져있다.

ⓓ 화면에 출력된 속성 인스펙터 박스에서 다음 <표6a>의 내용으로 설정한다.

표6a

속성 이름	Fontsize	String	Tag	FontWeight
첫 번째 객체 (공의 운동)	25	공의 운동	text1	bold

위와 같은 방식을 적용하여 아래 <표6b>의 내용으로 각 객체의 속성 값을 설정한다.

표6b

속성 이름	Fontsize	String	Tag	FontWeight
두 번째 객체(axes1)	10		axes1	normal
세 번째 객체(선택)	20	선 택	text2	bold
네 번째 객체(초기 위치)	20	초기 위치	pushbutton1	normal
다섯 번째 객체 (운동 시작)	20	운동 시작	pushbutton2	normal

위와 같이 객체의 속성 값에 대한 설정을 끝내면 앞 <표6>과 같은 GUI figure panel이 된다. 다음으로 레이아웃 에디터에서 GUI figure panel 위에 위치한 실행 버튼 ▶을 클릭한다. 결과로서 다음 <표6c>와 같은 창이 화면에 출력된다.

표6c

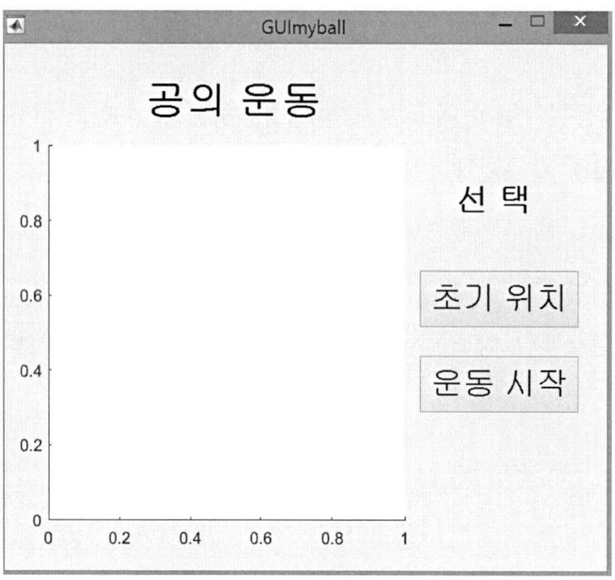

또한, GUImyball.m 파일의 내용이 다음 <표6d>와 같이 구성된다. 위 <표5>의 내용과 비교하면 pushbutton1_Callback와 pushbutton2_Callback 지역 함수가 추가되었다.

표6d

```
function varargout = GUImyball(varargin)
function GUImyball_OpeningFcn(hObject, eventdata, handles, varargin)
function varargout = GUImyball_OutputFcn(hObject, eventdata, handles)
function pushbutton1_Callback(hObject, eventdata, handles)
function pushbutton2_Callback(hObject, eventdata, handles)
```

<4 단계> GUI 창에서 공의 운동 구현

앞 <표6c>에 주어진 GUI 창에서 오른쪽에 있는 [초기 위치] 버튼과 [운동 시작] 버튼이 각각 다음과 같이 작동하도록 만들 것이다.

[초기 위치]: 이 버튼을 클릭하면 왼쪽 좌표축에 공이 표시되도록 만들 것이다. 즉 공이 상하로 운동을 시작하기 바로 전인 높이 10의 위치(이번 설 후반부의 내용인 〈표13〉에서 제공된 GUI 창을 참고)에 공을 표시한다.

[운동 시작]: 이 버튼을 클릭하면 공이 상하로 진동하는 움직임을 보여주다가 정지하는 시뮬레이션(이번 절 후반부의 내용인 〈표14〉에서 제공된 GUI 창을 참고)을 볼 수 있다.

위와 같이 GUI 창이 작동하도록 만들기 위하여 다음 ①-⑥ 단계의 내용을 따른다.

① GUImyball.m 파일 내용 중에 GUImyball_OpeningFcn 지역함수를 아래 <표7>과 같이 '% varargin ... '로 시작하는 줄 다음 줄에 아래 내용을 추가한다.

```
global mystep
mystep = 2;
handles.myball = varargin{1};
```

위 박스 안의 명령은 다음 두 가지 내용을 수행한다:

- 첫 번째: 전역 변수 mystep을 정의하였다. 나중에 GUI 창을 실행할 때에 에러 발생을 방지하는 데에 이용된다.
- 두 번째: <명령 창>에서 GUImyball.m 파일을 실행하면서 전달되는 데이터를 특수 입력 변수(varargin)를 매개로 하여 handles.myball 변수에 저장한다.

표7

```
% --- Executes just before GUImyball is made visible.
function GUImyball_OpeningFcn(hObject, eventdata, handles, varargin)
% This function has no output args, see OutputFcn.
% hObject    handle to figure
% eventdata  reserved - to be defined in a future version of MATLAB
% handles    structure with handles and user data (see GUIDATA)
% varargin   command line arguments to GUImyball (see VARARGIN)

global mystep
mystep = 2;
handles.myball = varargin{1};

% Choose default command line output for GUImyball
handles.output = hObject;

% Update handles structure
guidata(hObject, handles);
```

② GUImyball.m 파일 내용 중에 pushbutton1_Callback 지역함수를 아래 <표8>과 같은 내용으로 수정한다.

표8

```
% --- Executes on button press in pushbutton1.
function pushbutton1_Callback(hObject, eventdata, handles)
% hObject    handle to pushbutton1 (see GCBO)
% eventdata  reserved - to be defined in a future version of MATLAB
% handles    structure with handles and user data (see GUIDATA)

global p xposition mystep
mystep = 1;
xposition = 3;
ballstart = handles.myball.Data(1);
p=plot(xposition,ballstart,'o','markeredgecolor','k', ...
      'markerfacecolor','r', 'MarkerSize',20);
axis([0 2*xposition -2 13]);
groundline = line([2 4], [-0.8 -0.8], 'linewidth',8);
axis off
```

③ GUImyball.m 파일 내용 중에 pushbutton2_Callback 지역함수를 아래 <표9>의 내용으로 수정한다.

표9

```
% --- Executes on button press in pushbutton2.
function pushbutton2_Callback(hObject, eventdata, handles)
% hObject    handle to pushbutton2 (see GCBO)
% eventdata  reserved - to be defined in a future version of MATLAB
% handles    structure with handles and user data (see GUIDATA)

global p xposition mystep
if mystep == 1
```

```
 n = length(handles.myball.Time);
 for ind = 1:n
  set(p,'XData', xposition,'YData',handles.myball.Data(ind));
  pause(0.05);
 end
else
 msgbox('[초기 위치] 클릭 먼저!','순서','warn');
end
---------------------------------------------------------
```

④ 위의 ③의 내용까지 완료하고 <현재 폴더>에 아래 세 개의 파일이 있는지 확인한다.

ch3p3p4a.slx GUImyball.m GUImyball.fig

⑤ <명령 창>에서 아래 <표10>의 내용으로 실행하여 <표10a>와 같이 <작업 공간>에 MyBall 변수가 만들어진 것을 확인한다.

표10

```
---------------------
>> clear; clc;
>> g = 9.8
g =     9.8000
>> sim('ch3p3p4a.slx')
---------------------
```

표10a

작업 공간

이름	값
g	9.8000
MyBall	*1x1 double timeseries*
tout	*214x1 double*

⑥ 위 ⑤의 내용을 완료하고 <명령 창>에서 계속 아래와 같이 실행한다.

```
>> GUImyball(MyBall)
```

실행 결과로서, 앞 <표6c>과 동일한 GUI 창(GUImyball)이 다시 화면에 <표11>과 같이 출력된다.

표11

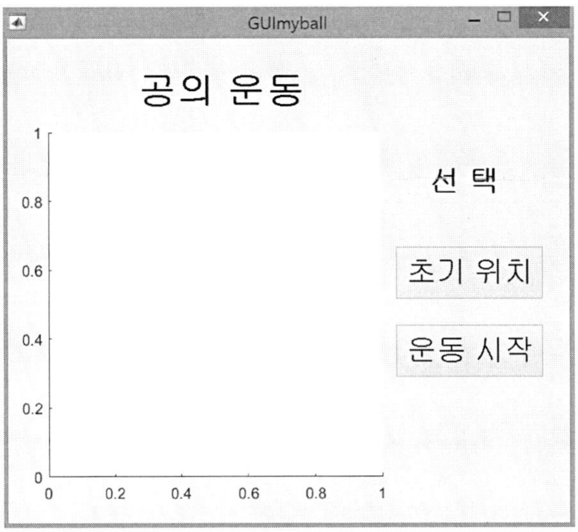

<표11>에 제공된 GUI 창의 오른쪽에 위치한 [초기 위치] 버튼을 먼저 클릭하지 않고 그 아래에 위치한 [운동 시작] 버튼을 먼저 클릭하면 <표12>와 같은 경고 메시지 박스가 화면에 출력된다.

표12

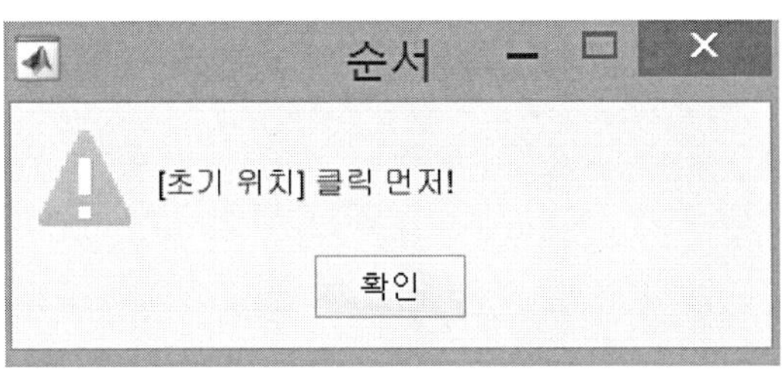

위 <표12>에 주어진 경고 메시지의 권고 사항대로 GUI 창에서 [초기 위치] 버튼을 클릭하면 <표13>와 같이 GUI 창의 왼쪽에 진동하기 전의 공이 표시될 것이다.

표13

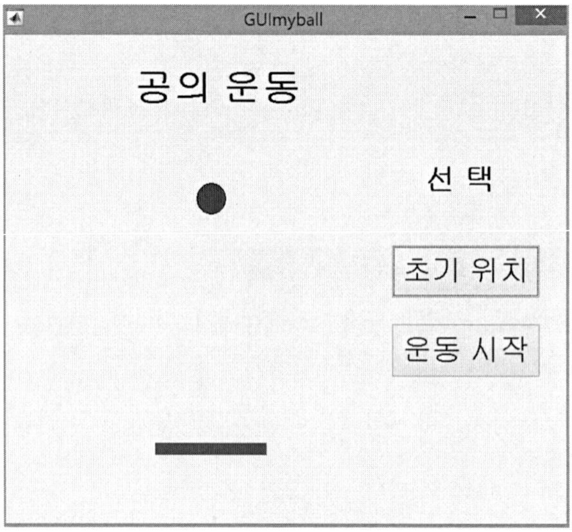

다음으로 [운동 시작] 버튼을 클릭한다. 공이 상하 운동을 하게 되고 잠시 뒤에 공이 정지한다. <표14>는 공이 운동을 끝내고 정지한 상태를 보여준다.

표14

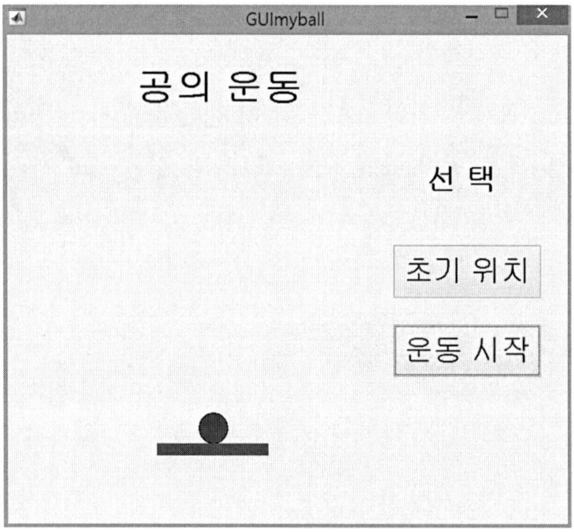

여기까지의 내용으로 <Part 2>를 종료한다. GUI와 관련된 내용을 좀 더 자세히 알고 싶은 경우에는 [LEN], [MAT], [김2], [여], [임1], [임2]를 참고하길 바란다.

3.4 Euler 방법(MATLAB Function 블록 활용)

3.4.1 이론적 내용 설명

정의역의 범위 $0 \le t \le 2$에 대해서 아래 ㉮와 같이 주어진 1계 미분방정식

㉮ $$\frac{dy}{dt} - y = 2 - t\sin(t), \quad y(0) = 1/2$$

의 해인 $y(t)$를 dsolve 명령어를 이용하여 구해본다. 즉, 아래 <표1>에 주어진 내용을 <명령 창>에서 실행한다.

표1

```
clear, clc
syms y(t)
cond = [y(0)==1/2];
sol=dsolve( diff(y, t) - y == 2 - t*sin(t), cond);
y = simplify(sol)
hold on
yg = fplot(y,[0 2]);
set(yg,'linewidth',2,'linestyle','-','color','k');
title('₩bf₩fontsize{14} Graph of y(t)');
xlabel('₩bf₩fontsize{14} t');
str1 = '$₩bf dy/dt - y = 2 - t sin(t)   $';
str2 = '$₩bf y(0) = 1/2 $';
text(0.5, 10, str1,'interpreter','latex','fontsize',15);
text(0.5, 8, str2,'interpreter','latex','fontsize',15);
```

위 <표1>의 내용을 실행하면 ㉮에 주어진 미분 방정식의 해인 $y(t)$가 <표2>와 같이 변수명 y로 <명령 창>에 출력된다. <표2>와 같이 dsolve 명령어에 의하여 구해진 미분 방정식의 해(solution)에 이론해라는 명칭을 쓰도록 한다.

표2

```
y = cos(t)/2 + 2*exp(t) + (t*cos(t))/2 + (t*sin(t))/2 - 2
```

또한 이론해 $y(t)$에 대응하는 그래프도 <표3>과 같이 구해진다.

표3

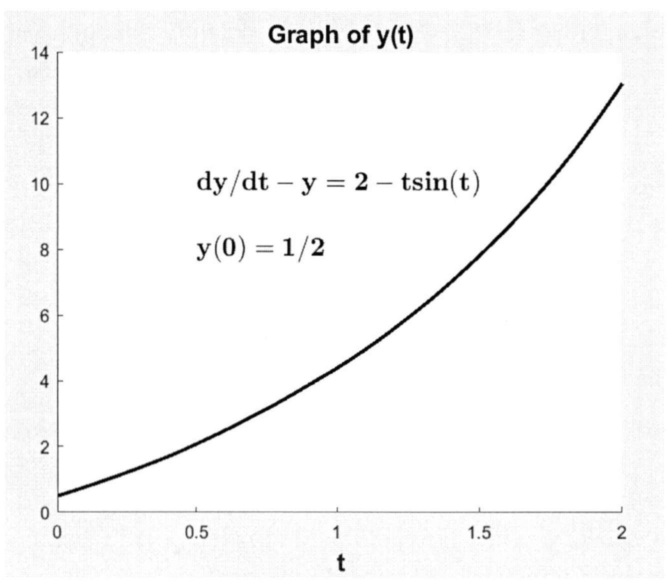

한편, 위 ㉮에 주어진 미분 방정식의 수치해를 수치적 해법인 Euler 방법을 적용하여 구할 수 있다. 1계 미분방정식이 초기치 문제(Initial-Value Problem)로서

㉯ $$\frac{dy}{dt} = f(t,y),\ \ a \le t \le b,\ \ y(a) = k$$

와 같이 주어졌을 때, 이 문제에 대한 Euler 방법은

㉰ $$w_0 = y(t_0) = k$$
$$w_{i+1} = w_i + hf(t_i, w_i)$$

이다. 이 Euler 방법에 대한 유도과정과 그 의미를 자세히 알고자 하면 [BUR], [CHE]를 참고하길 바란다. 위의 식 ㉰에서 t_i는 정의역 $[a, b]$을 N등분하였을 때 생성되는 분할점(또는 노드점)이고 h는 분할점 사이의 거리이다. 즉 다음과 같이 정의된다.

$$h = \frac{b-a}{N}, \quad t_i = a + ih \quad (i = 0, 1, 2, \ldots, N)$$

따라서, 각각의 t_i 에 대하여 구해진 w_i는 ㉯에 주어진 초기치 문제의 수치해가 된다(이때 $i = 0, 1, 2, \ldots, n$ 이다). 위의 내용과 기호를 이용하여 이론해와 수치해의 관계를 간단히 표현하면 다음과 같다:

정의역의 분할점인 각각의 t_i에서 구한 수치해 w_i는 이론해 $y(t_i)$의 근삿값이다.

다음 절에서는 Euler 방법이 적용된 프로그램을 이용하여 ㉮에 주어진 초기치 문제의 수치해를 직접 구할 것이다.

3.4.2 함수형 M-파일을 이용한 수치해 구하기

앞 절에서 다룬 초기치 문제

㉮ $$\frac{dy}{dt} - y = 2 - t\sin(t), \quad y(0) = 1/2, \quad 0 \le t \le 2$$

의 수치해를 Euler 방법이 적용된 함수형 M-파일을 작성하여 구할 것이다. 다음 <표1>에 주어진 내용을 MyFcn.m 파일명으로 <현재 폴더>에 저장한다. 저장하는 방법은 아래 ①-③의 절차를 따른다.

① 매틀랩 초기 화면에서 상단에 위치한 새 스크립트 아이콘

을 클릭하여 Matlab 편집기를 연다.

② 아래 〈표1〉의 내용을 Matlab 편집기에 입력한다.

③ 입력을 끝내고 MyFcn.m 파일명으로 〈현재 폴더〉 위치에 저장한다.

아래 <표1>에 제공된 MyFcn.m 파일은 Euler 방법을 구현하는 최적화된 함수형 M-파일은 아니다. 이 파일(MyFcn.m)의 입력인자와 출력인자를 분석하면 다음 3.4.3절에서 설명하고 있는 <MATLAB Function> 블록의 사용 방법을 이해하는데 도움을 받을 수 있다. 즉 <MATLAB Function> 블록에서 사용하는 함수형 M-파일의 특징을 이해할 수 있다. 나중에 3.4.3절의 내용을 공부한 뒤에 다시 여기로(3.4.2절)와서, Euler 방법이 적용될 때 대응하는 양쪽의 내용을 비교하여 이해하길 바란다.

표1

```
function [t w] = MyFcn(a,b,h,initialval)
t = (a:h:b)';
n = length(t);
w = initialval*ones(n,1);
for k = 1:n-1
 w(k+1)= w(k) + h*(w(k) + 2 - t(k)*sin(t(k)));
end
```

<현재 폴더> 위치에 MyFcn.m 파일을 저장하고 계속해서 다음 <표2>의 내용을 <명령 창>에서 실행한다.

표2

```
 1: clear, clc
 2: hold on
 3: a = 0; b = 2; N = 10; k = 1/2;
 4: h = (b-a)/N;
 5: [t, y] = MyFcn(a, b, h, k);
 6: disp([t,y])
 7: gone = plot(t,y,'k-o');
 8: set(gone,'linewidth',2,'MarkerSize', 8)
 9: solone = 'cos(t)/2 + 2*exp(t) +';
10: soltwo = '(t*cos(t))/2 + (t*sin(t))/2 - 2';
11: gtwo = ezplot([solone soltwo],[0,2]);
12: set(gtwo,'linestyle',':','linewidth',2,'color','k');
13: text(0.8,8,'점선 : 이론해','fontsize',15)
14: text(1.1,3,'실선 : Euler Method','fontsize',15)
15: title('₩bf₩fontsize{13} 이론해와 수치해(Euler)')
```

실행하면 두 가지 종류의 출력이 만들어진다. 첫 번째, <표2>의 내용에서 6번째 줄에 있는

```
disp([t,y])
```

명령문에 의하여 다음 <표3>과 같은 내용이 <명령 창>에 출력되어 있을 것이다. 첫 번째 열은 정의역 $0 \le t \le 2$ 의 분할점(점 사이 간격은 0.2)이고 두 번째 열은 각 분할점에 대응하는 수치해(Euler 방법에 의한)이다.

표3

t	Euler
0	0.5000
0.2000	1.0000
0.4000	1.5921
0.6000	2.2793
0.8000	3.0674
1.0000	3.9661
1.2000	4.9911
1.4000	6.1656
1.6000	7.5228
1.8000	9.1074
2.0000	10.9784

두 번째, 다음 <표4>에 주어진 <그림 창>이 출력될 것이다. Euler 방법에 의한 수치해 y가 <표2>의 5번째 줄에 있는 명령문

```
[t, y] = MyFcn(a, b, h, k);
```

에 의하여 구해진다. 이 수치해 y는 <표2>의 7번째 줄에 있는 명령문

```
gone = plot(t,y,'k-o');
```

에 의하여 다음 <표4>에서와 같이 실선(동그라미 마커가 있는)으로 그려진다. 비교를 위하여 앞 ㉮식의 이론해도 <표4>에서 점선으로 표시되었다. 이 점선은 <표2>의 11번째와 12번째 줄에 있는 명령문으로 표시된다. 또한 이 점선을 앞 3.4.1절의 <표3>에 제공된 그래프와 비교하면 동일한 것임을 확인할 수 있다.

표4

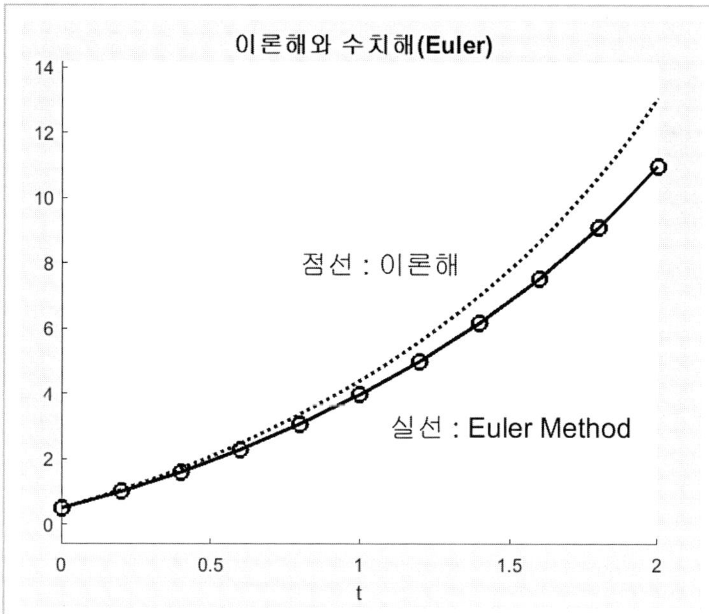

3.4.3 블록선도 완성과 영속 변수(Persistent Variables)

앞 3.4.2절에서는 초기치 문제의 해에 대응하는 수치해를 함수형 M-파일을 이용하여 구했는데 이번 절에서는 블록선도를 이용하여 구하여 본다. 즉, 정의역 $0 \le t \le 2$에 대해서 아래와 같이 주어진 1계 미분방정식

㉮ $$\frac{dy}{dt} - y = 2 - t\sin(t), \quad y(0) = 1/2$$

의 해인 $y(t)$를 <MATLAB Function> 블록을 사용하여 구할 것이다. 지금부터 위 ㉮에 주어진 미분방정식의 해를 구하는 블록선도를 아래의 절차에 따라 생성하여 본다.

(1) 매틀랩 초기화면 상단에 위치한 도구바에서 아이콘 을 선택하여 Simulink 에디터를 화면에 출력한다.

(2) Simulink Library Browser 박스에 있는 [Source], [User-Defined Functions], [Sinks] 라이브러리에서 아래의 블록들을 사용할 것이다.

- [Source] 라이브러리: 〈Clock〉 블록, 〈Constant〉 블록
- [User-Defined Functions] 라이브러리: 〈MATLAB function〉 블록
- [Sinks] 라이브러리: 〈To Workspace〉 블록

(3) 위 (2)의 단계에서 소개한 블록들을 이용하여 Simulink 에디터 내부에 다음 <표1>과 같이 배치하고 ch3p4a.slx 파일명으로 저장한다.

표1 ch3p4a.slx

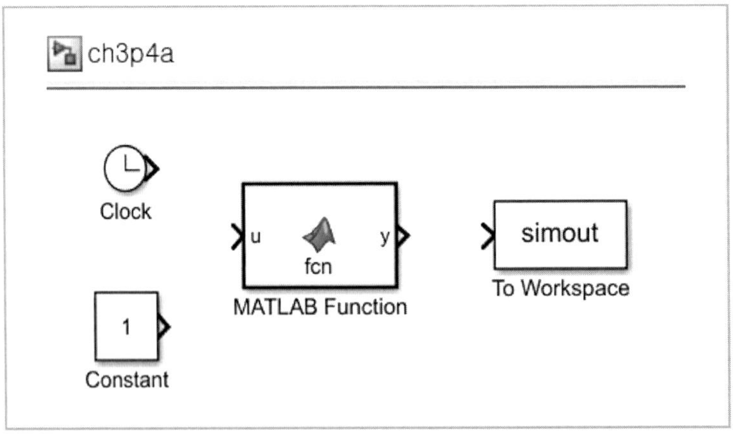

(4) 위 <표1>과 같이 배치된 블록 각각에 대한 항목을 다음 ①-④의 내용으로 설정한다.

① **<Clock> 블록**: 위 ㉮에 주어진 식에서 정의역 변수 t에 대응한다. 어떤 변경 없이 초기 환경을 그대로 유지한다. <Clock> 블록을 더블 클릭하면 <Block Parameters: Clock> 박스가 출력되고 이 박스 안에 있는 항목 설정과 관련된 내용은 2.1.2절의 <표2>와 이 표에 대한 설명을 참고한다.

② **<Constant> 블록**: <Block Parameters: Constant> 박스에서 <Constant value> 항목의 값으로 h를 다음 <표2>와 같이 입력하고 박스 하단에 <Apply> 버튼을 클릭한

다. h는 정의역의 분할점 사이의 간격이다. 입력 시, <표2>에서와 같이 h 옆에 경고 마크가 보일 수 있다. 나중에 환경 설정이 끝나면 경고 마크는 사라지게 된다.

표2

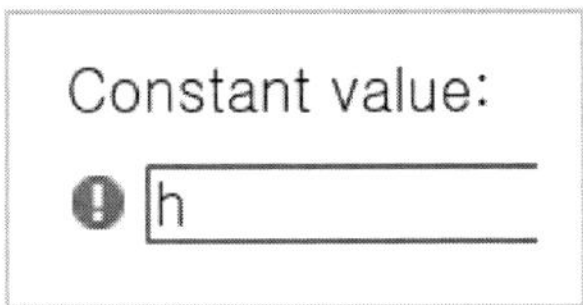

③ **<MATLAB Function> 블록**: 이 블록을 더블 클릭하면 <표3>과 같은 내용을 보여주는 Matlab 편집기가 화면에 출력된다.

표3

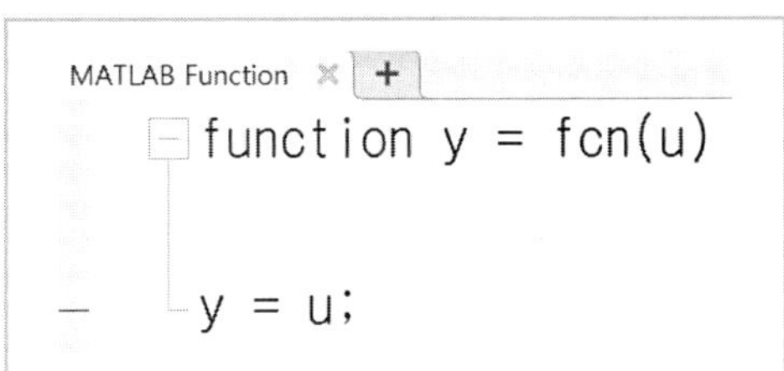

위 <표3>에 주어진 Matlab 편집기의 내용을 <표4>와 같이 변경하고 저장한다. <표4>의 내용 중 두 번째 줄에 나오는 영속(persistent) 변수인 EulerValper에 대한 추가적인 내용은 이번 절의 후반부에 제공된다.

표4

```
function EulerValues = EulerFcn(t,h)
persistent EulerValper
if (isempty(EulerValper))
  EulerValper = 1/2;
  EulerValues = EulerValper;
else
  t = t-h;
  EulerValper = EulerValper + h*(EulerValper + 2 - t*sin(t));
```

```
    EulerValues = EulerValper;
  end
  end
```

위 <표4>와 같이 저장 후, <표1>에 주어진 블록선도를 다시 보면 <MATLAB Function> 블록이 아래와 같이 변경되어 있을 것이다.

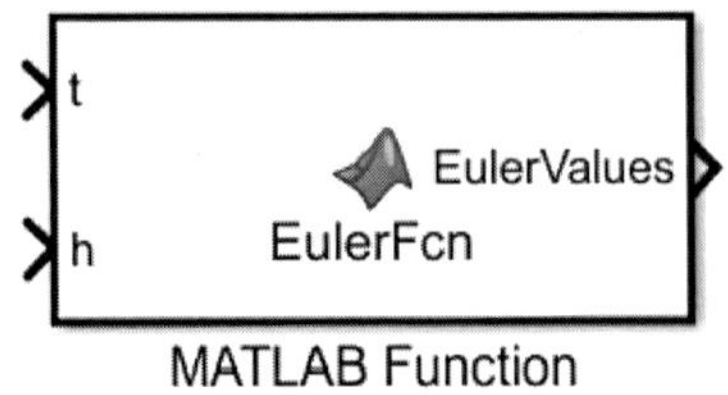

④ **<To Workspace> 블록**: <Block Parameters: To Workspace> 박스에서 항목 <Variable name>의 값을 아래 <표5>와 같이 MyEuler로 설정하고 박스 하단에 위치한 <OK> 버튼을 클릭한다. 나머지 항목은 변경하지 않는다. 즉, <Save format> 항목의 값이 Timeseries로 설정된다. 이 블록과 관련된 좀 더 자세한 설명은 앞 1.2.2절에서 <표13>의 내용을 참고한다.

표5

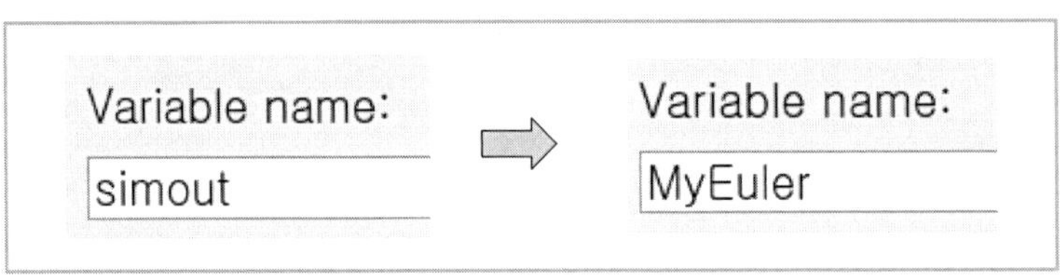

(5) 위 (4)의 단계에서 설명한 내용으로 블록 설정을 완료한 뒤에 블록들을 <표6>과 같이 연결한다.

표6

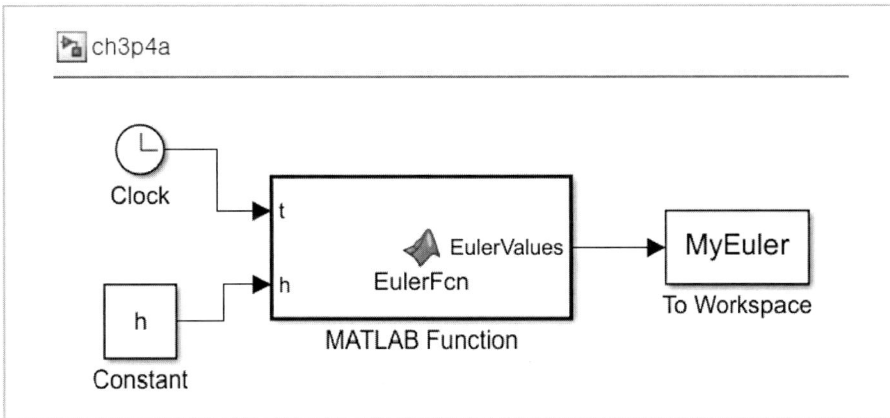

다음으로 <표6>에 제공된 블록선도(ch3p4a.slx)가 있는 Simulink 에디터의 상단에 위치한 메뉴바에서

〈Simulation〉-〈Model Configuration Parameters〉

항목을 클릭하면 <Configuration Parameters: ch3p4a/Configuration(Active)> 박스가 <표7>과 같이 출력된다.

표7

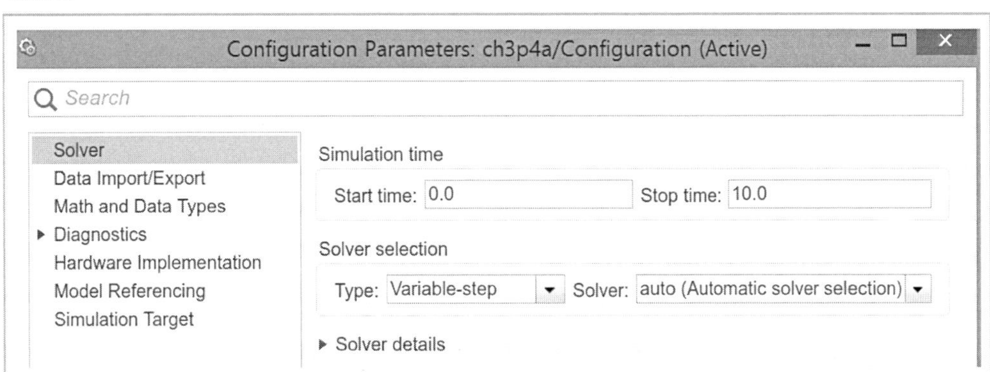

<표7>에서의 항목 설정값을 <표8>과 같이 변경하고 박스 하단에 <OK> 버튼을 클릭한다. 즉, 다음과 같이 변경 설정한다.

- Start time: a
- Stop time: b
- Type: Fixed-step
- Fixed-step size: h

나머지 항목은 초기 설정을 유지한다.

표8

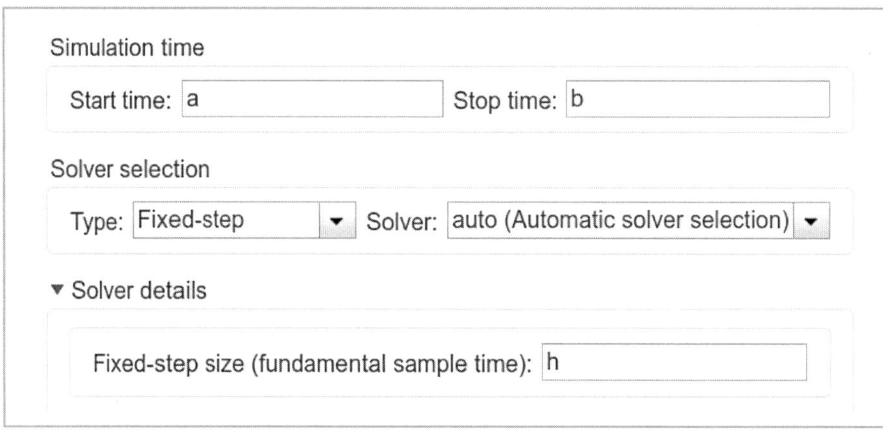

(6) 위의 (1)-(5) 단계가 완료되었으면 <표6>에 주어진 블록선도를 실행할 수 있는 상황이 되었다. 아래 <표9>에 주어진 내용을 <명령 창>에서 실행한다.

표9

```
>> a =  0;
>> b = 2.0;
>> h = 0.2;
```

다음으로 위의 (5) 단계까지 완료된 블록선도(ch3p4a.slx)가 있는 Simulink 에디터에서 실행 버튼 ▶을 클릭한다. 실행이 종료된 뒤에 <작업 공간>을 보면 <표10>과 같은 결과를 보여준다.

표10

작업 공간

이름	값
a	0
b	2
h	0.2000
MyEuler	*1x1 double timeseries*
tout	*11x1 double*

위 <표10>에 주어진 <작업 공간>에서 MyEuler 변수를 더블클릭하면 <표11>과 같이 위 ㉮식에 대한 수치해(Euler 방법에 의한)의 결과를 볼 수 있다. MyEuler 변수의 첫 번째 열에는 정의역의 분할점(Euler 방법이 적용되는)이 주어졌고 각각의 분할점에 대응하는 수치해가 두 번째 열에 제공되었다.

표11

MyEuler

1x1 double timeseries

시계열 이름:

시간	데이...
0	0.5000
0.2000	1
0.4000	1.5921
0.6000	2.2793
0.8000	3.0674
1	3.9661
1.2000	4.9911
1.4000	6.1656
1.6000	7.5228
1.8000	9.1074
2	10.9784

(7) 위 (6)의 단계까지 종료된 뒤에 다음 <표12>에 주어진 내용을 <명령 창>에서 실행한다. 그 결과로 <표13>과 같은 그래프가 화면에 출력된다.

표12

```
% Graph by dsolve
hold on
syms y(t)
cond = [y(0)==1/2];
sol=dsolve( diff(y, t) - y == 2 - t*sin(t), cond);
y = simplify(sol);
yg = fplot(y,[0 2]);
set(yg,'linewidth',2,'linestyle',':','color','k');
% Graph by Euler
EulerGraph = plot(MyEuler.Time, MyEuler.Data);
set(EulerGraph,'linewidth',2,'color','k');
set(EulerGraph,'Marker','o','MarkerSize', 8);
title('₩bf₩fontsize{13} 이론해와 MATLAB fcn 블록에 의한 해(Euler)');
str1 = '$₩bf dy/dt - y = 2 - t sin(t)  $';
str2 = '$₩bf y(0) = 1/2, 0 ₩leq t ₩leq 2 $';
text(0.1, 9.5, str1,'interpreter','latex','fontsize',15);
text(0.1, 8.5, str2,'interpreter','latex','fontsize',15);
%
LD = legend('이론해','Euler');
set(LD,'location','Northwest');
grid on
```

표13

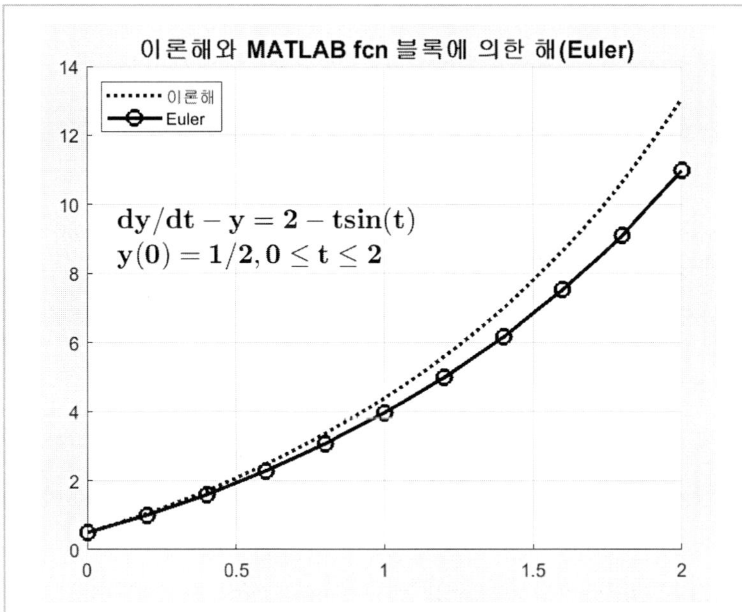

위 <표13>에서 볼 수 있는 점선(이론해)은 3.4.1절에서 구했던 이론해(dsolve 명령어 이용)이고 동그라미 마커가 있는 실선(Euler)은 <표6>에 제공된 블록선도(ch3p4a.slx)에 의하여 구해진 해(앞 ㉮식에 주어진 초기치 문제에 대한)이다. <MATLAB fcn> 블록을 이용하여 구한 해에 대응하는 실선(동그라미 마커가 있는)은 3.4.2절에서 구한 수치해와 동일함을 알 수 있다. 다음 내용은 영속 변수에 대한 추가적인 내용이다.

❑ 참고 내용: 영속 변수(persistent variables)

위 <표4>의 내용이 EulerFcn.m 파일명을 가진 함수형 M-파일로 저장되어 있다고 가정하자. 따라서 함수(EulerFcn.m) 내부에 EulerValper 변수가 영속(persistent) 변수로 정의되었다. 영속 변수 사용 시 주의할 점은 다음 ①-④의 내용과 같다.

① 영속 변수가 처음으로 선언이 되면 빈 행렬(empty matrix)로 초기화된다. 현재 작업공간(Workspace)에 영속 변수 명칭(이름)과 동일한 변수 이름이 존재하면 안 된다. 또한, 함수의 입력 인자 또는 출력 인자로서 영속 변수를 사용하여도 안 된다.

② 영속 변수가 어떤 함수에서 정의되면 그 함수 내부에서만 인식이 되는 지역(local) 변수이다. 따라서 EulerValper 변수는 <표4>에 주어진 함수(EulerFcn.m) 내부에서만 이용될 수 있다.

③ 매틀랩은 영속 변수에 대한 저장 공간을 따로 만들어 변수 내용을 계속 유지한다. 예를 들어, 함수(EulerFcn.m)가 종료되어도 영속 변수인 EulerValper에 저장되어 있는 내용은 사라지지 않고 기억되고 있다가 함수(EulerFcn.m)가 다시 시작되면 마지막에 저장된 영속 변수(EulerValper)의 내용이 계속 사용(초기화 된 상태에서 다시 시작되는 것이 아니고)된다.

④ 영속 변수에 저장된 내용이 함수(영속 변수가 선언된) 종료 후에도 기억된다는 점에서는 전역(global) 변수와 같은 성질을 갖는다. 그러나 모든 함수에서 이용될 수 있는 전역 변수와는 달리 영속 변수는 선언된 함수에서만 이용된다. 이런 특성으로 인하여 영속 변수는 다른 함수(영속 변수가 선언되어 있지 않은)에 의하여 영향을 받지 않는다.

3.4.4 디버거(Debugger) 사용법 이해

3.4.4.1 문제 발생

❑ 초기치 문제

㉮ $$\frac{dy}{dt} - y = 2 - t\sin(t), \quad y(0) = 1/2, \quad 0 \le t \le 2$$

의 수치해를 Euler 방법이 적용된 함수형 M-파일(MyFcn.m)을 이용하여 구하면 다음 <표1>과 같다(앞 3.4.2절에서 <표1>, <표2>, <표3>의 내용 참고).

표1

t	Euler(수치해)
0	0.5000
0.2000	1.0000
0.4000	1.5921
0.6000	2.2793
0.8000	3.0674
1.0000	3.9661
⋮	⋮
2.0000	10.9784

다음으로 3.4.3절의 <표6>에서 완성한 ch3p4a.slx 파일을 다음 <표2>와 같이 ch3p4b.slx 파일명으로 변경하여 저장한다.

표2 ch3p4b.slx

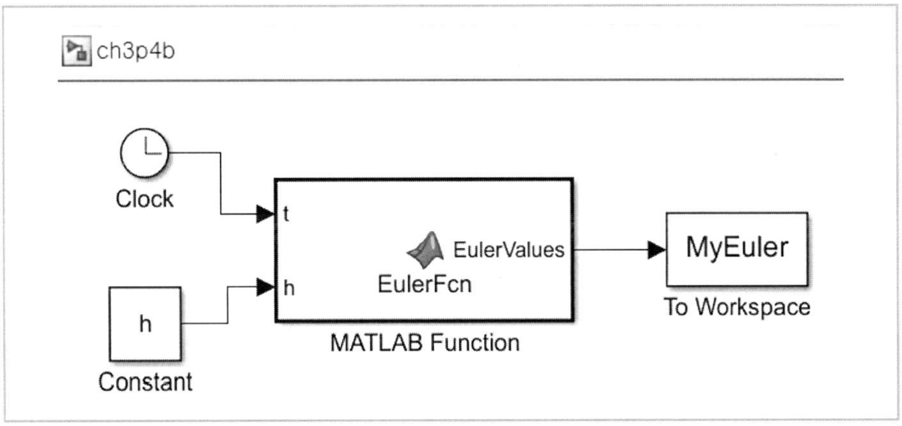

위 <표2>에 주어진 블록선도(ch3p4b.slx)에서 <MATLAB Function> 블록을 더블클릭하면 편집기가 열린다. 이 편집기에 <표3>의 내용을 입력하고 저장한다. 현재 단계에서는 기존 내용을 모두 삭제하고 새롭게 입력한다.

표3

```
function EulerValues = EulerFcn(t,h)
persistent EulerValper
if (isempty(EulerValper))
  EulerValper = 1/2;
  EulerValues = EulerValper;
else
  EulerValper = EulerValper + h*(EulerValper + 2 - t*sin(t));
  EulerValues = EulerValper;
end
end
```

위 <표2>에 주어진 블록선도를 이용하여 ㉮에 주어진 미분 방정식의 수치해를 구할 준비가 되었다. 다음 ①-③의 내용과 같이 진행하여 본다.

① 아래 <표4>의 내용을 <명령 창>에서 실행한다.

표4

```
---------------
>> clear, clc
>> a =  0;
>> b = 2.0;
>> h = 0.2;
---------------
```

② 위 <표2>에서 설명한 ch3p4b.slx 파일을 실행(Simulink 에디터 상단에 위치한 실행 아이콘 ▶ 을 클릭)한다. 이때 ch3p4b.slx 파일에 포함된 <MATLAB Function> 블록은 <표3>에 제공된 내용으로 저장되어 있다.

③ 블록선도(ch3p4b.slx)를 실행 후에 <작업 공간>을 보면 MyEuler 변수가 생성되어 있을 것이다. 이 변수를 더블클릭하면 다음 <표5>와 같은 결과가 출력된다. 이 결과와

위 <표1>의 내용을 비교하면 수치해에 대응하는 두 번째 열의 값에서 차이가 있음을 알 수 있다. 예를 들어, <표1>에 의하여 시간이 0.2 일 때 수치해는 1.0000 이고 <표5>에 의하여 시간 0.2 일 때 수치해는 0.9921 이다. 위 ㉮에 주어진 미분 방정식의 수치해를 구하기 위하여 수치적 해법인 Euler 방법을 함수형 M-파일(MyFcn.m: 앞 3.4.2절에서 <표1>의 내용 참고)과 <MATLAB Function> 블록 각각에 적용하였지만 다른 결과가 출력되는 문제가 발생되었다.

표5

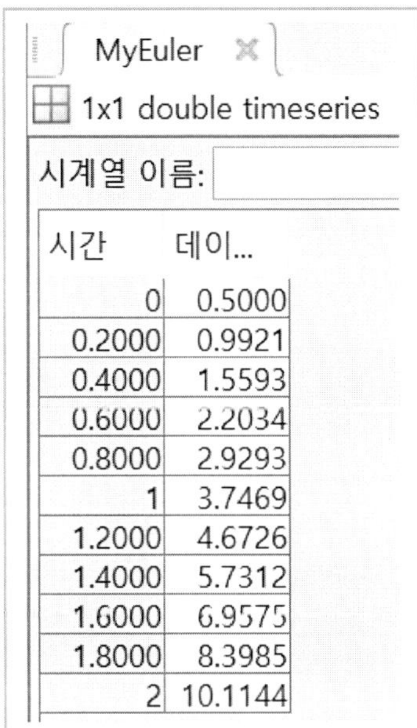
MyEuler

1x1 double timeseries

시계열 이름:

시간	데이...
0	0.5000
0.2000	0.9921
0.4000	1.5593
0.6000	2.2034
0.8000	2.9293
1	3.7469
1.2000	4.6726
1.4000	5.7312
1.6000	6.9575
1.8000	8.3985
2	10.1144

문제를 분석하는 방법의 하나로 디버거를 사용할 것이다. 즉 블록선도에서 위 <표5>와 같은 결과를 주는 과정을 디버거로 직접 확인(다음 3.4.4.2절에서)하여 볼 것이다.

3.4.4.2 디버거를 이용하여 문제 분석

Simulink가 제공하는 GUI 디버거(Debugger)를 이용하여 앞 3.4.4.1절의 <표2>에 주어진 블록선도(ch3p4b.slx)를 분석하여 보자. 다음 ①-⑫의 순서를 따른다.

① 앞 3.4.4.1절의 <표4>에서 제공되었던 내용과 동일한 다음 내용을 <명령 창>에서

우선적으로 실행한다.

```
-----------
>> clear, clc
>> a =  0;
>> b = 2.0;
>> h = 0.2;
-----------
```

② <현재 폴더>에 있는 ch3p4b.slx 파일(앞 3.4.4.1절의 <표2>에서 제공된)을 더블클릭하여 <표1>과 같이 Simulink 에디터를 연다.

표1

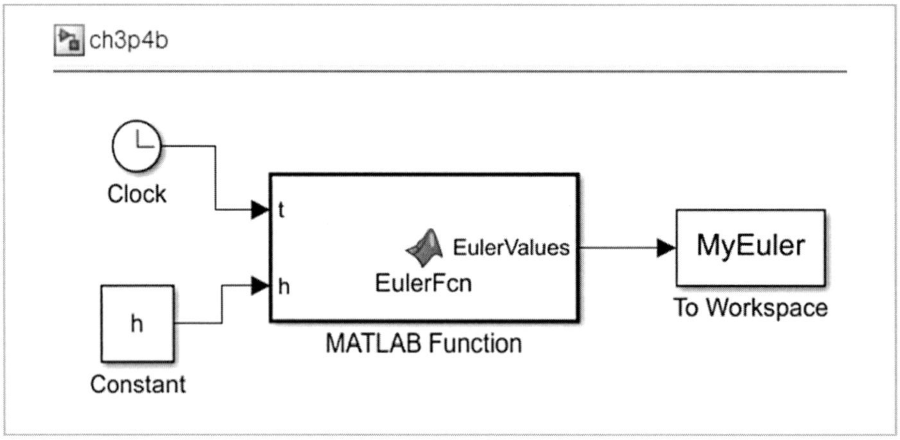

이때, Simulink 에디터의 상단에 위치한 메뉴바에서

〈Simulation〉-〈Model Configuration Parameters〉

항목을 클릭하면 화면에 출력되는 Configuration Parameters 박스가 <표1a>와 같이 설정되어 있는지 확인한다.

표1a

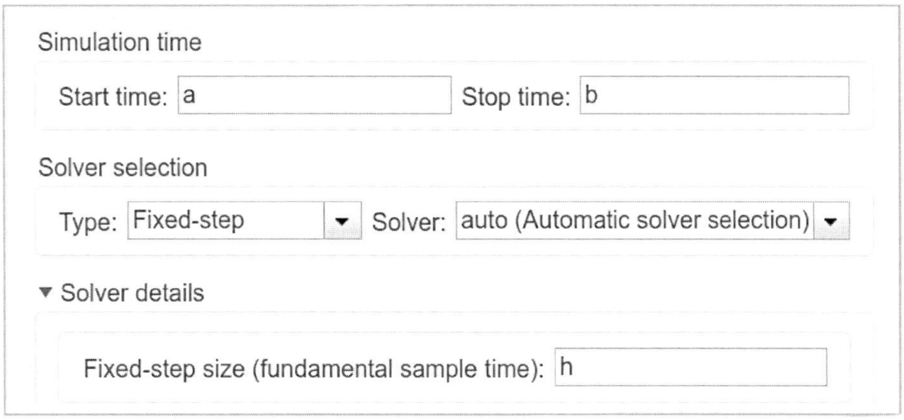

③ 다음으로 Simulink 에디터 상단 메뉴바에서

<Simulation>-<Debug>-<Debug Model>

항목을 선택하면 아래 <표2>와 같은 <Simulink Debugger: ch3p4b> 박스(이하 '디버거 박스'로 그 명칭을 정함)가 화면에 출력된다.

표2

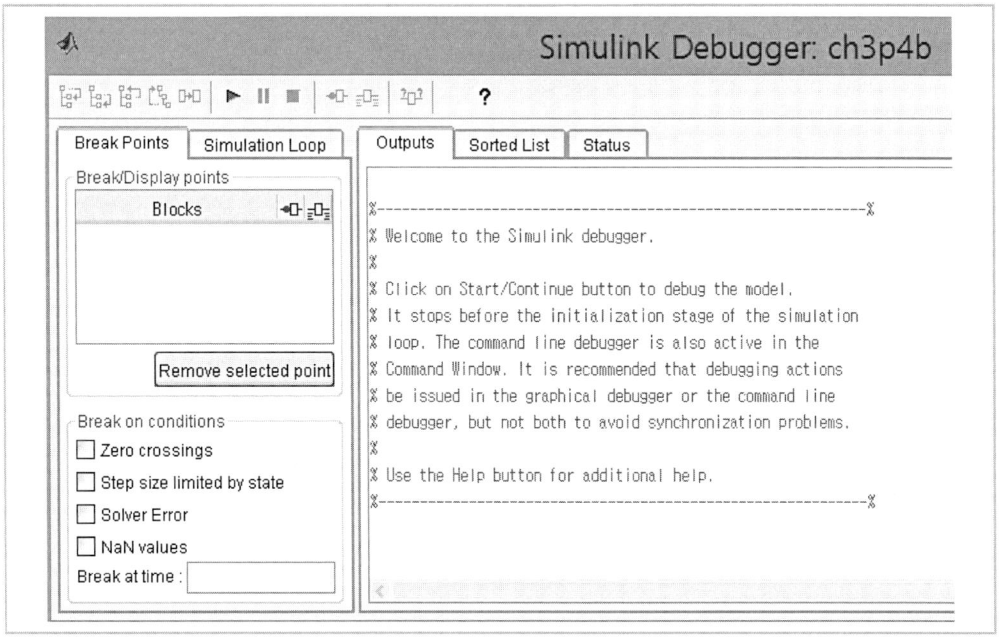

이 박스 상단에 있는 실행버튼 ▶ 을 클릭하면 다음 <표3>과 같이 출력된다.

표3

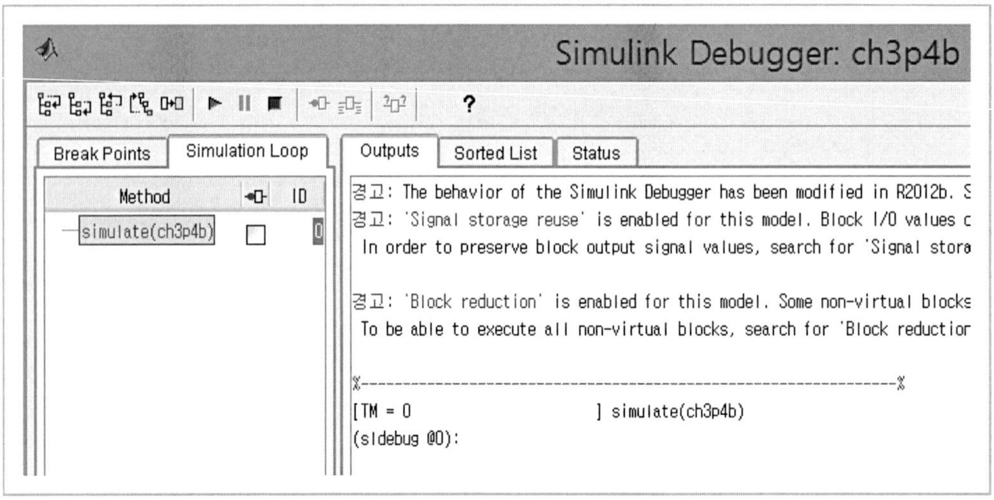

④ 클릭 후 디버거 박스 상단에서 실행 버튼 ▶ 의 왼쪽 위치에 <표4>와 같은 아이콘들을 볼 수 있다.

표4

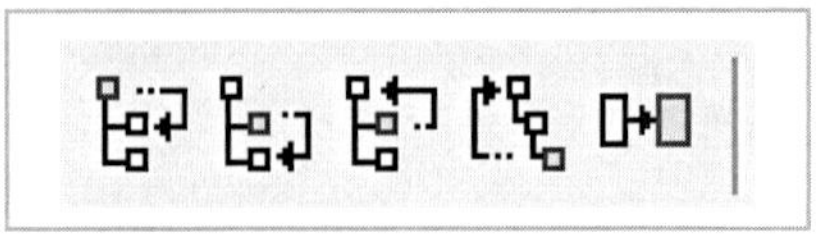

위 <표4>에서 두 번째 아이콘인 <step over current method> 항목을 선택하여 다음 <표5>와 같이 <simulationPhase> 단계까지 진행한다.

표5

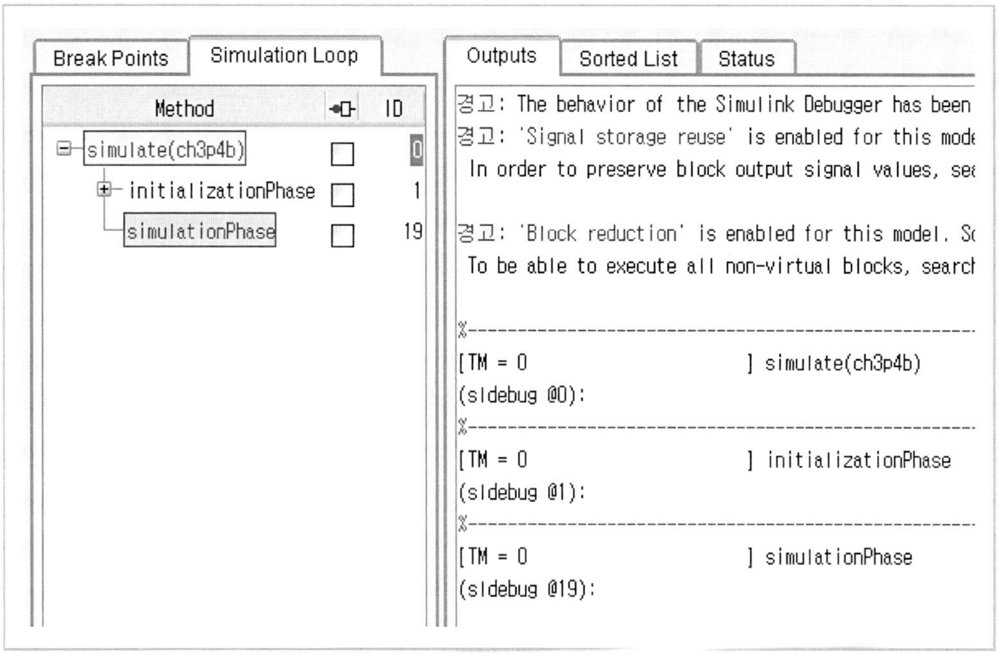

⑤ 위 <표5>의 <simulationPhase> 단계에서 <표4>의 첫 번째 아이콘인 <step into current method> 항목을 계속 선택하여 다음 <표6>과 같이 되도록 진행한다.

> 참고로 〈표5〉에 주어진 디버그 박스의 왼쪽 영역에서 〈Simulation Loop〉 항목은
>
> - 초기화 단계(initializationPhase),
> - 시뮬레이션 단계(simulationPhase),
> - 종료 단계(terminationPhase)
>
> 로 나누어진다.

표6

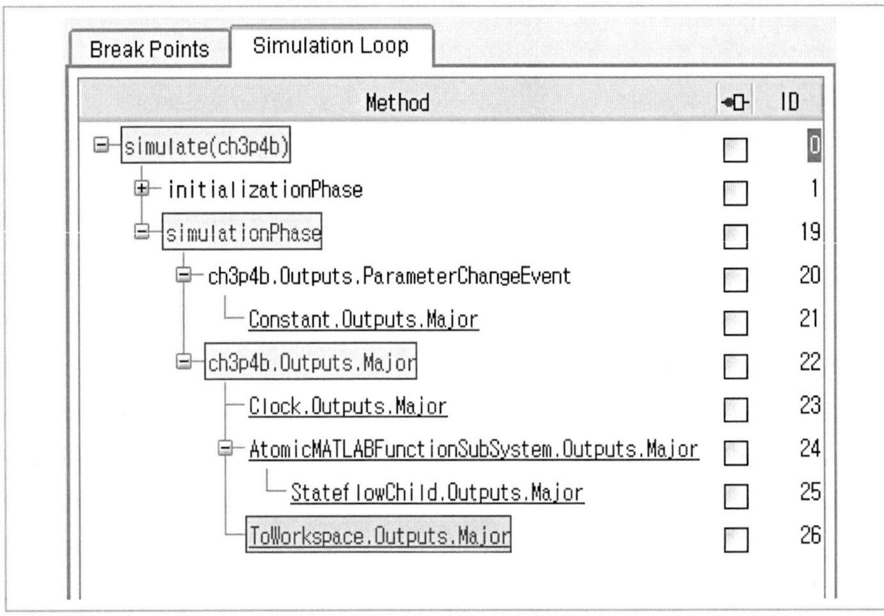

⑥ 위 <표6>과 같은 디버그 박스의 상태에서 <표4>의 첫 번째 아이콘인 <step into current method> 항목을 계속 선택하면 'ID = 22' 부터 'ID = 27' 까지의 실행 과정과 관련된 내용이 디버그 박스의 오른쪽(아래 <표7a>-<표7c>와 같이 <Outputs> 항목의 창)에 반복적으로 출력(시간이 바뀌면서)된다. 단 ID는 <표6>에서 가장 오른쪽 열에 대응한다.

표7a

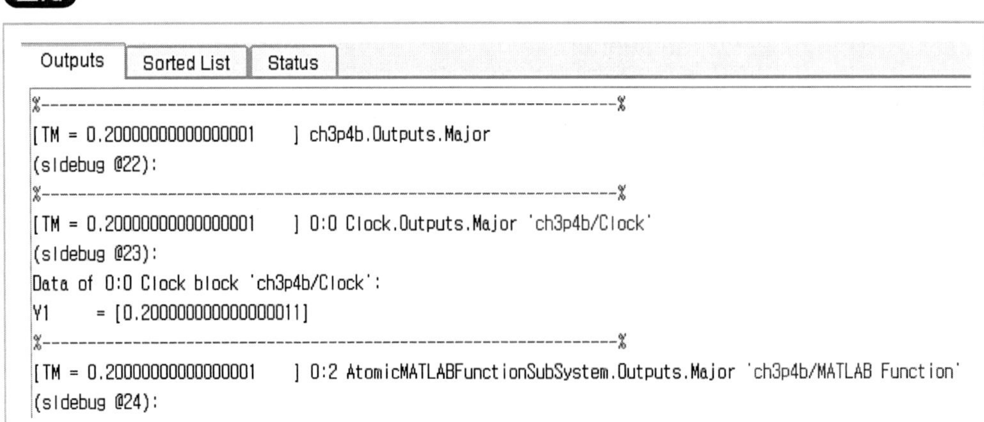

표7b

```
%------------------------------------------------------------------%
[TM = 0.20000000000000001     ] 1:0 StateflowChild.Outputs.Major 'ch3p4b/MATLAB Function/ SFunction '
(sldebug @25):
Data of 1:0 S-Function block 'ch3p4b/MATLAB Function/ SFunction ':
U1      = [0.20000000000000011]
U2      = [0.20000000000000011]
Y1      = [fcn-call]
Y2      = [0.99205322676819762]
Data of 0:2 SubSystem block 'ch3p4b/MATLAB Function':
U1      = [0.20000000000000011]
U2      = [0.20000000000000011]
Y1      = [0.99205322676819762]
```

표7c

```
%------------------------------------------------------------------%
[TM = 0.20000000000000001     ] 0:3 ToWorkspace.Outputs.Major 'ch3p4b/To Workspace'
(sldebug @26):
Data of 0:3 ToWorkspace block 'ch3p4b/To Workspace':
U1      = [0.99205322676819762]
%------------------------------------------------------------------%
[TM = 0.20000000000000001     ] ch3p4b.Update
(sldebug @27):
```

⑦ 위 <표6>까지 진행된 디버그 박스에서 상단을 보면 툴바가 있다. 이 툴바의 오른쪽에 위치한 <표8>과 같은 아이콘에서 첫 번째 아이콘(Break before selected block)과 두 번째 아이콘(Display I/O of selected block when executed)을 클릭한다. 첫 번째와 두 번째 아이콘을 클릭할 때, 위 <표6>의 상황은 <To Workspace> 블록이 선택된 상태(ID=26에 대응하는)이다. 아래 <표8>에서 세 번째 아이콘(Display current I/O of selected block)의 사용법은 3.4.4.3절의 내용에서 설명한다.

표8

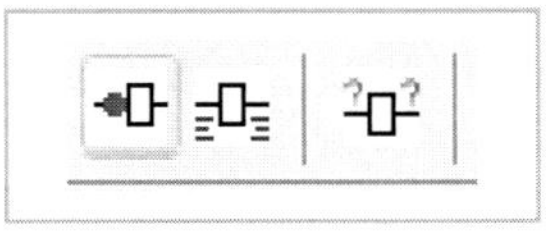

⑧ 다음으로 디버그 박스의 왼쪽에서 <Break Points> 항목을 클릭하면 다음 <표9>의 내용과 같이, <표8>의 첫 번째와 두 번째 아이콘에 대응하여 체크 표시(이유는 앞 ⑦의 단계에서 <표8>의 첫 번째와 두 번째 아이콘을 클릭하였기 때문)된 것을 확인할 수 있다.

표9

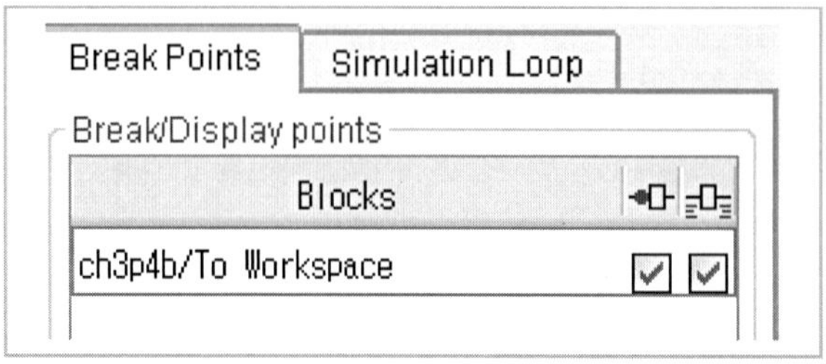

⑨ 다음으로 디버그 박스의 상단에 있는 툴바에서 실행 버튼 ▶ 을 클릭한다. 실행 버튼을 클릭할 때마다 <To Workspace> 블록과 관련된 내용만 시간이 바뀌면서 <Outputs>의 창에 다음 <표10>과 같이 출력된다. 위 <표9>와 같이 설정된 상태이기 때문에 다른 블록과 관련된 내용은 <Outputs>의 창에 출력되지 않는다.

표10

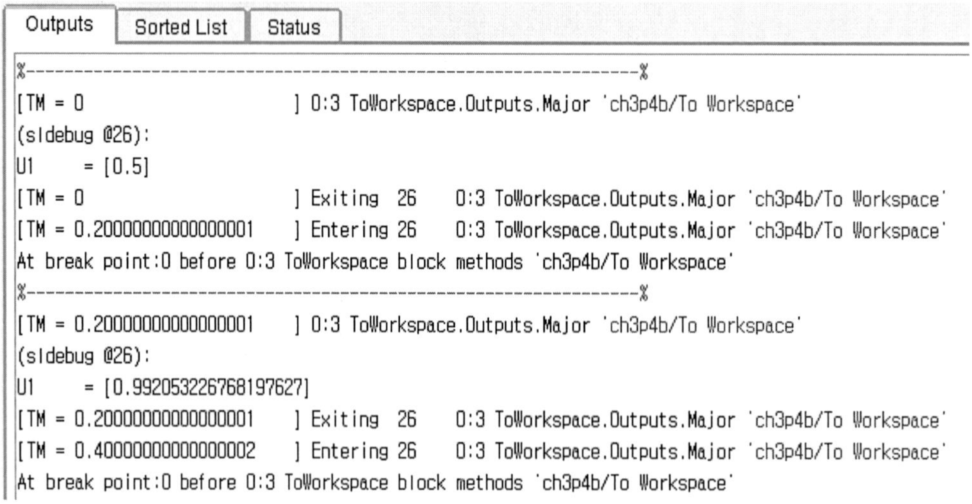


```
%----------------------------------------------------------------%
[TM = 0                     ] 0:3 ToWorkspace.Outputs.Major 'ch3p4b/To Workspace'
(sldebug @26):
U1      = [0.5]
[TM = 0                     ] Exiting  26    0:3 ToWorkspace.Outputs.Major 'ch3p4b/To Workspace'
[TM = 0.20000000000000001   ] Entering 26    0:3 ToWorkspace.Outputs.Major 'ch3p4b/To Workspace'
At break point:0 before 0:3 ToWorkspace block methods 'ch3p4b/To Workspace'
%----------------------------------------------------------------%
[TM = 0.20000000000000001   ] 0:3 ToWorkspace.Outputs.Major 'ch3p4b/To Workspace'
(sldebug @26):
U1      = [0.992053226768197627]
[TM = 0.20000000000000001   ] Exiting  26    0:3 ToWorkspace.Outputs.Major 'ch3p4b/To Workspace'
[TM = 0.40000000000000002   ] Entering 26    0:3 ToWorkspace.Outputs.Major 'ch3p4b/To Workspace'
At break point:0 before 0:3 ToWorkspace block methods 'ch3p4b/To Workspace'
```

```
%------------------------------------------------------------------%
[TM = 0.40000000000000002    ] 0:3 ToWorkspace.Outputs.Major 'ch3p4b/To Workspace'
(sldebug @26):
U1      = [1.55931040473714511]
[TM = 0.40000000000000002    ] Exiting 26    0:3 ToWorkspace.Outputs.Major 'ch3p4b/To Workspace'
[TM = 0.60000000000000009    ] Entering 26   0:3 ToWorkspace.Outputs.Major 'ch3p4b/To Workspace'
At break point:0 before 0:3 ToWorkspace block methods 'ch3p4b/To Workspace'
%------------------------------------------------------------------%
[TM = 0.60000000000000009    ] 0:3 ToWorkspace.Outputs.Major 'ch3p4b/To Workspace'
(sldebug @26):
U1      = [2.20341538887717014]
[TM = 0.60000000000000009    ] Exiting 26    0:3 ToWorkspace.Outputs.Major 'ch3p4b/To Workspace'
[TM = 0.80000000000000004    ] Entering 26   0:3 ToWorkspace.Outputs.Major 'ch3p4b/To Workspace'
At break point:0 before 0:3 ToWorkspace block methods 'ch3p4b/To Workspace'
        ⋮
```

위 <표10>의 출력 내용에 따르면 <To Workspace> 블록에 전달되는 입력 신호의 값(=U1)은 다음 <표11>과 같이 요약된다.

표11

```
TM = 0,  U1 = [0.5]
TM = 0.20000000000000001, U1 = [0.992053226768197627]
TM = 0.40000000000000002, U1 = [1.55931040473714511]
TM = 0.60000000000000009, U1 = [2.20341538887717014]
   ⋮
```

위 <표11>에 주어진 U1의 값을 반올림하면, 앞 3.4.4.1절에서 설명한 <표5>의 결과와 동일함을 확인할 수 있다. 앞 3.4.4.1절의 <표1>에서 제공된 수치해와 비교하면 시간 $t=0$ 일 때의 초기값 0.5는 동일하나 $t=0.2$ 일 때부터 근삿값(수치해)의 차이가 발생한다. 따라서 블록선도(ch3p4b.slx)에서 <MATLAB Function> 블록에 대응하는 <표3>의 내용(앞 3.4.4.1절에서)을 다시 분석하여 본다.

⑩ 앞 3.4.1절의 ㉰식으로 주어진 Euler 방법을 3.4.4.1절의 ㉮식에 주어진 초기치 문제에 적용하면 아래 <표12>의 내용이 된다.

표12

$$w_0 = y(0) = 1/2$$

$$w_{i+1} = w_i + hf(t_i, w_i) = w_i + h(w_i + 2 - t_i \sin(t_i))$$

따라서 $t = 0.2$ 일 때의 수치해 w_1 은 <표13>의 결과를 갖게 된다.

표13

$$\begin{aligned} w_1 &= w_0 + h(w_0 + 2 - t_0 \sin(t_0)) \\ &= 0.5 + 0.2(0.5 + 2 - 0\sin(0)) = 0.5 + 0.5 = 1.0 \end{aligned}$$

한편 앞 3.4.4.1절에서 제공된 <표3>의 EulerFcn 함수 내용이 다음 <표14>와 같이 주어졌다. 즉 내용은 동일하고 각 라인에 번호가 추가되었다.

표14

```
 1: function EulerValues = EulerFcn(t,h)
 2: persistent EulerValper
 3: if (isempty(EulerValper))
 4:  EulerValper = 1/2;
 5:  EulerValues = EulerValper;
 6: else
 7:  EulerValper = EulerValper + h*(EulerValper + 2 - t*sin(t));
 8:  EulerValues = EulerValper;
 9: end
10: end
```

$t=0$ 와 $t=0.2$ 일 경우 <표14>에 주어진 EulerFcn 함수(블록선도에 포함된 <MATLAB Function> 블록에 입력되어 있는)가 실행되었을 때 출력 변수인 EulerValues에 저장되는 값을 아래 ⓐ와 ⓑ에서 알아본다.

ⓐ 입력: $t=0$, $h=0.2$
EulerFcn 함수가 처음 실행되면 위 <표14>의 4번째와 5번째 줄이 실행되어 EulerValper 변수와 EulerValues 변수에 $1/2=0.5$ 가 저장된다.

ⓑ 입력: $t=0.2$, $h=0.2$
$t=0.2$ 가 되면서 EulerFcn 함수가 두 번째로 실행되면 위 <표14>의 7번째 줄이 아래 <표15>와 같이 실행된다.

표15

```
EulerValper = EulerValper + h*(EulerValper + 2 - t*sin(t))
            = 0.5 + 0.2*(0.5 + 2 - 0.2*sin(0.2))
            = 0.5 + 0.2*(2.5 - 0.039733866159012)
            = 0.5 + 0.492053226768198
            = 0.992053226768198
```

위 <표15>의 식에서 등호 기호 오른쪽에 있는 EulerValper 변수는 영속(persistent) 변수이다. 따라서 $t=0$ 일 때에 EulerValper 변수에 저장되었던 0.5 의 값이 $t=0.2$ 일 때에도 계속 유지되어 위 <표15>의 식과 같이 계산되었다. <표13>과 <표15>의 내용을 비교하면 <표15>의 내용에서 t의 위치에 0.2 가 아닌 0.0가 입력되어야 함을 알 수 있다. 따라서 앞 3.4.4.1절에서 <표3>의 내용은 아래 <표16>의 내용으로 변경되어야 한다.

표16

```
function EulerValues = EulerFcn(t,h)
persistent EulerValper
if (isempty(EulerValper))
```

```
    EulerValper = 1/2;
    EulerValues = EulerValper;
  else
    t = t-h;        % 추가 내용
    EulerValper = EulerValper + h*(EulerValper + 2 - t*sin(t));
    EulerValues = EulerValper;
  end
  end
  ----------------------------------------------------------
```

⑪ 현재 절의 <표1>에 주어진 블록선도(ch3p4b.slx)에서 <MATLAB Function> 블록을 더블클릭하여 EulerFcn 함수를 에디터에서 열면 위 <표14>의 내용이 보일 것이다. 이 <표14>의 내용에서 6번째와 7번째 줄 사이에

```
t = t-h;        % 추가
```

와 같은 내용을 추가한 뒤에 블록선도를 ch3p4c.slx 파일명으로 다음 <표17>과 같이 저장한다. <표17>에 주어진 블록선도(ch3p4c.slx)와 현재 절의 <표1>에 주어진 블록선도(ch3p4b.slx)는 위 <표16>의 추가 내용에서만 <MATLAB Function> 블록에서 차이점이 있을 뿐 나머지 내용과 설정은 동일하다.

표17 ch3p4c.slx

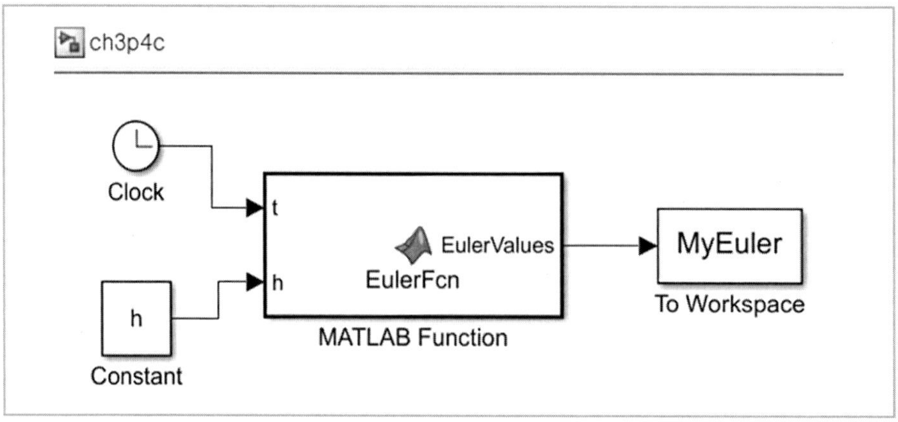

⑫ 위 <표17>에 주어진 블록선도의 결과를 분석하기 위한 첫 번째 단계로 아래 내용을 <명령 창>에서 실행한다.

```
>> clear, clc
>> a =  0;
>> b = 2.0;
>> h = 0.2;
```

다음 두 번째 단계로 현재 절에 위치한 <표2>의 바로 전 내용(③의 단계 내용)을 참고하여 <표17>에 주어진 블록선도(ch3p4c.slx)에 대한 디버거를 연다. 앞 <표2>-<표9>의 내용을 참고하여 <표18>과 같이 디버거에서 'Break/Display points'를 <To Workspace> 블록에 설정한다.

표18

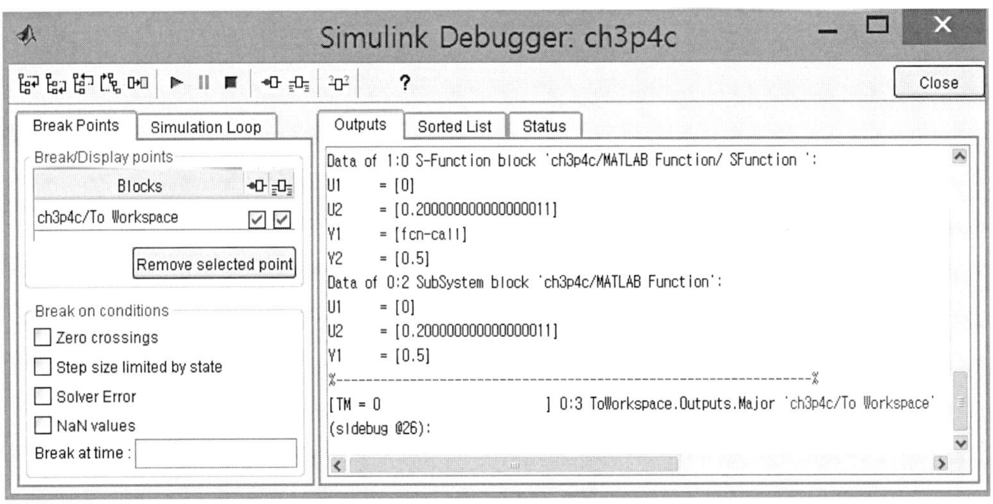

세 번째 단계로 디버그 박스의 상단에 있는 툴바에서 실행 버튼 ▶ 을 클릭한다. 실행 버튼을 클릭할 때마다 <To Workspace> 블록과 관련된 내용만 시간이 바뀌면서 <Outputs>의 창에 <표19>와 같이 출력된다.

표19

```
%---------------------------------------------------------------%
[TM = 0                    ] 0:3 ToWorkspace.Outputs.Major 'ch3p4c/To Workspace'
(sldebug @26):
U1      = [0.5]
[TM = 0                    ] Exiting  26    0:3 ToWorkspace.Outputs.Major 'ch3p4c/To Workspace'
[TM = 0.20000000000000001  ] Entering 26    0:3 ToWorkspace.Outputs.Major 'ch3p4c/To Workspace'
At break point:0 before 0:3 ToWorkspace block methods 'ch3p4c/To Workspace'

%---------------------------------------------------------------%
[TM = 0.20000000000000001  ] 0:3 ToWorkspace.Outputs.Major 'ch3p4c/To Workspace'
(sldebug @26):
U1      = [1]
[TM = 0.20000000000000001  ] Exiting  26    0:3 ToWorkspace.Outputs.Major 'ch3p4c/To Workspace'
[TM = 0.40000000000000002  ] Entering 26    0:3 ToWorkspace.Outputs.Major 'ch3p4c/To Workspace'
At break point:0 before 0:3 ToWorkspace block methods 'ch3p4c/To Workspace'

%---------------------------------------------------------------%
[TM = 0.40000000000000002  ] 0:3 ToWorkspace.Outputs.Major 'ch3p4c/To Workspace'
(sldebug @26):
U1      = [1.592053226768819749]
[TM = 0.40000000000000002  ] Exiting  26    0:3 ToWorkspace.Outputs.Major 'ch3p4c/To Workspace'
[TM = 0.60000000000000009  ] Entering 26    0:3 ToWorkspace.Outputs.Major 'ch3p4c/To Workspace'
At break point:0 before 0:3 ToWorkspace block methods 'ch3p4c/To Workspace'

%---------------------------------------------------------------%
[TM = 0.60000000000000009  ] 0:3 ToWorkspace.Outputs.Major 'ch3p4c/To Workspace'
(sldebug @26):
U1      = [2.279310404737144486]
[TM = 0.60000000000000009  ] Exiting  26    0:3 ToWorkspace.Outputs.Major 'ch3p4c/To Workspace'
[TM = 0.80000000000000004  ] Entering 26    0:3 ToWorkspace.Outputs.Major 'ch3p4c/To Workspace'
At break point:0 before 0:3 ToWorkspace block methods 'ch3p4c/To Workspace'

       ⋮

%---------------------------------------------------------------%
[TM = 2                    ] 0:3 ToWorkspace.Outputs.Major 'ch3p4c/To Workspace'
(sldebug @26):
U1      = [10.978354592876574]
[TM = 2                    ] Exiting  26    0:3 ToWorkspace.Outputs.Major 'ch3p4c/To Workspace'
[TM = 2                    ] Entering 34    0:3 ToWorkspace.Terminate 'ch3p4c/To Workspace'
At break point:0 before 0:3 ToWorkspace block methods 'ch3p4c/To Workspace'
```

위 <표19>의 출력 내용을 요약하면 <To Workspace> 블록에 전달되는 입력 신호의 값 (= U1)은 아래 <표20>과 같은 내용이 된다.

표20

```
TM = 0,  U1 = [0.5]
TM = 0.20000000000000001, U1 = [1]
TM = 0.40000000000000002, U1 = [1.59205322676819749]
TM = 0.60000000000000009, U1 = [2.27931040473714486]
     ⋮
TM = 2,  U1 = [10.978354592876574]
```

위 <표20>에 주어진 U1의 값을 반올림하면 앞 3.4.4.1절의 <표1>의 결과(Euler 방법이 적용된 함수형 M-파일 MyFcn.m을 이용)와 동일함을 확인할 수 있다. 여기까지의 내용으로, 3.4.4.1절에서 제기하였던 문제를 GUI 디버거를 이용하여 분석하여 보았다.

3.4.4.3 디버거 추가 내용

앞 3.4.4.2절의 <표4>에서 보았던 아이콘을 아래 <표1>과 같이 ①-⑤로 대응시키고 그 기능을 요약하면 다음과 같다.

표1

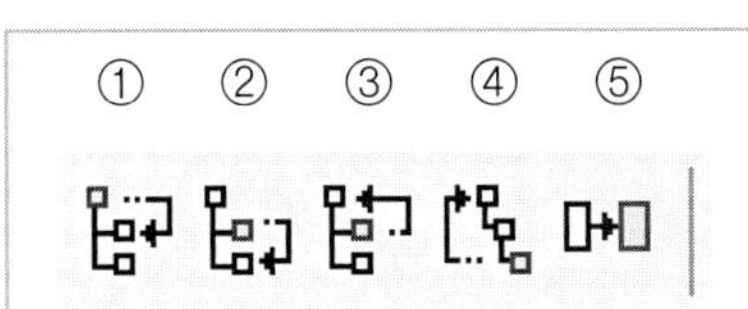

① Step into current method

각 method의 하위(서브) method 단계까지 시뮬레이션의 진행 단계를 확인할 수 있다. 즉 블록선도가 실행될 때 모든 method의 진행 단계를 확인할 수 있다.

② Step over current method

위 ①을 선택하였을 때에 확인되는 하위 method의 단계까지는 진입하지 않고 하위 method의 단계 전까지의 시뮬레이션 진행 단계를 확인할 수 있다.

③ Step out of current method

현재 진행중인 method와 관련된 나머지 method를 실행하고 현재 method의 종료 위치로 이동한다.

④ Go to first method at start of next time step

다음 시간 단계의 첫 번째 method로 이동한다.

⑤ Go to the next block method

블록선도에서 다음 블록으로 이동한다.

이것으로 위 <표1>에 주어진 아이콘에 대한 요약 설명을 종료한다. 다음으로 앞 3.4.4.2 절의 <표8>에서 보았던 아이콘을 아래 <표1a>와 같이 ⓐ-ⓒ로 대응시키고 그 기능을 정리하면 다음과 같다.

표1a

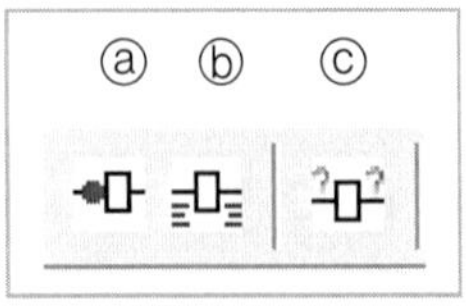

ⓐ Break before selected block

선택한 블록을 실행하기 전에 break point가 설정되어 실행이 잠시 정지된다. 관련된 블록은 디버그 박스의 왼쪽에 있는 <Break Points> 창에서 확인할 수 있다.

ⓑ Display I/O of selected block when executed

선택한 블록의 입력 또는 출력 신호에 대응하는 내용을 디버그 박스의 오른쪽에 있는 <Outputs> 창에 출력(시뮬레이션 진행 중에)한다. 관련된 블록은 디버그 박스의 왼쪽에 있는 <Break Points> 창에서 확인할 수 있다.

ⓒ Display current I/O of selected block

디버그 박스의 왼쪽에 있는 <Simulation Loop> 창에서 블록을 선택(하이라이트)하고 이 아이콘을 클릭하면 블록의 입력 또는 출력 신호에 대응하는 내용을 디버그 박스의 오른쪽에 있는 <Outputs> 창에 바로 출력한다.

이것으로 위 <표1a>에 주어진 아이콘에 대한 요약 설명을 종료한다. 앞 3.4.4.2절의 <표17>에 제공된 블록선도(ch3p4c.slx)를 다음 <표2>로 가지고 와서 위 <표1>과 <표1a>의 내용을 적용하여 볼 것이다.

표2 ch3p4c.slx

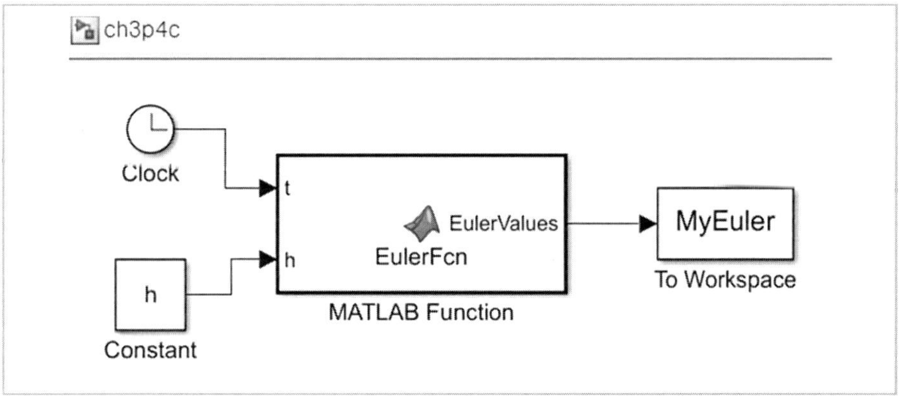

❑ 첫 번째 단계

아래와 같이 <명령 창>에서 실행한다.

```
>> clear, clc
>> a =  0;
>> b = 2.0;
>> h = 0.2;
```

❑ 두 번째 단계

위 <표2>에 주어진 블록선도(ch3p4c.slx)에 대한 GUI 디버거를 다음 <표3>과 같이 연다.

표3

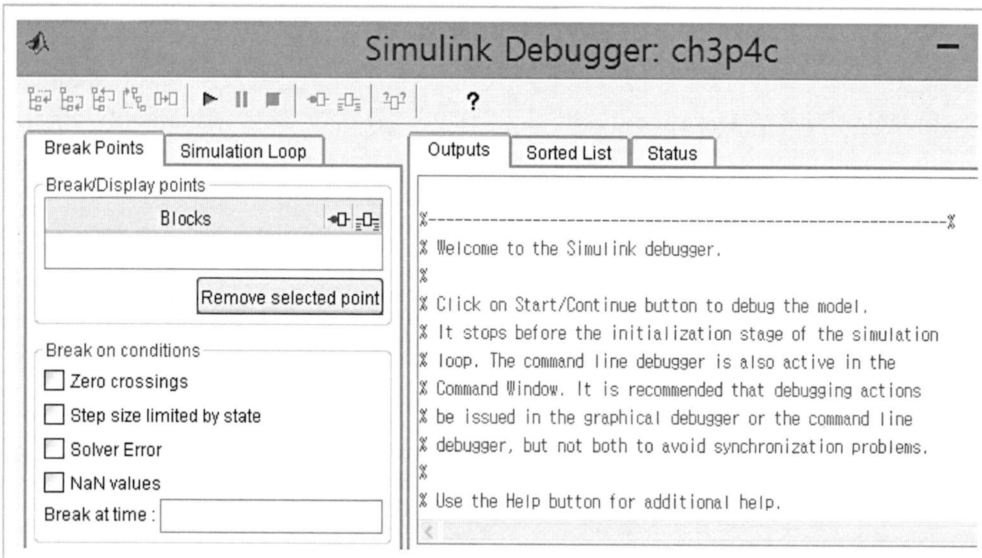

❑ 세 번째 단계

디버그 박스의 상단에 있는 툴바에서 실행 버튼 ► 을 클릭하고 위 <표1>에서 두 번째 아이콘(Step over current method)인

을 계속 몇 번 선택하면 다음 <표4>와 같은 디버거 박스를 보게 된다. 두 번째 아이콘을 계속 선택하면 'ID=22'와 'ID=27'에 대응하는 method를 하이라이트된 박스가 번갈아 가면서 선택하는 것을 관찰할 수 있다. 또한 디버거 박스의 오른쪽에 있는 <Outputs> 창에는 각 method와 관련된 데이터가 출력되고 있다.

표4

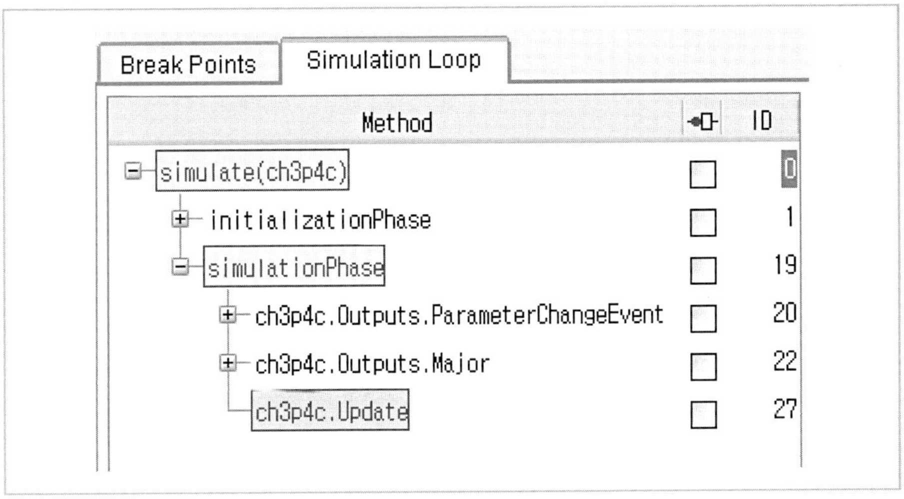

❑ 네 번째 단계

위 <표4>와 같은 상황(현재 <ch3p4c.Updatc> method가 하이라이트 되어 있는 상태)에서 위 <표1>의 첫 번째 아이콘(Step into current method)인

을 계속 선택하면 다음 <표5>와 같은 <Simulation Loop> 창을 보게 된다. <표4>에서는 숨어있었던, 'ID=22'와 'ID=27' 사이에 있는 하위(서브) method('ID=23'부터 'ID=26'에 대응하는)를 <표5>에서는 볼 수 있다. <표5>와 같이 주어진 <Simulation Loop> 창의 상황에서 <표1>의 첫 번째 아이콘을 계속 선택하면 'ID=22'부터 'ID=27'까지의 method가 순차적으로(한 번의 주기로 계산이 종료되지 않으면 반복적으로) 선택(하이라이트)되면서 실행된다. 동시에 디버거 박스의 오른쪽에 있는 <Outputs> 창을 보면 관련된 데이터가 선택된 method 순으로 출력된다.

표5

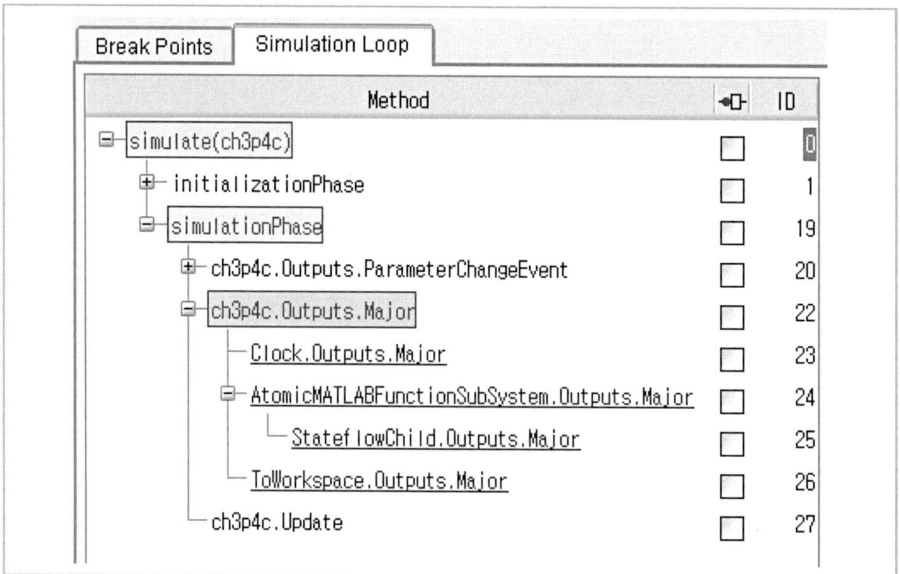

위 <표5>와 같은 <Simulation Loop> 창의 상황(ID=22에 대응하는 <ch3p4c.Outputs.Major> method가 하이라이트된)에서 <표1>의 첫 번째 아이콘(Step into current method)을 네 번 클릭하면 다음 <표5a>에서 볼 수 있듯이 'ID=26'에 대응하는 <ToWorkspace.Outputs.Major> method까지 진행한다.

표5a

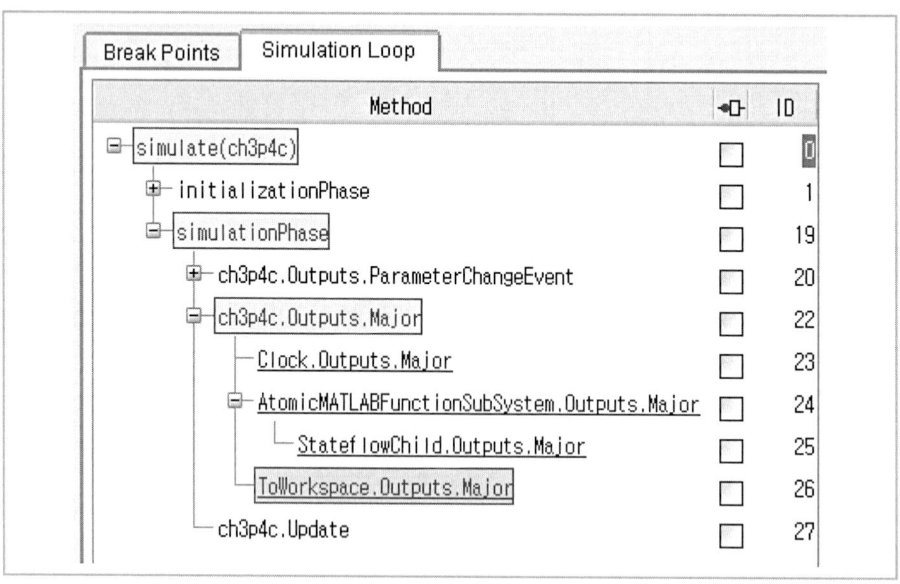

<Simulation Loop> 창이 <표5a>와 같이 진행된 상황에서 <표1a>의 두 번째 아이콘 (Display I/O of selected block when executed: 디버거 상단 툴바에 위치)인

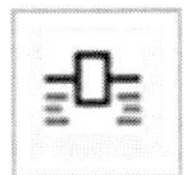

을 클릭한다. 클릭 후 <Break Points> 창을 보면 다음 <표5b>의 내용을 갖게 된다.

표5b

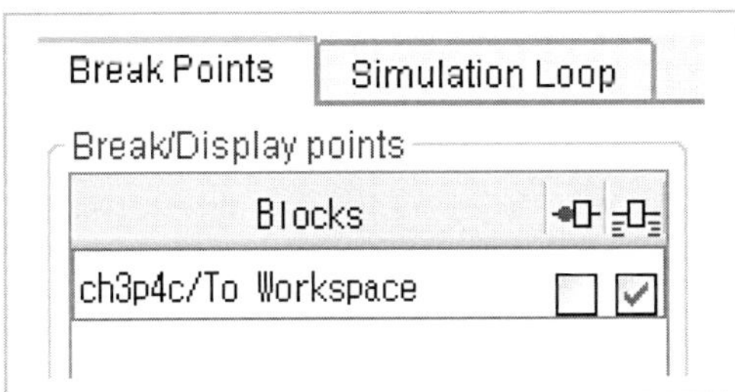

계속해서 위 <표1>의 네 번째 아이콘(Go to first method at start of next time step)인

을 반복적으로 클릭하면 <Simulation Loop> 창은 'ID=22'에 대응하는 method를 선택(하이라이트)하고 있고 <Outputs> 창은 아래 <표5c>와 같은 내용을 출력한다. 위 <표5b>에서 <To Workspace> 블록에 Display points를 설정하였기 때문이다.

표5c

```
  ⋮
[TM = 1                        ] ch3p4c.Outputs.Major
(sldebug @22):
[TM = 1                        ] Entering 26    0:3 ToWorkspace.Outputs.Major 'ch3p4c/To Workspace'
U1      = [3.96612149210867981]
[TM = 1                        ] Exiting  26    0:3 ToWorkspace.Outputs.Major 'ch3p4c/To Workspace'
%-------------------------------------------------------------%
[TM = 1.2000000000000002       ] ch3p4c.Outputs.Major
(sldebug @22):
```

```
[TM = 1.2000000000000002      ] Entering 26    0:3 ToWorkspace.Outputs.Major 'ch3p4c/To Workspace'
U1        = [4.99105159356883643]
[TM = 1.2000000000000002      ] Exiting  26    0:3 ToWorkspace.Outputs.Major 'ch3p4c/To Workspace'
%------------------------------------------------------------------%
[TM = 1.4000000000000001      ] ch3p4c.Outputs.Major
(sldebug @22):
```

이때, <Simulation Loop> 창에서 다음 <표5d>와 같이 <Clock> 블록('ID=23'에 대응)에 Break Points를 설정할 수 있다. 이렇게 설정한 Break Points는 <Simulation Loop>에만 표시되고 <Break Points> 창에는 표시되지 않는다. <Simulation Loop> 창이 <표5d>와 같은 상황에서 위 <표1>의 네 번째 아이콘(Go to first method at start of next time step)을 반복하여 클릭하면 이번에는 다음 <표5e>의 내용으로 <Outputs> 창에 출력된다. <표5c>의 내용과 비교하면 <Clock> 블록에 대한 내용이 <표5e>에 추가되었다.

표5d

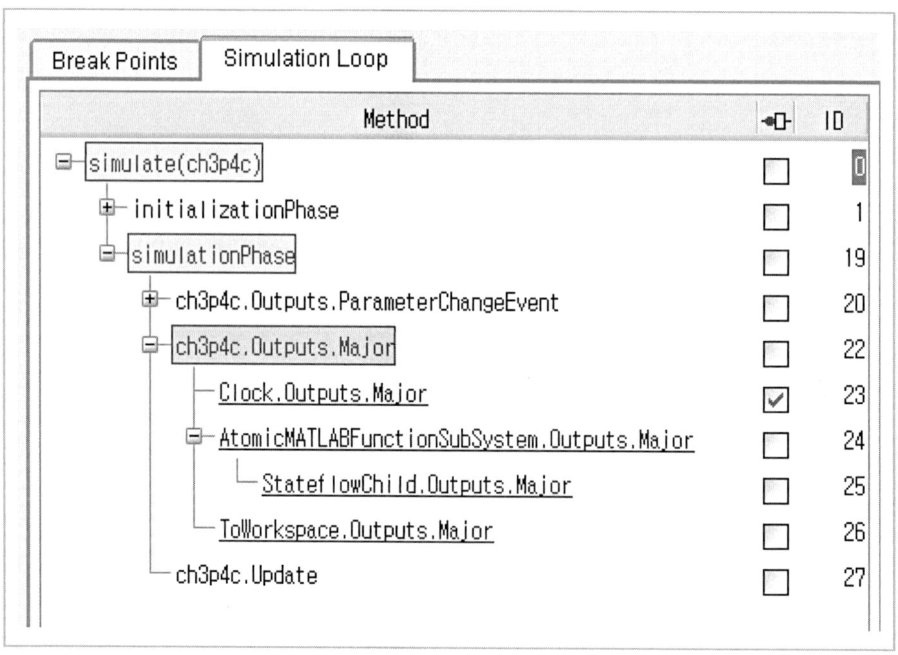

위 <표5d>에서 'ID=23'에 대응하는 라인을 보면 Break Points 열에

와 같이 체크되어 있다. 마우스로 이 체크 표시를 다시 클릭하면 체크가 해제된다. 또한 위 <표5b>와 같이 <Break Points> 창에 블록이 있는 경우 마우스로 그 블록을 선택한 뒤에 <Break Points> 창 아래에 위치한 다음과 같은 버튼

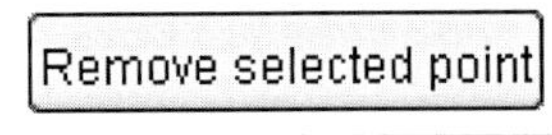

을 클릭하면 <Break Points> 창에서 선택한 블록이 삭제된다.

표5e

```
 ⋮
[TM = 1.4000000000000001        ] ch3p4c.Outputs.Major
(sldebug @22):
At break point:0 before m:23
%--------------------------------------------------------------%
[TM = 1.4000000000000001        ] 0:0 Clock.Outputs.Major 'ch3p4c/Clock'
(sldebug @23):
[TM = 1.4000000000000001        ] Entering 26    0:3 ToWorkspace.Outputs.Major 'ch3p4c/To Workspace'
U1      = [6.165572531650469 48]
[TM = 1.4000000000000001        ] Exiting  26    0:3 ToWorkspace.Outputs.Major 'ch3p4c/To Workspace'
%--------------------------------------------------------------%
[TM = 1.6000000000000001        ] ch3p4c.Outputs.Major
(sldebug @22):
At break point:0 before m:23
%--------------------------------------------------------------%
[TM = 1.6000000000000001        ] 0:0 Clock.Outputs.Major 'ch3p4c/Clock'
(sldebug @23):
[TM = 1.6000000000000001        ] Entering 26    0:3 ToWorkspace.Outputs.Major 'ch3p4c/To Workspace'
U1      = [7.522761113583793 96]
[TM = 1.6000000000000001        ] Exiting  26    0:3 ToWorkspace.Outputs.Major 'ch3p4c/To Workspace'
%--------------------------------------------------------------%
[TM = 1.8                       ] ch3p4c.Outputs.Major
(sldebug @22):
```

❑ 다섯 번째 단계

다시 위 <네 번째 단계>의 초기 내용으로 돌아간다. 즉 <표5>와 같이 주어진 <Simulation Loop> 창의 상황으로 돌아간 뒤에 다음 내용을 진행한다. <표1>의 다섯 번째 아이콘(Go to the next block method)인

을 계속 선택하면 이번에는 ‘ID=23’부터 ‘ID=26’까지의 method가 순차적으로(한 번의 주기로 계산이 종료되지 않으면 반복적으로) 선택(하이라이트)되면서 실행된다. ‘ID=23’부터 ‘ID=26’까지의 method는 블록에 대응하기 때문이다. 또한, 디버거 박스의 오른쪽에 있는 <Outputs> 창을 보면 관련된 데이터가 선택된 method(또는 블록) 순으로 다음 <표6>과 같이 출력된다.

표6

```
%----------------------------------------------------------------%
[TM = 1.6000000000000001      ] 0:0 Clock.Outputs.Major 'ch3p4c/Clock'
(sldebug @23):
%----------------------------------------------------------------%
[TM = 1.6000000000000001      ] 0:2 AtomicMATLABFunctionSubSystem.Outputs.Major 'ch3p4c/MATLAB Function'
(sldebug @24):
%----------------------------------------------------------------%
[TM = 1.6000000000000001      ] 1:0 StateflowChild.Outputs.Major 'ch3p4c/MATLAB Function/ SFunction '
(sldebug @25):
%----------------------------------------------------------------%
[TM = 1.6000000000000001      ] 0:3 ToWorkspace.Outputs.Major 'ch3p4c/To Workspace'
(sldebug @26):
%----------------------------------------------------------------%
[TM = 1.8                     ] 0:0 Clock.Outputs.Major 'ch3p4c/Clock'
(sldebug @23):
```

위 <표6>의 내용으로 디버거 오른쪽에 있는 <Outputs> 창이 진행되었을 때에 디버거 왼쪽에 있는 <Simulation Loop> 창은 다음 <표7>과 같이 ‘ID=23’에 대응하는 method가 선택(하이라이트)되어 있는 상황이다.

표7

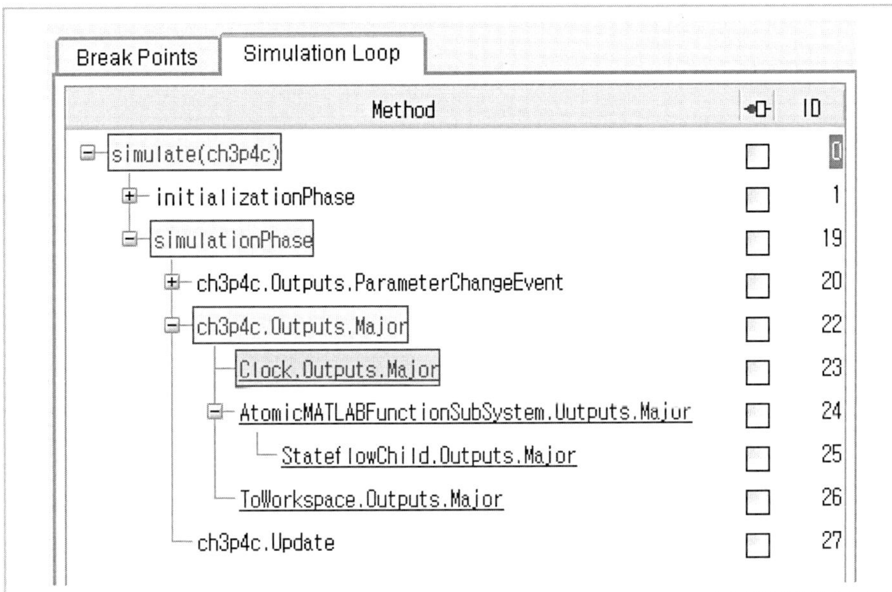

위 <표7>과 같은 상황을 가정하고 디버그 박스의 툴바에서 위 <표1a>의 세 번째 아이콘(Display current I/O of selected block: 툴바의 오른쪽에서 ? 표시가 있는 아이콘 옆에 위치한)인 을 찾아 클릭한다. 이 아이콘을 선택한 결과로 위 <표6>에서 가장 아래에 있는 다음 <표8>과 같은 내용에 다음 <표9>와 같이 <Clock> 블록에 대한 추가적인 내용이 첨부된다.

표8

```
------------------------------------------------------------
[TM = 1.8                    ] 0:0 Clock.Outputs.Major 'ch3p4c/Clock'
(sldebug @23):
------------------------------------------------------------
```

표9

```
------------------------------------------------------------
[TM = 1.8                    ] 0:0 Clock.Outputs.Major 'ch3p4c/Clock'
(sldebug @23):
probe: Data of 0:0 Clock block 'ch3p4c/Clock':
```

```
Y1      = [1.6000000000000009]
(sldebug @23):
---------------------------------------------------------
```

위와 같이 <Simulation Loop> 창에서 선택(하이라이트)된 블록과 관련하여 입력 또는 출력 데이터에 대한 정보를 알고 싶으면 위 <표1a>의 세 번째 아이콘(Display current I/O of selected block)을 클릭하고 디버거 박스 오른쪽에 있는 <Outputs> 창에 출력된 내용을 참고한다. 참고로 앞 3.4.4.2절에서 <표8>을 제시하였을 때 위 <표1a>의 첫 번째와 두 번째 아이콘인

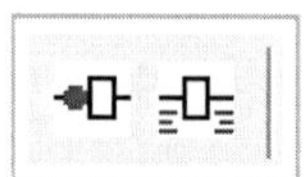

에 대한 사용법을 설명하였다.

❑ 여섯 번째 단계

위 <표7>과 같은 상황에서 앞 <표1>의 세 번째 아이콘(Step out of current method)을 한번 클릭하면 다음 <표10>과 같이 상위 method('ID=22'에 대응하는)가 선택(하이라이트)된다. 앞 <표1>의 세 번째 아이콘을 한 번 더 클릭하면 <표11>과 같이 한 단계 위의 상위 method('ID=19'에 대응하는)가 선택된다. 이때 디버거 박스의 오른쪽에 있는 <Outputs> 창의 내용을 분석하면

```
      ⋮
[TM = 2                              ] simulationPhase
(sldebug @19):
```

와 같이 마지막 시간 단계(현재 절의 <표2>에 주어진 ch3p4c.slx 파일명을 가진 블록선도의)로 진행된 것을 확인할 수 있다. 이후로 현재 절 <표1>의 첫 번째 아이콘(Step into current method)을 클릭하면 실행의 마무리 단계(terminationPhase: 아래 <표12>에서 'ID=28'에 대응하는)로 진행된다.

표10

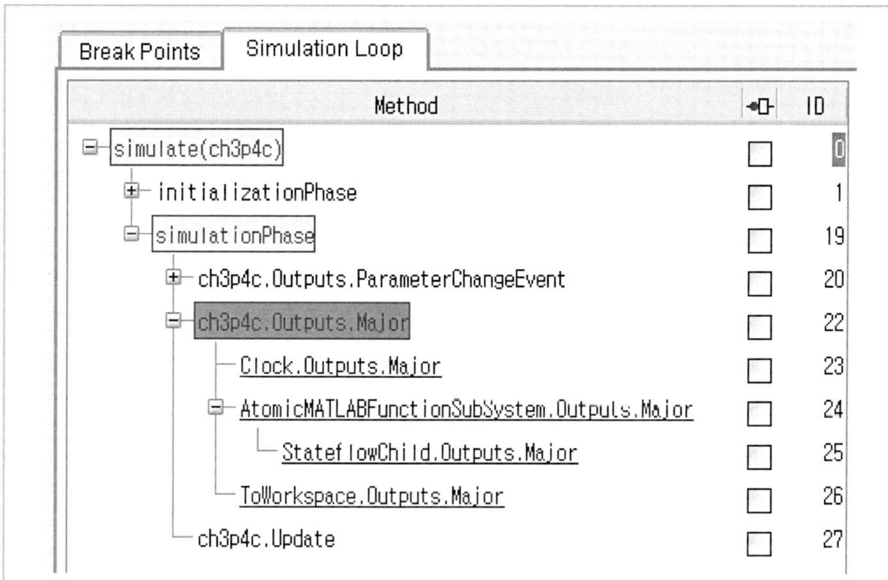

한편 마무리 단계로 진행 전에, <Simulation Loop> 창이 <표10>과 같은 상황에서 현재 절 <표1>의 첫 번째 아이콘(Step into current method)을 계속 클릭하면 'ID=27', 'ID=22', 'ID=23', ... 순으로 실행이 계속된다.

표11

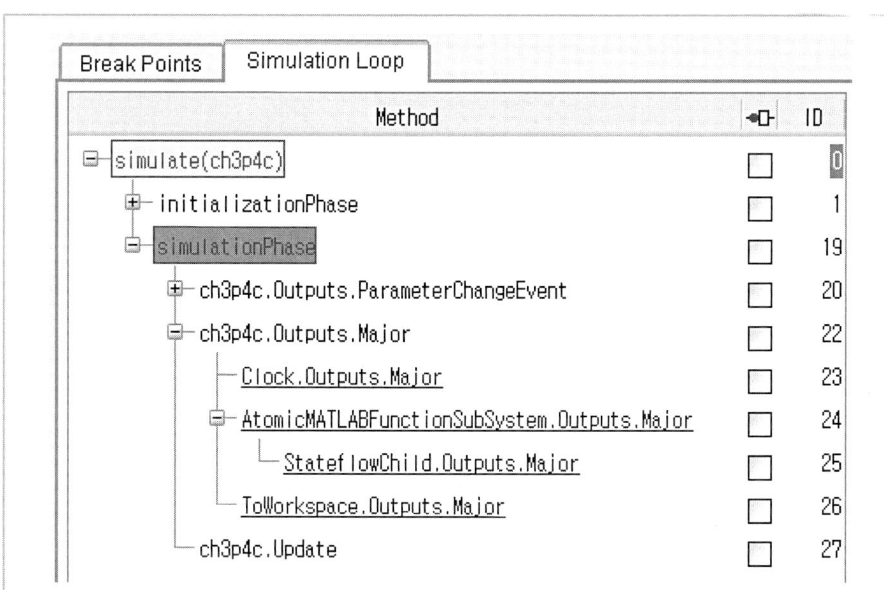

표12

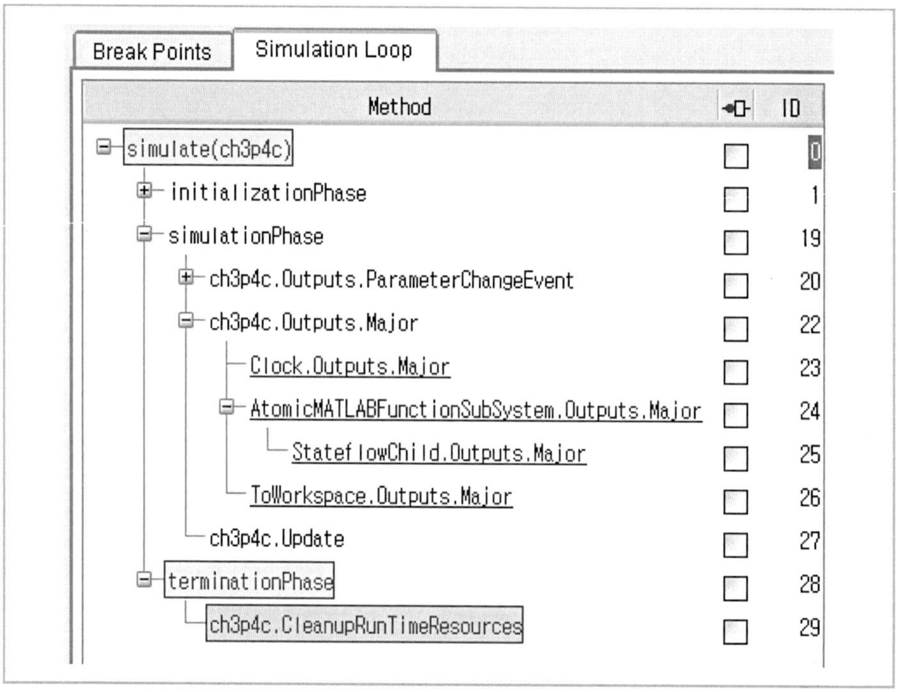

지금까지 현재 절에서 진행한 내용을 요약하면 다음과 같다: 현재 절에 제공된 <표1>과 <표1a>에서 볼 수 있는 아이콘들의 기능을 알아보기 위하여 <첫 번째 단계>에서 <여섯 번째 단계>로 그 내용을 분리하여 설명하였다. 이후로 디버거에 대한 추가적인 내용 몇 가지를 더 알아보도록 한다.

참고 내용

디버거 박스의 왼쪽에 있는 <Break Points> 창에는 다음 <표13>에서 볼 수 있듯이 <Break on conditions> 항목과 그 하위 항목이 있다. 하위 항목의 내용에 해당하는 상황이 발생하면 break points가 설정된다. 각각의 항목들이 선택되었을 경우에 뒤따르는 기능에 대하여 알아본다.

표13

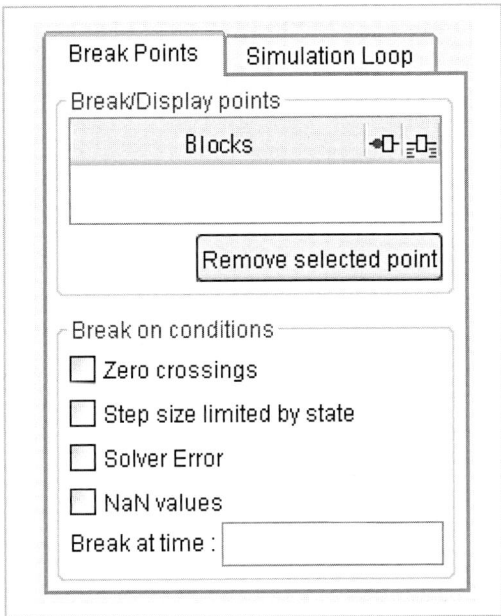

① Zero crossing: 시뮬레이션 과정 중에 zero crossing이 발생하면 시뮬레이션이 멈추게 된다. 또한 zero crossing 발생과 관련된 block ID, 종류(type), 블록의 이름을 출력한다. 출력 내용 중에 block ID는

(n1:n2:n3)

의 형식을 갖는다. 위의 형식에서 n1은 system에 대응하는 번호, n2는 블록에 대응하는 번호, n3는 단자(port)에 대응하는 번호이다. Zero crossing에 대한 설명은 앞 1.3.1절의 내용을 참고한다. 실제적인 내용을 접하기 위하여, 앞 3.3.3절의 <표10a>에 주어진 블록선도(ch3p3e.slx)에 대한 GUI 디버거 박스를 연다. 즉 <명령 창>에서 아래와 같이 실행한다.

```
>> g = 9.8;
```

다음으로 파일 ch3p3e.slx을 더블클릭하여 Simulink 에디터를 연다. 에디터 상단 메뉴바에서

〈Simulation〉-〈Debug〉-〈Debug Model〉

항목을 선택한다. 계속해서 디버그 박스의 상단에 있는 툴바에서 실행 버튼인 (Start/Continue)을 클릭하면 시뮬레이션이 시작된다. 다음으로 디버거 박스의 왼쪽에 있는 <Break Points> 항목을 선택하면 하단에 <Break on conditons> 박스가 있고 다음 <표14>와 같이 <Zero crossings> 항목을 체크한다.

표14

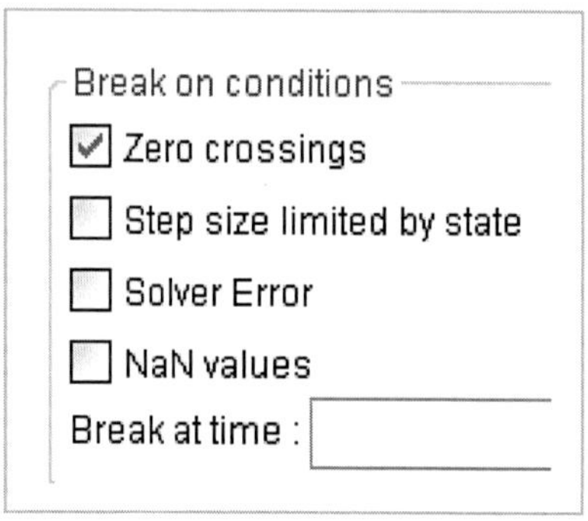

다시 툴바에서 실행 버튼인 을 몇 번 클릭하고 <Outputs> 창을 보면 다음 <표15>와 같이 zero crossing에 대한 설명이 출력되어 있다.

표15 --

```
   ⋮
[TzL= 4.3025685579894342      ] ch3p3e.Outputs.Major
(sldebug @31):
Interrupting model execution before running mdlOutputs
at the right post of (major time step just after) zero crossing event
detected at the following location:
  1[+-] 0:3:1 SecondOrderIntegrator  'ch3p3e/Integrator, Second-Order'
%----------------------------------------------------------------%
[TzR= 4.302568557989491 ] ch3p3e.Outputs.Major
(sldebug @31):
```

```
Interrupting model execution before running mdlOutputs
at the left post of (major time step just before) zero crossing event
detected at the following location:
  1[+-] 0:3:1 SecondOrderIntegrator  'ch3p3e/Integrator, Second-Order'
%----------------------------------------------------%
[TzL= 6.0091325723500209      ] ch3p3e.Outputs.Major
(sldebug @31):
Interrupting model execution before running mdlOutputs
at the right post of (major time step just after) zero crossing event
detected at the following location:
  1[+-] 0:3:1 SecondOrderIntegrator  'ch3p3e/Integrator, Second-Order'
%----------------------------------------------------%
[TzR= 6.0091325723500777      ] ch3p3e.Outputs.Major
(sldebug @31):
Interrupting model execution before running mdlOutputs
at the left post of (major time step just before) zero crossing event
detected at the following location:
  1[+-] 0:3:1 SecondOrderIntegrator  'ch3p3e/Integrator, Second-Order'
%----------------------------------------------------%
[TzL= 7.2890555831204615      ] ch3p3e.Outputs.Major
(sldebug @31):
```

또한 다음 <표16>과 <표17>에 제공된 출력과 같이 Scope 창에서 시뮬레이션 현재 진행 상황을 그래프로 확인할 수 있다.

표16

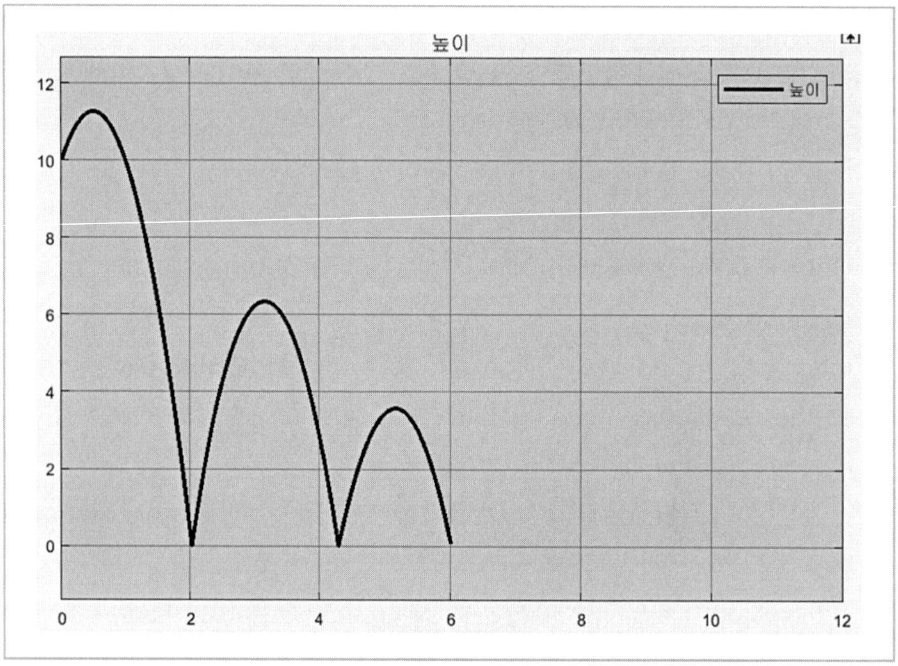

표17

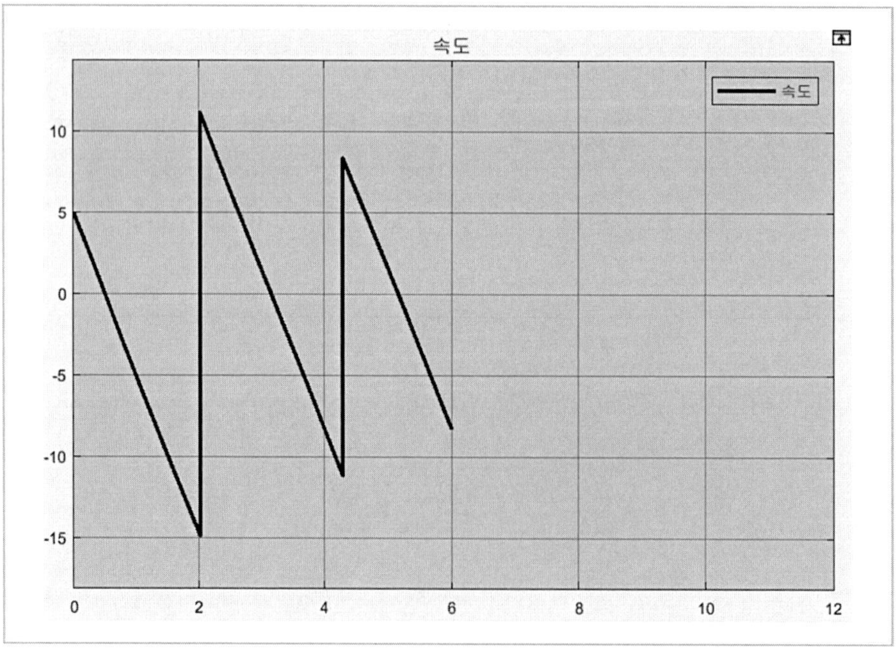

② **Step size limited by state**: 블록선도가 variable-step solver를 사용하였을 때, 시간 간격을 제한하는 상황이 발생하면 시뮬레이션이 멈춘다. 지나치게 많은 시간 간격이 발생하는 블록선도를 디버깅(debugging)할 때 선택하면 분석에 도움이 될 수 있다.

③ **Solver Error**: 시뮬레이션 중에 솔버(solver)가 어떤 문제점을 감지하고 그 문제를 해결할 수 있는 상황이 발생하면 멈춘다. 이 옵션을 선택하지 않으면 사용자에게 문제가 해결되었다는 어떤 메시지를 출력하지 않고 시뮬레이션이 진행된다.

④ **NaN values**: 계산된 값이 정상적인지 체크하고 싶은 경우 선택한다. 즉 시뮬레이션 과정에서 계산된 값을 표현할 수 없는 상황이 발생하면 멈춘다.

⑤ **Break at time**: 디버깅 중에 시뮬레이션이 멈추기를 원하는 시간이 있으면 옆에 있는 빈 박스에 시간을 입력한다. 입력된 시간 이후로 발생하는 첫 번째의 시뮬레이션 시간 간격(time step)에서 시뮬레이션이 멈춘다. 현재 절 <세 번째 단계>의 <표4>의 상황에서 디버거 박스의 오른쪽에 있는 <Outputs> 창의 내용까지 포함시키면 아래 <표18>과 같다고 가정한다.

표18

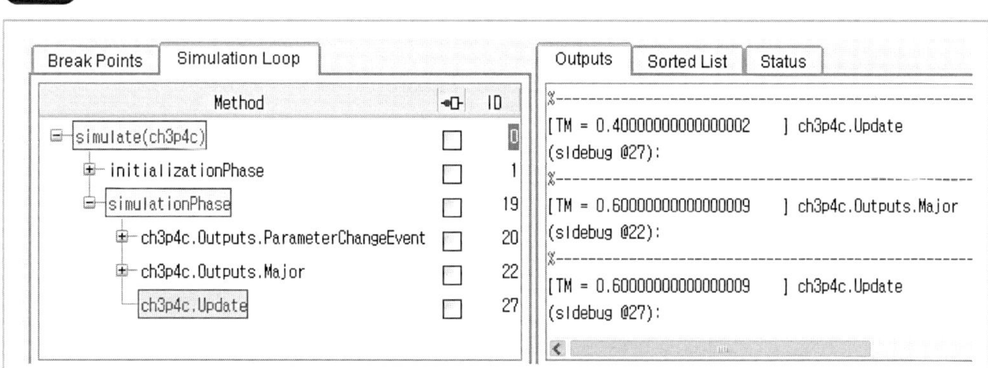

위 <표18>의 상황인 디버거 박스의 왼쪽에서 <Break Points> 항목을 클릭하여 창을 연다. 창 아래 <Break on conditions> 박스에서 <Break at time> 항목의 값을 <표19>와 같이 1.2로 입력하고 키보드에서 Enter를 누른다. 다음으로 디버그 박스의 상단에 있는 툴바에서 실행 버튼 ▶ 을 클릭한 뒤에 <Outputs> 창을 보면 다음 <표20>에서 볼 수 있듯이 시간 1.2000000000000002 에서 시뮬레이션이 멈춘 것을 확인할 수 있다.

표19

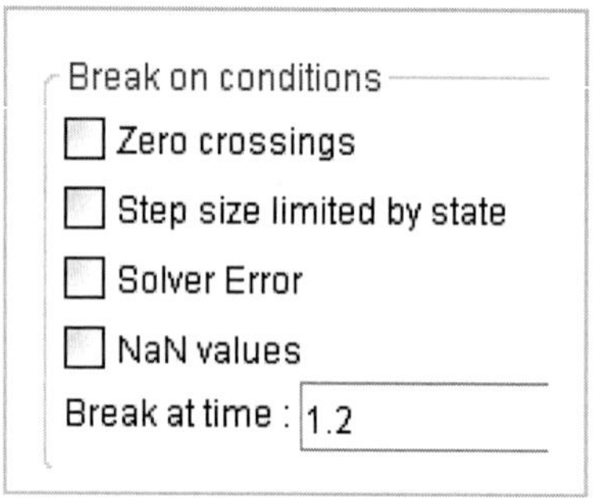

표20

```
[TM = 0.40000000000000002     ] ch3p4c.Update
(sldebug @27):
%----------------------------------------------------------------%
[TM = 0.60000000000000009     ] ch3p4c.Outputs.Major
(sldebug @22):
%----------------------------------------------------------------%
[TM = 0.60000000000000009     ] ch3p4c.Update
(sldebug @27):
Interrupting model execution at time break point (tbreak 1.2)
%----------------------------------------------------------------%
[TM = 1.2000000000000002      ] ch3p4c.Outputs.Major
(sldebug @22):
```

위와 같이 <Break at time> 항목에 시간을 입력하여 시뮬레이션 실행을 멈추게 할 수 있다. 실행이 멈춘 상태에서, 현재 절 <표1>의 첫 번째 아이콘(Step into current method)을 선택하면 시뮬레이션이 계속 진행되고 그 결과가 <Outputs> 창에 출력된다.

이것으로 3장의 내용을 모두 종료한다. Simulink의 다양한 내용을 좀 더 공부하고 싶은 독자가 있다면 [ZAM], [박], [이병], [이상], [이영], [임3], [최]를 참고하길 바란다.

참고문헌

[BUR] R.L. Burden and J.D. Faires, Numerical Analysis, 8th Edition, Brooks and Cole, 2005.

[CHE] W. Cheney and D. Kincaid, Numerical Mathematics and Computing, 7th Edition, Brooks and Cole, 2013.

[IXA] L. Gr. Ixaru and G. V. Berghe, Exponential Fitting, Kluwer Academic Publishers, Dordrecht/Boston/London, 2004.

[KRY] V. I. Krylov, Approximate Calculation of Integrals, Macmillan, New York, 1962.

[LAM] Leslie Lamport, Latex, Second Edition, Addison-Wesley, 1994.

[LEN] C. S. Lent, Learning to Program with MATLAB (Building GUI Tools), Wiley, 2013.

[MAT] Matlab, Language of Technical Computing, Mathworks, Inc. 1984-2018.

[ZAM] Luca Zamboni, Getting Started with Simulink, PACKT, 2013

[ZIL] D.G. Zill and W.S. Wright, Advanced Engineering Mathematics, Fifth Edition, Jones and Bartlett, 2014.

[김1] 김경중, Matlab과 응용, 교우사, 2010.

[김2] 김경중, MATLAB을 이용한 GUI 생성과 활용, 교우사, 2015.

[김3] 김경중, 심볼릭 연산을 활용한 MATLAB, 북스힐, 2015.

[김우] 김우식과 박민기, 공학도를 위한 매틀랩7, 교보문고, 2013.

[박] 박전수, 프로젝트식으로 배우는 MATLAB/Simulink의 기초, 아진, 2009.

[여] 여영구, Matlab 고급 GUI 개발, 2판, 아진, 2011.

[이병] 이병룡, Matlab/Simulink의 공학활용, UUP, 2013.

[이상] 이상순, SIMULINK MATLAB을 이용한 시스템 해석, 홍릉과학출판사, 2012.

[이영] 이영준, Simulink를 배우자, 아진, 2017.

[임1] 임종수, Matlab 6.x GUI Programming, 아진, 2001.

[임2] 임종수, Matlab GUI Power, 아진, 2006.

[임3] 임종수, 임종수의 Simulink 8, 높이깊이, 2013.

[임4] 임종수, Matlab 7, 높이깊이, 2007.

[최] 최연욱, Simulink 이해와 제어기 설계의 실제, 홍릉과학출판사, 2016.

찾아보기

저자소개

김 경 중

현재 한국항공대학교 인문자연학부 교수
서울대학교 박사 후 연구원
KU LEUVEN(Belgium) 박사 후 연구원
연세대학교 Ph.D.

[저서]
- MATLAB을 이용한 GUI 생성과 활용
- 심볼릭 연산을 활용한 MATLAB
- MATLAB과 응용

MATLAB에서 SIMULINK 기초와 이해

초판발행 2018년 9월 5일
초판2쇄발행 2023년 1월 10일

지은이 김경중
펴낸이 오판근
펴낸곳 (주) 교우
주 소 서울시 동대문구 약령시로 8 교우빌딩 2층 (주)교우
전 화 02-925-2861 / **팩 스** 02-925-2860. **편집부** 02-925-2825
홈페이지&북스토어 www.kyowoo.co.kr / 이메일 kyowoo@kyowoo.co.kr

등 록 1994년 3월 24일 제1994-000013호
ISBN 979-11-251-0260-1 (93550)

Published by Kyowoo Co., Ltd. Printed in Korea

(주) 교우는 보다 혁신적이고 참신한 도서를 다양하게 기획하고 있습니다.
책으로 펴내고자 하는 아이디어나 원고는 메일로 보내주세요.
(주) 교우는 전과정을 책임지고 최선을 다하겠습니다.

값 26,000원

교우미디어는 (주) 교우의 Imprint 사입니다.
수학정원·과학정원은 (주) 교우의 새로운 브랜드명입니다.

잘못된 책은 구입하신 서점에서 교환해 드립니다.